КНИГА ЗОАР

с комментарием «Сулам»

Глава Шмот

Глава Ваэра

Глава Бо

Под редакцией М. Лайтмана,
основателя и руководителя
Международной академии каббалы

Под редакцией М. Лайтмана
Книга Зоар, Шмот
Laitman Kabbalah Publishers, 2017. – 392 с.
Напечатано в Израиле.

Edited by M. Laitman
The Book of Zohar, Shmot
Laitman Kabbalah Publishers, 2017. – 392 pages.
Printed in Israel.

ISBN 978-965-7577-72-1

DANACODE 760-117

До середины двадцатого века понять или просто прочесть книгу Зоар могли лишь единицы. И это не случайно – ведь эта древняя книга была изначально предназначена для нашего поколения.

В середине прошлого века, величайший каббалист 20-го столетия Йегуда Ашлаг (Бааль Сулам) проделал колоссальную работу. Он написал комментарий «Сулам» (лестница) и одновременно перевел арамейский язык Зоара на иврит.

Но сегодня наш современник разительно отличается от человека прошлого века. Институт ARI под руководством всемирно известного ученого-исследователя в области классической каббалы М. Лайтмана, желая облегчить восприятие книги современному русскоязычному читателю, провел грандиозную работу – впервые вся Книга Зоар была обработана и переведена на русский язык в соответствии с правилами современной орфографии.

Copyright © 2017 by Laitman Kabbalah Publishers
1057 Steeles Avenue West, Suite 532
Toronto, ON M2R 3X1, Canada
All rights reserved

Содержание

ГЛАВА ШМОТ

И вот имена 8
Было, было слово Творца 11
Со мной из Леванона, невеста 14
Не вкушай хлеба недоброжелателя................. 18
Трое изгоняют Шхину 19
Каждый со своим домом 23
Колёса святой колесницы................................ 25
С Яаковом, каждый с домом своим пришли они 33
Было, было слово Творца 38
Со мною из Леванона, невеста......................... 40
Семьдесят душ... 43
Направляющие шаг вола и осла...................... 45
И встал новый царь... 48
Пророчество о Египте...................................... 54
Приход Машиаха 57
И встал новый царь... 79
Утренняя звезда 80
Праведники, которым воздается по делам грешников 82
И пошел муж из дома Леви 87
И скрывала его три месяца 92
И встала сестра его поодаль 96
И спустилась дочь Фараона 98
И обернулся туда и сюда 100
Сел у колодца...101
От четырех ветров приди, дух жизни 105
Колодец Моше и Яакова 108
Черна я, но пригожа 110
Беги, возлюбленный мой 112

Зачем в изгнание и почему в Египет? 123
Хлеба не ел и воды не пил 126
Двенадцать гор Афарсемона 127
Восемнадцать гор Афарсемона 129
В сад ореховый спустился я 131
Одно против другого 134
Сыновья Исраэля, сыновья Яакова 135
Каждый с домом своим 138
Мертвые будут знать о бедах живых 140
Пока царь на троне своем 142
Исраэль в сравнении с остальными народами мира 143
Раба, когда он делается царем 145
Пока не повеял день 146
И сказал он народу своему 148
Ангелы-покровители громко взывают снаружи 153
Две слезы падают в бездну великого моря 155
Давайте перехитрим его 158
И над всеми божествами Египта совершу расправу 159
Песнь песней, которая для Шломо 162
И пошел муж 167
И умер царь Египта 169
Две слезы в великом море 170
Но разве у Творца есть меч?! 174
И застонали сыны Исраэля 176
Стон, крик и вопль 177
Мой возлюбленный – мне,
а я – ему, пасущему среди лилий 179
А Моше пас скот 184
В пламени огня из куста терновника 189

ГЛАВА ВАЭРА

И являлся Я – как Владыка Всемогущий,
но под именем АВАЯ Я не был известен им 194
Видимые и невидимые цвета 201
Четыре основы: огонь, ветер, вода и прах 207

И Я выведу, и спасу, и избавлю, и возьму 221
Общее и частное (Раая Мехемна) 222
Но не слушали они Моше из-за нетерпения 228
Голос и речь 229
Побойтесь меча 234
Вот главы их отчих домов 236
Знай же отныне и возложи на сердце твое 238
Возьми посох свой – и он сделается змеем 243
Полночь и день 244
Чудовище, лежащее среди потоков 245
Пламя обращающегося меча 252
Возьми свой посох 257
И станут кровью 261
Возложи на сердце свое 265
И воскишит река жабами 267
И строил он его семь лет 277
Дороги – стези – благоволение – мир 280
Вот, рука Творца будет 284
И сделаю Я тебя великим народом 285
И была Сарай бесплодна 287

ГЛАВА БО

Если есть над ним ангел-заступник 292
И был день – и пришел также сатан среди них 294
Чудовища 304
И пройдет... на притолоке и на обоих косяках 325
И было в полночь 332
Все видел я в дни суеты моей 347
И обонял запах одежд его 353
По ягненку на отчий дом 357
Закваска и квасное 359
Судные мацот 361
Прославлять выход из Египта (Раая Мехемна) 367
Пасхальная жертва 369
Посвяти Мне каждого первенца 372

Ибо ангелам Своим Он заповедает о тебе 374
Ибо не видели вы никакого образа 378
И каждого первородного осла выкупай через ягненка 383
Тфилин 384

    Видеопортал Zoar.tv 394

    Курсы обучения 394

    Книжный магазин 394

Глава Шмот

И вот имена

1) «И вот имена (шмот שְׁמוֹת) сыновей Исраэля, пришедших в Египет с Яаковом»[1]. У него возникают вопросы. Почему изречение начинается с Исраэля, а заканчивается Яаковом? И каков внутренний смысл египетского изгнания? И поэтому он приводит изречение: «Разумные воссияют, как сияние небосвода»[2], так как вместе с выяснением этого изречения будут поняты заданные выше вопросы.

«"Разумные воссияют, как сияние небосвода"[2]. "Разумные" – это те, кто созерцает мудрость». Иначе говоря, это те, кто постиг мудрость, потому что мудрость (хохма) называется светом глаз, а постижение ее зовется созерцанием.

«"Воссияют"». И у него возникает вопрос, почему не сказано: «Будут светить»? И он говорит: «Это значит, что они светят и сияют свечением высшей мудрости», поскольку суть высшей мудрости они могут постичь только от Бины, которая снова стала Хохмой вследствие ее возвращения в рош Арих Анпина. И это считается только свечением высшей мудрости, т.е. называется только сиянием, а не самим светом Хохмы. И потому сказано: «Воссияют», а не «будут светить».

«"Как сияние" – это свечение и сверкание реки, вытекающей из Эдена», и это – Бина, которая вышла из рош Арих Анпина, то есть Хохмы, называемой Эденом,[3] и благодаря возвращению ее в рош Арих Анпина, стала Хохмой,[4] но Хохма в ней является лишь свечением мудрости. И потому сказано о ней: «Как сияние», что означает – свечение.

«И это свойство "небосвод"» – то есть экран второго сокращения, который выводит Бину наружу из рош Арих Анпина вследствие подъема на ее место; а также возвращает ее в рош

---

[1] Тора, Шмот, 1:1. «И вот имена сынов Исраэля, пришедших в Египет с Яаковом, каждый с домом своим пришли они».
[2] Писания, Даниэль, 12:3. «Разумные воссияют, как сияние небосвода, а склоняющие к справедливости многих – как звезды, отныне и вечно».
[3] См. «Предисловие книги Зоар», п. 13, со слов: «Подъем точки к мысли, т.е. к Бине, обусловлен ...»
[4] См. «Предисловие книги Зоар», п. 14.

Арих Анпина вследствие своего возвращения вниз, в место Малхут рош Арих Анпина.⁴

И это означает сказанное: «Как сияние небосвода» – т.е. это келим и мохин, раскрывающиеся с помощью небосвода, «так как на нем находятся звезды» – свойства ГАР де-мохин, «и созвездия» – свойства ВАК де-мохин, «солнце» – Зеир Анпин, «и луна» – Нуква, «и все свечи, которые светят» – то есть все света́ миров БЕА. Ибо все света́ в четырех мирах АБЕА выходят на экран второго сокращения, называющийся небосводом.⁵

2) «Сияние этого небосвода светит своим свечением над садом» – Малхут, «и Древо жизни» – Тиферет, «стоит посреди сада» – т.е. в средней линии. «Его ветви» – его сфирот, «покрывают все формы» – т.е. нефашот, «деревья» – рухот, «и благовония» – нешамот, «что в саду, правильными келим» – исправленными в трех линиях, правой-левой-средней. «В тени его укрываются все звери полевые» – и это внешние ангелы, «и все птицы небесные» – внутренние ангелы, «сидят под ветвями его».

3) «Сияние плодов этого Древа» – т.е. душ (нешамот), рождающихся от него, «дает жизнь всему. Существование его – вечное и во веки веков. Другая сторона, скверна, не пребывает в нем» – т.е. нет у ситры ахра никакого питания от Древа жизни, от Зеир Анпина в гадлуте, «но только сторона святости. Счастлив удел вкушающих с него, ибо живы вечно и во веки веков», как сказано: «И возьмет также от Древа жизни и отведает, и будет жить вечно»⁶. «Они называются мудрыми и удостаиваются жизни в этом мире и в мире будущем».

4) «Сияние этого Древа» – Зеир Анпина, «возносится (всё) выше» – к ИШСУТ, «и выше» – к Абе ве-Име. Когда оно возносится к ИШСУТ, т.е. к Бине, «его путь составляет пятьсот парсаот», так как получает Хесед-Гвура-Тиферет-Нецах-Ход от Бины, сфирот которой исчисляются сотнями. Но Есода у него нет, так как Има распространяется до сфиры Ход. Когда же оно

---

⁵ См. Зоар, главу Берешит, часть 1, п. 3. «"Разумные воссияют, как сияние небосвода". Разумными называются ЗОН мира Ацилут или души праведников...»

⁶ Тора, Берешит, 3:22. «И сказал Творец Всесильный: "Вот, человек стал как один из нас в познании добра и зла. И теперь, может быть, протянет он руку свою и возьмет также от Древа жизни и отведает, и будет жить вечно"».

возносится к Абе ве-Име, в которых светит свечение Атика, то «шестьдесят рибо (десятков тысяч) распространение его» – т.е. распространяется в нем Есод, и оно получает ХАГАТ-НЕХИ от свечения Атика, каждая сфира его – сто тысяч. И потому всего – шестьдесят рибо (шестьсот тысяч).

«В этом Древе заключено одно свечение», Малхут, «в стволе его, и все цвета» – белый-красный-зеленый, т.е. света́ ХАГАТ, «содержатся в нем. Эти цвета поднимаются» – в прямом свете, «и опускаются» – в отраженном свете, «и они не находятся ни в каком ином месте, кроме этого Древа», потому что это средняя линия.

5) «И когда они» – эти света́, «выходят из него» – из этого Древа, «чтобы проявиться внутри этого сияния, которое не светит», и это общая Малхут, расположенная от хазе Зеир Анпина и ниже, и в ней самой есть ЗОН – малые ЗОН, зовущиеся Яаковом и Рахелью. Эти света́ «иногда находятся, а иногда не находятся в ней – то присутствуют, то отсутствуют, поскольку они не находятся ни в каком ином месте, кроме этого Древа», относящегося к свойству от хазе и выше Зеир Анпина, называемому Исраэль. «От этого Древа происходят двенадцать колен, пределы которых – в нем». То есть это двенадцать светов, называющихся двенадцатью диагональными границами, которые мы подробно выяснили ранее.[7] И они опустились в этом свечении, которое не светит, в египетское изгнание через множество высших станов. Это означает сказанное: «И вот имена сыновей Исраэля»[1].

И теперь понятно, почему это изречение начинается с Исраэля: «Вот имена сыновей Исраэля» – потому что корень светов двенадцати колен происходит от этого Древа, называемого Исраэль, от хазе Зеир Анпина и выше. И также завершается это изречение Яаковом: «Пришедших в Египет с Яаковом» потому, что они перешли из свойства Исраэль в свойство Яаков, от хазе Зеир Анпина и ниже – там, где двенадцать светов колен не могут находиться, как мы уже сказали. И это значение сказанного: «Вошедшие в Египет (мицра́им)» – от слова теснина (ме́цер), и потому египтяне властвовали над ними. И необходимость египетского изгнания мы уже выясняли.[8]

---

[7] См. Зоар, главу Лех леха, п. 10, со слов: «Вследствие подъема Малхут и подслащения ее в Бине, получилась диагональная линия...», а также главу Ваехи, пп. 653-660.

[8] См. Зоар, главу Лех леха, статью «И сошел Аврам в Египет», п. 108.

ГЛАВА ШМОТ

Было, было слово Творца

6) Первым заговорил рабби Шимон: «"Было, было слово Творца"[9] – почему слово "было" повторяется дважды? Если Йехезкель был верным пророком, то почему он раскрыл всё, что видел? Разве человек, которого Царь ввел в Свой чертог, должен раскрыть то, что он увидел? Но, конечно же, Йехезкель был верным пророком, и всё, что он видел – видел в вере; и с разрешения Творца раскрыл он все то, что раскрыл, и всё это необходимо.

7) Сказал рабби Шимон: «Тот, кто привык переносить страдания, – несмотря на то, что страдание приходит на какое-то время, он несет свое бремя и не беспокоится. Но для того, кто не привык переносить страдания и провел всю жизнь в удовольствиях и усладах, это страдание полное, и об этом нужно плакать».

8) «Так и Исраэль, когда они сошли в Египет, страдания были привычны для них. Ведь все дни того праведника, отца их, были наполнены страданиями, и поэтому они переносили изгнание как должно», и не слишком беспокоились. «Однако вавилонское изгнание было полным страданием, было страданием, о котором плачут высшие и нижние».

9) «Плакали о нем высшие, как сказано: "Вот ангелы-покровители громко взывают снаружи"[10]. Плакали о нем нижние, как сказано: "На реках вавилонских – там сидели мы и плакали, вспоминая Цион"[11]. Все плакали о вавилонском изгнании. И в чем причина этого? – Потому что раньше испытывали царские наслаждения, как сказано: "Драгоценные сыны Циона, которых мерили на вес золота"[12]».

---

[9] Пророки, Йехезкель, 1:3. «Было, было слово Творца к Йехезкелю, сыну Бузи, священника, в земле Касдим, на реке Квар, и была там на нем рука Творца».

[10] Пророки, Йешаяу, 33:7. «Вот ангелы-покровители громко взывают снаружи, ангелы мира горько плачут».

[11] Писания, Псалмы, 137:1. «На реках вавилонских – там сидели мы и плакали, вспоминая Цион».

[12] Писания, Эйха, 4:2. «Драгоценные сыны Циона, которых мерили на вес золота, – о, как уподобились они глиняным кувшинам, поделкам гончара!»

10) «Мы же изучали, – сказал рабби Ицхак, – смысл сказанного: "Подниму я плач и стон о горах"[13], что это высочайшие горы мира. И кто они, эти высочайшие горы мира? Это "драгоценные сыны Циона, которых мерили на вес золота"[12]. А теперь они нисходят в изгнание, и жернова на шее у них, и руки их связаны за спиной. И когда пришли в вавилонское изгнание, они думали, что никогда им не будет жизни, потому что Творец оставил их и больше никогда не будет присматривать за ними».

11) «И мы изучали, – сказал рабби Шимон, – что в тот же час призвал Творец всё Своё окружение и все колесницы, и станы, и правителей, и все воинства небесные и сказал им: "Что вы тут делаете? Неужели Мои любимые сыновья будут в вавилонском изгнании, а вы – здесь? Встаньте и сойдите все в Вавилон, и Я с вами". Это как сказано: "Так сказал Творец: "Ради вас послал Я в Вавилон"[14] – это Творец, "и низвел всех в жерновах"[14] – это все высшие колесницы и станы».

12) «Когда нисходили они в Вавилон, раскрылось небо, и дух святого пророчества пребывал над Йехезкелем. И увидел он всё, что увидел, и сказал Исраэлю: "Так ведь Владыка ваш здесь, и все воинства небесные и колесницы, и пришли они, чтобы быть с вами". И не верили ему до тех пор, пока он не раскрыл всё, что видел: и видел я то-то и то-то». И если раскрывал он больше – всё, что раскрывал, требовалось полностью. Увидев это, обрадовались сыны Исраэля. И когда они услышали эти слова из уст Йехезкеля, то вовсе перестали бояться за своё изгнание, так как узнали, что Творец не оставит их. И всё, что он раскрыл, раскрыл с (Его) разрешения».

13) «И мы изучали, что в каждом месте, где были в изгнании Исраэль, была с ними в изгнании Шхина. А здесь, в египетском изгнании, что сказано: "И вот имена сынов Исраэля, пришедших в Египет с Яаковом"[15]. Если сказано: "Сынов Исраэля", зачем сказано: "с Яаковом", – ведь следовало сказать:

---

[13] Пророки, Йермияу, 9:9. «Подниму я плач и стон о горах, и рыдания – о пастбищах пустыни, ибо опустошены они, и никто не проходит там; и не слышно там голоса стад; от птиц небесных и до скота – (все) разбежались, ушли».

[14] Пророки, Йешайау, 43:14. «Так сказал Творец, Избавитель ваш, Святой Исраэля: "Ради вас послал Я в Вавилон и низвел всех в жерновах"».

[15] Тора, Шмот, 1:1. «И вот имена сынов Исраэля, пришедших в Египет с Яаковом, каждый с домом своим пришли они».

"Пришедших с ним"? Однако, "вот имена сынов Исраэля" – это высшие колесницы и станы, сошедшие с Яаковом, вместе со Шхиной, в египетское изгнание». И отсюда становится понятным, почему слово «было» повторяется дважды: «Было, было». Потому что первое «было» относится к египетскому изгнанию, а второе «было» – к вавилонскому изгнанию.

ГЛАВА ШМОТ

Со мной из Леванона, невеста

14) «И вот имена сынов Исраэля, пришедших в Египет с Яаковом, каждый с домом своим пришли они»[15]. Заговорил рабби Хия: «"Со мной из Леванона, невеста, со мной из Леванона приди"[16]. Это сказано о Кнессет Исраэль», т.е. Малхут. «В час, когда Исраэль вышли из Египта и приблизились к горе Синай, чтобы получить Тору, сказал ей Творец: "Со Мной из Леванона"[16], т.е. из того высшего Эдена» – Хохмы, называемой Леваноном, «она приходит. "Невеста" означает – совершенная, как луна, получающая совершенство от солнца во всем свете и блеске», т.е. в прямом и отраженном свете. «"Со Мной из Леванона приди"[16] – чтобы твои сыновья получили Тору», потому что до тех пор, пока Малхут не получит Хохму, называемую Леваноном, Исраэль не смогут получить Тору, так как им недостает ГАР.

15) «"Взгляни с вершины Аманы"[16]. "Взгляни (ташу́ри) (תָּשׁוּרִי)" – означает, как сказано: "И подарка (тешура́) (תְּשׁוּרָה) нет, чтобы поднести"[17]», и также «Взгляни (ташу́ри) (תָּשׁוּרִי)» означает – «получи подарок для своих сыновей. "С вершины (меро́ш) (מֵרֹאשׁ) Аманы (אֲמָנָה)" означает – сначала (мире́шит) (מראשית), когда они пришли в высшей вере (эмуна́) (אמונה) и сказали: "Всё, что говорил Творец, сделаем и услышим (нааасэ ве-нишма́) (נעשה ונשמע)"[18]. И стали они по важности своей наряду с высшими ангелами, о которых сказано: "Благословите Творца, ангелы Его, могущественные силой, исполняющие (осэ́й) (עושי) слово Его, чтобы слышать (лишмо́а) (לשמוע) голос речения Его!"[19] Тогда получила Кнессет Исраэль подарок», и о нем сказано: «Взгляни с вершины Аманы»[16], как объяснено выше, что означает добавку мохин.

---

[16] Писания, Песнь песней, 4:8. «Со мной из Леванона, невеста, со мной из Леванона приди. Взгляни с вершины Аманы, с вершины Сенира и Хермона, от львиных логовищ, от леопардовых гор».

[17] Пророки, Шмуэль 1, 9:7. «И сказал Шауль слуге своему: "Ну вот, мы пойдем, а что мы принесем тому человеку? Ведь кончился хлеб в сумах наших и подарка нет, чтобы поднести человеку Всесильного, – что у нас есть?"»

[18] Тора, Шмот, 24:7. «И взял книгу союза, и прочитал вслух народу, и сказали они: "Все, что говорил Творец, сделаем и услышим!"»

[19] Писания, Псалмы, 103:20. «Благословите Творца, ангелы Его, могущественные силой, исполняющие слово Его, чтобы слышать голос речения Его!»

16) «"С вершины Сенира и Хермона"[16] – это гора Синай, к которой они приблизились и под которой собрались, как сказано: "И встали у подножия горы"[20]. "От львиных логовищ"[16] – это сыновья Сэира, которым Творец предложил принять Тору, а они не захотели принять ее. "От леопардовых гор"[16] – это сыновья Ишмаэля, как сказано: "Творец от Синая пришел и воссиял им от Сэира, явился от горы Паран и пришел из среды десятков тысяч святых"[21]». И «Паран» – это сыновья Ишмаэля.

17) «Что значит: "Пришел из среды десятков тысяч святых"[21]? Мы учили, что когда пожелал Творец дать Тору Исраэлю, пришли станы высших ангелов, и провозгласили, сказав: "Творец, Владыка наш! Как величественно во всей земле имя Твое, поместившего на небесах великолепие Свое!"[22] И попросили, чтобы Тора была дарована им», а не Исраэлю.

18) «Сказал им Творец: "Разве есть среди вас смерть, как сказано в Торе: "Если человек умрет в шатре"[23], "И если будет на ком-либо грех, караемый смертью, то умерщвлен будет он"[24]? Есть среди вас грех, чтобы нуждаться в судах? Есть среди вас разбой или воровство, о чем сказано: "Не кради"[25]? Есть среди вас женщины, о чем сказано: "Не прелюбодействуй"[25]? Есть среди вас ложь, о чем сказано: "Не отзывайся о ближнем свидетельством ложным"[25]? Есть среди вас вожделение, о чем сказано: "Не возжелай"[25]? Зачем же вы просите Тору?"»

---

[20] Тора, Шмот, 19:17. «И вывел Моше народ навстречу Всесильному из стана, и встали у подножия горы».

[21] Тора, Дварим, 33:2. «И сказал он: "Творец от Синая пришел и воссиял им от Сэира, явился от горы Паран и пришел из среды десятков тысяч святых. От десницы Его пламя закона для них"».

[22] Писания, Псалмы, 8:2. «Творец, Владыка наш! Как величественно во всей земле имя Твое, поместившего на небесах великолепие Свое!»

[23] Тора, Бемидбар, 19:14. «Вот учение: если человек умрет в шатре, то всякий, кто войдет в шатер, и всё, что в шатре, нечисто будет семь дней».

[24] Тора, Дварим, 21:22. «И если будет на ком-либо грех, караемый смертью, то умерщвлен будет он, и повесишь его на дереве».

[25] Тора, Шмот, 20:12-14. «Почитай отца твоего и мать твою, дабы продлились дни твои на земле, которую Творец Всесильный твой, дает тебе. Не убивай. Не прелюбодействуй. Не кради. Не отзывайся о ближнем твоем свидетельством ложным. Не возжелай дома ближнего твоего, не возжелай жены ближнего твоего, ни раба его, ни рабыни его, ни быка его, ни осла его, ничего, что у ближнего твоего».

«Тотчас провозгласили они, сказав: "Творец, Владыка наш! Как величественно во всей земле имя Твое!"[26], однако не сказано: "Поместившего на небесах великолепие Свое"[22]. И потому сказано: "И пришел из среды десятков тысяч святых"[21]» – то есть пришел после разбирательства с ангелами, «и тогда сказано: "От десницы Его пламя закона для них"[21]» – и это Тора, уподобленная пламени из-за содержащегося в ней суда. И потому Сэир и Ишмаэль не захотели принять ее на себя. А ангелы не смогли принять ее, потому что в них нет суда.

19) «Рабби Йоси объясняет это изречение относительно времени, когда Шхина сошла в египетское изгнание» – т.е. из-за вопроса рабби Абы, который спрашивает: «Разве: "Из Леванона приди", а не: "В Леванон взойди"?»[27] Ведь следовало сказать: «Со Мной в Леванон взойди». И поэтому он объясняет, что речь идет о том времени, когда сошла Шхина из места Леванона, – то есть из Бины, которая снова стала Хохмой, – в египетское изгнание. И потому сказано: «Из Леванона приди».

«Рабби Шимон, – отвечая на вышеуказанный вопрос, почему не сказано: "В Леванон взойди", – объясняет это изречение на основе единства веры», т.е. Малхут. «Сказано: "Со мной из Леванона, невеста"[16]. Голос», Зеир Анпин, «сказал речи», Малхут: «"Со мной" – потому что голос приходит к речи и ведет ее с собой, чтобы быть как один, без всякого разделения. Ибо голос – это общее», так как это свет хасадим, имеющийся на всех ступенях. «А речь – это частное», свет Хохмы левой линии Бины, находящийся только лишь в Малхут.[28]

«И потому общее нуждается в частном» – так как у Зеир Анпина нет ГАР, если нет света Хохмы в Малхут, «а частное нуждается в общем» – потому что свет Хохмы в Малхут светит лишь при облачении в свет хасадим, получаемый от Зеир Анпина, т.е. от общего. «Ибо голос не совершенен без речи, а речь не совершенна без голоса. И потому: "Со мной из Леванона, невеста"[16], так как основа их обоих исходит от Леванона», т.е. Бины. «И сказанное: "Со мной из Леванона приди" означает – чтобы она пришла к нему для сплочения и единства. И отсюда

---

[26] Писания, Псалмы, 8:10.
[27] См. ниже, п. 63.
[28] См. Зоар, главу Берешит, часть 2, п. 238, а также главу Толдот, п. 184.

становится ясно, почему сказано: "Из Леванона приди", а не: "В Леванон взойди"».

20) «"Взгляни с вершины Аманы"[16] – это "гарон (досл. горло)"», т.е. Бина, получающая от нёба, свойства Хохмы, «откуда выходит дух (руах)», Зеир Анпин, «чтобы восполнить всё от неведомого и утаенного Леванона», который Зеир Анпин открывает посредством средней линии.[29] «"С вершины Сенира и Хермона"[16] – это передняя часть языка и средняя», т.е. Тиферет, а его передняя часть – Даат, «извлекающие речь. "От львиных логовищ"[16] – это зубы», т.е. Нецах и Ход. «"От леопардовых гор"[16] – это губы», т.е. Малхут. Все эти сфирот Зеир Анпина – это «совершенство, которым восполняется речь», т.е. Малхут, Нуква Зеир Анпина.

---

[29] См. Зоар, главу Берешит, часть 1, п. 363.

Не вкушай хлеба недоброжелателя

21) «И вот имена сынов Исраэля»[15]. Рабби Хия провозгласил и сказал: «"Не вкушай хлеба недоброжелателя и не возжелай яств его"[30], так как хлеб или наслаждение от человека, который недоброжелателен, не стоят того, чтобы есть и наслаждаться от него. Если бы Исраэль, сойдя в Египет, не отведали хлеба египтян, они не были бы оставлены в египетском изгнании, и те не могли бы причинить им вред».

22) Сказал ему рабби Ицхак: «Но ведь был вынесен приговор» – Исраэлю об изгнании, т.е. он должен был исполниться, даже если бы они не ели тот хлеб. Ответил ему: «Всё это так, однако они не были осуждены на изгнание именно в Египте, так как не сказано: "Пришельцами будет потомство твое на земле Египта", а "на земле чужой"[31], а это может быть также и на другой земле».

23) Сказал рабби Ицхак: «Тот, у кого алчная душа[32], и ест он больше остальных людей, или тот, кто склонен к чревоугодию», т.е. привык наполнять чрево свое наслаждениями, «если он встретит того недоброжелателя, пусть лучше зарежет себя, чем вкусит от хлеба его, так как нет плохого хлеба в мире, кроме хлеба недоброжелателя. Сказано: "Ибо не могут египтяне есть с евреями хлеб, потому что это мерзость для египтян"[33]». Иначе говоря, они не могли смотреть на то, как евреи едят. «Вот что такое хлеб недоброжелателя».

---

[30] Писания, Притчи, 23:6-7. «Не вкушай хлеба недоброжелателя и не возжелай яств его, ибо как он думает в душе своей, таков он и есть. "Ешь и пей!" – скажет он тебе, а сердце его не с тобою».

[31] Тора, Берешит, 15:13. «И сказал Он Авраму: "Знай, что пришельцами будет потомство твое на земле чужой, и служить будут им, а те будут угнетать их четыреста лет"».

[32] См. Писания, Мишлэй, 23:1-2. «Если сядешь вкушать пищу с властелином, то хорошо присмотрись, что пред тобою. И приставь нож к глотке своей, если ты алчная душа».

[33] Тора, Берешит, 43:32. «И подали ему особо и им особо, а египтянам, евшим с ним, – особо, ибо не могут египтяне есть с евреями хлеб, потому что это мерзость для египтян».

Трое изгоняют Шхину

24) «Трое изгоняют Шхину из мира и ведут к тому, чтобы обители Творца не было в мире. А люди взывают» в молитве, «и не слышен их голос. И вот они (эти трое)».

1. «Тот, кто лежит с нечистой женщиной (нида́). И нет в мире более сильной скверны, чем скверна нечистой женщины. Эта скверна тяжелее всех нечистот мира. Тот, кто лег (с ней), оскверняется, и все приближающиеся к нему оскверняются с ним. Куда бы они ни шли, изгоняется Шхина пред ними».

25) «И, кроме того, он вызывает дурные недуги на себя и на потомство, которое породит, ведь из-за того, что человек приблизился к нечистой женщине, эта скверна набрасывается на него и остается непременно во всех его органах. Потомство, порождаемое им в это время, притягивает дух скверны, и все его дни будут в скверне, потому что строение и основа его, этого родившегося, больше и сильнее всех нечистот мира. И как только человек приблизился к нечистой женщине, эта скверна набрасывается на него, как сказано: "И истечение ее будет на нем"[34]».

26) 2. «Тот, кто ложится с дочерью бога чужого», с нееврейкой, «и вносит святой союз и знак союза в чужое владение, как сказано: "И сочетался с дочерью бога чужого"[35]. И мы изучали, что нет ревности пред Творцом, кроме ревности за союз, и это – союз святого имени и свойства веры. Сказано: "И начал народ распутничать с дочерьми Моава"[36], тут же: "И разгневался Творец на Исраэль"[37]».

27) «Предводители народа, знающие об этом и не препятствующие им, были наказаны первыми, как сказано: "Возьми всех предводителей народа и повесь их во имя Творца против

---

[34] Тора, Ваикра, 15:24. «А если ляжет с нею мужчина, и (месячное) истечение ее будет на нем, то он нечист будет семь дней, и всякая постель, на которую он ляжет, будет нечиста».

[35] См. Пророки, Малахи, 2:11. «Изменил Йегуда, и гнусность творилась в Исраэле и в Йерушалаиме, ибо осквернил Йегуда святость Творца, которую он любил, и сочетался с дочерью бога чужого».

[36] Тора, Бемидбар, 25:1. «И поселился Исраэль в Шитиме, и начал народ распутничать с дочерьми Моава».

[37] Тора, Бемидбар, 25:3. «И прилепился Исраэль к Баал-Пеору, и разгневался Творец на Исраэль».

солнца"³⁸». Рабби Аба сказал: «Что значит: "Против солнца"? – То есть против союза, называемого солнцем. И о нем сказано: "Ибо солнце и щит – Творец Всесильный"³⁹. "Солнце и щит" – это святой союз. Как солнце сияет и светит над миром, так и святой союз сияет и озаряет тело человека. И он называется щитом, ибо так же как щит предназначен защищать человека, так и святой союз защищает человека. Если человек хранит его, то нет в мире изъяна, который мог бы приблизиться к нему. И это означает – "против солнца"».

28) «Предводители народа в каждом поколении уличаются в этом грехе, если они знают об этом и ревностно не преследуют этого. Ибо возложен на них этот долг – ради Творца ревностно преследовать за этот союз каждого, кто вносит эту святость в чужое владение. О таком человеке сказано: "Не будет у тебя других богов, кроме Меня"⁴⁰, "Не поклоняйся им и не служи им, ибо Я – Творец Всесильный твой, Творец-ревнитель"⁴⁰. И всё это – одна ревность», как к тому, кто сошелся с нееврейкой, так и к тому, кто служит идолам. «И потому изгоняется от него Шхина. Тот, кто порочит святой союз, запечатленный на плоти человека, он словно порочит святое имя. Ибо тот, кто порочит царскую печать», святой союз, «тот порочит имя самого Царя. И потому не удостоится он доли во Всесильном Исраэля, иначе как посредством непрестанного раскаяния».

29) Провозгласил рабби Йоси: «"И забыли Творца Всесильного своего"⁴¹, "И оставили Творца"⁴². Что значит: "И забыли",

---

[38] Тора, Бемидбар, 25:4. «И сказал Творец Моше: "Возьми всех предводителей народа и повесь их во имя Творца против солнца, и отвратится палящий гнев Творца от Исраэля".

[39] Писания, Псалмы, 84:12. «Ибо солнце и щит – Творец Всесильный, милость и славу дает Творец, не лишает блага ходящих в непорочности».

[40] Тора, Шмот, 20:3-5. «Да не будет у тебя иных богов, кроме Меня. Не делай себе изваяния и всякого изображения того, что на небе наверху, и того, что на земле внизу, и того, что в воде ниже земли. Не поклоняйся им и не служи им, ибо Я – Творец Всесильный твой, Творец-ревнитель, карающий за вину отцов детей до третьего и до четвертого поколения, тех, кто ненавидит Меня».

[41] Пророки, Шофтим, 3:7. «И делали сыны Исраэля злое в глазах Творца, и забыли Творца Всесильного своего, и служили Баалам и кумирным деревьям».

[42] Пророки, Шофтим, 10:6. «И опять стали сыны Исраэля делать злое в глазах Творца, и служили Баалам, и Аштортам, и божествам Арамейским, и божествам Цидонским, и божествам Моавитским, и божествам сынов Амоновых, и божествам Пелиштимским; и оставили Творца, и не служили Ему».

"и оставили"? – Отдалили от себя святой союз, делая обрезание без подворачивания. Пока не пришла Двора и не побудила сделать это», т.е. ввела подворачивание, «во всем Исраэле, как сказано: "Совершением подворачивания в Исраэле по доброй воле народа – славьте Творца"[43]».

30) 3. «Тот, кто убивает своих сыновей, т.е. плод, которым забеременела его жена», так как приходит к ней на девяностый день беременности и тогда умерщвляет плод, «и заставляет умертвить его в ее утробе» или совершает какое-либо действие, ведущее к выкидышу плода. «И он разрушает строение Творца и творение Его. Есть убийца человека, а этот убивает сыновей своих».

31) «Он совершил зло трех видов, которые весь мир не может вынести. И мир поэтому постепенно разваливается, и не знает» почему, «а Творец удаляется из мира, и меч, голод и смерть надвигаются на мир. И вот они» эти три вида зла, которые он совершил, – «убил своих сыновей, разрушил строение Царя», т.е. он отменяет зарождение, являющееся строением Творца, «и изгнал Шхину, которая отправляется странствовать по миру и не находит покоя. И плачет о них дух святости, и мир осуждается всеми этими судами. Горе этому человеку, горе ему! Лучше бы ему не быть сотворенным в мире!»

32) «Счастливы Исраэль, которые, хотя и были в египетском рабстве, уберглись от всех этих трех: от женской нечистоты, от дочери чужого бога и от убийства своих сыновей. И старались они» с помощью действий, открыто, «побуждать к умножению потомства. И хотя был вынесен приговор: "Всякого новорожденного мальчика бросайте в реку"[44] – не нашелся среди них человек, который умертвил бы плод в утробе женщины, и тем более, после его рождения. И благодаря этому вышли Исраэль из изгнания».

33) «Они уберглись в Египте от женской нечистоты. Ибо рабби Хия учил, что означает сказанное: "Сделал умывальник

---

[43] Пророки, Шофтим, 5:2. «И воспела Двора, и Барак, сын Авиноама, в тот день так: "Устранением беспорядков (также: совершением подворачивания בִּפְרֹעַ פְּרָעוֹת) в Исраэле по доброй воле народа – славьте Творца"».

[44] Тора, Шмот, 1:22. «И повелел Фараон всему своему народу: "Всякого новорожденного мальчика бросайте в реку, а всякую девочку оставляйте в живых"».

из меди и подножие его из меди, из зеркал собиравшихся (женщин)"[45]. За что удостоились женщины принести "зеркала собиравшихся" в Скинию? За то, что берегли себя в египетском изгнании, и, очистившись от своего истечения, они приходили, украшались и смотрелись в зеркала со своими мужьями, побуждая их к умножению потомства». Так они уберглись от женской нечистоты в египетском изгнании.

34) «Они уберглись в Египте от дочери чужого бога, то есть от чужеземок, как сказано: "Вышли все воинства Творца"[46]. А также сказано: "Колена Творца – свидетельство Исраэлю"[47]. "Свидетельство Исраэлю" – безусловно», что не было в них примеси от чужеземного народа. «И сказано: "И вот имена сынов Исраэля"[48], "колена сыновей Исраэля", "скажи сыновьям Исраэля"». И всё это показывает нам, что нет в них примеси чужеземок.

35) «Но разве не сказано: "Он же сын египтянина"[49]? Правильно – он был один такой, и известило о нем Писание, указав: "Он же сын египтянина.., а имя матери его Шуламит, дочь Диври, из колена Дана"[49]». И оберегали себя в Египте, выполняя заповедь «"плодитесь и размножайтесь", как сказано: "Сыновья Исраэля плодились и размножались"[50]. И так от всего этого», от женской нечистоты, от дочери чужого бога и от убийства сыновей, «уберегли себя Исраэль в Египте, и потому пришли сыновьями Исраэля в Египет и вышли сыновьями Исраэля на свободу. И это смысл сказанного: "И вот имена сыновей Исраэля, пришедших в Египет, каждый с домом своим пришли они"[48]», потому что «пришли» означает – не для того, чтобы погрязнуть, но чтобы выйти оттуда, то есть благодаря соблюдению трех этих вещей.

---

[45] Тора, Шмот, 38:8. «И сделал сосуд для омовения из меди и подножие его из меди, из зеркал собиравшихся (женщин), которые собирались у входа в Шатер собрания».

[46] Тора, Шмот, 12:41. «И было - по истечении четырехсот тридцати лет, в тот самый день, вышли все воинства Творца из земли египетской».

[47] Писания, Псалмы, 122:4. «То место, куда восходили колена, колена Творца, – свидетельство Исраэлю, чтобы благодарить имя Творца».

[48] Тора, Шмот, 1:1. «И вот имена сынов Исраэля, пришедших в Египет с Яаковом, каждый с домом своим пришли они».

[49] Тора, Ваикра, 24:10-11. «И вышел сын исраэльтянки, он же сын египтянина, в среде сынов Исраэля, и поссорились в стане этот сын исраэльтянки с исраэльтянином. И оскорблял сын исраэльтянки имя Творца, и проклинал. И привели его к Моше. А имя матери его Шуламит, дочь Диври, из колена Дана».

[50] Тора, Шмот, 1:7. «А сыны Исраэля плодились и размножались, и умножились и усилились очень-преочень, и наполнилась ими страна».

ГЛАВА ШМОТ

Каждый со своим домом

36) «И вот имена сынов Исраэля»[48]. Рабби Эльазар и рабби Йоси шли по дороге. Пока они шли, сказал рабби Эльазар рабби Йоси: «Открой уста свои и пролей свет речей твоих». Сказал ему: «Угодно ли будет господину моему, если я спрошу его о том, что непонятно мне? Слышал я от праведного светила (рабби Шимона), что он говорил так: "И вот имена сынов Исраэля"[48] – это Исраэль Саба, "пришедших в Египет"[48] – это все те воинства и станы ангелов, которые сошли в изгнание вместе с Яаковом, как сказано: "С Яаковом"[48]. А что значит: "Каждый с домом своим пришли они"[48]?» – ведь у ангелов не бывает дома. Ответил ему: «Разумеется, что так оно и было» – т.е. ангелы пришли каждый со своим домом, «ведь мы это учили: каждый, кто получает от другого, считается домом для дающего». Таким образом, «каждый со своим домом» означает – дающий и получающий, и у ангелов это тоже имеется.

37) Провозгласил рабби Эльазар и сказал: «"И было: после того как Шломо закончил постройку дома Творца и дома царского"[51] – если сказано: "Дома Творца", что означает: "дома царского"? И если ты скажешь, что "дом царский" означает – для Шломо, то это не так, но "дом Творца" – это Храм, а "дом царский" – это святая святых».

38) «"Дом Творца"» – это Храм. То есть дворы (азарóт – עֲזָרוֹת) и подсобные помещения (лешакóт – לְשָׁכוֹת), храмовый зал (бейт-а-олáм – בֵּית הָאוּלָם) и чертог святая святых (двир – דְּבִיר) – это Храм», Малхут, «и он, конечно же, называется домом Творца. "Дом царский" – это святая святых, и он самый внутренний из всех», т.е. Бина, «и называется просто Царем. Царь этот, хотя он и высший Царь, является нуквой по отношению к высшей точке, скрытой от всех», т.е. к Хохме. «И хотя это нуква, тем не менее, является захаром по отношению к Царю, что внизу», – Зеир Анпину. Иными словами, высшая ступень всегда является

---

[51] Пророки, Мелахим 1, 9:1. «И было, после того как Шломо закончил постройку дома Творца и дома царского, и всего, чего желал Шломо, что он хотел сделать, явился Творец Шломо во второй раз, как явился ему в Гивоне. И сказал ему Творец: "Услышал Я молитву твою и моление твое, которым ты молил Меня; посвятил Я этот дом, который ты построил, пребыванию имени Моего там вовеки, и будут очи Мои и сердце Мое там во все дни"».

захаром по отношению к нижней, а нижняя – некевой. Но вместе с тем, по отношению к еще более низкой ступени нижняя ступень считается тоже свойством захар. И так всегда.

«И поэтому всё происходит в подобии этому. И поэтому о нижних», т.е. об ангелах, вошедших с Яаковом в Египет, «сказано: "Каждый со своим домом пришел"[48], хотя у них не бывает дома. Ибо «каждый со своим домом» означает – захар и некева, причем любая высшая ступень в них считается захаром по отношению к нижней, а любая нижняя ступень считается некевой по отношению к высшей и захаром по отношению к своей нижней ступени.

39) «И вот имена»[48]. Рабби Йоси провозгласил и сказал: «"Замкнутый сад – моя сестра, невеста"[52]. "Замкнутый сад" – это Кнессет Исраэль», Нуква. «И сказал рабби Эльазар, что так же, как этот сад нужно охранять, разрыхлять, орошать и подрезать, так же и Кнессет Исраэль нужно разрыхлять, охранять, орошать и подрезать», т.е. работа праведников заключается в том, чтобы поднимать МАН и отрезать все клипот, окружающие Нукву. «И потому она зовется садом, а также зовется виноградником, ибо так же, как виноградник этот нужно разрыхлять, орошать и подрезать, так же и Исраэль», т.е. дом Исраэля, Нукву, «и это означает сказанное: "Потому что виноградник Творца воинств – дом Исраэля"[53], и сказано: "И окопал его и очистил его от камней"[54]».

---

[52] Писания, Песнь песней, 4:12. «Замкнутый сад – моя сестра, невеста, родник замкнутый, источник запечатанный».

[53] Пророки, Йешаяу, 5:7. «Потому что виноградник Творца воинств – это дом Исраэля, и мужи Иудеи – саженцы радости Его; ожидал Он правосудия, а вот – насилие, справедливости, а вот – негодование».

[54] Пророки, Йешаяу, 5:2. «И окопал его и очистил его от камней, и засадил его отборною лозою, и выстроил башню посреди него, и давильню для винограда высек в нем. И надеялся Он получить виноград, а тот дал плоды дикие».

ГЛАВА ШМОТ

Колёса святой колесницы

40) Сказал рабби Шимон: «Мы открываем наши глаза, видим: колёса святой колесницы совершают свое движение. И звучание песни, услада для ушей» – для Бины, «приятное сердцу» – Малхут, «поднимается и опускается, и перемещается, но не совершает движения. Сотрясаются тысячи тысяч» – порядок притяжения Хохмы, и поскольку распространяется она посредством левой линии, в которой содержатся суды, то называются сотрясающими. А сфирот Хохмы исчисляются в тысячах, и когда они включают друг друга, то называются «тысячи тысяч». А «рибо рвавот» (десятки тысяч десятков тысяч) – это хасадим, источник которых в Атике, сфирот которого исчисляются десятками тысяч. И начинают воспевание Хохмы снизу вверх.

Объяснение. Бина – это колесница (меркава). Колёса ее – это три линии, ХАГАТ, а четвертое колесо – это Малхут, находящаяся от хазе и ниже, которая получает от них. Когда колёса включаются друг в друга, есть в каждом из них три линии, всего – двенадцать. И благодаря этим линиям восседает высший Царь, Хохма, на колеснице Своей, Бине. И движение означает свечение линий одна за другой, в порядке их выхода: холам, шурук, хирик.[55] И постижение свечения Хохмы называется открытием глаз.

И это означает сказанное: «Мы открываем наши глаза» – т.е. в то время, когда достигается свечение Хохмы, называемое раскрытием глаз, «видим: колёса святой колесницы совершают свое движение» – т.е. посредством четырех колес Бины, ХАГАТ и Малхут, как мы уже сказали, и Хохма постигается только с помощью движения, путем движения от линии к линии, по трем точкам – холам, шурук, хирик. И тогда «звучание песни, услада для ушей» – т.е. становится слышным свечение Хохмы, для ушей (ознаим), Бины, главным образом благодаря средней линии, Тиферет, называемой звучанием, и от нее передается сердцу, т.е. Малхут, что и означает: «Приятное сердцу».

И когда она получает свечение Хохмы, передаваемое только снизу вверх, она поднимается, а когда получает свет хасадим, передаваемый сверху вниз, она опускается. И пояснялось

---
[55] См. Зоар, главу Ваехи, п. 507.

выше, что движение – это свечение трех линий одна за другой, и к тому же все время повторяющееся. Но в Малхут нет движения, ибо она только получает от движения трех линий, и поэтому сказано: «И перемещается, но не совершает движения», поскольку она не участвует в действии свечения наряду с тремя линиями, а лишь получает от них. И получается, что не совершает движения вместе с ними. И сказано: «И начинают воспевание снизу вверх» – потому что воспевание, Хохма, не светит сверху вниз.

41) «На это приятное звучание» от движения колес «встают те, кто встает, и собираются в одну группу с правой стороны – четыреста пятьдесят тысяч имеющих глаза. Видящие и не видящие, и пребывающие во всех своих линиях. Две другие стороны», левая и средняя, «отбеливаются благодаря им». Иными словами, их суды, относящиеся к красному цвету, устраняются благодаря тому, что получают хасадим от правой линии. «А с левой стороны – двести пятьдесят тысяч».

Объяснение. В каждой линии есть пять сфирот: Хесед-Гвура-Тиферет (ХАГАТ) Нецах-Ход, и поскольку они происходят от Бины, сфирот которой исчисляются сотнями, то это – пятьсот. И они разделяются в месте хазе: две с половиной сфиры, и это двести пятьдесят, т.е. Хесед, Гвура и половина Тиферет находятся от хазе и выше, и две с половиной сфиры, т.е. нижняя половина Тиферет, Нецах и Ход, двести пятьдесят, находятся от хазе и ниже. И свечение правой линии, являющееся хасадим в основе своей, светит также от хазе и ниже, до половины нижней сфиры, т.е. Ход, и поскольку она является свойством Малхут, – так как известно, что ХАГАТ-Нецах-Ход это КАХАБ-ТУМ, – она светит только снизу вверх, от хазе и выше. И потому свечение правой линии охватывает четыре с половиной сфиры, т.е. ХАГАТ и Нецах, и половину Хода, и это – четыреста пятьдесят.[56] Однако свечение левой линии не светит вообще сверху вниз, но только снизу вверх, как сказано[57]: «И начинают воспевание Хохмы снизу вверх», то есть от хазе и выше. И получается, что оно светит только двум с половиной сфирот, т.е. Хеседу, Гвуре и половине Тиферет, а это только двести пятьдесят.

---

[56] См. Зоар, главу Берешит, часть 2, п. 269.
[57] См. выше, п. 40.

И поэтому сказано: «С правой стороны – четыреста пятьдесят тысяч имеющих глаза» – потому что являясь в основе своей светом хасадим, они светят также сверху вниз до половины сфиры Ход, и это четыре сфиры Хесед-Гвура-Тиферет-Нецах и половина сфиры Ход до хазе. И поскольку они происходят от Бины, сфирот которой исчисляются сотнями, то это – четыреста пятьдесят. И когда они притягивают Хохму к левой линии, а сфирот Хохмы исчисляется тысячами, то это – четыреста пятьдесят тысяч. И поэтому они также называются имеющими глаза, так как Хохма называется «эйнаим (глаза)».

Но хотя они и дают Хохму левой линии, правая линия не получает Хохму для себя. И потому сказано: «Видящие и не видящие», так как два свойства различаются в них. С одной стороны, они дают Хохму левой линии и называются видящими, потому что видение – это свойство Хохма. С другой стороны, они не получают Хохму для себя, так как пребывают в свойстве, о котором сказано: «Ибо склонен к милости (хафец хесед) Он»[58], и поэтому считаются не видящими, потому что в них нет Хохмы, а только хасадим. И известно, что Хохма двух линий, левой и средней, облачается в хасадим правой линии, и потому сказано, что «две другие стороны отбеливаются благодаря им», т.е. благодаря тому, что получают хасадим от этой правой линии, и устраняется краснота в них, то есть суды, и они становятся белыми.

И сказано: «А с левой стороны – двести пятьдесят тысяч», потому что в левой линии, где светит в основном свет Хохмы, он светит лишь снизу вверх, т.е. в двух с половиной сфирот от хазе и выше – в Хеседе, Гвуре и в верхней половине Тиферет, как было сказано выше, и так как они происходят от левой линии Бины, сфирот которой исчисляются сотнями, то это – двести пятьдесят, а когда они находятся в свете Хохмы, сфирот которой исчисляются тысячами, это – двести пятьдесят тысяч.

42) «Эти плачущие», двести пятьдесят тысяч, как уже было сказано, «рыдают и причитают с места их обители», т.е. с места своего выхода, «начинают с суда и заканчивают судом. И рыдают во второй раз, и суд раскрывается, и книги открыты», дабы

---

[58] Пророки, Миха, 7:18. «Кто Творец, как Ты, который прощает грех и проявляет снисходительность к вине остатка наследия Своего, не держит вечно гнева Своего, ибо склонен к милости Он»

смотреть на суды в них. «В то же время поднимается тяжущийся, который выступал против них, и садится на престол суда, и воспевание прекращается до завершения суда».

Пояснение сказанного. Зоар хочет выяснить здесь два разных состояния, свойственные каждой из трех линий, правой-левой-средней:
Первое состояние – в месте своего выхода в источнике.
Второе состояние – не в месте своего выхода.

И в первом состоянии каждая линия действует сообразно своей ступени, чтобы привлечь Хохму. А во втором состоянии каждая линия действует, чтобы преумножить хасадим, и оставляет действие привлечения Хохмы.

И начинает (Зоар) с левой линии, так как она в основном действует по привлечению Хохмы, то есть посредством точки шурук.[59]

И мы уже знаем, что привлечение Хохмы называется воспеванием – но только при единстве всех трех линий. А привлечение Хохмы в одной только левой линии называется иногда рыданием, так как в ней Хохма находится без хасадим, и невозможно вынести Хохму, когда она не облачена в хасадим, и из-за этого суда рыдают и причитают все получающие от нее, то есть двести пятьдесят тысяч. И есть еще другой суд – суд экрана хирик.[60]

«Эти плачущие», т.е. двести пятьдесят тысяч, происходящие от левой линии, и их свечение Хохмы называется рыданием. И поэтому сказано: «С места их обители, начинают с суда и заканчивают судом», так как первым действием, в месте их выхода, они начинают привлекать Хохму в суде, из-за отсутствия облачения хасадим. И пока по своему желанию не завершат привлечение Хохмы, они пребывают в этом суде. И это значение сказанного: «И рыдают во второй раз» – т.е. во втором действии по привлечению Хохмы, «и суд раскрывается, и книги открыты» – раскрывается другой суд, экрана хирик, носителя

---

[59] См. Зоар, главу Берешит, часть1, п. 9.
[60] См. Зоар, главу Лех леха, п. 26.

свойства суда в Малхут, из-за которого уходит Хохма.⁶¹ В это время тяжущийся, что стоит над ними, то есть Зеир Анпин, носитель экрана хирик, поднимается и садится на престол суда – т.е. Малхут свойства суда, отдаляющую свет Хохмы. «И потому воспевание прекращается» – то есть свет Хохмы, называемый воспеванием, перестает светить «до завершения суда». Иначе говоря, чтобы они не смогли завершить действие привлечения Хохмы, которая привлекается в первом суде, называемом рыданием, поскольку Хохма уже удалилась по причине второго суда, раскрывшегося в экране хирик.

Вследствие экрана де-хирик, раскрываемого Зеир Анпином, средней линией, он называется тремя именами:
1. Пока высший свет не совершил зивуг на экран хирик, он зовется тяжущимся, ибо тогда он преумножает одни лишь суды.
2. После того как высший свет совершил зивуг на экран де-хирик в его Есоде, который называется «оживляющий миры (хай а-оламим)», он привлекает света хасадим из правой линии и облачает ими Хохму левой линии. И тогда снова привлекается свечение Хохмы, которое, облачившись в хасадим, светит в совершенстве без судов.⁶¹ И тогда называется Зеир Анпин защитником, так как он защищает Хохму, чтобы она могла светить без судов.

3. После того как он укрепляется, чтобы привлечь тринадцать свойств милосердия из дикны Арих Анпина, тогда называется Зеир Анпин старцем, защитником всех. Старцем (са́ба) он зовется по имени Арих Анпина, а защитником всех – потому что целиком представляет милосердие без всякого суда. Ибо тогда он увеличивает привлечение очень многочисленных хасадим от святого Атика, целиком представляющего милосердие. И поскольку эти хасадим предпочтительнее Хохмы, так как Атик находится выше Арих Анпина, от которого приходит Хохма, то Хохма привлекается с ними сама собой. Таким образом, он является защитником всех, потому что защищает как от множества Хохмы, так и от множества хасадим.

43) «Вызывают появление имеющих глаза и вместе с ними восемнадцати тысяч других, трубящих, и не рыдают и не

---
⁶¹ См. Зоар, главу Лех леха, п. 22, со слов: «Экран де-хирик, на который выходит средняя линия, происходит от свойства суда, имеющегося в Малхут...»

причитают, начинают воспевание. Содрогаются двести пятьдесят тысяч рыдающих». Здесь выясняются два действия с правой стороны и говорится: «Вызывают появление имеющих глаза» – с правой стороны, «и вместе с ними восемнадцати тысяч других» – т.е. экран де-хирик в Есоде Зеир Анпина, называемый «хай (חי)», числовое значение которого – восемнадцать. И поскольку он ведет к привлечению хасадим, в которых светит Хохма, то называется восемнадцатью тысячами, так как Хохма называется тысячами. «Трублящих» – привлечение хасадим называется трублением, простым голосом. И тогда «не рыдают и не причитают» те, кто получает Хохму от правой линии.

«Начинают воспевание» – т.е. привлечение Хохмы, «содрогаются двести пятьдесят тысяч рыдающих». Объяснение. И двести пятьдесят тысяч в левой линии, зовущиеся рыдающими, теперь тоже получают свечение Хохмы, и хотя уже прекратилось рыдание и причитание, все равно они еще содрогаются от страха перед судом, случившимся с ними до того, как они получили хасадим от правой линии.

44) «Вострубил во второй раз, и там нет рыдания, передвигается защитник от этого престола и садится на престол милосердия. В это время он упоминает высшее великое святое имя, и с помощью этого имени притягивается жизнь ко всему».

«Вострубил» и привлек хасадим «во второй раз» – т.е. второе действие в правой линии, «и там нет рыдания», как мы уже объясняли. «Передвигается защитник» – т.е. Зеир Анпин во время раскрытия хасадим в экране,[62] «от этого престола» суда «и садится на престол милосердия» – для привлечения многочисленных хасадим. «В это время он», Зеир Анпин, «упоминает высшее великое святое имя» – АВАЯ с наполнением МА (45), «йуд-хэй-вав-хэй יוד הא ואו הא», «и с помощью этого имени притягивается жизнь ко всему».

45) «Провозгласил и сказал один раз: "Йуд-хэй-вав-хэй יוד הא ואו הא", как сказано: "И назвал он имя Творца"[63]. Начинают, как и вначале, обладатели святых колес, и тысяча тысяч, и

---

[62] См. выше, п. 42.
[63] Тора, Шмот, 34:5. «И сошел Творец в облаке и предстал ему там, и назвал он имя Творца».

десять тысяч десятков тысяч, и возглашают песнь, восхваляют и говорят: "Благословенна слава Творца от места Шхины Его"».

Выясняет здесь два действия в средней линии. «Провозгласил и сказал» – Зеир Анпин, т.е. средняя линия, «один раз: "Йуд-хэй-вав-хэй הי וי ה וי"», где «йуд-хэй-вав וי ה וי» – это три линии, правая-левая-средняя, включенные в Зеир Анпин, а последняя «хэй הא» – это Нуква, получающая наполнение от них. «Как сказано: "И назвал он имя Творца". Начинают, как и вначале, обладатели святых колес» колесницы (меркава), «и тысяча тысяч» – порядок притяжения Хохмы, «и десять тысяч десятков тысяч» – хасадим, облачающие их, «и возглашают песнь,[64] восхваляют» ангелы «и говорят: "Благословенна слава Творца от места Шхины Его"» – чтобы Шхина благословилась от Зеир Анпина и получила от него Хохму, облаченную в хасадим.

46) «Тогда появляется тот сад, который скрыт в двухстах пятидесяти мирах. Это – драгоценная Шхина в сиянии своем, выходящем из сияния в сиянии. И это сияние исходит от нее к четырем сторонам, началам, чтобы поддерживать их. И это сияние нисходит от нее ко всем нижним. И она называется Эденским садом».

«Тогда появляется тот сад», Шхина, «который скрыт в двухстах пятидесяти мирах» – т.е. выше хазе Зеир Анпина, где расположены две сфиры, Хесед и Гвура Зеир Анпина, и половина сфиры Тиферет Зеир Анпина, и поскольку они исходят от Бины, то исчисляются сотнями, и это двести пятьдесят, и называются они мирами, потому что Хохма в них облачается и укрывается в хасадим. «Это – драгоценная Шхина, в сиянии» Хохмы «своем, выходящем из сияния» Хохмы, и облачается и укрывается «в сиянии» хасадим. «И это сияние исходит от нее к четырем сторонам» ХУГ ТУМ, «началам (рошим), чтобы поддерживать их» с помощью мохин, как сказано: «Оттуда разделяется и образует четыре главных реки (рошим)»[65]. «И это сияние нисходит от нее ко всем нижним. И она называется Эденским садом».

---

[64] См. выше, п. 40.
[65] Тора, Берешит, 2:10. «Река вытекает из Эдена, чтобы орошать сад, и оттуда разделяется и образует четыре главных реки».

И он говорит, что она спрятана в двухстах пятидесяти мирах, и это означает – выше хазе Зеир Анпина. Дело в том, что ее настоящее место не там, так как она начинается только от хазе Зеир Анпина и ниже. Но для того, чтобы смогла получить Хохму, она поднялась выше хазе, и потому должна быть там укрыта, чтобы ее не обвинили внешние, и тогда у нее не будет возможности получить Хохму. И выяснилось первое действие в средней линии, состоящее в привлечении Хохмы.

47) «Во второй раз заговорил этот старец, защитик для всех, и упоминает имя Его: "Йуд-хэй-вав-хэй יוד הא ואו הא", и все начинают привлекать тринадцать свойств милосердия».

«Во второй раз заговорил этот старец (саба)» – т.е. Зеир Анпин, который после подъема к Арих Анпину зовется Саба, как и он. И это – второе действие средней линии, т.е. Зеир Анпина, «защитник всех» – т.е. как для привлечения Хохмы, так и для привлечения хасадим,[66] «и упоминает имя Его: "Йуд-хэй-вав-хэй יוד הא ואו הא" и все начинают привлекать тринадцать свойств милосердия» – которые нисходят тогда от тринадцати исправлений дикны Арих Анпина.[66]

«Кто видел все эти сильные света, самые возвышенные из возвышенных, самые сильные из сильных, от святых колесниц. Небеса и всё воинство их содрогаются и сотрясаются в великом ужасе, и благословляют святое имя, и возглашают песнь. Счастливы души праведников, находящиеся в этом наслаждении и познавшие его. Сказано об этом: "Кто не убоится Тебя, Царь народов, как и подобает Тебе"[67]».

---

[66] См выше, п. 42.
[67] Пророки, Йермияу, 10:7. «Кто не убоится Тебя, Царь народов, как и подобает Тебе, ибо среди всех мудрецов народов и во всем их царстве нет подобных Тебе».

ГЛАВА ШМОТ

С Яаковом, каждый с домом своим пришли они

48) Сказал рабби Шимон: «Когда Шхина сошла в Египет, сошло одно существо» из четырех существ, что в колеснице, «по имени Исраэль, в образе того старца» – и это Зеир Анпин, как мы уже сказали в предыдущем пункте, «а с ним – сорок два святых служителя» т.е. сорок два ангела, «и у каждого из них был один святой знак от святого имени "мэм-бет מב"». Иначе говоря, эти ангелы, служащие существу по имени Исраэль, зовутся сынами Исраэля и происходят от святого имени мэм-бет, и они – свойство ГАР этого живого существа.

«И все они сошли с Яаковом в Египет, и потому сказано: "Вот имена сынов Исраэля, пришедших в Египет с Яаковом"[68]». Сказал рабби Ицхак: «И это имеется в виду, так как сказано: "Сынов Исраэля", а затем: "С Яаковом", и не сказано: "С ним"». Объяснение. Следовало сказать: «Пришедших в Египет с ним», а не называть дважды имя Яакова. Но, безусловно, имя Исраэль – это имя не Яакова, а высшего существа в колеснице, которое зовется Исраэль. А сыны Исраэля – это сорок два его служителя, как уже объяснялось.

49) Спросил рабби Йегуда у рабби Эльазара, сына рабби Шимона: «После того, как ты слышал от отца своего разъяснение слов: "И вот имена"», истолковавшего это «в качестве высших свойств», то есть, что сыны Исраэля – это сорок два святых ангела, «то что в таком случае означают слова: "Каждый (досл. человек) с домом своим пришли они"?» – ведь у ангелов не бывает домочадцев. Сказал ему рабби Эльазар: «Сказанное отцом моим означает, что это высшие ангелы, которые над теми, кто ниже среди них, как и сказано: "Человек с домом своим пришли они"[68]», и высший ангел зовется человеком, а нижний по отношению к нему зовется его домом. «И это сказал мой отец – все те ангелы, которые находятся на высшей ступени, зовутся мужчинами, зхарим, а те, что на более низкой ступени, чем они, зовутся некевот, а также домом, так как некева получает от захара», и она как дом для него.

---

[68] Тора, Шмот, 1:1. «И вот имена сынов Исраэля, пришедших в Египет с Яаковом, каждый с домом своим пришли они».

50) Рабби Ицхак стоял перед рабби Эльазаром, сыном рабби Шимона. Сказал ему: «Разве Шхина сошла в Египет вместе с Яаковом?» Сказал ему: «А если нет?!», то есть: «Можешь ли ты сказать, что она не сошла?!» «Ведь сказано: "Я сойду с тобой"[69]». Сказал ему: «Смотри, Шхина сошла в Египет вместе с Яаковом и шестьсот тысяч святых колесниц вместе с ней, т.е. как сказано: "Около шестиста тысяч пеших"[70]. И мы учили, что шестьсот тысяч святых колесниц спустились с Яаковом в Египет, и все они поднялись оттуда, когда Исраэль вышли из Египта. И это как сказано: "И отправились сыны Исраэля из Рамсеса в Сукот, около шестисот тысяч пеших"[70]. Не сказано: "Шестьсот тысяч", а "около шестисот тысяч". И это указывает, что подобно тому, как вышли эти шестьсот тысяч» внизу, «так вышли и те» шестьсот тысяч святых колесниц наверху, которые были с ними.

51) «Дело в том, что во время выхода этих святых колесниц и святых станов, видели Исраэль и знали, что те задерживаются с выходом для них» потому, что они не выходят. «И вся спешка, с которой действовали Исраэль, была ради них, как сказано: "И не могли медлить"[71], следовало бы сказать: "И не хотели медлить", но сказано: "И не могли"» – из-за станов ангелов, которые задерживались для них.

«И именно отсюда известно, что все сыны Исраэля – это сыны Исраэля небесного», то есть ангелы. «Как сказано: "Сынов Исраэля, пришедших в Египет с Яаковом"[68]. И не сказано: "Вот имена сынов Исраэля, пришедших в Египет с ним", а сказано: "Вот имена сынов Исраэля, пришедших в Египет с Яаковом"[68], что указывает на "пришедших в Египет" вначале» – на ангелов, как уже объяснялось. «И с кем пришли? С Яаковом».

52) Сказал рабби Йегуда: «И тем более, в час, когда Яаков спасся от Лавана, сказано: "Яаков же пошел своим путем, и

---

[69] Тора, Берешит, 46:4. «Я сойду с тобой в Египет, и Я также выведу тебя, и Йосеф положит руку на глаза твои».

[70] Тора, Шмот, 12:37. «И отправились сыны Исраэля из Рамсеса в Сукот, около шестиста тысяч пеших мужчин кроме детей».

[71] Тора, Шмот, 12:39. «И пекли они тесто, которое вынесли из Египта лепешками пресными, потому что оно не заквасилось, так как они изгнаны были из Египта и не могли медлить, и даже пищей не запаслись».

встретили его ангелы Всесильного"⁷². И когда он спустился в Египет, сказал Творец: "Я сойду с тобой в Египет"⁶⁹. И если Господин сошел, тем более сойдут слуги вместе с ним, как сказано: "Пришедшие в Египет с Яаковом"», но не сказано: «С ним». Рабби Яаков из поселка Ханан сказал от имени рабби Абы: «Кто эти сыны Исраэля, о которых говорится здесь? – Это те, которые действительно называются сыновьями Исраэля» – т.е. главы колен.

53) Рабби Аба провозгласил и сказал, подтверждая его слова: «"Идите, смотрите на дела Творца, который произвел опустошения на земле"⁷³. Надо читать не "опустошения (шамо́т שַׁמּוֹת)", а "имена (шемо́т שְׁמוֹת)". И это согласуется с тем, что сказал рабби Хия: "Подобно тому, как сделал Творец в небесах, так же сделал и на земле, и есть святые имена в небесах, а есть святые имена на земле"» – т.е. имена колен, о которых сказано: «Вот имена сынов Исраэля»⁶⁸.

54) Сказал рабби Йегуда: «В тот день, когда сошел Яаков в Египет, сошли вместе с ним шестьдесят десятков тысяч (рибо) высших ангелов». Провозгласил рабби Йегуда в доказательство своих слов: «"Вот ложе Шломо, шестьдесят воинов вокруг него"⁷⁴ – замки́, которые установлены для того, чтобы принять ключ. Ключи поворачиваются в месте замка. Замки находятся в седьмой» сфире, т.е. Малхут, «и они устанавливаются в шестой» сфире, Есоде. И это означает сказанное: "Шестьдесят воинов вокруг него"».

Пояснение сказанного находится в «Предисловии книги Зоар»⁷⁵. И там сказано, что у самой Малхут есть только ХАГАТ НЕХИ, и она оканчивается Есодом, который называется «мифтеха (ключ)», и ей недостает Малхут де-Малхут. И это то, о чем говорится здесь, что замки, т.е. Малхут, установленные соответственно ключу, поворачиваются в месте этого ключа, т.е. Есода, несмотря на то, что суть замка – это Малхут, состоящая

---

⁷² Тора, Берешит, 32:2. «И Яаков пошел своим путем, и встретили его ангелы Всесильного».

⁷³ Писания, Псалмы, 46:9. «Идите, смотрите на дела Творца, который произвел опустошения на земле».

⁷⁴ Писания, Песнь песней, 3:7. «Вот ложе Шломо, шестьдесят воинов вокруг него, воинов Исраэля».

⁷⁵ См. «Предисловие книги Зоар», статью «Манула и мифтеха (замок и ключ)», п. 44.

из семи сфирот ХАГАТ НЕХИМ, и согласно этому следовало сказать: «Вот ложе Шломо» – т.е. Малхут, «семьдесят воинов вокруг него» – т.е. семь сфирот, каждая из которых состоит из десяти. Однако они заканчиваются в Есоде, который называется «мифтеха (ключ)», и есть в ней (Малхут) только ХАГАТ НЕХИ, и это шесть сфирот, каждая из которых состоит из десяти, и это шестьдесят, и поэтому сказано: «Шестьдесят воинов вокруг него», а не семьдесят.

55) И он продолжает выяснять сказанное: «"Вот ложе"[74] – это Шхина, называемая ложем, "Шломо"[74] – царя, которому присущ мир», и это Зеир Анпин, средняя линия, устанавливающая мир между правой и левой линиями. «"Шестьдесят воинов вокруг него"[74] – это шестьдесят рибо высших ангелов, принадлежащих воинству Шхины, которое сошло с Яаковом в Египет». И число их шестьдесят по той причине, что Шхина отмечена ключом (мифтеха). «"Воинов (гиборим) Исраэля"[74] – высшего Исраэля», Зеир Анпина, и сила (гвура) нисходит к ним от него. «И это значение сказанного: "Вот имена сынов Исраэля, …каждый с домом своим пришли они"[68]», и это означает – они сами и пути их. Ибо под домом подразумеваются его традиции и его пути. Так как у каждого ангела есть особое действие, и по имени его он называется.

56) Рабби Хия отправился из Уши в Лод, и он восседал верхом на осле, и рабби Йоси был с ним. Сошел рабби Хия и потряс руки рабби Йоси, и сказал ему: «Если бы жители мира знали о великой чести, оказанной Яакову в час, когда сказал ему Творец: "Я сойду с тобой в Египет"[69], то целовали бы прах в окрестности трех парсаот от его могилы. И так истолковывают наши учителя, великие мира, авторы Мишны сказанное: "И вышел Моше навстречу тестю своему"[76] – что Аарон видел, как вышел Моше, и вышел с ним, и Эльазар и предводители и старейшины вышли с ним, и главы отчих домов, и знатные люди общины, и весь Исраэль вышли с ними. Таким образом, весь Исраэль целиком вышли навстречу Итро. Ведь кто увидит выходящего Моше и не выйдет с ним, и кто увидит Аарона с предводителями и не выйдет, и поэтому, ради Моше вышли все. И если ради Моше было так, то ради Творца, когда Он сказал: "Я сойду с

---

[76] Тора, Шмот, 18:7. «И вышел Моше навстречу тестю своему, и поклонился, и поцеловал его, и приветствовали они друг друга, и вошли в шатер».

тобой в Египет"⁶⁹, тем более» – сошли с Ним все высшие служители. «И теперь понятно, почему вначале сказал Творец: "Я сойду с тобой в Египет"⁶⁹ – то есть Он один, а затем: "Вот имена сыновей Исраэля"⁶⁸ – то есть все высшие служители, как уже говорилось⁷⁷. И также о Моше сказано: "И вышел Моше"⁷⁶, а весь Исраэль вышли вместе с ним».

---

⁷⁷ См. выше, п. 48.

ГЛАВА ШМОТ

Было, было слово Творца

57) Пока они шли, встретился им рабби Аба. Сказал рабби Йоси: «Вот, Шхина здесь, потому что один из авторов Мишны с нами». Сказал рабби Аба: «Что вы изучаете?» Сказал рабби Йоси: «Вот это изречение, в котором сказано: "Я сойду с тобой в Египет"[69]. Когда Яаков сошел в Египет, сказано: "Вот имена сынов Исраэля, пришедших в Египет"[68] – отсюда мы учим, что все они сошли с Яаковом в Египет». И значит, что все колесницы и воинства сошли с Яаковом в Египет, а не один Творец, как следует из сказанного: «Я сойду с тобой в Египет»[69].

58) Сказал рабби Аба: «И только это было?» Провозгласил, сказав: «"Было, было слово Творца к Йехезкелю"[78]. Здесь есть три неясности. Во-первых, мы учили, что Шхина не пребывает вне пределов святой земли», а пророчество Йехезкеля было в земле Касдим. «Во-вторых, он не был настолько преданным, как Моше, о котором сказано: "Во всем Моем доме доверенный он"[79], а он», Йехезкель, «раскрыл и распространил славу о сокровищницах Царя» больше, чем Моше. «А в-третьих, создается впечатление, что знание его не было совершенным», ведь если бы знание его было совершенным, он не раскрыл бы столько.

59) «Но мы выяснили в нашей Мишне, что он ни в коем случае не раскрыл больше, чем нужно. Ибо Йехезкель был совершенным пророком, и знание его было совершенным, и с разрешения Творца он раскрыл всё, что раскрыл. И всё нуждается в раскрытии вдвое большем, чем он раскрыл. Ведь так мы изучали о том, кто привык переносить страдания… И всё, что он раскрывал, требовалось полностью.[80] И Творец никогда не оставлял Исраэль в изгнании, не поместив прежде свою Шхину среди них. И уж тем более с Яаковом, когда он сошел в изгнание, Творец и Его Шхина, и высшие святые (служители),

---

[78] Пророки, Йехезкель, 1:3. «Было, было слово Творца к Йехезкелю, сыну Бузи, священника, в земле Касдим, на реке Квар, и была там на нем рука Творца».

[79] Тора, Бемидбар, 12:6-7. «И сказал Он: "Слушайте слова Мои: если и есть у вас пророк, то Я, Творец, в видении открываюсь ему, во сне говорю Я с ним. Не так с рабом Моим Моше – во всем Моем доме доверенный он"».

[80] См. выше, пп. 6-13.

и колесницы – все они сошли вместе с Яаковом, как сказано: "Пришедших в Египет с Яаковом"[68]». И тем самым становится ясен ответ на вопрос, который задал рабби Йоси, так как хотя Он сказал: «Я сойду с тобой в Египет» – это не означает, что Он один, но с Его Шхиной и воинствами, и колесницами. И таков обычай Творца во всех изгнаниях, как это раскрыл Йехезкель в вавилонском изгнании.

Со мною из Леванона, невеста

60) Провозгласил рабби Аба, сказав: «"Со мною из Леванона, невеста, со мною из Леванона приди"[81]. Смотри, горе тем людям, которые не знают и не заботятся о работе Творца их!» «Ведь мы изучали, – сказал рабби Ицхак, – что каждый день раздается голос с горы Хорэв, возглашающий: "Горе вам, люди, пренебрегающие работой Творца вашего. Горе вам, люди, попирающие величие Торы!"» «Потому что, – сказал рабби Йегуда, – каждый, кто занимается Торой в этом мире и достигает хороших деяний, наследует целый мир. А каждый, кто не занимается Торой в этом мире и не совершает хороших деяний, тот не наследует ни того, ни другого» – т.е. ни этого мира, ни мира будущего. И он так ставит вопрос: «Ты говоришь, что он или наследует целый мир, или теряет два мира». «Мы же изучали, что есть тот, кто наследует свой мир согласно месту своему, и согласно тому, что подобает ему». Ведь есть средняя мера. Сказал рабби Ицхак: «Мы это учили», что нет у него двух миров, «только если у него вообще нет хороших деяний». Но если есть у него хорошие деяния, хотя они еще и не пришли к совершенству, наследует мир свой согласно тому, что подобает ему, как в этом мире, так и в мире будущем.

61) Сказал рабби Йегуда: «Если бы знали люди, с какой любовью относится Творец к Исраэлю, они бы подобно рыкающим львам устремились за Ним», чтобы слиться с Ним. «Мы учили, что в час, когда Яаков нисходил в Египет, Творец созвал окружение ангелов своих, сказал им: "Вы все сойдите в Египет, и Я сойду вместе с вами". Воскликнула Шхина: "Владыка мира, разве могут оставаться воинства без царя?!"» – потому что Шхина считается царем всех ангелов, так как все происходят от нее. Сказал ей: «"Со Мною из Леванона, невеста"[81], ты тоже пойдешь со Мной". "Из Леванона" – из места наслаждения», Хохмы, «выявляемого всеми действиями Его, "невеста" – это Шхина, и она – невеста в хупе, и одно соответствует другому, как сказано: "И было, в день, когда завершил (калóт

---

[81] Писания, Песнь песней, 4:8. «Со мною из Леванона, невеста, со мною из Леванона приди. Взгляни с вершины Аманы, с вершины Сенира и Хермона от львиных логовищ, с леопардовых гор».

כלת) Моше"⁸², "Завершил (калот כלת)" написано» без «вав ו», что означает – «в день, когда вошла невеста (калá כַּלָה) в хупу. И невеста – это Шхина», пребывающая в Храме, невеста в хупе.

62) «"Со Мною из Леванона приди"⁸¹ – т.е. из места высшего Храма. "Взгляни с вершины Аманы (אמנה)"⁸¹. С чьей вершины? С вершины обладающих верой (эмунá אמונה). И кто же они? Яаков и сыновья его. "С вершины Сенира и Хермона"⁸¹, которым предстоит получить Мою Тору с горы Хермон» – т.е. с горы Синай, называемой Хермон. «И защитить их в изгнании», называемом Хермон, от слова «херем (изгнание חרם)», «"от львиных логовищ"⁸¹ – это народы-идолопоклонники, подобные львам и леопардам, которые истязают их», Исраэль, «всякой тяжелой работой».

63) Сказал рабби Аба: «"Со Мною из Леванона, невеста"⁸¹. Разве она приходит из Леванона, а не поднимается на Леванон?» – потому что Шхина находится ниже хазе Зеир Анпина, и она поднимается на Леванон, чтобы получить Хохму, и следовало сказать: «Со Мною на Леванон поднимись». «Однако, – сказал рабби Аба, – в час, когда Шхина сошла в Египет, сошли вместе с ней шестьдесят десятков тысяч (рибо) ангелов-служителей во главе с Творцом, как сказано: "И царь их прошел пред ними, и Творец – во главе них"⁸³».

64) Сказал рабби Ицхак: «"Со Мною из Леванона, невеста"⁸¹ – это Шхина, "со Мною из Леванона приди"⁸¹ – из места высшего Храма», т.е. Бины, «"взгляни с вершины Аманы"⁸¹ – из места высшего Храма и из места нижнего Храма». «Это потому, – сказал рабби Йегуда, – что Шхина никогда не отходила от западной стены Храма, как сказано: "Вот он стоит за нашей стеной"⁸⁴. И это "вершина Аманы (веры)" для всего мира. "С вершины Сенира и Хермона"⁸¹ – того места, из которого Тора вышла в мир», т.е. с горы Синай, называемой Хермон. «И зачем? Для того чтобы защитить Исраэль "от львиных

---

⁸² Тора, Бемидбар, 7:21. «И было в день, когда завершил Моше возводить Скинию, – и помазал ее, и освятил ее и все ее принадлежности, и жертвенник и все его принадлежности, и помазал он их, и освятил их».

⁸³ Пророки, Миха, 2:13. «Поднялся пред ними проламывающий (стены), проломили и прошли ворота, и вышли через них. И царь их прошел пред ними, и Творец – во главе них».

⁸⁴ Писания, Песнь песней, 2:9. «Подобен возлюбленный мой оленю или олененку. Вот он стоит за нашей стеной, наблюдает из окон, смотрит в щели».

логовищ"[81] – народов-идолопоклонников». Рабби Йегуда говорит: «"От львиных логовищ (маонот)"[81] – это те ученики мудрецов, которые занимаются Торой в домах (маонот) учения и местах собраний, и они – "львы и тигры" в Торе».

Семьдесят душ

65) Рабби Хия сидел перед рабби Шимоном, сказал ему: «Что имеется в виду в Торе, когда называется число сыновей Яакова, вначале их двенадцать, а затем – семьдесят, как сказано: "Всех душ дома Яакова, пришедших в Египет, – семьдесят"[85]? И что означает, что их было семьдесят, а не больше?» Сказал ему рабби Шимон: «Это соответствует семидесяти народам, находящимся в мире, ведь они были одним народом в противоположность им всем».

66) И еще сказал ему: «Смотри. Ключи, которые светят» – т.е. подслащенная Малхут, оканчивающаяся в Есоде, которая называется мифтеха (ключ).[86] Их «ветви находятся в своем движении» – т.е. в то время, когда светят в движении три линии.[87] И они назначены над семьюдесятью народами, «и они происходят от двенадцати печатей и связей, вызванных их движением» в последовательности трех линий, «в соответствие четырем сторонам мира» – т.е. ХУГ ТУМ.

Объяснение. Хотя их движение только по трем линиям, ХАГАТ, вместе с тем они светят в четырех сторонах, и это ХАГАТ и Малхут, то есть только три в каждой (стороне), три линии, а четырежды три – вместе двенадцать, а поскольку светят также и в Малхут, они могут властвовать над семьюдесятью народами.

«Это как сказано: "Установил Он пределы народов по числу сынов Исраэля"[88]» – т.е. число двенадцать сынов Исраэля светит семидесяти народам. «"Ибо как четыре стороны неба рассеял Я вас"[89]» – чтобы три линии светили во всех четырех сторонах, ХУГ ТУМ, «чтобы показать, что они существуют для

---

[85] Тора, Берешит, 46:26-27. «Всех душ, прибывших с Яаковом в Египет, происшедших из чресл его, кроме жен сыновей Яакова, всех душ – шестьдесят шесть. Сыновей Йосефа, родившихся у него в Египте, – две души. Всех душ дома Яакова, пришедших в Египет, – семьдесят».

[86] См. выше, п. 54.

[87] См. выше, п. 40.

[88] Тора, Дварим, 32:8. «Когда Всевышний давал уделы народам, разделяя людей, установил Он пределы народов по числу сынов Исраэля».

[89] Пророки, Зехария, 2:10. «Ой, ой, бегите из страны северной, – слово Творца, – ибо, как четыре стороны неба, рассеял Я вас, – слово Творца».

Исраэля», в котором двенадцать колен. «Не сказано: "В четыре стороны", а "как четыре стороны". Ибо так же как мир не может быть без четырех сторон, не может быть мир без Исраэля».

ГЛАВА ШМОТ

Направляющие шаг вола и осла

67) «И встал новый царь»[90]. Провозгласил рабби Аба: «"Счастливы вы, сеющие при всех водах, направляющие шаг вола и осла"[91]. Счастливы Исраэль, которых Творец желал более всех народов и приблизил их к Себе, как сказано: "И тебя избрал Творец"[92], и сказано: "Ибо удел Творца – народ Его, Яаков – предел наследия Его"[93]. И Исраэль прилепляются к Творцу, как сказано: "А вы, прилепившиеся к Творцу Всесильному вашему, – живы все вы ныне"[94]».

68) «И поэтому праведны они перед Ним, так как они "сеющие при всех водах"[91]. Что значит "при всех водах"? – То, что они сеют ради праведности» – т.е. они поднимают МАН для привлечения мохин в Малхут, чтобы она называлась праведностью (цдака צדקה), потому что без мохин она называется «правота (цедек צדק)», без «хэй ה». «А тот, кто сеет ради праведности, сказано о нем: "Ибо велика, выше небес, милость Твоя"[95]. "Выше небес" – называется также "при всех водах". И что такое "выше небес"? Это будущий мир» – т.е. Бина, которая находится выше Зеир Анпина, называющегося небесами. «А Исраэль сажают семя» – т.е. поднимают МАН, «"при всех водах"[91]» – т.е. в Бине, для привлечения мохин в Малхут, чтобы она называлась праведностью.

69) «В книге рава Йева Савы сказано так: "Дело это принято по решению ангелов-разрушителей и по желанию святых"[96].

---

[90] Тора, Шмот, 1:8. «И встал новый царь над Египтом, который не знал Йосефа».

[91] Пророки, Йешаяу, 32:20. «Счастливы вы, сеющие при всех водах, направляющие шаг вола и осла».

[92] Тора, Дварим, 14:2. «Ибо народ святой ты у Творца Всесильного твоего, и тебя избрал Творец, чтобы ты был Ему избранным из всех народов, которые на земле».

[93] Тора, Дварим, 32:9. «Ибо удел Творца – народ Его, Яаков – предел наследия Его».

[94] Тора, Дварим, 4:4. «А вы, прилепившиеся к Творцу Всесильному вашему, – живы все вы ныне».

[95] Писания, Псалмы, 108:5. «Ибо велика, выше небес, милость Твоя и до облаков – истина Твоя».

[96] Писания, Даниэль, 4:14. «Дело это принято по решению ангелов-разрушителей и по желанию святых, чтобы знали все живые, что Всевышний властвует над царством людским. И кому пожелает Он, тому отдаст его, и самого низкого может поставить над ним».

Все суды в этом мире и все постановления и все вопросы – они все находятся в одном чертоге, где семьдесят два мудреца Синедриона рассматривают суды мира.[97] И чертог называется чертогом Заслуги, ибо, когда вершат суд, они вначале обращают (его) в заслугу человека"».

70) «Но это не так на ступени ситры ахра, где есть место, называемое виной, ибо все его действия, находящиеся в месте, принадлежащем змею жены прелюбодейной, направлены только на то, чтобы поставить человеку в вину, и донести на раба Господину его».

71) «Те, что находятся в чертоге Заслуги, называются сладкими водами, прозрачными водами. А те, что находятся в чертоге Вины, называются горькими водами, водами горькими (марим), несущими проклятие (меарерим). В этом чертоге Заслуги не находятся три следующие вещи – сыновья, жизнь и питание, и они не (находятся) ни в упомянутом месте вины и ни в водах сладких и прозрачных, и ни в водах горьких, несущих проклятие».

72) «И поэтому Исраэль сеют при всех водах святое семя» – т.е. поднимают МАН к высшей Бине, называемой «при всех водах»,[98] «и порождают при всех водах. И семя их верное только лишь наверху», в Бине. И поэтому выяснили авторы Мишны, что сыновья, жизнь и питание не зависят от» чертога «заслуги, но зависят они от святой удачи», т.е. святой дикны Арих Анпина, его свойства Бины, которое вышло наружу. «И это место – оно "при всех водах"».

73) «"Направляющие шаг вола и осла"[91] – когда нет в них ничего в этой стороне», что в клипот «вол» и «осел», «и удалили из них все плохие части, и прилепляются к хорошей стороне всех высших праведников. "Вол" и "осёл", когда соединяются вместе, то это два бедствия миру. "Вол" – это сторона сурового суда, и он от прилипания стороны святости. "Осёл" – когда соединяется с ним (с волом), а он сам с другой стороны», клипот, «тогда они – два бедствия миру».

Объяснение. Есть два вида суда:

---

[97] См. Зоар, главу Берешит, часть 2, пп. 102-115.
[98] См. выше, п. 68.

1. Святой суд, и это свойство точки шурук, левой линии, прежде чем она совершила зивуг с правой линией, и тогда от нее исходит суровый суд, и это не по причине ущербности в ней, а из-за нехватки хасадим для облачения Хохмы.

2. Суд, который не является святым, и он исходит от экрана точки хирик прежде чем высший свет произвел с ним зивуг.[99] И это уже настоящий ущерб, уменьшающий ГАР левой линии.

Первый суд называется «вол», а второй – «осёл». И первый относится к святости, а второй – к ситре ахра.

74) «И поэтому в Шимоне была сила сурового суда» – т.е. он относился к свойству «вол». «И когда они соединяются (с Леви) вместе, мир не в состоянии вытерпеть. И поэтому: "Не паши на быке и осле вместе"[100]. И поэтому сообщил Яаков это Эсаву, как сказано: "И стали мне достоянием бык и осел"[101]» – то есть, он подчинил их святости. «И если бы Яаков не принизил себя, большой страх напал бы на Эсава» – так как у него (Яакова) была сила подчинить эти два вида суда.

---

[99] См. Зоар, главу Лех леха, п. 22, со слов: «Экран де-хирик, на который выходит средняя линия, происходит от свойства суда, имеющегося в Малхут...»

[100] Тора, Дварим, 22:10. «Не паши на быке и осле вместе».

[101] Тора, Берешит, 32:5-6. «И повелел он им, говоря: "Так скажите моему господину Эсаву – так сказал твой раб Яаков: "С Лаваном жил я и задержался доныне. И стали мне достоянием бык и осел, мелкий скот, и раб и рабыня. И я послал сообщить моему господину, чтобы обрести милость в глазах твоих"».

И встал новый царь

75) «И встал новый царь над Египтом»[102]. «В книге рава Амнуна Савы сказано так: "Что значит: "И встал новый царь над Египтом"? Все народы в мире и все правители в мире усиливались в своей власти только лишь за счет Исраэля. Египтяне не властвовали над всем миром, пока не пришли Исраэль и не вошли туда в изгнание, тогда те стали сильнее всех народов в мире. Вавилон усилился над всеми народами мира лишь за счет Исраэля, находившихся у них в изгнании. Эдом усилился над всеми народами мира лишь за счет Исраэля, находившихся у них в изгнании. Ведь эти народы были самыми презренными среди остальных народов, и были самыми угнетенными, а за счет Исраэля усилились».

76) «Египтяне» были самыми презренными из всех народов, «как сказано: "Из дома рабов"[103]. Они действительно назывались рабами, так как египтяне были самыми презренными из всех народов. Вавилоняне» были презренными, «как сказано: "Вот земля Касдим, народа, которого (прежде) не было"[104]. «Эдом» были презренными, «как сказано: "Вот, малым сделал Я тебя среди народов, презираем ты весьма"[105]».

77) «И все они получают силу только лишь благодаря Исраэлю. Ведь когда Исраэль находятся в изгнании у них, они немедленно становятся сильнее всех народов в мире. И в чем причина? В том, что Исраэль сами по себе противопоставляются всем народам, живущим в мире. И когда Исраэль вошли в египетское изгнание, тотчас происходит подъем у египтян, и усиливается их правление более всех народов, как сказано: "И встал новый царь над Египтом"[102]. "И встал" – означает, что у них происходит подъем, когда усиливается и встает тот» ангел, «который назначается правителем страны Египет, и передаются ему сила и власть над всеми правителями остальных народов. Ибо вначале власть дается этому правителю

---

[102] Тора, Шмот, 1:8. «И встал новый царь над Египтом, который не знал Йосефа».
[103] Тора, Шмот, 20:2. «Я – Творец Всесильный твой, который вывел тебя из земли египетской, из дома рабов».
[104] Пророки, Йешаяу, 23:13.
[105] Пророки, Овадья, 1:2. «Вот, малым сделал Я тебя среди народов, презираем ты весьма».

наверху, а затем его народу внизу. И поэтому говорит Писание: "И встал новый царь над Египтом"[102] – это их правитель, и он был новым, так как до сего дня не было у него власти над остальными народами, а сейчас он поставлен, чтобы править над всеми народами, живущими в мире. И тогда произошло сказанное: "Под тремя трясется земля, четырех она (уже) не может носить: раба, когда он делается царем"[106]» – потому что египтяне были рабами.[107]

78) Сказал рабби Хия: «За тридцать дней до того, как приходит сила к какому-то народу на земле, или же крушение могущества какого-то народа на земле, это провозглашается по всему миру. А иногда передается это устами младенца, а иногда – тем людям, у которых нет постижения. А иногда это передается голосом птиц, и они разносят по всему миру, но нет того, кто прислушался бы к ним. А когда этот народ – праведники, передается это главам праведников мира, чтобы они сообщили народу, и те вернулись к Господину своему. Но если этот народ – не праведники, то, как мы уже сказали».

79) Однажды рабби Эльазар сидел во вратах города Лод. И сидели с ним рабби Аба и рабби Йегуда, и рабби Йоси. Сказал рабби Йоси: «Я расскажу вам, что я видел сегодня утром. Я встал с рассветом» дня, «увидел одну птицу», ангела, «которая летела, она трижды вознеслась ввысь и один раз опустилась вниз, и произносила: "Высшие, высшие, в этот день возносятся небосводы"» – т.е. эти ступени достигают своих ГАР посредством вознесения небосвода, в свойстве: «Башня, парящая в воздухе»[108]. «Три возвышающихся правителя властвуют над землей. Один сидит и не сидит» – т.е. он тоже хочет стоять, а не сидеть. «И провели его через горящий огонь, и устраняется его существование и устраняется его правление. И три высших правящих столпа стоят над миром».

Пояснение сказанного. «Птица» – это ангел, служащий зивугу ЗОН. Как сказано: «Ибо птица небесная донесет голос и

---

[106] Писания, Притчи, 30:21-23. «Под тремя трясется земля, четырех она (уже) не может носить: раба, когда он делается царем, и негодяя, когда он досыта ест хлеб, ненавистную (женщину), вышедшую замуж, и рабыню, наследующую госпоже своей».
[107] См. выше, п. 76.
[108] Вавилонский Талмуд, Трактат Санедрин, 106:2.

обладающий крыльями перескажет слово»[109].[110] А ступень зивуга, исходящая от ЗОН, выходит только в последовательности трех линий, которые называются Хесед-Гвура-Тиферет (ХАГАТ) Зеир Анпина, и это правая сторона. И Нуква тоже получает эти ХАГАТ от Зеир Анпина посредством зивуга, но ее собственное свойство – это левая сторона, которой свойственно свечение сверху вниз, и это тьма, и она вовсе не светит.[111] Именно это означает, что у Нуквы нет ничего своего, а только то, что дает ей муж ее, Зеир Анпин.

И он говорит: «Я встал с рассветом» – т.е. получил свет от Зеир Анпина, и это называется утром и светом дня. «Увидел одну птицу, которая летела» – это ангел, служащий зивугу Зеир Анпина и Нуквы. «Она трижды вознеслась ввысь и один раз опустилась вниз» – т.е. намекнул ему, что только три линии Зеир Анпина, ХАГАТ, светят свечением Хохмы, поскольку Зеир Анпин – правая сторона, но левая линия, имеющаяся в Нукве, которой свойственно свечение сверху вниз, она принижена, потому что не светит. А затем он разъяснил ему намек и сказал: «Высшие, высшие, в этот день» – т.е. в свете Зеир Анпина, который называется днем, «воспаряют небосводы» – то есть небосводы раскрывают свечение Хохмы в свойстве «парение в воздухе», но не в свойстве Нуквы, которая является левой стороной, и поэтому: «Три возвышающихся правителя властвуют над землей» – только три правителя, исходящие от ХАГАТ, властвуют на земле, а один правитель, исходящий от сути Нуквы, т.е. от левой стороны, он должен сидеть, уменьшив свой уровень, подобно человеку, который сидит, уменьшив на треть свой уровень, т.е. ГАР, чтобы он не притягивал их сверху вниз. Но так как он «сидит и не сидит» – то есть не желает сидеть, а (желает) возвести ступень своих ГАР, которая притягивается сверху вниз, то «провели его через горящий огонь», и таким образом «устраняется его существование и устраняется его правление». И тогда только «три высших правящих столпа стоят над миром» – т.е. только исходящие от ХАГАТ.

80) «Бросил я ком праха этой птице, и сказал ей: "Птица, птица! Поведай мне: трое, ставшие правителями, и один, у

---

[109] Писания, Коэлет, 10:20. «Даже в мыслях своих не кляни царя, и в спальных покоях своих не кляни богача, ибо птица небесная донесет голос и обладающий крыльями перескажет слово».
[110] См.Зоар, главу Лех леха, п. 358, со слов: «Таким образом...»
[111] См.Зоар, главу Лех леха, п. 358.

которого отняли власть, – кто они?" И послала она мне три этих стрелы от правого крыла», то есть Зеир Анпина, «а эту одну – от левого», Нуквы. «И не знаю я, на что это указывает». Другими словами: «Не знаю я, чему новому это должно меня научить».

81) «Взял эти стрелы рабби Эльазар и опустил их к ноздрям своим. И пошла кровь из ноздрей его» – указывающая на суды красного цвета. «Сказал: "Конечно, три повелителя народов стоят в городе Рим на земле", – потому что исходят от ХАГАТ Зеир Анпина, "и в будущем совершат лютые расправы над Исраэлем со стороны римлян"» – то есть со стороны того ущерба, который вызвали Исраэль в ХАГАТ, дав силы римлянам разрушить святой Храм и учинить лютые расправы.

«Взял он ту стрелу» – которую послала птица от левого крыла, «вдохнул ее запах, и вышел черный огонь от нее» – цвет левой линии, характерный для Нуквы, который не включен в три цвета радуги белый-красный-зеленый, исходящие от трех линий ХАГАТ, и нет в них черного цвета. «Сказал, что устранили власть египтян», притягивающих свет левой линии сверху вниз. «И в будущем один из римских правителей пройдет по всей земле египетской и назначит министров и военачальников, и он разрушает строения» – которые были построены и исходили от левой стороны, «и устраивает разрушения» – и это разрушалось из-за того, что относится к правой стороне и не нужно египтянам.

«Бросил рабби Эльазар эти стрелы на землю» – т.е. протянул их свечение сверху вниз. «Упали три эти стрелы на одну, которая с левой стороны», и та, что с левой стороны, сгорела,[112] а три стрелы, которые с правой стороны, остались целы, как нам еще предстоит выяснить, потому что свечение правой линии можно протягивать сверху вниз,[112] и сделал он это для того, чтобы проверить, соответствует ли истине намек птицы.

82) «Когда они еще сидели, прошел один мальчик и произнес: "Пророчество о Египте. Вот Творец восседает на облаке легком и приходит в Египет"[113]. Прошел второй, приятель его, и сказал: "И земля египетская станет пустыней". Прошел тре-

---

[112] По причине, указанной выше, в п. 79.
[113] Пророки, Йешаяу, 19:1. «Пророчество о Египте. Вот Творец восседает на облаке легком и приходит в Египет. И отпрянут пред Ним идолы Египта, и сердце Египта обмякнет в нем».

тий, приятель его, и сказал: "И исчезнет мудрость египтян". Увидели они, что стрела, которая с левой стороны, сгорела, а три других стрелы, которые были на ней, не сгорели».

83) Сказал рабби Эльазар: «Поведанное птицей и поведанное детьми – всё это одно целое» – что дети в своих изречениях тоже сообщили о том, что Египет, т.е. левая линия, светящая сверху вниз, в будущем станет пустошью и исчезнет. «И всё это – высшее пророчество», которое было передано птицам и детям, «и Творец желал посвятить нас в высшие таинства, осуществляемые Им», послав их к нам. «И об этом сказано: "Ведь Творец Всесильный не делает ничего, не открыв Своей тайны рабам Своим, пророкам"[114]».

84) «Мудрецы во все времена важнее пророков. Потому что над пророками иногда пребывает дух святости, а иногда нет. А от мудрецов дух святости не уходит даже на мгновение, и они знают, что происходит наверху и внизу, и им не надо раскрывать этого». Сказал рабби Йоси: «Все это мудрость, а мудрость рабби Эльазара выше всех». Сказал рабби Аба: «Если бы не мудрецы, люди не знали бы, что такое Тора и что такое заповеди Владыки мира, и не было бы различия между духом человека и духом животного».

85) Сказал рабби Ицхак: «Когда Творец вершит суд над народом, Он вначале совершает суд над правителем, поставленным над ними свыше, как сказано: "Накажет Творец воинство небесное в вышине и царей земных на земле"[115]». Вначале – «воинство небесное», т.е. ангела-покровителя, а затем – «царей земных».

86) «Какому наказанию подвергается высший правитель? – Проводят его через огненную реку, берущую начало и исходящую от Творца, и тогда устраняется его власть. И тотчас возглашают о нем на небосводе: "Власть такого-то правителя отнята у него". Пока этот голос не пройдет по всем небосводам и пока не достигнет тех, кто властвует в этом мире» и зависит от этого правителя. «И этот голос выходит и разносится по всему миру,

---

[114] Пророки, Амос, 3:7. «Ведь Творец Всесильный не делает ничего, не открыв Своей тайны рабам Своим, пророкам».
[115] Пророки, Йешаяу, 24:21. «И будет в тот день: накажет Творец воинство небесное в вышине и царей земных на земле».

пока не достигнет птиц и детей, и тех глупцов среди людей, которые не знают», что говорят.

87) «И встал новый царь над Египтом»[102]. Сказал рабби Хия: «"Новый царь" – т.е. совсем новый», в буквальном смысле. Рабби Йоси сказал: «Это значит, что он ввел новые наказания, которых другой царь не вводил прежде. "Который не знал Йосефа" – т.е. не знал всех благодеяний, совершенных Йосефом в земле египетской, как сказано: "И внес Йосеф все серебро в дом Фараона"[116]. И он поддерживал их в голодные годы. Всего этого (новый царь) не помнил и делал вид, словно не знал» обо всем этом.

88) Рабби Йоси и рабби Йегуда сидели и занимались Торой перед рабби Шимоном. Сказал рабби Йегуда: «Сказанное: "И встал новый царь над Египтом"[102] мы учили, что означает "встал сам" – тот, кто был ничтожен, встал», чтобы царствовать, хотя и «не был достоин царства, но встал благодаря богатству». Сказал рабби Шимон: «Всё так и было, и это подобно тому, как было с Ахашверошем, который не был достоин царства, но сам взошел на царство, и взошел благодаря силе богатства и хотел стереть Исраэль с лица земли. И так же здесь, с Фараоном, – он не был достоин царства, но взошел на царство сам и хотел стереть Исраэль с лица земли, как сказано: "И сказал он народу своему: "Вот, народ сынов Исраэля многочисленнее и сильнее нас. Давайте перехитрим его"[117]. И когда встал царь наверху», т.е. ангел-покровитель, «встал царь внизу».

---

[116] Тора, Берешит, 47:14. «И собрал Йосеф все серебро, какое нашлось на земле египетской и на земле кнаанской, за хлеб, который покупали; и внес Йосеф все серебро в дом Фараона».

[117] Тора, Шмот, 1:9-10. «И сказал он народу своему: "Вот, народ сынов Исраэля многочисленнее и сильнее нас. Давайте перехитрим его, а не то умножится он и, случись война, присоединится и он к неприятелям нашим, и будет воевать против нас, и уйдет из страны"».

ГЛАВА ШМОТ

Пророчество о Египте

89) Рабби Эльазар и рабби Аба, и рабби Йоси шли из Тверии в Ципори. Встретился им в пути один иудей, провозгласил он и сказал: "Пророчество о Египте. Вот Творец восседает на облаке легком и приходит в Египет"[113]. Смотри, все цари мира и все народы мира как ничто пред Творцом, как сказано: "А все живущие на земле считаются ничем в сравнении с Ним, и по воле Своей поступает Он с воинством небесным"[118]. Но здесь, в Египте, несмотря на всё могущество и на силу десницы, явленные Творцом в Египте, что сказано? – "Вот Творец восседает на облаке легком и приходит в Египет"[113]. В чем заключается отличие, со всеми народами мира не было такого – там Творец выносит приговор, и он исполняется, а здесь, в Египте, Он приходит сам?» – чтобы сурово наказать их. «Ведь сказано: "И приходит в Египет"[113], и сказано: "И пройду Я по стране египетской …Я – Творец"[119]».

90) «Но это потому, что Царь пришел, чтобы вывести Царицу, которая там находилась. Во славу Царицы», т.е. Шхины, сошедшей с ними в изгнание, «пришел Он. И потому, что желал Творец восславить ее, Он пришел к ней, чтобы поднять ее, дать ей поддержку и возвысить ее, – подобно тому, как сделает Творец в конце эдомского изгнания».

91) Сказал рабби Йоси: «Если так, и это ради Царицы» пришел Творец в Египет, «то ведь при вавилонском изгнании Царица тоже находилась там, почему же этого не случилось?» Сказал ему: «Мы ведь учили, что грех привел к тому, что они брали жен-чужеземок и внесли союз святости в чужое владение. И из-за этого они лишились чудес и знамений, которые подобало свершить для них. Не так обстояло дело при египетском изгнании, когда все они были "колена Творца"[120]

---

[118] Писания, Даниэль, 4:32. «А все живущие на земле считаются ничем в сравнении с Ним, и по воле Своей поступает Он с воинством небесным и с живущими на земле, и нет никого, кто противился бы Ему и сказал бы Ему: "Что делаешь Ты?"»

[119] Тора, Шмот, 12:12. «И пройду Я по стране египетской в ту ночь, и поражу всякого первенца в стране египетской, от человека до животного, и над всеми божествами Египта совершу расправу, Я – Творец!»

[120] Писания, Псалмы, 122:4. «То место, куда восходили колена, колена Творца, – свидетельство Исраэлю, чтобы благодарить имя Творца».

– сынами Исраэля пришли в изгнание и сынами Исраэля вышли из изгнания», т.е. без греха.

92) «В эдомском изгнании Творец желает прославиться в мире и сам прийти, чтобы поднять Царицу и отряхнуть ее от праха. Горе тому, кто окажется там пред Ним в час, когда Он скажет: "Отряхнись от праха, встань, воссядь, Иерушалаим, развяжи узы на шее твоей"[121]. Какой царь и народ восстанет пред Ним?»

93) «Сказано: "И отпрянут пред Ним идолы Египта"[113]. "Идолы Египта" – говорится не о камнях и деревьях, из которых они делали идолов, а обо всех ступенях высших правителей и поклонении им со стороны низших», – они отпрянут и будут наказаны. «И в любом месте, куда бы Исраэль ни изгонялись, Творец требует и получает их у этих народов».

94) «Смотри, что сказано: "Так сказал Владыка мой, Творец: "В Египет сошел народ Мой сначала, чтобы жить там, и Ашшур ни за что угнетал его"[122]. Это негодование, в котором Творец негодовал на Ашшур, сказав: "Смотрите, что сделал Мне Ашшур. Другое дело – египтяне, над которыми Я свершил все эти суды. Народ Мой сошел туда, чтобы жить среди них, и египтяне приняли их в свою среду, дав им лучшую часть земли – землю Гошен. И хотя истязали их в изгнании, не забрали у них эту землю". И сказано: "Только на земле Гошен, где пребывали сыны Исраэля, не было града"[123]. И она была лучшей землей в Египте, как сказано: "В лучшей части земли, в земле Рамсес"[124]», которая находилась в земле Гошен. «Кроме того, они не обделяли их ни в чем. Ведь сказано: "А из скота сынов Исраэля не погибло ничего"[125]» – то есть они

---

[121] Пророки, Йешаяу, 52:2. «Отряхнись от праха, встань, воссядь, Йерушалаим, развяжи узы на шее твоей, пленная дочь Циона».
[122] Пророки, Йешаяу, 52:4. «Ибо так сказал Владыка мой, Творец: "В Египет сошел народ Мой сначала, чтобы жить там, и Ашшур ни за что угнетал его"».
[123] Тора, Шмот, 9:26. «Только на земле Гошен, где пребывали сыны Исраэля, не было града».
[124] Тора, Берешит, 47:11. «и поселил Йосеф отца своего и братьев своих, и дал им владение в земле египетской, в лучшей части земли, в земле Рамсес, как повелел Фараон».
[125] Тора, Шмот, 9:6. «И совершил это Творец на следующий день, и вымер весь скот египтян, а из скота сынов Исраэля не погибло ничего».

(египтяне) не отняли их скот, и вместе с тем были осуждены многочисленными наказаниями.

95) «Но "Ашшур ни за что угнетал его"[122] – заслал их в землю на краю мира, и забрал их землю. И если уж египтяне, сделавшие все эти блага Исраэлю, были осуждены всеми этими наказаниями – то над Ашшуром и Эдомом и остальными народами, притесняющими их, убивающими их и забирающими их богатства, Творец тем более пожелает прославить имя Свое над ними, как сказано: "И Я возвеличусь и освящусь, и появлюсь"[126]. Там, в Египте, это было с одним царем, а здесь», при грядущем полном избавлении, «это произойдет со всеми царями в мире».

---

[126] Пророки, Йехезкель, 38:23. «И Я возвеличусь и освящусь, и появлюсь пред глазами народов многих, и узнают, что Я – Творец».

ГЛАВА ШМОТ

Приход Машиаха

96) Рабби Шимон воздел руки и заплакал, и сказал: «Горе тому, кто окажется в том времени, и счастлив удел того, кто окажется и сможет находиться в том времени». И пояснил: «Горе тому, кто окажется в том времени, потому что когда Творец придет навестить лань», т.е. Шхину, «Он посмотрит, кто же это стоящие с ней, и на всех, кто находится с ней, и взглянет на все деяния каждого из них, и не найдется праведника, как сказано: "И смотрел Я – и не было помощника"[127]. Сколько же бед и несчастий будет у Исраэля!»

97) «Счастлив тот, кто окажется и будет находиться в том времени, потому что тот, кто будет существовать в то время в вере, удостоится того самого света радости Царя. И об этом времени сказано: "Очищу их, как очищают серебро, и испытаю их, как испытывают золото"[128]».

98) «После того как эти беды пробудятся над Исраэлем, и все народы и их цари сговорятся против них, и вынесут множество злобных постановлений, и все сообща пойдут на них, и последует беда за бедой, и новая затмит старую, – тогда появится огненный столп, (нисходящий) сверху вниз сорок дней, и все народы в мире будут видеть его».

99) «В это время пробудится царь Машиах, чтобы выйти из Эденского сада, из места под названием "птичье гнездо", и появится в земле галилейской. И в тот день, когда Машиах войдет туда, разгневается весь мир, и все жители мира спрячутся в пещерах и каменных расселинах, не надеясь на спасение. Об этом времени сказано: "И войдут в расселины скал и в подземелья из страха пред Творцом и от сияния величия Его, когда Он встанет, чтобы сокрушить землю"[129]».

---

[127] Пророки, Йешаяу, 63:5. «И смотрел Я – и не было помощника, и удивился Я – и не было поддерживающего, и помогла Мне мышца Моя, и ярость Моя укрепила Меня».

[128] Пророки, Зехария, 13:9. «И введу треть эту в огонь, и очищу их, как очищают серебро, и испытаю их, как испытывают золото. Призовет он (остаток) имя Мое, и Я отвечу ему, сказав: "Народ Мой он!", и он скажет: "Творец Всесильный мой!"»

[129] Пророки, Йешаяу, 2:19. «И войдут люди в расселины скал и в подземелья из страха пред Творцом и от сияния величия Его, когда Он встанет, чтобы сокрушить землю».

100) «"Из страха пред Творцом"¹²⁹ – это гнев всего мира, а "от сияния величия Его"¹²⁹ – это Машиах. "Когда Он встанет, чтобы сокрушить землю"¹²⁹ – когда встанет Машиах и раскроется в земле Галилеи, так как это первое место, разрушенное в святой земле» Ашшуром. «И потому он раскроется там раньше всех остальных мест, и оттуда пробудит войны по всему миру».

101) «А через сорок дней, когда столп поднимется с земли до небес на глазах у всего мира и раскроется Машиах, взойдет с восточной стороны одна звезда, горящая всеми цветами. Семь других звезд окружают эту звезду и они будут вести с ней войну со всех сторон трижды в день до семидесяти дней, и все жители мира увидят это».

102) «И эта звезда будет вести с ними войну огненными всполохами, горящими и сверкающими во все стороны, и поражать их, пока не поглотит их, и так каждый вечер. А днем она снова выпустит их, и они будут вести войну на глазах у всего мира, и так каждый день, вплоть до окончания семидесяти дней. А через семьдесят дней скроется эта звезда, и скроется Машиах на двенадцать месяцев. И вернется огненный столп, как и раньше, и в нем скроется Машиах, и этот столп не будет виден».

103) «Через двенадцать месяцев поднимут Машиаха в этом столпе к небосводу, и там он получит силу и царский венец. И когда спустится он на землю, снова предстанет этот огненный столп, как и прежде, взору всего мира. А затем явится Машиах, и соберутся к нему многочисленные народы, и поведет он войну во всем мире. В то время пробудится Творец в могуществе Своем ко всем народам мира, и царь Машиах станет известен во всем мире, и все цари мира пробудятся, чтобы объединиться между собой и вести с ним войну».

104) «И многочисленные отступники Исраэля отвернутся, чтобы возвратиться к народам, и придут с ними, чтобы вести войну против царя Машиаха. Тогда весь мир будет объят тьмой пятнадцать дней, и многие из народа Исраэля умрут в этой тьме. И потому сказано: "Вот тьма покроет землю, и мгла – народы"¹³⁰».

---

¹³⁰ Пророки, Йешаяу, 60:2. «Ибо вот тьма покроет землю, и мгла – народы; а над тобой воссияет Творец, и слава Его над тобой явится».

105) Сказал, провозгласив: «"Если попадется тебе птичье гнездо на пути, на каком-либо дереве или на земле, с птенцами или с яйцами, и мать сидит на птенцах или на яйцах, то не бери матери вместе с детьми. Мать отпусти на волю..."[131]. Мы выясняли это изречение, и оно является одной из заповедей Торы со скрытым смыслом. И в нем заключены скрытые тайны Торы, пути и тропинки, которые известны товарищам благодаря тридцати двум путям Торы».

106) Сказал рабби Шимон своему сыну, рабби Эльазару: «Эльазар, в то время, когда пробудится царь Машиах, множество знамений и других чудес пробудятся в мире. Смотри, в нижнем Эденском саду есть одно место, скрытое и утаенное, которое неведомо. Оно соткано из многочисленных оттенков, и в нем кроется тысяча прелестных чертогов, и некому войти в них, кроме Машиаха, который стоит всегда в Эденском саду».

107) «Весь сад окружен многочисленными колесницами праведников, а Машиах стоит над ними и над множеством воинств и станов душ праведников, находящихся там. В новомесячья, в праздники и в субботы вступает Машиах в то место», где сокрыто тысяча чертогов, «чтобы радоваться во всех этих чертогах».

108) «А в самой внутренней части всей этой тысячи скрытых чертогов есть одно место, сокрытое и утаенное, которое совершенно неведомо, и зовется оно Эденом, и нет того, кто бы мог достичь его. И Машиах скрывается снаружи, возле этого места, пока не раскроется ему одно место, называемое "птичье гнездо". И это место, о котором возвещает птица, пробуждающаяся каждый день в Эденском саду».

Объяснение. Это три Хохмы:
1. Высшая Хохма прямого света. И эта Хохма укрыта со времени шести дней начала творения, и потому нет никакого знания и постижения ее, и о ней он говорит здесь, что «есть одно место, сокрытое и утаенное, которое совершенно неведомо, и зовется оно Эденом, и нет того, кто бы мог достичь его. И Машиах скрывается снаружи, возле этого места»,

---

[131] Тора, Дварим, 22:6-7. «Если попадется тебе птичье гнездо на пути, на каком-либо дереве или на земле, с птенцами или с яйцами, и мать сидит на птенцах или на яйцах, то не бери матери вместе с детьми. Мать отпусти на волю, а детей возьми себе – если поступишь так, будет тебе хорошо и продлятся твои дни».

так как об этом месте нет никакого представления даже у Машиаха.

2. Бина, которая снова стала Хохмой, и от этой Хохмы исходят все мохин, и нет постижения ее самой ни у кого, кроме Машиаха. И о ней он говорит здесь, что «есть одно место, скрытое и утаенное, которое неведомо. Оно соткано из множества оттенков, и в нем кроется тысяча прелестных чертогов, и некому войти в них, кроме Машиаха».

3. Хохма в Малхут, и только эта Хохма постигается великими праведниками мира, т.е. только вследствие соединения трех линий, находящихся в ней. И ее левая линия, корень всей имеющейся в ней Хохмы, называется птичьим гнездом. «Птица» – это название Хохмы в Малхут, а «гнездо» – то место, откуда раскрывается Хохма. И поэтому сказано: «Пока не раскроется ему одно место, называемое "птичье гнездо". И это место, о котором возвещает птица, пробуждающаяся каждый день в Эденском саду». Передача одной только Хохмы называется воззванием, а не речью, из-за судов, исходящих от нее. Ибо эта Хохма раскрывается только в виде вынесения приговора суда.[132] А когда она облачается в хасадим, раскрывается эта Хохма праведникам в Эденском саду каждый день, и это смысл слов: «Пробуждающаяся каждый день в Эденском саду».

109) «И в этом месте», которое называется птичьим гнездом, «вышиты» на одеянии, называемом царской порфирой,[133] «образы всех народов, собравшихся против Исраэля, чтобы причинить им зло. Вступает он», Машиах, «в это место, поднимает глаза и видит праотцев, вошедших в разрушенный дом Творца, и тут он видит Рахель, на ее щеке слеза, и Творец утешает ее, но она не хочет принять утешение, как сказано: "Не хочет она утешиться из-за детей своих"[134]. Тогда Машиах возвышает свой голос и плачет, и содрогается весь Эденский сад. И все праведники, которые там, ревут и плачут вместе с ним».

110) «Рыдает и плачет во второй раз, и содрогается небосвод над садом и полторы тысячи десятков тысяч (рибо) высших станов» ангелов. «Тем временем подходит он», Машиах, «к

---

[132] См. Зоар, главу Ваера, п. 216, со слов: «Объяснение. Судебный приговор – это свечение точки шурук в Нукве до ее включения в хасадим...»
[133] См. Зоар, главу Берешит, часть 2, п. 58.
[134] Пророки, Йермияу, 31:14. «Так сказал Творец: "Слышится голос в Раме, вопль (и) горькое рыдание: Рахель оплакивает сыновей своих; не хочет она утешиться из-за детей своих, ибо не стало их"».

высшему престолу, тогда Творец дает знак этой птице, и она входит в свое гнездо и садится возле Машиаха, и возглашает то, что возглашает, и пробуждается то, что пробуждается».

Объяснение. Есть два вида голоса:

1. От экрана Малхут, не подслащенного в Бине. И о нем говорит он здесь: «Машиах возвышает свой голос и плачет», и поскольку он относится к свойству суда, поэтому говорит: «И содрогается весь Эденский сад» – т.е. даже в правой линии Эденского сада.

2. Когда экран Малхут уже подслащен в Бине, тогда образуется новое окончание второго сокращения, называемое небосводом.[135] И это второй плач, о котором говорит: «Рыдает и плачет во второй раз», и поэтому содрогается не весь сад, а только левая линия и левая половина средней линии, которая называется «полторы тысячи десятков тысяч».[136] Тысячей называются потому, что являются Хохмой, а десятками тысяч – потому, что облачены в хасадим. И тогда Машиах поднимается к Бине, и это означает сказанное: «Тем временем подходит он к высшему престолу», т.е. к Бине, «тогда Творец дает знак этой птице, и она входит в свое гнездо» – т.е. Творец протягивает ей свечение Хохмы, и это уподобляется тому, что птица, то есть мохин Хохмы, возвращается в свое гнездо и «и садится возле Машиаха», чтобы передавать через него Хохму. И тогда она «возглашает то, что возглашает» – для того чтобы привлечь Хохму, т.е. с помощью голоса Бины, «и пробуждается то, что пробуждается» – то есть пробуждаются мохин Хохмы.

111) «Пока из святого престола», то есть Бины, «не призываются трижды», то есть в трех линиях друг за другом, «это птичье гнездо и Машиах, и все поднимаются наверх», к Бине. «И Творец заклинает их устранить царство зла из мира с помощью Машиаха, совершить возмездие за Исраэль и привлечь всё благо, которое сделает Творец Своему народу. И возвращаются птичье гнездо и Машиах на свое место, и Машиах опять скрывается в этом месте», птичьем гнезде, «как и прежде».

До сих пор рабби Шимон разъяснил, как раскрывается Машиах во время изгнания. И говорит, что корень его – возле Эдена,

---

[135] См. Зоар, главу Ноах, п. 263, со слов: «Пояснение сказанного. В сказанном выясняется два вида голоса...»
[136] См. выше, п. 40.

где он был скрыт вначале. Когда же установились миры и птичье гнездо, то есть Малхут от свойства Хохмы и приговора суда, как мы уже говорили, Машиах скрывается в нем. А по субботам и праздникам поднимается Машиах с птичьим гнездом к Бине, и они получают три линии Бины.

А отсюда и далее он начинает разъяснять порядок раскрытия Машиаха, когда он приходит, чтобы избавить Исраэль. Ибо он не способен избавить Исраэль, пока не привлечет ГАР де-ГАР, которых недостает в птичьем гнезде и недостает ему самому, называемые нешама-хая-йехида. И поскольку Исраэль недостойны избавления, в мир привлекаются, с каждым разом, когда он притягивает левую линию, суровые и горькие суды, потому что нет света, который не привлекался бы с помощью трех линий.

И сейчас он начинает разъяснять порядок раскрытия света нешама от ГАР де-ГАР. С пункта 115 и далее он разъясняет порядок раскрытия света хая, а с пункта 121 и далее – порядок раскрытия света йехида. А затем разъясняет порядок раскрытия Машиаха нижним.

112) «И в то время, когда пробудится Творец, чтобы исправить миры, и засветят буквы имени в совершенстве, "йуд יו"ד" в "хэй ה"א", и будут они в едином совершенстве, пробудится одна грозная звезда посреди небосвода, словно пурпур, горящий и сверкающий днем на глазах у всего мира».

«И в то время, когда пробудится Творец, чтобы исправить миры, и засветят буквы имени в совершенстве, "йуд יו"ד"» имени, т.е. Хохма, засветит «в "хэй ה"א"», в Бине, «"вав וא"ו"» имени, Тиферет, засветит «в "хэй ה"א"» последней, т.е. в Малхут. «И будут они в едином совершенстве», т.е. «йуд-хэй יה» будут в едином совершенстве с «вав-хэй וה». Говоря иначе, «пробудится одна грозная звезда» – Тиферет, зовущаяся грозной в своем экране хирик, – «посреди небосвода», поскольку она представляет среднюю линию, «словно пурпур», включающий все цвета, так и она включает все три линии, «горящий и сверкающий днем» – т.е. в свете хасадим, который называется «день»; «на глазах у всего мира» – т.е. также и в свете Хохмы, который называется «эйнаим (глаза)».

113) «И поднимется одно огненное пламя с северной стороны на небосводе, и будут они стоять друг против друга сорок дней. И устрашатся все жители мира к концу сорока дней. И поведут войну звезда и пламя на глазах у всех, и распространится пламя горящим огнем на небосводе с северной стороны. И многочисленные правители и цари, и нации, и народы устрашатся этого».

«И поднимется одно огненное пламя с северной стороны» – от левой линии, поскольку когда она привлекает Хохму сверху вниз, превращается ее свет в огненное пламя, «на небосводе, и будут они стоять друг против друга сорок дней», потому что пламя, исходящее от левой линии, отделяет себя от каждой (сфиры) ХУБ ТУМ, что в средней линии. И каждая из них состоит из десяти сфирот, а всего их – сорок. «И устрашатся все жители мира к концу сорока дней», т.е. в конечной сфире, Малхут де-Малхут.

«И поведут войну звезда и пламя на глазах у всех, и распространится пламя горящим огнем на небосводе с северной стороны» – т.е. распространится, чтобы протянуть Хохму от левой линии также и в Малхут де-Малхут, которая еще не подсластилась мерой милосердия, от которой получает средняя линия, т.е. звезда, свой экран точки хирик. И получается, что она тем самым собирается полностью поглотить эту звезду, т.е. отменить экран ее, и средняя линия аннулируется. «И многочисленные правители и цари, и нации, и народы устрашатся этого», т.е. усиления пламени.

114) «Тогда поднимется эта звезда к южной стороне и возобладает над пламенем, и пламя будет постепенно поглощаться небосводом, пред звездою, до тех пор, пока не станет совершенно незаметным. Тогда звезда проложит пути на небосводе в двенадцати границах. И будут находиться эти пути на небосводе двенадцать дней».

«Тогда поднимется эта звезда к южной стороне», и это правая линия и свет Хесед (милосердия), и возвратятся хасадим, чтобы светить в мире, в результате чего «и возобладает над пламенем, и пламя будет постепенно поглощаться небосводом, пред звездою, до тех пор, пока не станет совершенно незаметным. Тогда звезда проложит пути на небосводе в двенадцати границах» – т.е. подсластит экран мерой милосердия, называемой «путь»,[137] и когда три линии в нем включатся в каждую из сфирот ХУБ ТУМ, то три раза по четыре будет двенадцать путей. «И будут находиться эти пути на небосводе двенадцать дней» – ибо даже сама Малхут светит только в трех линиях ХАГАТ, но в ней самой Малхут не светит, и потому их только двенадцать светов. И с помощью этого Машиах восполняется свойством нешама де-ГАР.

115) «Через двенадцать дней устрашатся все жители мира, и затмится солнце в полдень, как затмилось в тот день, когда был разрушен Храм, так, что не будут видны небо и земля. И пробудится один голос в громе и искрах, и содрогнется земля от этого голоса, и множество воинств и станов умрут из-за него».

Когда он захочет привлечь их свечение «через двенадцать дней» к Малхут, «устрашатся все жители мира» свойства суда, что в Малхут, «и затмится солнце в полдень, как затмилось в тот день, когда был разрушен Храм, так, что не будут видны небо и земля. И пробудится один голос в громе и искрах» от свойства суда, что в Малхут, «и земля будет сотрясаться от этого голоса, и множество воинств и станов умрут из-за него».

116) «И в этот день пробудится в великом городе Рим огненное пламя из-за этого голоса, который пробудится во всем мире. И сожжет он много башен и много чертогов. Множество башен падет, множество правителей и властителей падет в этот день. И все соберутся против нее, чтобы причинить зло. И все жители мира не смогут спастись».

«И в этот день», то есть Малхут, приведет к тому, что «пробудится в великом городе Рим», то есть в Бине сил скверны, «огненное пламя» от суда левой линии, «из-за этого голоса, который пробудится во всем мире», т.е. от меры суда, что в Малхут. Иными словами, два этих суда соединятся вместе. «И сожжет он много башен и много чертогов. Множество башен падет, множество правителей и властителей падет в этот день. И все», т.е. все суды, «соберутся против нее, чтобы причинить зло. И все жители мира не смогут спастись». И всё это – подготовка к восполнению Машиаха светом хая де-ГАР. Ведь, как известно, обратная сторона (ахораим) предшествует лицевой (паним).

---

[137] См. Зоар, главу Берешит, часть 1, п. 308.

117) «С этого дня и до двенадцати месяцев будут совещаться все цари, и примут решение о многочисленных запретах и многочисленных гонениях на Исраэль, и преуспеют в них. Как мы учили, счастлив тот, кто окажется там, счастлив тот, кто не окажется там. И весь мир будет в большом смятении».

«С этого дня и до двенадцати месяцев», то есть пока не исправится свечение двенадцати границ также и в Малхут, так как в Зеир Анпине они называются двенадцатью днями, а в Малхут они называются двенадцатью месяцами, «будут совещаться все цари, и примут решение о многочисленных запретах и многочисленных гонениях на Исраэль, и преуспеют в них. Как мы учили, счастлив тот, кто окажется там» – в дни Машиаха, «счастлив тот, кто не окажется там» – т.е. спасется от этих судов. «И весь мир будет в большом смятении».

118) «К концу двенадцати месяцев» – т.е. после того как будут исправлены двенадцать светов в Малхут,[138] «вознесется скипетр от Исраэля[139], и это – царь Машиах, который пробудится в Эденском саду. И все праведники увенчают его там и опояшут его оружием с помощью запечатленных букв сосуда святого имени».

119) «Голос разнесется по ветвям деревьев в саду, и будет призывать с силой, говоря: "Просыпайтесь, высшие святые, вставайте пред Машиахом. Настало время соединиться жене со своим мужем" – то есть Тиферет с Малхут. "И муж ее", Тиферет, "хочет свершить за нее возмездия в мире, и поднять ее и отряхнуть ее от праха"».

120) «Тогда все встанут и опояшут его оружием, как и прежде. Авраам справа от него, Ицхак слева от него, Яаков спереди. Моше, верный пастырь, над всеми этими праведниками, пускается в танец в Эденском саду». И благодаря этому Машиах восполняется светом хая де-ГАР.

121) «Когда Машиах исправится с помощью праведников в Эденском саду, он войдет, как и раньше, в это место, называемое птичьим гнездом, и увидит там образ разрушенного Храма

---

[138] См. выше, п. 117.
[139] См. Тора, Бемидбар, 24:17. «Вижу его, но не сейчас, всматриваюсь в него, но не близко: взошла звезда от Яакова и вознесся скипетр от Исраэля, и сокрушит он пределы Моава и разгромит всех сынов Шета».

и всех праведников, убитых в нем. Тогда возьмет он оттуда десять одеяний, называющихся "десять одеяний ревности", и будет скрыт там сорок дней, вообще не открываясь».

122) «К концу сорока дней пробудится один голос и призовет из высшего престола», т.е. Бины, «птичье гнездо с царем Машиахом, скрытым в нем. И тогда поднимают его наверх, и Творец видит царя Машиаха, облаченного в одеяния возмездия и опоясанного оружием, и берет его и целует в голову».

123) «Тогда содрогаются триста девяносто небосводов, и Творец дает знак одному небосводу из них, который был укрыт с шести дней начала творения, и извлечет из одного чертога на этом небосводе один венец, на котором выгравированы и отчеканены святые имена. Этим венцом был увенчан Творец, когда Исраэль проходили море, чтобы совершить возмездие над всеми колесницами Фараона и его конницей. И венчает» этой короной «царя Машиаха».

Пояснение сказанного. Экран, подслащенный в Бине, называется небосводом, и так как он исходит от Бины, в нем есть четыре свойства ХУБ ТУМ, в каждом из которых сто сфирот. Но поскольку в них недостает Малхут,[140] в них есть только триста девяносто небосводов. А десять небосводов в Малхут скрыты с шести дней начала творения, то есть с тех пор как было произведено исправление второго сокращения.[141]

И это смысл сказанного: "Тогда содрогаются триста девяносто небосводов" – потому что пришло исправление к Малхут меры суда, а они страшатся судов Малхут. Поэтому сказано: «И Творец дает знак одному небосводу из них, который был укрыт с шести дней начала творения» – т.е. небосводу Малхут меры суда, которая была скрыта со времени шести дней начала творения.

«И извлечет из одного чертога на этом небосводе один венец» – так как недостаток Малхут в келим приводит к недостатку света Кетера в светах, а теперь, когда исправилась Малхут, свет Кетера вернулся на небосвод. И во время пересечения

---

[140] См. выше, п. 114.
[141] См. «Предисловие книги Зоар», п. 56, со слов: «И понятие "триста девяносто небосводов" заключается в следующем…»

Конечного моря, когда Творец хотел потопить клипу египтян, так чтобы Исраэль их больше никогда не видели, увенчался Творец этой Малхут меры суда. И это означает сказанное: «Этим венцом был увенчан Творец, когда Исраэль проходили море, чтобы совершить возмездие над всеми колесницами Фараона и его конницей». И теперь, когда эта Малхут исправилась и в ней раскрылся свет Кетера, берет ее Творец «и венчает царя Машиаха». И благодаря этому царь Машиах восполняется светом йехида де-ГАР, но только (свойством) ВАК этого света йехида.

124) «Когда увенчается Машиах и исправится всеми этими исправлениями, возьмет его Творец и поцелует его, как и прежде. Кто видел святые колесницы и станы высших ангелов, окружающих его и дающих ему многочисленные дары и гостинцы. И он увенчается от всех них».

125) «Он входит там в один чертог и видит всех высших ангелов, зовущихся скорбящими по Циону. Это те, что оплакивают разрушение Храма, и плачут они всегда, и они дают ему облачение царства (малхут) Эдома,[142] чтобы вершить возмездия. Тогда Творец укрывает его в том же птичьем гнезде, и он скрывается там тридцать дней» – это подготовка к получению свойства ГАР де-йехида.

126) «После тридцати дней» сокрытия «в птичьем гнезде, сойдет он, увенчанный всеми исправлениями, сверху вниз, в окружении множества святых станов, и увидит весь мир один свет, спускающийся от небосвода к земле. И простоит он семь дней», что соответствует свойствам ХАГАТ НЕХИМ в Малхут, так как он будет светить даже в Малхут де-Малхут. «И все жители мира будут поражены и испуганы, и не поймут ничего вовсе, кроме тех мудрецов, которые разбираются в этих тайнах. Счастлив их удел».

127) «Все эти семь дней будет он увенчан на земле в этом птичьем гнезде. В каком это месте? "В пути"[131] – это могила Рахели, которая находится на распутье. И он известит ее об этом и утешит ее. И тогда она примет утешение, и она встанет и поцелует его».

---

[142] См. Зоар, главу Берешит, часть 2, п. 19.

«Все эти семь дней будет он увенчан на земле», т.е. в Малхут, «в этом птичьем гнезде». И это смысл сказанного: «Если попадется тебе птичье гнездо»[131], что указывает на царя Машиаха, увенчанного в птичьем гнезде. «В каком это месте? "В пути"[131] – это могила Рахели, которая находится на распутье». И поскольку Машиах увенчан также светом Малхут де-Малхут, предназначенным для собрания изгнаний, «он известит ее об этом и утешит ее. И тогда она примет утешение», тогда как раньше сказано: «Не хочет она утешиться из-за детей своих, ибо не стало их»[134]. «И она встанет и поцелует его», Машиаха.

128) «А затем поднимется свет из этого места и будет пребывать в городе Йерехо, городе деревьев. И потому: "На каком-либо дереве"[131] – это Йерехо. "Или на земле"[131] – это Йерушалаим. И будет он скрыт в этом свете, в птичьем гнезде, двенадцать месяцев».

«А затем поднимется свет из этого места», – могилы Рахели, «и будет пребывать в городе Йерехо, городе деревьев. И потому: "На каком-либо дереве"[131] – это Йерехо», город пальм[143], который Йеошуа не смог исправить полностью и потому сказал: «Проклят тот человек пред Творцом, кто встанет и построит город этот»[144] – поскольку он происходит от меры суда, что в Малхут де-Малхут. Теперь же Машиах исправит его светом семи дней. «"Или на земле"[131] – это Йерушалаим», внешняя часть Малхут. «И будет он скрыт в этом свете, в птичьем гнезде, двенадцать месяцев».

129) «Через двенадцать месяцев установится этот свет между небом и землей и пребудет на земле галилейской, где началось изгнание Исраэля», т.е. ашшурское изгнание. И там явится Машиах из того самого света птичьего гнезда и вернется на свое место. И в этот день содрогнется вся земля, как и раньше, от края небес до края небес. И тогда увидит весь мир, что явился царь Машиах на земле галилейской».

---

[143] Тора, Дварим, 34:3. «И Негев, и окрестности долины Йерехо, города пальм, до Цоара».

[144] Пророки, Йеошуа, 6:26. «И заклинал Йеошуа в то время, сказав: «Проклят тот человек пред Творцом, кто встанет и построит город этот, Йерехо, – на первенце своем обоснует он его и на младшем своем поставит врата его!»»

130) «И сойдутся к нему все те, кто занимался Торой. Они малочисленны в мире, и благодаря ученикам мудрецов укрепится сила его. И это "птенцы"[131], а если нет таких, то младенцы, сидящие у материнской груди и кормящиеся от нее, о которых сказано: "Младенцев, отлученных от молока, отнятых от груди"[145], то есть: "Или яйца"[131], так как ради них пребывает Шхина с Исраэлем в изгнании».

«И сойдутся к нему все те, кто занимался Торой», и они называются «детьми»[131]. «Они малочисленны в мире, и благодаря ученикам мудрецов укрепится сила его», Машиаха. «И это "птенцы"[131]», о которых говорится в этом изречении. «А если нет таких, то младенцы, сидящие у материнской груди и кормящиеся от нее, о которых сказано: "Младенцев, отлученных от молока, отнятых от груди"[146], то есть: "Или "яйца"[131]», о которых говорится в изречении, «так как ради них пребывает Шхина с Исраэлем в изгнании».

131) «Ибо мудрецы», зовущиеся сыновьями, «малочисленны в это время», то есть, «как сказано: "И мать сидит на птенцах или на яйцах, то не бери матери вместе с детьми (досл. сыновьями)"[131]», потому что сыновей тогда нет, и потому не забирай мать, т.е. Шхину. «А Машиах задержится еще на двенадцать месяцев. А затем придет ее муж», Зеир Анпин, «и поднимет ее из праха, как сказано: "Подниму Я падающий шатер Давида"[147]».

132) «В тот день начнет царь Машиах собирать изгнанных от края мира и до края, как сказано: "Даже если будут изгнанники твои на краю неба, то и оттуда соберет тебя Творец Всесильный твой"[148]. С того дня все знамения, чудеса и могучие деяния, которые свершил Творец в Египте, совершит Он для

---

[145] Пророки, Йешаяу, 28:9. «Кого учит он ведению и кого вразумляет вестью (пророческой)?! Младенцев, отлученных от молока, отнятых от груди?!»

[146] Пророки, Йешаяу, 28:9. «Кого учит он ведению и кого вразумляет вестью (пророческой)?! Младенцев, отлученных от молока, отнятых от груди?!»

[147] Пророки, Амос, 9:11. «В тот день подниму Я падающий шатер Давида, и заделаю щели его, и восстановлю разрушенное, и отстрою его, как во дни древности».

[148] Тора, Дварим, 30:4. «Даже если будут изгнанники твои на краю неба, то и оттуда соберет тебя Творец Всесильный твой, и оттуда возьмет тебя».

Исраэля, как сказано: "Как в дни исхода твоего из земли Египта, явлю ему чудеса"[149]».

133) Сказал рабби Шимон: «Эльазар, сын мой, все эти вещи ты найдешь с помощью тридцати двух путей» мудрости «святого имени. Но пока эти чудеса не пробудились в мире, не восполнится святое имя и не пробудится любовь, как сказано: "Заклинаю вас, дочери Йерушалаима, газелями и ланями степными: не будите, не тревожьте любовь, пока не станет желанна она"[150]. "Газелями (цваóт)"[150] – это царь Машиах, зовущийся воинствами (цваот), "и ланями степными"[150] – это прочие воинства и станы внизу, "не будите и не тревожьте любовь" – это десница Творца», т.е. сфира Хесед, «называемая любовью, "пока не станет желанна она" – та, что лежит во прахе», т.е. Шхина в изгнании, «пока не пожелает ее Царь. Праведником будет тот, кто приведет к заслугам это поколение. Праведник он в этом мире, праведник он в мире будущем».

134) Рабби Шимон воздел руки в молитве пред Творцом и вознес молитву, после того, как он вознес свою молитву, подошли рабби Эльазар, сын его, и рабби Аба и сели перед ним, пока они сидели перед ним, увидели свет один того дня, что стемнел, и один поток пылающего огня, т.е. струю пылающего огня, «погрузился в Тивериадское море, и сотряслось все это место».

135) Сказал рабби Шимон: «Безусловно, сейчас то время, когда Творец вспоминает сынов своих и роняет две слезы в великое море,[151] и когда они опускаются, то касаются этого потока пылающего огня, и они погружаются друг в друге», вместе, «в море». Заплакал рабби Шимон, и заплакали товарищи.

136) Сказал рабби Шимон: «Мои замечания касались букв святого имени и пробуждения Творца к Его сыновьям. Теперь же я должен раскрыть то, что другой человек не имеет права раскрыть. Однако заслуги этого поколения будут поддерживать

---

[149] Пророки, Миха, 7:15. «Как в дни исхода твоего из земли Египта, явлю ему чудеса».
[150] Писания, Песнь песней, 2:7. «Заклинаю вас, дочери Йерушалаима, газелями и ланями степными: не будите и не тревожьте любовь, пока не станет желанна она».
[151] См. «Предисловие книги Зоар», п. 56, со слов: «И тогда Царь роняет слезы…»

существование мира, пока не придет царь Машиах». Сказал рабби Шимон рабби Эльазару и рабби Абе: «Встаньте на ноги». Встали рабби Эльазар и рабби Аба. Заплакал рабби Шимон во второй раз и сказал: «Горе тому, кто встанет тогда. По тому, как я вижу, что продлится изгнание, кто сможет вытерпеть?!»

137) Еще он (рабби Шимон) встал и сказал: «"Творец, Всесильный наш, властвовали над нами владыки, кроме Тебя, только с Тобою упоминать будем имя Твое"[152]. Мы уже выясняли это изречение. Но в этих словах кроется высшая тайна веры. "Творец, Всесильный наш" – это начало высших тайн», т.е. Хохма и Бина, «откуда исходит весь свет для зажигания всех свечей». Иными словами, все мохин, относящиеся к ЗОН и БЕА, выходят из этих Хохмы и Бины, которые называются «Творец, Всесильный наш». «И там берет свое начало всё понятие веры», т.е. Нуквы. И это смысл сказанного: «И отстроил Творец Всесильный»[153] – то есть Хохма и Бина, «ту сторону»[153] – т.е. Нукву, называемую верой.

138) «"Властвовали над нами владыки, кроме Тебя"[152] – т.е. некому властвовать над народом Исраэля, кроме этого высшего имени» – Творец, Всесильный наш, как сказано выше, «но теперь, в изгнании, властвует над ним другая сторона». И это смысл сказанного: «Властвовали над нами владыки, кроме Тебя»[152].

139) «Только с Тобою упоминать будем имя Твое». «Святое имя», Нуква, «это совокупность двадцати двух букв», и потому она называется «эт את», что указывает на двадцать две буквы «от "алеф א" до "тав ת"».[154] И Кнессет Исраэль», Нуква, «благословляется только из этого имени, называемого "с Тобою"», т.е. Зеир Анпина, которое тоже содержит в себе двадцать две буквы, согласно числовому значению (22) слова «Тобою (беха́ בך)», «как сказано: "Которым Ты клялся Тобою (беха́ בך)"[155], а

---

[152] Пророки, Йешаяу, 26:13. «Творец, Всесильный наш, властвовали над нами владыки, кроме Тебя, только с Тобою упоминать будем имя Твое».

[153] Тора, Берешит, 2:22. «И отстроил Творец Всесильный ту сторону, которую взял у Адама, чтобы была ему женой, и привел ее к Адаму».

[154] См. Зоар, главу Берешит, часть 1, п. 11. «Когда "эт את" включает в себя все буквы, она становится совокупностью всех букв...»

[155] Тора, Шмот, 32:13. «Вспомни Авраама, Ицхака и Исраэля, рабов Твоих, которым Ты клялся Тобою и говорил им: "Умножу ваше потомство, как звезды небесные, и всю эту землю, о которой Я сказал, дам потомству вашему, и владеть будут вечно"».

также: "Тобою будет благословлять Исраэль"¹⁵⁶, "Ибо с Тобою сокрушу я отряд"¹⁵⁷». Все эти отрывки указывают на Зеир Анпин. «И когда пребывало совершенство, не разлучались они друг с другом», Зеир Анпин и Нуква. «И нельзя их отделять друг от друга, жену от мужа, ни в мыслях, ни в упоминании, чтобы не проявить разделения. Но теперь, в изгнании, есть разделение, потому что из-за бед», приходящих к нам «каждый раз, мы совершаем этим разделение, упоминая это имя», Нукву, «без мужа», Зеир Анпина, «так как она лежит во прахе». И это означает: «Только с Тобою упоминать будем имя Твое».

Объяснение. Управление миром всегда осуществляется через Нукву, и когда она соединена с мужем своим, Зеир Анпином, она получает от него всю усладу и всё благо, чтобы передать это миру. И тогда считается, что нижние, которые удостоились этого наполнения, вызывают зивуг Нуквы с ее мужем, Зеир Анпином. Но во время изгнания, когда нижние недостойны этого большого наполнения, а получают от управления Нуквы беды и тяжелые страдания, тогда считается, что мы, нижние, вызываем разделение между Зеир Анпином и Нуквой, и Нуква остается одна, без Зеир Анпина, и лежит во прахе. Ибо когда она лишена зивуга с ним, от нее нисходят в мир все суровые суды, и потому она так унижена, до самого праха. И это смысл сказанного: «Только с Тобою упоминать будем имя Твое». Когда «имя Твое», то есть Нуква, будет соединено «с Тобою», с Зеир Анпином, и тогда в мире будет всё совершенство и благо.

140) «Когда Нуква без своего мужа, мы упоминаем это имя отдельно, так как мы далеки от Тебя и привели к тому, что другие властвуют над нами. И "имя Твое"», т.е. Нуква, «отделено от имени "с Тобою"», Зеир Анпина.¹⁵⁸ «И это – в дни изгнания».

141) «Первое изгнание было изгнанием из первого Храма, а первый Храм – это первая "хэй ה"» имени АВАЯ (הויה), то есть Бина, «и соответственно семидесяти годам его», то есть семи нижним сфирот ХАГАТ НЕХИМ, «изгнание первого Храма длилось семьдесят лет», так как каждая сфира включает десять,

---

¹⁵⁶ Тора, Берешит, 48:20. «И благословил их в тот день, говоря: "Тобою будет благословлять Исраэль, говоря: "Да поставит тебя Всесильный как Эфраима и как Менаше!" И поставил Эфраима перед Менаше».

¹⁵⁷ Писания, Псалмы, 18:30. «Ибо с Тобою сокрушу я отряд, со Всесильным моим преодолею крепостную стену».

¹⁵⁸ См. выше, п. 139.

и всего их – семьдесят. «И эти семьдесят лет мать», т.е. ГАР Бины, «не сидит на них, и они были отлучены от высшего имени, то есть первой "хэй ה"» имени АВАЯ (הויה). «И тогда "йуд י"» имени АВАЯ (הויה), то есть «высшее свойство», относящееся к Бине, «уходит высоко-высоко, в Бесконечность, и высший, святой первый Храм», Бина, «не источает родник живой воды, так как источник ее», «йуд י» имени АВАЯ (הויה), т.е. Хохма, «удалился».

142) «И она», первая «хэй ה» имени АВАЯ (הויה), «семьдесят лет в изгнании, потому что называется она семью годами, как сказано: "И строил он его семь лет"[159]» о первом Храме, т.е. первой «хэй ה». «И если ты скажешь, что не ровен час, вавилонское царство (малхут) властвовало наверху в эти семьдесят лет», являющихся Биной, «то ведь когда существовал Храм, свет и источник высшей Имы», Бины, «светил и опускался вниз. Когда же стали грешить Исраэль, и был разрушен Храм, и стало править вавилонское царство, укрылся и померк этот свет, и перестали светить нижние праведники».

143) «И поскольку нижние не светили из-за власти вавилонского царства, удалился этот свет» Бины, «и высший источник, который изливался» к Бине, «т.е. "йуд י"» имени АВАЯ (הויה), Хохма, «удалился высоко-высоко, в Бесконечность, то эти семьдесят лет» Бины «не светили, из-за этого света» «йуд י», которая перестает светить «хэй ה». «И, конечно, это было семидесятилетним изгнанием» из Бины, называемой первым Храмом.

144) «Когда была устранена власть Вавилона и начала светить нижняя "хэй ה"» имени АВАЯ (הויה), «не весь Исраэль вернулись к очищению, чтобы стать совершенными избранниками, как прежде, а понемногу» вернулись из вавилонского изгнания в землю Исраэля. «И поскольку не было совершенства, высшая "йуд י"» имени АВАЯ «не спустилась, чтобы светить так, как светила прежде, а понемногу, беспорядочно, потому что Исраэль не были чисты должным образом, как раньше. И потому высший источник», т.е. «йуд י» имени АВАЯ, «не изливался и не светил, но лишь понемногу возобновлял свечение, в соответствии с тем, что нужно имени».

---

[159] Пророки, Мелахим 1, 6:38. «А в одиннадцатый год, в месяц Бул, – это месяц восьмой, – он окончил дом со всеми принадлежностями его и со всем, что для него следует; и строил он его семь лет».

145) «Поэтому против Исраэля развязывались многочисленные войны, пока тьма не покрыла землю, и нижняя "хэй ה"», т.е. Нуква, «померкла и упала на землю. И высший источник», «йуд י» имени АВАЯ, «удалился, как и раньше, так как усилилось эдомское царство (малхут) и Исраэль снова обратились ко злу».

146) «Поэтому нижняя "хэй ה", т.е. второй Храм, была разрушена. И все двенадцать колен её» нижней «хэй ה», «по числу станов их» – Исраэля, т.е. двенадцати колен Творца, «находятся в изгнании эдомского царства (малхут). А высший источник», т.е. «вав ו» де-АВАЯ (הויה), Зеир Анпин, «отдалился от того источника, который он наполняет», от Есода Зеир Анпина. «Как сказано: "Праведник пропал"[160]», – и это Есод, «т.е. пропало наполнение от высшего источника, проистекавшего и нисходившего свыше».

147) «И тогда произошло отделение "хэй ה", второго Храма», которая отделилась от «вав ו» де-АВАЯ (הויה), т.е. Зеир Анпина. «И пришла она в эдомское изгнание со всеми двенадцатью коленами и станами их» Исраэля. «Двенадцать колен вырастают в большое количество», как мы еще выясним, «и поскольку свойство буквы "хэй ה" имелось во всем этом количестве, это изгнание продолжается» длительное время.

148) «Тайна тайн передана тем, кто мудр сердцем. Десять колен – это тысяча лет, два колена – двести лет», потому что двенадцать светов Нуквы, называемые коленами, исходят от Бины, сфирот которой исчисляются сотнями, и поэтому их двенадцать сотен.

«Полились слезы», то есть заплакал рабби Шимон, «и он, провозгласив, сказал: "Безутешно плачет в ночи, и слеза – на щеке ее"[161]. К концу двенадцати колен изгнания», то есть к концу тысячи двухсот, как выяснилось выше, «наступит ночь для Исраэля, пока не пробудится "вав ו" на время шестидесяти шести лет». Объяснение. «Вав ו» с наполнением, соответственно тому, как она произносится, является двойной, т.е. «вав

---

[160] Пророки, Йешаяу, 57:1. «Праведник пропал, и нет человека, принимающего к сердцу».

[161] Писания, Эйха, 1:2. «Безутешно плачет в ночи, и слеза – на щеке ее, нет ей утешителя среди всех возлюбленных ее, все друзья предали ее, стали ей врагами».

וַיֹּ». Первая «вав ו» – это свойство Тиферет, сфирот которого исчисляются десятками, и их шестьдесят, а вторая «вав ו» – это свойство Есод, сфирот которого исчисляются единицами, и их шесть. И это означает, что букве «вав ו» имени АВАЯ соответствует число шестьдесят шесть, как мы еще выясним.

149) «К концу двенадцати колен, т.е. тысячи двухсот лет изгнания, и к концу шестидесяти шести лет во тьме ночи, тогда "и вспомню союз Мой с Яаковом"[162] – это пробуждение буквы "вав ו", и это нефеш дома Яакова. И это смысл сказанного: "Всех душ, прибывших с Яаковом в Египет... – шестьдесят шесть"[163], т.е. "вав ו", являющаяся свойством нефеш второго Храма, нижней "хэй ה". И эта "вав ו" состоит из шестидесяти шести. "Шестьдесят" – для пробуждения Яакова, "шесть" – для пробуждения Йосефа. И поэтому она "вав וָו", где оба находятся в полном единстве и это одно целое».

«К концу двенадцати колен, т.е. тысячи двухсот лет изгнания, и к концу шестидесяти шести лет во тьме ночи», т.е. изгнания, «тогда "и вспомню союз Мой с Яаковом"[162]», т.е. с Тиферет, – «это пробуждение буквы "вав ו"», Тиферет, «вав ו» де-АВАЯ (הויה), «и это нефеш», т.е. внутренняя суть, «дома Яакова», Нуквы, называемой домом Яакова. «И это смысл сказанного: "Всех душ, прибывших с Яаковом в Египет... – шестьдесят шесть"[163], т.е. "вав ו", являющаяся свойством нефеш второго Храма, нижней "хэй ה". И эта "вав ו" состоит из шестидесяти шести. "Шестьдесят" – для пробуждения Яакова», Тиферет, «"шесть" – для пробуждения Йосефа», Есода. «И поэтому» с наполнением «она "вав וָו"», что указывает на Тиферет и Есод, «где оба находятся в полном единстве», так как Есод и Тиферет «это одно целое». И потому на них указывает буква «вав וָו», которая с наполнением является двойной, и они – одна буква.[164]

150) «С тех пор и далее Творец пробудит чудеса и знамения, о которых мы упоминали выше, и пробудятся несчастья на Исраэль, как мы сказали. И тогда сказано: "И также союз Мой с Ицхаком"[162]», потому что Ицхак – это преодоление (гвура) и

---

[162] Тора, Ваикра, 26:42. «И вспомню союз Мой с Яаковом, и также союз Мой с Ицхаком, и также союз Мой с Авраамом вспомню, и землю вспомню».

[163] Тора, Берешит, 46:26. «Всех душ, прибывших с Яаковом в Египет, происшедших из чресл его, кроме жен сыновей Яакова, всех душ – шестьдесят шесть».

[164] См. выше, п. 148.

суд. «И затем, когда царь Машиах начнет вести войны по всему миру с помощью десницы Творца», т.е. Хеседа, «как сказано: "Десница твоя, Творец, величественна в силе"[165]. Тогда сказано: "И также союз Мой с Авраамом вспомню"[162]», потому что Авраам – это свойство Хесед. «А затем: "И землю вспомню"[162] – это последняя "хэй ה"» де-АВАЯ, т.е. Нуква, называемая землею. «Об этом времени сказано: "И будет Творец Царем над всей землей. В тот день будет Творец един и имя Его едино"[166]».

151) «К концу других шестидесяти шести лет, и это сто тридцать два года, покажутся буквы в святом имени, запечатленные в совершенстве наверху и внизу, как подобает. И это верхняя и нижняя "хэй הֵה". И все эти пути, т.е. тридцать два года, которые включены в тайне буквы "вав-хэй וה" "вав-хэй וה", – это совершенство ста тридцати двух».

«К концу других шестидесяти шести лет, и это» вместе с шестьюдесятью шестью, упомянутыми выше, «сто тридцать два года, покажутся буквы в святом имени, запечатленные в совершенстве» шестидесяти шести «наверху», в Тиферет, «и внизу», в Нукве, «как подобает. И это верхняя и нижняя "хэй הֵה"», содержащиеся в наполнении нижней «хэй ה», подобно двум «вав וָו», содержащимся в наполнении «вав ו», как объяснялось выше, и верхняя «вав ו» передает «шестьдесят» верхней «хэй ה», а нижняя «вав ו» передает «шесть» нижней «хэй ה». «И все эти пути, т.е. тридцать два года» из ста тридцати двух, указанных выше, «которые включены в тайне буквы "вав-хэй וה" "вав-хэй וה"», где первые «вав-хэй וה» – это дважды «шестьдесят», а вторые «вав-хэй וה» – дважды «шесть», вместе – «сто тридцать два». И число «тридцать два», включенное в них, указывает, что «это совершенство ста тридцати двух», т.е. в них осуществляется подготовка к получению тридцати двух путей мудрости от «йуд י» де-АВАЯ (הויה), как мы еще выясним.

152) «К концу других ста тридцати двух лет исполнится сказанное: "Чтобы охватить края земли, и будут сброшены с нее нечестивцы"[167]. И очистится святая земля, и Творец оживит

---

[165] Тора, Шмот, 15:6. «Десница Твоя, Творец, величественна в силе, десница Твоя сокрушает врага».
[166] Пророки, Захария, 14:9. «И будет Творец Царем над всей землей. В тот день будет Творец един и имя Его едино».
[167] Писания, Иов, 38:13. «Чтобы охватить края земли, и будут сброшены с нее нечестивцы».

мертвых, покоящихся в святой земле, и возродятся многочисленные станы в земле галилейской».

«К концу других ста тридцати двух лет», поскольку те же «сто тридцать два», которые восполнились в Тиферет и Нукве, т.е. «вав-хэй "וה"» де-АВАЯ (הויה), должны также светить в Хохме и Бине, «йуд-хэй "יה"» де-АВАЯ (הויה), «исполнится сказанное: "Чтобы охватить края земли, и будут сброшены с нее нечестивцы"[167]. И очистится святая земля, и Творец оживит мертвых, покоящихся в святой земле, и возродятся многочисленные станы в земле галилейской».

153) «И тогда будет исправлено перекрывание высшего источника, буквы "йуд י", и пребудут тридцать два пути в совершенстве, чтобы передать их вниз. И пребудут все буквы святого имени в совершенстве, "йуд-хэй יה" "вав-хэй וה", которые до этого момента не находились в совершенстве».

«И тогда будет исправлено перекрывание высшего источника» имени АВАЯ (הויה), т.е. «буквы "йуд י"», и это Хохма, «и пребудут тридцать два пути» Хохмы «в совершенстве, чтобы передать их вниз. И пребудут все буквы святого имени в совершенстве», т.е. имени «йуд-хэй יה" "вав-хэй וה", которые до этого момента не находились в совершенстве».

154) «До того времени, пока не проистечет и не изольется этот высший источник, буква "йуд י", в соединении букв, в нижнюю "хэй ה". И это будет по завершении других ста сорока четырех лет. И пробудятся остальные мертвые, похороненные на других землях».

«До того времени, пока не проистечет и не изольется этот высший источник», и это «буква "йуд י", в соединении букв» – «хэй-вав הו», т.е. Бины и Тиферет, «в нижнюю "хэй ה"» де-АВАЯ, Нукву. «И это будет по завершении других ста сорока четырех лет», то есть это третьи сто тридцать два года с двенадцатью коленами Нуквы, и вместе это – сто сорок четыре года. «И пробудятся остальные мертвые, похороненные на других землях» – т.е. умершие вне пределов земли Исраэля.

155) «Всё это заключено в числе четыреста восемь. И успокоится мир и улучшится, и уйдет другая сторона из мира. И

нижняя "хэй ה" наполнится от высшего источника и довершится и будет светить в совершенстве. И тогда сказано: "И будет свет луны как свет солнца, и свет солнца станет семикратным"[168]».

«Всё это заключено в числе четыреста восемь», т.е. дважды по сто тридцать два и сто сорок четыре, вместе – четыреста восемь. «И успокоится мир и улучшится, и уйдет другая сторона из мира. И нижняя "хэй ה"», Нуква, «наполнится от высшего источника», то есть от «йуд י» де-АВАЯ, Хохмы, «и довершится и будет светить в совершенстве. И тогда сказано: "И будет свет луны как свет солнца, и свет солнца станет семикратным"[168]».

156) «Пока не настанет суббота Творцу, чтобы собрать души в наслаждении святости», т.е. привлечь новые души к высшему зивугу, «во всем седьмом тысячелетии», которое полностью суббота. «И это – пробуждение святых душ (рухот) народа Исраэля, чтобы облачиться после субботы», то есть после седьмого тысячелетия, «в другие святые тела и назваться святыми. Сказано об этом: "И будет, кто останется в Ционе и кто уцелеет в Иерушалаиме, тот будет назван святым"[169]».

---

[168] Пророки, Йешаяу, 30:26. «И будет свет луны как свет солнца, и свет солнца станет семикратным, как свет семи дней, в день, когда Творец исцелит народ Свой от бедствия и рану его от удара излечит».

[169] Пророки, Йешаяу, 4:3. «И будет, кто останется в Ционе и кто уцелеет в Йерушалаиме, тот назван будет святым, – все, кто записан для жизни в Йерушалаиме».

ГЛАВА ШМОТ

И встал новый царь

157) «И встал новый царь над Египтом»[170]. Сказал рабби Йоси: «Каждый день выпускает Творец ангелов-посланников в мир, как сказано: "Делает Он ветры посланниками своими"[171]. Сказано не "сделал", а "делает", в настоящем времени, потому что делает каждый день. И в это время был назначен» ангел, «правитель над Египтом. Как сказано: "И встал новый царь"[170]. "Новый", конечно», потому что правителем Творец его сделал теперь.

158) «"Который не знал Йосефа"[170] – потому что этот правитель был из места разделения, как сказано: "А оттуда разделяется она на четыре главных реки"[172]. И первой в этом разделении была египетская река», как сказано: «Имя одной Пишон»[172], а это египетская река. «И поэтому "не знал Йосефа"[170], ибо это место, в котором пребывает всё единство, и называется "праведник"» – так как Йосеф это Есод, называемый «праведник», и все соединения Зеир Анпина и Нуквы делаются им. А разделение не желает знать единства.

---

[170] Тора, Шмот, 1:8. «И встал новый царь над Египтом, который не знал Йосефа».
[171] Писания, Псалмы, 104:4. «Делает Он ветры посланниками Своими, служителями Своими – огонь пылающий».
[172] Тора, Берешит, 2:10-11. «И река вытекает из Эдена, чтобы орошать сад, а оттуда разделяется она на четыре главных реки. Имя одной Пишон, она обтекает всю землю Хавилу, где находится золото».

ГЛАВА ШМОТ

Утренняя звезда

159) Рабби Эльазар и рабби Йоси находились в пути, а выйти они постарались засветло. Увидели они одну звезду, которая стремительно неслась с одной стороны, и другую – с другой. Сказал рабби Эльазар: «Сейчас пришло время утренним звездам восславлять Господина своего, и они мчатся в страхе и трепете Господина своего восславлять и воспевать пред Ним. И это смысл сказанного: "При всеобщем ликовании утренних звезд и возгласах приветствия ангелов Всесильного"[173], потому что все эти звезды в полном единстве восславляют пред Ним».

160) Провозгласил и сказал: «"Руководителю об "утренней звезде". Псалом Давида"[174]. "Утренняя звезда" означает, что когда озарился лик востока и рассеялась ночная тьма, появляется один правитель с восточной стороны», средняя линия, «притягивающий один луч света от южной стороны», правой линии, «до тех пор, пока не появится и не взойдет солнце, пробив окна небосвода и осветив мир. И этот луч», который он притягивает от южной стороны, «рассеивает ночную тьму».

Объяснение. Когда Нуква находится только в свойстве левой (линии), Хохма в ней не может светить из-за отсутствия хасадим. И исходит от нее ночная тьма. И тогда усиливается средняя линия с помощью экрана де-хирик, имеющегося в ней, и притягивает один луч света хасадим с южной стороны, правой, пока Хохма в Нукве не облачится в хасадим, которые свет солнца, средняя линия, передает ей во время своего правления, т.е. днем. И тогда восполняется Нуква в дневном зивуге. А правитель, притягивающий этот луч, – это МАН и экран де-хирик, поднимающиеся к средней линии, т.е. к Зеир Анпину.

161) «И тогда появляется утренняя звезда, т.е. когда поднимается черный свет во тьме» – Нуква, называемая утренней звездой, «чтобы соединиться с днем» – Зеир Анпином, «и этот день светит. И свет дня включает и поглощает в себя эту звезду», Нукву. «И об этой звезде, когда она отделяется ото

---

[173] Писания, Иов, 38:7. «При всеобщем ликовании утренних звезд и возгласах приветствия ангелов Всесильного».
[174] Писания, Псалмы, 22:1. «Руководителю на "аелет а-шахар". Псалом Давида».

дня, после того как он уже включил ее в себя, воспевает Давид песнь, как сказано: "Руководителю об "утренней звезде"[174]».

162) «И что сказал ей Давид: "Всевышний мой, Всевышний мой! Зачем Ты меня оставил?!"[175] – потому что отделилась утренняя звезда», Нуква, «от света дня», Зеир Анпина, и поэтому нечего ей тогда дать, и она оставила его.

Пока они шли, начало светать и наступило время молитвы. Сказал рабби Эльазар: «Произнесем молитву и двинемся дальше». Сели они и произнесли молитву. А затем поднялись и пошли.

---

[175] Писания, Псалмы, 22:2. «Всевышний мой! Всевышний мой! Зачем Ты меня оставил, далек от спасения моего, крика молитвы моей?!»

Праведники, которым воздается по делам грешников

163) Рабби Эльазар провозгласил и сказал: «"Есть суета, которая происходит на земле: бывают праведники, которым воздается по делам грешников, и бывают грешники, которым воздается по делам праведников. Сказал я, что и это суета"[176]. "Есть суета" – потому что царь Шломо написал эту книгу, и он основал ее на семи суетах» – и это семь сфирот Зеир Анпина, являющихся светом руах, и семь светов руаха (духа) называются суетами (авалим הבלים). «И мир» – Нуква, «стоит на них» – т.е. семь ее сфирот поддерживаются семью сфирот ХАГАТ НЕХИМ Зеир Анпина. Ибо Нуква – речь, и нет речи без духа (эвель הבל), ударяющего по пяти составляющим частям рта, как известно.

164) «И эти семь сует называются семью столбами, поддерживающими мир», Нукву. «И они соответствуют семи небосводам». Небосвод – это парса Зеир Анпина, и он включает в себя семь небосводов, которые соответствуют семи сфирот ХАГАТ НЕХИМ, содержащимся в парсе. «И это: "вило́н (завеса)", "раки́я (небосвод)", "шхаки́м (небеса)", "звуль (сень)", "мишка́н (скиния)", "мао́н (обитель)", "махо́н (твердыня)", и "арабо́т (облака)". И им соответствует: "Суета сует, – сказал Коэлет, – суета сует, всё суета"[177]». Есть здесь семь сует, так как «суета сует» – это три, и еще раз «суета сует» – это шесть, и «суета» в конце фразы, всего – семь.

165) «Так же как эти, это – семь небосводов, и есть еще другие небосводы, слитые с ними, простирающиеся и исходящие от них» – и это семь небосводов, имеющихся в Нукве, «также есть другие суеты», т.е. в Нукве, «простирающиеся и исходящие от этих» семи сует Зеир Анпина, «и все их назвал Шломо» в своей книге «Коэлет».

---

[176] Писания, Коэлет, 8:14. «Есть суета, которая происходит на земле: бывают праведники, которым воздается по делам грешников, и бывают грешники, которым воздается по делам праведников. Сказал я, что и это суета».

[177] Писания, Коэлет, 1:1-2. «Слова Коэлета, сына Давида, царя в Йерушалаиме. Суета сует, – сказал Коэлет,– суета сует, все суета».

166) «И в нем содержится скрытая мудрость: "Есть суета"[176], которая исходит от этих высших сует, на которой стоит мир. И это означает: "Происходит на земле"[176], и воплощается, и укрепляется благодаря работникам земли и их подъему, когда поднимаются с земли. И она предопределена на земле, и вся ее сила и существование – благодаря душам праведников, собранных с земли будучи праведниками, прежде чем согрешили, пока от них исходило благовоние. Как в примере с Ханохом, о котором сказано: "И не стало его, потому что взял его Всесильный"[178], и взял его прежде, чем пришло его время, чтобы радоваться с ним. И так же – остальные праведники мира».

«И в нем содержится скрытая мудрость», т.е. в изречении: «"Есть суета"[176], и это основа сует, «которая исходит от этих высших сует, на которой стоит мир», Нуква. «И это означает: "Происходит на земле"[176]» – т.е. на Нукве, называемой землей, и «происходит» означает, что эта основа «воплощается и укрепляется благодаря работникам земли», т.е. праведникам, «и их подъему» МАН, «когда поднимаются с земли. И она», эта основа, «предопределена», чтобы давать «земле, и вся ее сила и существование – благодаря душам праведников, собранных с земли», т.е. умерших, «будучи праведниками, прежде чем согрешили, пока от них исходило благовоние. Как в примере с Ханохом, о котором сказано: "И не стало его, потому что взял его Всесильный"[178]», то есть «взял его прежде, чем пришло его время» умереть, «чтобы радоваться с ним. И так же – остальные праведники мира».

167) «И мы учили, что за две вещи праведники уходят из мира прежде времени:

1. За грехи поколения, поскольку при умножении грешников в мире, праведники, находящиеся среди них, обличаются в их грехах.

2. Когда раскрыто перед Творцом, что они согрешат потом, Он удаляет их из мира прежде, чем наступит их время. И это означает сказанное: "Бывают праведники, которым воздается по делам грешников"[176], т.е. воздается им высшим судом так, словно они уже совершили нарушения и деяния грешников».

---

[178] Тора, Берешит, 5:24. «И ходил Ханох перед Всесильным, и не стало его, потому что взял его Всесильный».

168) «Ибо однажды рабби Йоси, сын рабби Яакова, жителя деревушки Оно, спросил рабби Меира о том времени, когда рабби Акива и его товарищи ушли из мира и умерли такой смертью» – т.е. были казнены верховной властью. «И сказал ему, что во всей Торе говорится о таком» – что праведникам воздаются такие страдания. «Сказал ему рабби Меир: "Но написано не так. Ведь сказал Шломо, что "бывают праведники, которым воздается по делам грешников"[176] – т.е. воздается им высшим судом так, словно они уже совершили нарушения и деяния грешников. И сказано: "И бывают грешники, которым воздается по делам праведников"[176] – и они пребывают в мире и спокойствии в этом мире, и не воздается им судом, как будто они совершили деяния праведников"».

169) «Почему?» – воздается им по делам праведников. «Или потому, что открыто перед Творцом, что они придут к раскаянию, или от них произойдет семя, из которого вырастет праведник в мире. Как Терах, от которого произошло истинное семя – Авраам. Ахаз, породивший Хизкийяу. И так же – остальные грешники в мире. Поэтому и с одной стороны, и с другой стороны», как среди праведников, так и среди грешников, происходит суета, и усиливается на земле, как мы сказали.

170) «Другое объяснение сказанного: "Бывают праведники, которым воздается по делам грешников". И мы уже сказали, что она (суета) усиливается над миром. Из-за чего? – Поскольку "бывают праведники, которым воздается по делам грешников"[176], т.е. воздается им деянием совершающих прегрешения, (например, дается им) дочь идолопоклонника или иное деяние из тех, что относится к деяниям грешников, но они удерживают себя» и не грешат, «в боязни Господина своего, и не желают грешить, подобно немногим истинным праведникам, которым воздается подобными деяниями. И это "могущественные силой"[179], которые выполнили желание Господина своего, и не согрешили. И об этом сказано, что суета происходит на земле и укрепляется в силе своей».

171) «"И бывают грешники, которым воздается по делам праведников"[176] – когда воздается им такой заповедью,

---

[179] Писания, Псалмы, 103:20. «Благословите Творца, ангелы Его, могущественные силой, исполняющие слово Его, чтобы слышать голос речения Его!»

которая является деянием праведников, и они удостаиваются ее и выполняют ее. Подобно тому, что было с разбойником-убийцей», евреем, «скрывавшимся в горах вместе с разбойниками-идолопоклонниками. И когда проходил там еврей, он спасал его, оберегая от них. Это о нем провозглашал рабби Акива: "Бывают грешники, которым воздается по делам праведников"[176]».

172) «Как тот злодей, который был соседом рабби Хии. Однажды ночью он встретил женщину, шедшую в дом своей дочери. Хотел он совершить насилие над ней. Сказала она ему: "Прошу я тебя, окажи уважение Господину своему и не греши со мной". Оставил он ее и не согрешил с ней. И это как сказано: "И бывают грешники, которым воздается по делам праведников. Сказал я, что и это суета" – т.е. так же как та суета, которая усиливается у праведников, когда воздается им по делам грешников, но они не грешат, так же усиливается и у грешников, когда воздается им по делам праведников, и они делают их».

173) «Мы же учили, что создал Творец праведников и грешников в мире. И так же как возвеличивается Он в мире благодаря деяниям праведников, так же возвеличивается Он и грешниками, когда те совершают благодеяние в мире. Как сказано: "Все создал Он прекрасным в свое время"[180]. Горе грешнику, когда он делает зло себе, укрепляясь в грехах своих. Как сказано: "Горе грешнику за зло, ибо воздастся ему по делу рук его"[181]».

174) И еще провозгласил и сказал: «"Всё я видел в дни суеты моей. Бывает, праведник гибнет в праведности своей, а бывает, нечестивец продлевает (дни) во злобе своей"[182]. Это изречение товарищи тоже объяснили. Но когда была дарована мудрость Шломо, он всё это видел во время правления луны» – т.е. Нуквы, в ту пору, когда она находится в полноте своей, поскольку Шломо получает от нее. «"Бывает праведник"[182] – это

---

[180] Писания, Коэлет, 3:11. «Все создал Он прекрасным в свое время, даже вечность вложил в их сердца, но так, чтобы дела, вершимые Всесильным, не мог постичь человек от начала и до конца».

[181] Пророки, Йешаяу, 3:11. «Горе грешнику за зло, ибо воздастся ему по делу рук его».

[182] Писания, Коэлет, 7:15. «Всё я видел в дни суеты моей. Бывает, праведник гибнет в праведности своей, а бывает, нечестивец продлевает (дни) во злобе своей».

столп мира», т.е. основа (есод), на которой стоит мир. «"Гибнет"[182], как сказано[183]: "Праведник пропал"[160] – и это во время изгнания», когда ему некому отдавать, и считается пропащим. «"В праведности своей"[182], – Нуква, называемая праведностью, – из-за того, что она пребывает во прахе», праведнику некому отдавать, и поэтому он «гибнет в праведности своей». «"Праведность" эта, всё то время, пока Исраэль находятся в изгнании, находится в изгнании вместе с ними. И поэтому: "Праведник погибает в праведности своей" – так как высшие благословения не приходят к нему».

175) «"А бывает, нечестивец продлевает (дни) во злобе своей" – это Сам, продлевающий тишину и спокойствие Эдому. И с помощью чего он это делает? С помощью злобы, жены своей», потому что он – зло, а жена его называется злобой. «И она – могучая змея, потому что они получают тишину и спокойствие только потому, что Сам прилепился к этой Нукве», и Нуква его дает им это. «Наподобие этого он дает остальным царям, у которых Исраэль находятся в изгнании. Пока Творец не поднимет из праха тот самый "падающий шатер Давида"» – Нукву, которая падает во время изгнания, как сказано[184]: "Подниму Я падающий шатер Давида"[185]».

---

[183] См. выше, п. 146.
[184] См. выше, п. 131.
[185] Пророки, Амос, 9:11. «В тот день подниму Я падающий шатер Давида, и заделаю щели его, и восстановлю разрушенное, и отстрою его, как во дни древности».

ГЛАВА ШМОТ

И пошел муж из дома Леви

176) «И пошел муж из дома Леви»[186]. Первым заговорил рабби Йоси: «"Возлюбленный мой спустился в свой сад, к благовонным грядам"[187]. "В свой сад" – это Кнессет Исраэль», Нуква, «ибо это она – благовонные гряды, так как включает в себя всевозможные благовония и ароматы будущего мира», Бины. «В час, когда Творец спускается в этот сад», т.е. Нукву, «все души праведников завершаются там», т.е. получают мохин и свечения. «И все они источают аромат, как сказано: "Аромат масел твоих лучше всех благовоний"[188]. И это души праведников, называемые благовониями», и по их имени называется Нуква благовонными грядами. «Все души праведников, которые были в этом мире, и все души, которым предстоит спуститься в этот мир, – все стоят в этом саду», в Нукве.

177) «В земном Эденском саду все находятся в образе и подобии, в которых пребывали в этом мире. Эта загадка и тайна передана мудрецам. Дух (руах), опускающийся на людей с женской стороны, всегда оставляет печать, подобную той печати», буквы которой углублены внутрь. «Ибо формы тела в этом мире выступают наружу, а дух (руах) отпечатывается внутри него. Когда же дух исходит из тела» и поднимается в земной Эденский сад, «дух этот выступает наружу в земном Эденском саду в точном образе и подобии тела этого мира, поскольку оно всегда как печать».

Пояснение сказанного. Свет хасадим считается выступающим наружу, потому что выпуклость указывает на две вещи:
1. Изобилие столь велико, что выступает наружу.
2. Она относится к внешнему свойству, так как происходит от ступени средней линии, выходящей на экран де-хирик,[189] представляющий собой ВАК и внешнее свойство.

---

[186] Тора, Шмот, 2:1. «И пошел муж из дома Леви и взял дочь Леви».
[187] Писания, Песнь песней, 6:2. «Возлюбленный мой спустился в свой сад, к благовонным грядам, пасти в садах и собирать лилии».
[188] Писания, Песнь песней, 4:10. «Как прекрасны ласки твои, сестра моя, невеста, насколько же ласки твои лучше вина, а аромат масел твоих лучше всех благовоний».
[189] См. Зоар, главу Лех леха, п. 22, со слов: «Экран де-хирик, на который выходит средняя линия, происходит от свойства суда, имеющегося в Малхут...»

Это смысл слов: «Выступают наружу». И это свойство Тиферет, являющееся средней линией. А Малхут, поскольку она происходит в основном от левой линии Бины, содержащей Хохму без хасадим, когда и Хохма не может светить, считается погруженной и отпечатанной внутри. И это тоже по двум причинам:

1. Ей недостает света, так как из-за погруженности свет не может светить там.

2. Она является внутренним свойством, так как свечение Хохмы – это ГАР и внутреннее свойство, однако она не может светить из-за недостатка хасадим. И это означает сказанное: «Отпечатывается внутри него». И когда свойства Тиферет и Малхут соединяются, оба они восполняются друг от друга, так как выступание Тиферет наружу исправляется погруженностью Малхут внутрь, а погруженность Малхут исправляется с помощью хасадим от выступания Тиферет наружу, и оба они включают Хохму и хасадим.

И известно, что корень левой линии находится в Бине, а место ее раскрытия – в Малхут, и поэтому обе они считаются свойством «погружена внутрь». А Тиферет считается свойством «выступает наружу», так как является средней линией и внешним свойством. И таким же образом три мира БЕА, происходящие от Бины, Тиферет и Малхут, отпечатываются друг от друга, как от печати: один погружен, а другой выступает. Мир Брия погружен, мир Ецира выступает, мир Асия погружен. Так же и НАРАН праведников, происходящие от миров БЕА: нефеш в мире Асия погружена, руах в мире Ецира выступает, нешама в мире Брия погружена.

Однако в этом мире, нефеш и руах человека облачаются в его тело, и поэтому свечение нефеш слабо́ и включено в руах так, что руах является внутренним свойством человека, а тело – внешним. И потому руах погружен внутрь, подобно печати, так как является его внутренней частью, а тело выступает наружу, поскольку является его внешней частью. И когда человек умирает, тело погребается, а нефеш не может подняться в Эденский сад и остается, простираясь над могилой, близко к телу.[190] Руах же поднимается в земной Эденский сад, где тоже есть три ступени Бина-Тиферет-Малхут, и руах облачается там в свою ступень, т.е. в ступень Тиферет, имеющуюся там, которая называется воздухом Эденского сада. И поэтому руах снова выступает наружу, как и воздух Эденского сада, т.е. Тиферет.

---

[190] См. Зоар, главу Ваехи, п. 346, а также пп. 309-310.

И это означает сказанное: «Дух (руах), опускающийся на людей с женской стороны» – т.е. руах, облаченный в тело человека в этом мире, «всегда оставляет печать, подобную той печати» – т.е. той, что погружается внутрь, подобно вырезанным буквам печати, так как это внутреннее свойство тела. «Ибо формы тела в этом мире выступают наружу» – поскольку это внешнее свойство, и потому есть в нем только свет ВАК, «а дух (руах) отпечатывается внутри него» – потому что руах это внутреннее свойство тела, и он погружен внутрь, и это показывает, что в нем есть Хохма, но она не светит, как мы уже сказали.

«Когда же дух исходит из тела, дух этот выступает наружу в земном Эденском саду» – поскольку там он поднимается к свойству дух (руах) земного Эденского сада, т.е. к Тиферет, имеющейся там, которая является внешним свойством Эденского сада. И сказано: «В земном Эденском саду в точном образе и подобии тела этого мира» – потому что у руахов, поднимающихся туда, есть точно такая же форма, как и у тела в этом мире, т.е. выступающая наружу. «Поскольку оно всегда как печать» – и поэтому в теле, которое выступает наружу, он (руах) становится погруженным внутрь, так как является его внутренним свойством. Но в Эденском саду, внешним свойством которого он становится, он снова становится выступающим наружу.

178) «Поэтому она сказала: "Положи меня печатью"[191]. Так же как печать делается вырезанной внутри, а» оттиск от нее «остается в виде изображения, выступающего наружу, так и дух, который с ее стороны, он точно так же в этом мире отпечатан внутри,[192] а когда исходит из тела и входит в земной Эденский сад, в воздух, который там» – т.е. сливается там со своей ступенью, т.е. духом (руах) Эденского сада, он становится выступающим наружу от печати, которая там, «чтобы выступить наружу. И становится выступающим наружу, таким же, какой была форма тела в этом мире».[191]

179) «Душа человека, которая родилась от Древа жизни», от Зеир Анпина, «вырисовывается там, наверху, в средоточии

---

[191] Писания, Песнь песней, 8:6. «Положи меня печатью на сердце свое, печатью – на руку свою. Ибо сильна, как смерть, любовь, тяжка, как ад, ревность, стрелы ее – стрелы огненные, пламя великое».
[192] См. выше, п. 177.

жизни», т.е. Малхут, «чтобы наслаждаться негой Творца. Сказано об этом: "Созерцать негу Творца и посещать храм Его"[193]».

180) «"И пошел муж из дома Леви"[186] – это Гавриэль, как сказано: "Муж Гавриэль"[194]. Дом Леви – это Кнессет Исраэль», Малхут, «исходящая от левой стороны», так как Гавриэль происходит от левой стороны. "И взял дочь Леви" – это душа».

181) «Мы учили, что когда рождается тело праведника в этом мире, Творец призывает Гавриэля, который берет ту душу, что в саду», т.е. в Малхут, «и опускает ее в тело праведника, который родился в этом мире. И он», Гавриэль, «отвечает за нее и охраняет ее».

182) «И если ты скажешь, что ангел, поставленный над душами (рухот) праведников, зовется Ночь, почему же мы говорим, что это Гавриэль? Все это несомненно так», что зовется он Ночь, «так как он исходит от левой стороны, и всё, что исходит от левой стороны, так называется», Ночь. Но его собственное имя – Гавриэль.

183) «"И пошел муж"[186] – это Амрам, "и взял дочь Леви"[186] – это Йохевед. Спустился глас с небес и сказал Амраму, чтобы он сошелся с нею, так как время близится к избавлению Исраэля через сына, который родится у них».

184) «И Творец помог ему, как мы учили: Шхина пребывала над их ложем, и намерение их при взаимном слиянии было устремлено на Шхину. Поэтому Шхина не отходила от сына, которого они родили, чтобы выполнить сказанное: "Освящайтесь и будьте святы"[195]. Если человек освящает себя снизу, Творец освящает его свыше. И так же как их намерение было направлено на слияние со Шхиной, точно так же и Шхина слилась с тем действием, которое они совершили».

---

[193] Писания, Псалмы, 27:4. «Об одном я спрашиваю у Творца и лишь того прошу, чтобы пребывать мне в доме Творца все дни жизни моей, созерцать негу Творца и посещать храм Его».

[194] Писания, Даниэль, 9:21. «И когда я еще возносил молитву, то муж Гавриэль, которого видел я прежде в видении, пролетая, на лету коснулся меня во время вечерней молитвы».

[195] Тора, Ваикра, 11:44. «Ибо Я – Творец, Всесильный ваш, освящайтесь и будьте святы, потому что Я свят, и не оскверняйте душ ваших никаким пресмыкающимся, ползающим по земле».

185) Сказал рабби Ицхак: «Счастливы праведники, всегда желающие слияния с Творцом. И так же как они слиты с Ним всегда, так и Он слит с ними и никогда не оставляет их. Горе нечестивцам, желание и слияние которых удаляют их от Творца. И мало им того, что они удаляются от Него, они сливаются к тому же с иной стороной», т.е. со стороны скверны. Смотри, когда Амрам слился с Творцом, произошел от него Моше, от которого Творец не отступал никогда, и Шхина всегда была слита с ним. Счастлив его удел».

186) «"И зачала эта женщина, и родила сына, и увидела, что он хорош"[196]. Что значит: "Что он хорош"?» Сказал рабби Хия: «Это значит, что он родился обрезанным, так как союз обрезания называется хорошим действием, как сказано: "Восславляйте праведника, ибо он хорош"[197]», а праведник – это заключивший союз.

187) Рабби Йоси сказал: «Свет Шхины, светивший в нем, она увидела. Когда он родился, весь дом наполнился светом, как сказано: "Увидела, что он хорош"[196]. А также сказано: "И увидел Всесильный свет, что он хорош"[198]. Как тут «хорош» относится к свету, так и там «хорош» относится к свету. «И об этом сказано: "Что он хорош"[196] и было в нем всё», т.е. в нем был свет Шхины, а также то, что было сказано раньше, – он родился обрезанным.

---

[196] Тора, Шмот, 2:2. «И зачала жена, и родила сына, и увидела, что он хорош, и скрывала его три месяца».

[197] Пророки, Йешаяу, 3:10. «Восславляйте праведника, ибо он хорош, ведь плоды деяний своих они вкушают».

[198] Тора, Берешит, 1:4. «И увидел Всесильный свет, что он хорош; и отделил Всесильный свет от тьмы».

И скрывала его три месяца

188) «"И скрывала его три месяца"[196] – на что указывают эти три месяца?» Сказал рабби Йегуда: «Это намек на то, что» уровень «Моше не был заметен в высшем сиянии до истечения трех месяцев, как сказано: "В третьем месяце после исхода сынов Исраэля из земли египетской, в этот день, пришли они в пустыню Синай"[199] – ибо тогда была вручена через него Тора, и раскрылась Шхина, и пребывала над ним на глазах у всех. Как сказано: "И Моше взошел к Всесильному, и воззвал к нему Творец"[200]. Об этом сказано: "И не могла более скрывать его"[201], поскольку до этого момента не было известно, что он будет говорить с Творцом. И сказано тогда: "Моше говорил, а Творец отвечал ему голосом"[202]».

189) «"И взяла для него папирусный короб"[201] – это косвенно указывает на ковчег, в который помещались скрижали Завета. "Папирусный короб" – это ковчег Завета. "И обмазала его глиной и смолой"[201] – потому что ковчег был покрыт как изнутри, так и снаружи. Это Тора, которую Творец усилил исполнительными заповедями и запретительными заповедями».

190) «"И положила в него младенца"[201] – это Исраэль, как сказано: "Когда Исраэль был молод, полюбил Я его"[203]. "И поставила в тростнике (суф סוף)"[201] – ибо не было необходимости выполнять заповеди Торы до конца (соф סוף), и вошли Исраэль в землю в конце (соф סוף) сорока лет. "У берега реки"[201] – согласно учению и законам, которые мудрецы установили для Исраэля». Слово «берег (сфат שפת)» – как «уста (сафа שפה)» и «речь», а «река (йеор יאור)» от слова «учение (мора מורה)».

---

[199] Тора, Шмот, 19:1. «В третьем месяце после исхода сынов Исраэля из земли египетской, в этот день, пришли они в пустыню Синай».

[200] Тора, Шмот, 19:3. «И Моше взошел к Всесильному, и воззвал к нему Творец с горы, сказав: "Так скажи дому Яакова и возгласи сынам Исраэля"».

[201] Тора, Шмот, 2:3. «И не могла более скрывать его, и взяла для него папирусный короб, и обмазала его глиной и смолой, и положила в него младенца, и поставила в тростнике у берега реки».

[202] Тора, Шмот, 19:19. «И звук шофара становился все сильнее. Моше говорил, а Всесильный отвечал ему голосом».

[203] Пророки, Ошеа, 11:1. «Когда Исраэль был молод, полюбил Я его, и из Египта призвал Я сына Моего».

191) «Другое объяснение. "И пошел муж"[186] – это Творец, о котором сказано: "Творец – муж битвы"[204]. "Из дома Леви"[186] – это Творец», который вышел из «места, где высшая мудрость (хохма)» – т.е. высший Аба, «и та самая река[172]» – высшая Има, «соединяются вместе и не разлучаются никогда», т.е. он (муж) вышел из места Есода высших Абы ве-Имы, «"из дома Леви"[186] – от слова "левиатан"», означающего Есод, «и поместил его», левиатана, «для радости в мире», т.е. в Шхине, «как сказано: "Левиатан, которого сотворил Ты, чтобы резвился в нем"[205]. "И взял дочь Леви"[186] – это Творец, то место, в котором светит свет луны», то есть Шхина.

192) «"И зачала жена и родила сына"[196]. "Жена" – безусловно», т.е. Шхина, называемая женой, «как сказано: "Эта (зот) наречена будет женой"[206]», а «зот» – это имя Шхины. «Вначале она была "дочь Леви"[186]» – т.е. Есода Абы ве-Имы, называемого левиатаном, «именно так», потому что Аба ве-Има построили Нукву,[207] и в соответствии с этим спрашивает: «Что, вначале она дочь Леви, а теперь жена? Но это именно так: женщина, прежде чем она выходит замуж, называется дочерью такого-то», т.е. по имени ее отца и матери (абы ве-имы), «а после того, как выходит замуж, называется женой» – собственным именем. «И здесь "дочь", "жена" и "невеста" – это одна ступень», т.е. Шхина.

193) «"И скрывала его три месяца" – это три месяца, когда в мире пребывает суровый суд. «И какие это (месяцы)? Таммуз, ав и тевет», в эти месяцы нет раскрытия Шхины из-за судов, происходящих в мире. «О чем это говорит? – Что до того, как Моше опустился в мир, он находился наверху» со Шхиной. «И поэтому соединилась с ним Шхина с того дня, когда он родился». «Отсюда следует, – сказал рабби Шимон, – что души (рухот) праведников находятся наверху», в Эденском саду, «прежде чем опускаются в мир».

---

[204] Тора, Шмот, 15:3. «Творец – муж битвы, Творец имя Его».

[205] Писания, Псалмы, 104:25-26. «Вот море великое и необъятное, там существа, которым нет числа, животные малые и большие, там корабли плывут, левиатан, которого сотворил Ты, чтобы он резвился в нем».

[206] Тора, Берешит, 2:23. «Эта на сей раз – кость от костей моих и плоть от плоти моей. Эта наречена будет женой (иша), ибо от мужа (иш) взята она».

[207] См. Зоар, главу Берешит, часть 1, п. 277.

194) «"И не могла более скрывать его, и взяла для него папирусный короб"²⁰¹. Что означает: "И взяла для него папирусный короб"? То есть покрыла его символами, чтобы он был защищен от тех морских рыб, которые плавают в большом море» – т.е. от клипот и вредителей. «Как сказано: "Там существа, которым нет числа"²⁰⁵. И она покрыла его, чтобы он был защищен от них, драгоценным покрытием из двух цветов, белого и черного». Глина – белый цвет, правая линия, а смола – чёрный, левая линия, примешанная к Малхут свойства суда, и тогда красный цвет в нем превращается в черный. Как сказали мудрецы: «Этот черный является красным, но только изменившимся»²⁰⁸. «И положила Моше» – среднюю линию, «меж них, чтобы был заметен вместе с ними», и это свойство Даат, средняя линия, «так как ему предстоит подняться между ними в другое время, для получения Торы».

195) «"И спустилась дочь Фараона"²⁰⁹ – дочь Фараона исходит от левой стороны сурового суда, как сказано: "Омыться в реке"²⁰⁹ – именно в реке, а не в море», потому что море указывает на Малхут святости, но река (Нил) – это суровый суд, исходящий от левой стороны, и египтяне превратили ее (реку) в предмет своего идолопоклонства. И когда дочь Фараона омывалась там, она тоже находилась на стороне этого сурового суда.

196) «Сказано: "И посох твой, которым ты ударил по реке"²¹⁰ – но ведь Моше ударил только по морю, почему же Писание утверждает, что ударил также и по реке? Однако по реке ударил Аарон, хотя и по указанию Моше, а Писание считает это равным тому, что он сделал это сам».

197) «Подобно этому: "И прошло семь дней после того, как Творец поразил реку"²¹¹, несмотря на то, что Аарон поразил ее ударом. Но поскольку это исходило со стороны Творца, говорит Писание: "После того, как Творец поразил"²¹¹. И затем относит

---

²⁰⁸ Мишна, раздел Таарот, трактат Нида, раздел 2, правило 6.
²⁰⁹ Тора, Шмот, 2:5. «И спустилась дочь Фараона омыться в реке, а ее служанки ходили возле реки, и увидела она короб в тростнике, и послала свою рабыню, и та взяла его».
²¹⁰ Тора, Шмот, 17:5. «И сказал Творец Моше: "Пройди перед народом и возьми с собой из старейшин Исраэля, и посох твой, которым ты ударил по реке, возьми в руку твою и иди"».
²¹¹ Тора, Шмот, 7:25. «И прошло семь дней после того, как Творец поразил реку».

это к Моше», потому что Аарон сделал по слову его. «"А ее служанки ходили возле реки"²⁰⁹ – это остальные станы, исходящие с этой стороны» реки.

198) «"И открыла она и увидела его, младенца"²¹². Сказано: "И увидела его (ва-тирэ́ху (וַתִּרְאֵהוּ)), младенца"²¹², но ведь следовало сказать: "И увидела (ва-тирэ́ (וַתִּרְאֶ)) младенца"?» Сказал рабби Шимон: «Нет слова в Торе, в котором бы не содержались высшие сокровенные тайны. Однако мы так и учили, что печать Царя и Царицы», т.е. Тиферет и Малхут, «была на нем, и это печать "вав ו" и "хэй ה"», где «вав ו» – Тиферет, а «хэй ה» – Малхут, и поэтому сказано: «И увидела его (ва-тирэ́ху (וַתִּרְאֵהוּ))», с дополнительными «хэй-вав הו». «И тотчас», когда увидела это, «"И сжалилась она над ним"²¹². До сих пор говорит» Писание «о том, что наверху», в высших мирах, «отсюда и далее говорит о том, что внизу, не включая этого изречения» – «И встала сестра его»²¹³.

---

²¹² Тора, Шмот, 2:6. «И открыла она, и увидела его, младенца. И вот, ребенок плачет. И сжалилась она над ним, и сказала: "Этот из детей евреев"».

И встала сестра его поодаль

199) «"И встала сестра его поодаль, чтобы узнать, что с ним случится"[213]. "И встала сестра его" – чья сестра? Сестра того, кто назвал Кнессет Исраэль сестрою своей», то есть Зеир Анпина, «как сказано: "Отвори мне, сестра моя, подруга моя"[214]» – т.е. Шхина встала над Моше, чтобы охранять его. «"Поодаль" – это как сказано: "Издалека Творец являлся мне"[215]. Иначе говоря, это охранение осуществляется не явно, а скрыто, издалека.

200) «Следовательно, праведники, прежде чем спуститься в мир, предстают наверху. И это относится ко всем» праведникам, «и тем более, к Моше». И потому сказано о нем: «И увидела его (ва-тирéху, וַתֵּרֶאהוּ)», с буквами «хэй-вав הו», печатью Царя и Царицы. «Отсюда следует, что души праведников исходят из высшего места, как мы уже выяснили» в сказанном: «И пошел человек из дома Леви»[216], что это – Есод Хохмы и Бины,[217] называемый высшим местом. «И мы уже учили: отсюда следует, что у души есть отец и мать», т.е. Зеир Анпин и Нуква, так как «муж»[186] – это Зеир Анпин, а «дочь Леви»[186] – это Нуква, «подобно тому, как есть отец и мать у тела на земле. Следовательно, во всех свойствах, как наверху, так и внизу, всё исходит и существует от мужского и женского начал».

«И мы также выяснили смысл сказанного: "Да извлечет земля существо живое (нефеш хая)"[218] – т.е. нефеш Адама Ришона, как мы выяснили»,[219] потому что Зеир Анпин и Нуква являются отцом и матерью Адама Ришона. Подошел рабби Аба и поцеловал его, сказал: «Правильно ты говоришь, и все это, безус-

---

[213] Тора, Шмот, 2:4. «И встала сестра его поодаль, чтобы узнать, что с ним случится».

[214] Писания, Песнь песней, 5:2. «Я сплю, но бодрствует сердце мое. Голос! Стучится друг мой: "Отвори мне, сестра моя, подруга моя, голубка моя, чистая моя, ибо голова моя росою полна, кудри мои – каплями (росы) ночной"».

[215] Пророки, Йермияу, 31:2. «Издалека Творец являлся мне: "Любовью вечной возлюбил Я тебя, и потому привлек Я тебя милостью!"»

[216] Тора, Шмот, 2:1.

[217] См. выше, п. 191.

[218] Тора, Берешит, 1:24. «И сказал Всесильный: "Да извлечет земля существо живое по виду его: скот, и ползучее, и животное земное по виду его". И стало так».

[219] См. Зоар, главу Шмини, п. 77.

ловно, так. Счастлив удел Моше, верного пророка, более всех остальных пророков мира».

201) «Другое объяснение. "И встала сестра его"[213] – это мудрость (хохма)», т.е. Нуква, называемая нижней Хохмой, «как сказано: "Скажи мудрости: "Ты сестра моя"[220]». Сказал рабби Ицхак: «Никогда не был отменен судебный приговор миру. Ибо каждый раз, когда грешили Исраэль, суд обвинял их, и тогда вставала "сестра его поодаль"[213]» – то есть отдалялась от них Шхина, «как сказано: "Издалека Творец являлся мне"[215]».

---

[220] Писания, Притчи, 7:4. «Скажи мудрости: "Ты сестра моя", и учением назови разум».

И спустилась дочь Фараона

202) «"И спустилась дочь Фараона омыться в реке"[221] – т.е. в час, когда Исраэль прекратили заниматься Торой, сразу же: "И спустилась дочь Фараона омыться в реке"[221] – т.е. мера суда», называемая дочерью Фараона, «спускалась омыться от крови Исраэля», т.е. от их пятна позора, «из-за оскорбления Торы», потому что река (йеор יאור) означает – Тора (תורה). «"А ее служанки ходили возле реки"[221] – это народы, которые начинают преследовать Исраэль "возле реки"[221] за то, что нанесли оскорбление Торе, ибо те, кто изучает ее, отринули ее».

203) Сказал рабби Йегуда: «Всё в мире зависит от раскаяния и молитвы, которую человек возносит к Творцу. И тем более, если он проливает слезы в своей молитве, так как нет таких врат, в которые не проникли бы эти слезы. Сказано: "И открыла она, и увидела его, младенца"[221]. "И открыла она" – это Шхина, стоящая над Исраэлем, как мать над детьми. И она открывает всегда по заслугам Исраэля».

204) «"И открыла она, и увидела его, младенца"[221], "любимое дитя"[222] – и это Исраэль, которые всегда грешат пред своим Царем и сразу же молят Творца, раскаиваются и плачут пред Ним, подобно сыну, плачущему перед отцом. Что сказано? – "И вот, ребенок плачет"[221] – когда он плакал, ему отменялись все суровые приговоры в мире. Что сказано? – "И сжалилась она над ним"[221] – то есть пробудилась над ним в милосердии и сжалилась над ним».

205) «"И сказала: "Этот из детей евреев"[221], которые мягкосердечны, а не из детей идолопоклонников, которые жестоковыйны и жестокосердны. "Из детей евреев"[221], которые мягкосердечны благодаря заслугам праотцев и праматерей, чтобы раскаяться пред своим Владыкой. "И призвала мать

---

[221] Тора, Шмот, 2:5-6. «И спустилась дочь Фараона омыться в реке, а ее служанки ходили возле реки, и увидела она короб в тростнике, и послала свою рабыню, и та взяла его. И открыла она, и увидела его, младенца. И вот, ребенок плачет. И сжалилась она над ним, и сказала: "Этот из детей евреев"».

[222] Пророки, Йермияу, 31:19. «Сын дорогой Мой Эфраим! Разве не он – любимое дитя?! Ведь каждый раз, заговорив о нем, Я долго вспоминаю его. Поэтому ноет нутро Мое о нем, смилуюсь Я над ним, – слово Творца».

младенца"²²³» – т.е. праматерь Рахель, «которая плакала, как сказано: "Слышится голос в Раме, вопль и горькое рыдание: Рахель оплакивает сыновей своих"²²⁴. Он плачет» – т.е. Исраэль, «и мать ребенка плачет» – Рахель.

206) Сказал рабби Йегуда: «В грядущем будущем, что сказано: "С плачем придут они, и с милосердием"²²⁵ Что значит: "С плачем придут они"? Благодаря плачу матери ребенка», праматери Исраэля, «т.е. Рахели, придут они и соберутся из изгнания». Сказал рабби Ицхак: «Избавление Исраэля не зависит ни от чего другого, но только от ее плача. То есть когда восполнятся и завершатся плач и слезы, которые проливал Эсав пред отцом», тогда будут они избавлены. «Как сказано: "И поднял Эсав голос свой, и заплакал"²²⁶. Эти слезы низвели Исраэль в изгнание, и потому, когда завершатся эти слезы, благодаря плачу Исраэля, выйдут они из изгнания, как сказано: "С плачем придут они, и с милосердием поведу Я их"²²⁵».

---

²²³ Тора, Шмот, 2:7-8. «И сказала сестра его дочери Фараона: "Не сходить ли, позвать тебе кормилицу-еврейку, чтобы выкормила тебе этого младенца?" И сказала дочь Фараона: "Иди!" И пошла девица, и призвала мать младенца».

²²⁴ Пророки, Йермияу, 31:14. «Так сказал Творец: "Слышится голос в Раме, вопль (и) горькое рыдание: Рахель оплакивает сыновей своих; не хочет она утешиться из-за детей своих, ибо не стало их"».

²²⁵ Пророки, Йермияу, 31:8. «С плачем придут они, и с милосердием поведу Я их, поведу их к потокам вод путем прямым, не споткнутся они на нем, ибо стал Я отцом Исраэлю, и Эфраим – первенец Мой».

²²⁶ Тора, Берешит, 27:38. «И сказал Эсав отцу своему: "Одно ли благословение у тебя, отец мой? Благослови меня, меня тоже, отец мой!" И поднял Эсав голос свой и заплакал».

ГЛАВА ШМОТ

И обернулся туда и сюда

207) «"И обернулся туда и сюда (ко ва-хо כֹּה וָכֹה)"²²⁷ – ибо посмотрел на те пятьдесят букв, которые Исраэль объединяют каждый день, т.е. воззвание "Шма Исраэль" дважды, и в них имеется дважды по двадцать пять» букв,²²⁸ и не увидел в нем» – в египтянине, чтобы тот произнес их. «"И посмотрел туда и сюда (ко ва-хо כֹּה וָכֹה)"²²⁷, – сказал рабби Аба, – первый раз "туда (ко כֹּה)" – посмотрел, есть ли за ним добрые дела, "и сюда (ва-хо וָכֹה)" второй раз – посмотрел, произойдет ли от него в будущем сын-праведник. Сразу же: "И увидел, что нет никого"²²⁷ – увидел с помощью духа святости, что не произойдет от него в будущем сын-праведник».

208) То есть сказал этим рабби Аба: «Сколько нечестивцев в мире порождают хороших сыновей – больше, чем праведники. И тот хороший сын, который происходит от нечестивца, он самый лучший, будучи чистым от нечистого, светом, исходящим из тьмы, мудростью, вышедшей из глупости, и это – лучше всего».

---

²²⁷ Тора, Шмот, 2:11-12. «И было в те дни: и вырос Моше, и вышел к братьям своим, и увидел их тяжкие труды, и увидел египтянина, избивающего еврея, из братьев его. И обернулся туда и сюда, и увидел, что нет никого, и убил египтянина, и скрыл его в песке».

²²⁸ Число 25 обозначается буквами כה, а выражение «туда и сюда» состоит из тех же букв, повторенных дважды: כה וכה.

Сел у колодца

209) «"И увидел", "и увидел", сказанные здесь» – т.е. он спрашивает, что означает дважды сказанное «и увидел» здесь: «И увидел египтянина, избивающего еврея, из братьев его»[227], «и обернулся туда и сюда, и увидел, что нет никого»[227]? И отвечает: «Он всё рассматривал и видел в духе святости, и потому вгляделся в него и убил его», иными словами, убил его своим взглядом, и поэтому сказано второй раз «и увидел». «И Творец всё устроил так, чтобы он», Моше, «пошел к тому колодцу, так же как Яаков пошел к тому колодцу, как сказано: "И сел у колодца"[229]. О Яакове сказано: "И увидел: вот колодец"[230], о Моше сказано: "И остановился в земле Мидьян, и сел у колодца"[229]». О Яакове не сказано «сел», а только «увидел», «ведь хотя Моше и Яаков находились на одной ступени», т.е. в средней линии, все же «Моше возвысился в этом больше него», потому что Яаков – это свойство Тиферет, а Моше – это свойство Даат, раскрывающееся внутри Тиферет. И колодец – это Малхут, супруга Тиферет. И поскольку Моше являлся внутренним свойством Тиферет, поэтому о нем сказано: «И сел»[229], а о Яакове – только: «И увидел»[230].

210) Рабби Йоси и рабби Ицхак находились в пути. Сказал рабби Йоси: «Тот колодец, который видел Яаков и видел Моше, – тот ли это колодец, который выкопали Авраам и Ицхак?» И это две линии – правая и левая линии Зеир Анпина.

Объяснение. Малхут называется колодцем. И вначале, до сотворения мира, она пребывала в свойстве суда и неспособна была получить какой-либо свет, пока ее не «выкопали Авраам и Ицхак». И это значит, что они подняли ее к Бине, к свойству милосердия, и она исправилась там. И это исправление произошло во время сотворения мира, как мы еще выясним. И это называется копанием, которое делает ее местом для наполнения. Сказано об этом: «Колодец, выкопанный

---

[229] Тора, Шмот, 2:15. «И услышал Фараон об этом, и вознамерился убить Моше, и бежал Моше от Фараона, и остановился в земле Мидьян, и сел у колодца».

[230] Тора, Берешит, 29:2. «И увидел: вот, колодец в поле, и вот, там три стада мелкого скота расположены около него; потому что из того колодца поят стада, и камень большой на устье колодца».

старейшинами»²³¹. И рабби Йоси спрашивает: «Если это состояние колодца, который видели Яаков и Моше, то почему не сказано о них, что они выкопали его или (произвели) другое исправление, как сказано: "И сел у колодца"²²⁹, без предварительного исправления?»

Сказал ему: «Нет» – не находится колодец Яакова и Моше в состоянии колодца, который выкопали Авраам и Ицхак, «ибо с момента сотворения мира был создан этот колодец» – иначе говоря, он уже был в состоянии после исправления. «А в канун субботы, в сумерки, было создано устье колодца», его Есод, посредством его подъема тогда к Бине. В этом состоянии ему больше не требуется исправление. «И это – тот колодец, который видели Яаков и Моше». И потому сказано о нем: «И сел у колодца», без всякого предварительного исправления.

211) «Те, кто преследуют праведность», – кто преследуют целью исправление Малхут, называемой праведностью, посредством трех линий Зеир Анпина, «те, кто неуклонно требуют свойства веры» – привлекают левую линию к Малхут, называемой верой, «те, кто слились связью веры» – связью, которая содержится в правой линии, «те, кто знают пути высшего Царя», т.е. Зеир Анпина, представляющего собой среднюю линию, «приблизьтесь и слушайте». Иначе говоря, те, кто преследует целью исправить Малхут и светить ей в трех линиях, слушайте о порядке этого единения – как оно осуществляется.

И знай, что данное дополнение (тосефта) является выяснением сказанного: «И увидел: вот колодец в поле, и вот, там три стада мелкого скота расположены около него»²³⁰. И мы уже говорили и подробно выясняли это.²³² И вкратце напомним, что колодец – это имя Малхут, когда она получает ГАР, и эти ГАР она получает не от ГАР де-ГАР, а от НЕХИ де-ГАР. И это происходит потому, что ХУБ де-ГАР исчезают при согласовании средней линией.²³³ И они опускаются и становятся двумя руками, и это – Хесед и Гвура, а средняя линия – это Тиферет, и они называются ВАК де-ГАР. Однако и от ХАГАТ не сможет Малхут получить Хохму, потому что в них властвуют только хасадим.²³⁴

---

²³¹ Тора, Бемидбар, 21:18. «Колодец, выкопанный старейшинами, вырытый вождями народа жезлом, посохами своими».
²³² См. Зоар, главу Ваеце, пп. 106-108.
²³³ См. Зоар, главу Ваеце, п. 107.
²³⁴ См. Зоар, главу Берешит, часть 1, п. 380.

Однако после того как две линии спускаются в Нецах и Ход, в которых находится место раскрытия Хохмы,[235] тогда Малхут может получить от них ГАР, но только НЕХИ де-ГАР. И по действию получения ГАР от этих НЕХИ, Малхут именуется колодцем. И это смысл сказанного: «Вот, колодец в поле, и вот, там три стада мелкого скота», т.е. НЕХИ, «расположены около него». И называется она также полем святых яблонь, так как по имени НЕХИ она называется полем яблонь, и по имени мохин де-ХУБ, что в них, они называются святыми.

212) «Когда поднимаются и выходят двое» – две линии ХУБ, «навстречу одному» – средней линии, «они принимают его меж двух рук» – Хеседом и Гвурой, так как вследствие получения средней линии спустились ХУБ и стали Хеседом и Гвурой, потому что ушли от них ГАР де-ГАР. Но Малхут еще не может получить от них Хохму, потому что там власть света хасадим, и Хохма укрыта там, пока «оба они», то есть ХУГ, не «опускаются вниз», становясь Нецахом и Ходом. «Они вдвоем» – основная часть мохин это они двое, правая и левая линия, которые становятся Нецахом и Ходом, «и один – между ними» – т.е. им обязательно нужна средняя линия, которая приведет к согласию между ними, и это Есод. Ибо согласующим между Хеседом и Гвурой называется Тиферет, а согласующим между Нецахом и Ходом называется Есод.

И он поясняет свои слова: «Эти двое», спустившиеся вниз, «это место поселения, где пророки питаются от них», то есть Нецах и Ход. «А один, который между ними», т.е. Есод, «он соединяется со всеми», как с правой линией, так и с левой, «он берет от всех», как Хохму, так и хасадим. Ведь поскольку он является средней линией, осуществляющей их свечение, поэтому он получает их свечение также и для себя. И это правило: всех светов, причиной существования которых в высших стал нижний, удостаивается в совершенстве и он сам.

213) «Этот колодец святости» – т.е. Малхут с мохин де-ГАР, «находится под ними» – под Нецахом, Ходом и Есодом, «и это – поле святых яблонь», как мы уже говорили в предыдущем тексте. «От этого колодца будут напоены стада, то есть все колесницы (меркавот)» ангелов «и все те» ангелы, «кто обладает крыльями.

---

[235] См. Зоар, главу Ваеце, п. 107, со слов: «И в то время, когда три линии светят...»

Трое расположены над этим колодцем» – три сфиры НЕХИ, как мы уже сказали. «И этот колодец наполняется» светом ГАР, «и он называется Адни (אדני). Об этом сказано: "Господин мой (אדני), Творец! Ты начал являть рабу своему Твое величие"²³⁶. И сказано: "И освети ликом Твоим опустевший храм Твой – ради Господина моего (אדני)!"²³⁷, "Господин всей земли"». Ибо когда у нее есть ГАР, она зовется в мужском роде, Господином. «И это смысл сказанного: "Вот ковчег завета – Господин всей земли"²³⁸. В нем кроется один святой источник», Есод, «изливающийся в нем всегда и наполняющий его, который зовется Господином воинств. Благословен Он вовек, и во веки вечные».

214) «А у жреца Мидьянского семь дочерей. И они пришли, начерпали воды и наполнили корыта, чтобы напоить овец отца своего»²³⁹. Сказал рабби Йегуда: «Если этот колодец – колодец Яакова,²⁴⁰ то ведь сказано о Яакове: "И собирались туда все стада, и отваливали камень от устья колодца"²⁴¹. Здесь же дочерям Итро это не понадобилось, но они "пришли и начерпали воды"²³⁹ без лишних забот», т.е. не отваливая камень от устья колодца.

215) Сказал рабби Хия: «Яаков снял этот камень с колодца. Ведь сказано, что когда собирались там эти стада, то "возвращали камень на устье колодца"²⁴¹. Однако о Яакове не сказано: "И вернул камень", так как после этого им уже не нужен был» камень, «потому что воды сначала не поднималась, а когда пришел Яаков, воды поднялись ему навстречу», потому что умножились, «и потому этот камень не лежал на устье колодца», так как (эти воды) не нуждались в охране. «И поэтому сказано о дочерях Итро: "Пришли и начерпали воды"²³⁹», не заботясь о том, чтобы отвалить камень.

---

²³⁶ Тора, Дварим, 3:24. «Господин мой, Творец! Ты начал являть рабу своему Твое величие и крепкую руку Твою; ибо кто есть сильный на небесах и на земле, который сделал бы подобное Твоим делам и могучим деяниям Твоим!»

²³⁷ Писания, Даниэль, 9:17. «И ныне, внемли, Всесильный наш, молитве раба своего и мольбам его, и освети ликом Твоим опустевший храм Твой – ради Господина моего!»

²³⁸ Пророки, Йеошуа, 3:11. «Вот ковчег завета – Господин всей земли пойдет пред вами через Ярден».

²³⁹ Тора, Шмот, 2:16. «А у жреца Мидьянского семь дочерей. И они пришли, начерпали воды и наполнили корыта, чтобы напоить овец отца своего».

²⁴⁰ См. выше, п. 209.

²⁴¹ Тора, Берешит, 29:3. «И собирались туда все стада, и отваливали камень от устья колодца, и поили овец, и возвращали камень на устье колодца, на свое место».

ГЛАВА ШМОТ

От четырех ветров приди, дух жизни

216) Рабби Эльазар и рабби Аба находились в пути из Тверии в Ципори. Пока они шли, встретился им один иудей. Присоединился к ним. Сказал рабби Эльазар: «Пусть каждый скажет слово Торы».

217) Рабби Эльазар начал говорить: «"Но Он сказал мне: "Пророчествуй духу жизни, пророчествуй, сын человеческий, и скажешь духу жизни"[242]. Из этого высказывания становится известным место, откуда исходит дух жизни. Ведь как мог Йехезкель пророчествовать о духе жизни, если сказано: "Нет человека, властного над духом, чтобы удержать дух"[243]? Ибо человек не властен над духом – только Творец властвует над всем, и по слову Его пророчествовал Йехезкель. И еще: потому что дух уже находился в теле, в этом мире», так как мертвыми они были там, в пещере, когда оживил их. «И поэтому пророчествовал о нем: "От четырех ветров приди, дух жизни"[242] – из того места, которое ограничено своими опорами в четырех сторонах мира» – и это нижний престол, Малхут, являющаяся престолом для Зеир Анпина. И есть у нее четыре опоры, расположенные в четырех сторонах мира – ХУГ ТУМ. И там находится этот дух, прежде чем возвращается в тело в этом мире.

218) «Встрепенулся перед ним этот иудей», который присоединился к ним. Спросил его рабби Эльазар: «Что увидел ты?!» Сказал: «Одну вещь увидел я!» Спросил его: «И что же это?» Сказал ему: «Если человеческий дух одевается в Эденском саду в облачение формы тела этого мира» и находится там, «следовало сказать: "Так сказал Творец: "Из Эденского сада приди, дух жизни", что значит: "От четырех ветров"?»

219) Сказал ему: «Этот дух (руах) не опускается в этот мир, пока не поднимется из земного Эденского сада к престолу», Малхут, «стоящему на четырех опорах», ХУГ ТУМ, «когда дух

---

[242] Пророки, Йехезкель, 37:9. «Но Он сказал мне: "Пророчествуй духу (жизни), пророчествуй, сын человеческий, и скажешь духу (жизни): так сказал Творец, от четырех ветров приди, дух (жизни), и дохни на убитых этих, и они оживут"».

[243] Писания, Коэлет, 8:8. «Нет человека, властного над духом, чтобы удержать дух, и нет власти над днем смерти, и нет освобождения от войны, и не спасет нечестие совершающих его».

поднимается туда, он вбирает в себя содержащееся в этом престоле Царя и нисходит в этот мир. Тело (гуф) берет от четырех сторон мира», и это четыре основы огонь-ветер-вода-прах. «Дух (руах) берет также от четырех сторон престола», и это ХУГ ТУМ, «на которых он устанавливается».

220) Сказал ему этот человек: «Я встрепенулся перед вами, так как увидел то, что касается этого. Ибо однажды я шел по пустыне и увидел одно дерево, приятное с виду, и под ним грот. Приблизился я к нему и обнаружил, что из этого грота исходили всевозможные запахи, какие только бывают в мире. Собравшись с духом, я вошел в эту пещеру и спустился по известным ступеням в одно место, где было много деревьев и запахов, и благовоний, которых я не мог вынести».

221) «И там я увидел одного мужа с жезлом в руке, который стоял у какого-то входа. Увидев меня, он удивился и, встав передо мной, спросил: "Что ты здесь делаешь и кто ты такой?!" Очень испугавшись, я ответил ему: "Господин мой, я – один из товарищей; вот это и это я видел в пустыне, и, войдя в эту пещеру, спустился сюда"».

222) «Сказал он мне: "Если ты один из товарищей, возьми эту связку рукописей и передай ее товарищам, тем, кто знает тайны душ (рухот) праведников". Ударил он меня тем жезлом», что в руке его, «и заснул я. Тем временем увидел я в своем сне много воинств и станов, которые находились в пути к этому месту. И этот муж ударил своим жезлом и сказал: "Идите путем этих деревьев". Они с ходу воспарили в воздух и вознеслись, и не знал я, в какое место. И слышал я звуки множества станов, и не знал, кто они. И проснулся я и не увидел ничего. И стало мне страшно в этом месте».

223) «Тем временем увидел я этого мужа. Он спросил у меня: "Ты видел что-нибудь?" Ответил я ему: "Видел я во сне своем вот это и это". Сказал он мне: "Этим путем идут души (рухот) праведников к Эденскому саду, чтобы войти туда. И то, что ты слышал от них", – т.е. звуки многочисленных станов, – "это потому, что они стоят в саду в своих образах от этого мира, и они рады душам праведников, входящим туда"».

224) «"И так же, как тело в этом мире устроено из связи четырех основ", – огня-воздуха-воды-праха, "и формируется из них в этом мире, так же и этот дух (руах) формируется в Эденском саду от четырех ветров, имеющихся в саду", – т.е. ХУГ ТУМ, "и дух (руах) облачается там и приобретает от них форму подобия тела, сформировавшегося в этом мире. И если бы не эти четыре ветра, четыре вида воздуха (авир), которые есть в саду", – т.е. ХУГ ТУМ от света хасадим, называемого воздухом (авир), "они бы вообще не приобрели форму, и не облачился бы туда дух (руах)"».

225) «"Эти четыре ветра все связаны друг с другом. А дух (руах) сформировался и облачился в них так же, как тело приобретает форму в соединении четырех основ мира", – огня-ветра-воды-праха. "И поэтому сказал Йехезкель: "От четырех ветров приди, дух жизни"[242] – от тех четырех ветров, что в Эденском саду. Тогда оно облачается и формируется в них. А теперь возьми эту связку рукописей и ступай своим путем и передай ее товарищам"».

226) Подошли рабби Эльазар с товарищами и поцеловали его в голову. Сказал рабби Эльазар: «Благословен Милосердный, что послал тебя сюда. Ибо это, конечно же, объяснение всего, и Творец вызвал это согласно этому изречению» – «от четырех ветров»[242], чтобы ты раскрыл эту тайну. Передал им этот человек связку рукописей. Когда взял ее рабби Эльазар и открыл ее, появилось огненное строение и окружило его. Увидел он в связке рукописей то, что увидел, и эта связка воспарила вверх из рук его».

227) Заплакал рабби Эльазар, сказал: «Кто может выстоять перед тайнами Царя, как сказано: "Творец мой, кто будет жить в шатре Твоем, кто обитать будет на горе святой Твоей?"[244] Благословен этот путь и тот час, когда мы встретили тебя». И с того дня рабби Эльазар пребывал в радости и ничего не сказал товарищам о том, что он видел в связке рукописей. Еще шли они, как встретился им один колодец с водой. Встали они над ним и испили этой воды.

---

[244] Писания, Псалмы, 15:1. «Творец мой, кто будет жить в шатре Твоем, кто обитать будет на горе святой Твоей?»

Колодец Моше и Яакова

228) Сказал рабби Эльазар: «Благословен удел праведников. Яаков бежал от брата своего, и повстречался ему колодец», то есть Нуква. «Когда этот колодец увидел его, воды узнали своего хозяина и поднялись к нему» в качестве МАН, «и радовались вместе с ним. И там соединилась с ним его супруга», Рахель. «Моше бежал от Фараона, и повстречался ему тот колодец. И воды, увидев его, узнали своего хозяина и поднялись к нему» в качестве МАН, «и там соединилась с ним его супруга», Ципора.

229) «В чём же различие между Моше и Яаковом?» Иначе говоря, нет различия между Моше и Яаковом. «О Яакове сказано: "Когда увидел Яаков Рахель... подошел Яаков и отвалил камень с устья колодца"[245]. А что написано о Моше: "И пришли пастухи, и прогнали их, и поднялся Моше, и выручил их"[246]. Конечно же, знал Моше, после того, как увидел, что воды поднимаются к нему, что там он встретит свою супругу. И еще. Ведь дух святости никогда не прекращался в нем, и благодаря ему знал он, что Ципора будет его супругой. Подумал Моше: «Несомненно, что когда Яаков пришел сюда, и воды поднялись к нему, повстречался ему человек, который взял его в дом свой и дал ему всё, что необходимо. И со мной будет так же».

230) Сказал этот человек: «Я учил, что Итро был жрецом-идолопоклонником. Когда он увидел, что нет истины в идолопоклонстве, отделился от этого служения. Возмутился народ и объявил его вне закона. И когда они видели его дочерей», идущих напоить скот, «то прогоняли их, поскольку вначале они сами пасли его скот, ведь он был жрецом. Как только увидел Моше благодаря духу святости, что из-за произошедшего с идолопоклонством они делали ему это, тут же: "И поднялся Моше, и выручил их, и напоил скот их"[246]. И было сделано все это по причине ревностного отношения к Творцу».

---

[245] Тора, Берешит, 29:10. «И было: когда увидел Яаков Рахель, дочь Лавана, брата его матери, и овец Лавана, брата его матери, то подошел Яаков и отвалил камень с устья колодца, и напоил он овец Лавана, брата его матери».

[246] Тора, Шмот, 2:16-17. «А у жреца Мидьянского семь дочерей. И они пришли, начерпали воды и наполнили корыта, чтобы напоить овец отца своего. И пришли пастухи, и прогнали их, и поднялся Моше, и выручил их, и напоил их овец».

231) Сказал ему рабби Эльазар: «Ты (живешь) рядом с нами, а мы не знаем имени твоего». Сказал: «Я Йоэзер бен Яаков». Подошли товарищи и, поцеловав его, сказали: «Хотя ты и рядом с нами, но мы не знали о тебе». Шли они вместе весь этот день. Назавтра они проводили его три мили, и он пошел своим путем.

Черна я, но пригожа

232) «И сказали они: "Какой-то египтянин спас нас"»[247]. Сказал рабби Хия: «Товарищи уже выяснили, что в них пробудилась искра духа святости», в том, что сказали: «Какой-то египтянин спас нас»[247], «и сказали, сами не зная, что говорят. Как в примере с человеком, который жил в пустыне и долгое время не ел мясо. Однажды (на пастбище) пришел медведь, для того чтобы задрать какого-нибудь барана, и побежал баран, а медведь погнался за ним. Пока не добежали они до этого человека в пустыне. Увидел он барана, схватил и зарезал его, и ел его мясо"». Таким образом, медведь был причиной того, что этот человек ел мясо. И так же здесь, египтянин, который был убит Моше, привел к тому, что Моше убежал и оказался в Мидьяне возле колодца. Поэтому сказали они: «Какой-то египтянин спас нас», благодаря духу святости, – т.е. тот египтянин, которого убил Моше.

233) «Другое объяснение. "И вот имена сынов Исраэля"[248]». Непонятно, ведь имя Исраэль указывает на гадлут, почему же, в таком случае, это имя упомянуто при уходе их в египетское изгнание? И почему затем возвращается к имени Яаков, которое указывает на катнут?

Сказал рабби Йегуда, провозгласив: «"Черна я, но пригожа, дочери Йерушалаима, как шатры Кедара, как завесы Шломо"[249]. "Черна я, но пригожа" – это Кнессет Исраэль, Шхина, которая "черна" – от изгнания, "но пригожа" – то есть она пригожа в Торе и заповедях, и в благодеяниях», совершаемых Исраэлем. «"Дочери Йерушалаима"[249]» – это души, которые занимаются Торой и заповедями, «благодаря чему они удостаиваются наследовать высший Йерушалаим», Шхину. «"Как шатры Кедара"[249] – несмотря на то, что она мрачнеет (кодéрет) в изгнании, всё же в деяниях она "как завесы Шломо"[249], "как завесы"» – т.е. свéта, «Царя, которому присущ мир», т.е. Зеир Анпина.

---

[247] Тора, Шмот, 2:19. «И сказали они: "Какой-то египтянин спас нас от руки пастухов, и также начерпал нам воды, и напоил скот"».

[248] Тора, Шмот, 1:1. «И вот имена сынов Исраэля, пришедших в Египет с Яаковом, каждый с домом своим пришли они».

[249] Писания, Песнь песней, 1:5. «Черна я, но пригожа, дочери Йерушалаима, как шатры Кедара, как завесы Шломо».

Объяснение. Есть два состояния (гадлут и катнут) в изгнании. Со стороны сущности изгнания есть суды и катнут, а со стороны благодеяний, которые праведники совершают в изгнании, они достойны и поднимают Шхину к «завесам Шломо». И поэтому, со стороны благодеяний, сказано: «Сынов Исраэля, сошедших в Египет»[248] – и это имя, относящееся к гадлуту, а со стороны сущности изгнания сказано: «С Яаковом, каждый с домом своим пришли они»[248] – и это имя, относящееся к катнуту.

Беги, возлюбленный мой

234) «Великий рабби Хия отправился к авторам Мишны, чтобы учиться у них. Пошел он к рабби Шимону бен Йохаю, и увидел огненную завесу, не позволявшую пройти в дом», а рабби Шимон с учениками его находились с внутренней стороны завесы. «Удивился рабби Хия, сказал: "Послушаю я слово из уст его отсюда"», с внешней стороны огненной завесы.

235) «Услышал» голос одного из учеников рабби Шимона, «сказавшего: "Беги, возлюбленный мой, и будь подобен газели или молодому оленю"[250]. Всё стремление, которое испытывали Исраэль к Творцу, – это, как сказал рабби Шимон, страстное желание Исраэля, чтобы уход и отдаление Творца от них происходили подобно убеганию газели или молодого оленя».

236) «В чем смысл этого, – сказал рабби Шимон, – ни одно животное в мире не ведет себя подобно газели или молодому оленю, отдаляясь немного во время бегства и поворачивая голову к тому месту, откуда удаляется. И всегда, неизменно, он поворачивает голову назад. Так сказали Исраэль: "Владыка мира, если мы привели к тому, что Ты уходишь из нашей среды, да будет желание, чтобы Ты удалялся, подобно газели или молодому оленю, который бежит, поворачивая голову к тому месту, которое оставил"» – к месту, в котором был раньше и которое оставил, убегая оттуда.

«И это означает сказанное: "Но при всем том, в их пребывание на земле их врагов Я ими не пренебрег и их не отверг, чтобы истребить их, нарушая союз Мой с ними"[251]. Другое объяснение. Когда газель спит – один ее глаз закрыт, а другой бодрствует. Так сказали Исраэль Творцу: "Поступай подобно газели, "ведь не спит и не дремлет Страж Исраэля"[252]"».

237) «Выслушал рабби Хия и сказал: "Вот высшие занимаются Торой в доме, а я сижу снаружи". И заплакал. Услышал рабби

---

[250] Писания, Песнь песней, 8:14. «Беги, возлюбленный мой, и будь подобен газели или молодому оленю на горах благовоний!»

[251] Тора, Ваикра, 26:44. «Но при всем том, в их пребывание на земле их врагов Я ими не пренебрег и их не отверг, чтобы истребить их, нарушая союз Мой с ними; ибо Я Творец Всесильный их».

[252] Писания, Псалмы, 121:4. «Ведь не спит и не дремлет Страж Исраэля».

Шимон и сказал: "Конечно же, Шхина снаружи", – т.е. с рабби Хией, "кто выйдет?"», – и введет его. «Сказал его сын, рабби Эльазар: "Сгорю ли я?", – проходя через огненную завесу. "Не сгорю, потому что Шхина за ней", – у рабби Хии. "Пусть войдет Шхина, и огонь (завесы) обретет совершенство". Услышал рабби Эльазар голос, произнесший: "Еще не поставлены столбы", – т.е. три линии, "и врата еще не установлены", – пятьдесят врат Бины, "и он теперь – один из малых ароматов в Эдене"», – т.е. одна из малых душ, называемых ароматами. Иными словами, рабби Хия еще не удостоился ступеней мира исправления, и это, в основном, исправление трех линий и пятьдесят врат Бины. И поэтому он недостоин войти внутрь завесы. И потому «не вышел рабби Эльазар», чтобы ввести его.

238) «Сидел рабби Хия, плакал и вздыхал. Заговорил, провозгласив: "Обернись, будь подобен, возлюбленный мой, газели или молодому оленю"[253]» – т.е. согласно толкованию, которое он слышал от рабби Шимона, несмотря на то, что убегает, он поворачивает голову назад и не удаляется.[254] Тогда «открылись врата завесы, но рабби Хия не вошел. Поднял рабби Шимон глаза и», увидев, что открылись врата завесы, «сказал: "Значит, дано позволение тому, кто снаружи. А мы находимся внутри"», – и не введем его?! «Встал рабби Шимон, и огонь ушел с того места, где он был, до места рабби Хии. Сказал рабби Шимон: "Искра принимающего света" уже распространилась "снаружи", – к рабби Хии, "а я здесь, внутри"», – и не введу его?! «Онемели уста рабби Хии» из-за огня, который протянулся к ним.

239) «Когда рабби Хия вошел внутрь, он опустил глаза и не поднимал головы. Сказал рабби Шимон своему сыну, рабби Эльазару: "Проведи рукой по устам его", – рабби Хии, "ведь он не знает об этом, поскольку это непривычно для него"», – и он не знает, как ему поступить. «Встал рабби Эльазар и провел рукой по устам рабби Хии. Открыл рабби Хия уста и сказал: "Глаза мои видят то, чего я отродясь не видел. Ступень моя возвысилась так, как я никогда не помышлял. Хорошо умереть в огне хорошего золота, горящего"».

---

[253] Писания, Песнь песней, 2:17. «Пока не повеял день, и не побежали тени. Обернись, будь подобен, возлюбленный мой, газели или молодому оленю на горах разлучения!»
[254] См. выше, п. 235.

Внутренний смысл сказанного. Известно, что есть мохин обратной стороны и внешней части, исходящие от левой линии без правой, во время выхода точки шурук, т.е. при возвращении Бины в рош Арих Анпина. И в рош Арих Анпина есть свет Хохмы без хасадим, а Хохма без хасадим светит только в ГАР, но не в ЗОН и БЕА, поэтому также и Хохма в них не светит, поскольку они являются левой линией без правой. И поэтому они считаются мохин обратной стороны и внешней части. И левая линия соединяется с правой только при выходе средней линии в свойстве экрана точки хирик, и с помощью экрана и ступени хасадим она подчиняет левую линию и соединяет ее с правой. И облачается Хохма левой линии в хасадим правой, и тогда Хохма может светить в совершенстве.

И вспомни здесь три точки холам-шурук-хирик, которые мы выяснили раньше.[255] И эти мохин, приходящие благодаря согласованию средней линии с помощью экрана де-хирик, называются мохин лицевой стороны и внутренней части. И есть преимущество в левой линии, которого нет в средней линии, так как левая линия притягивает Хохму из рош Арих Анпина, а это ГАР де-ГАР, хотя они и не светят в ней. И есть преимущество в средней линии, которого нет в левой линии, так как средняя линия светит во всем совершенстве благодаря облачению Хохмы в хасадим, однако в ней есть только ВАК де-ГАР, поскольку сила экрана де-хирик уменьшает ее, (убирая) ГАР де-ГАР.

И вот рабби Хия находился на ступени мохин де-ахораим (обратной стороны), которые исходят от левой линии до согласования средней линии. И это означает сказанное[256]: «Великий рабби Хия отправился к авторам Мишны, чтобы учиться у них», потому что он всегда учился у авторов Мишны, как продвигаться по ступеням, преодолевая одну за другой. «Пошел он к рабби Шимону бен Йохаю, и увидел огненную завесу, не позволявшую пройти в дом» – то есть он почувствовал в рабби Шимоне бен Йохае экран де-хирик, что в средней линии, от которого рабби Шимон получает свои мохин де-паним, и этот

---

[255] См. Зоар, главу Берешит, часть 1, п. 9. «Высшая точка, Арих Анпин, посеяла внутри чертога ИШСУТ три точки: холам, шурук, хирик…»
[256] См. выше, п. 234.

экран прекращает мохин Хохмы, называемые домом, т.е. убирает у него ГАР де-ГАР и светит только ВАК де-ГАР.[257]

«Удивился рабби Хия» – так как показалось ему, что он меньше него, потому что рабби Хия хотя и был в мохин де-ахораим, у него были ГАР де-ГАР, как это присуще левой линии, а у рабби Шимона бен Йохая были только ВАК де-ГАР, так он использовал среднюю линию. И поэтому считал рабби Хия свои мохин более внутренними, чем рабби Шимона, «сказал: "Послушаю я слово из уст его отсюда"», т.е. от свойства ВАК де-ГАР.

«Услышал сказавшего: "Беги, возлюбленный мой, и будь подобен газели или молодому оленю"[258]. Всё стремление, которое испытывали Исраэль к Творцу, – это, как сказал рабби Шимон, страстное желание Исраэля, чтобы уход и отдаление Творца от них происходили подобно убеганию газели или молодого оленя. "В чем смысл этого, – сказал рабби Шимон, – ни одно животное в мире не ведет себя подобно газели или молодому оленю, отдаляясь немного во время бегства и поворачивая голову к тому месту, откуда удаляется. И всегда, неизменно, он поворачивает голову назад"»[259]. В час, когда Исраэль держатся за левую линию, убегает от них Творец и не светит им. Однако это убегание не является отстранением, а наоборот, ведь Он хочет светить им свойством рош, т.е. Хохмой, но поскольку им недостает хасадим, а рош не может светить им без облачения в хасадим, поэтому Он убегает от них, пока они не получат экран хирик, на который выходит средняя линия. И тогда рош Его светит в своей обратной стороне (ахораим), т.е. в левой линии, называемой ахораим, так как теперь с помощью средней линии Хохма облачается в хасадим и светит в совершенстве, но только в ВАК де-ГАР. И это называется, что Он убегает, подобно газели, которая поворачивает голову (рош) назад.

Об этом молились Исраэль: «Если мы привели к тому, что Ты уходишь из нашей среды» – т.е. из-за того, что мы держались за среднюю линию, где Хохма не светит из-за недостатка хасадим, и этим привели к тому, что Творец ушел из нашей среды.

---

[257] См. предыдущую ссылку, а также Зоар, главу Лех леха, п. 22, со слов: «Экран де-хирик, на который выходит средняя линия, происходит от свойства суда, имеющегося в Малхут...»

[258] Писания, Песнь песней, 8:14. «Беги, возлюбленный мой, и будь подобен газели или молодому оленю на горах благовоний!»

[259] См. выше, пп. 235-236.

«Да будет желание, чтобы Ты удалялся, подобно газели или молодому оленю, который бежит, поворачивая голову к тому месту, которое оставил» – так, чтобы убегание Творца вернуло Его рош, свойство ГАР, «тому месту, которое оставил», то есть левой линии, откуда Он ушел.

И сказано[260]: «Другое объяснение. Когда газель спит – один ее глаз закрыт, а другой бодрствует. Так сказали Исраэль…». Объяснение. «Глаза» – это Хохма, и в них есть десять сфирот: в одном – ГАР, а в другом – ЗАТ. А «сон» – это исчезновение мохин. И Исраэль молились, чтобы это исчезновение властвовало только над одним глазом, т.е. ГАР Хохмы, но не над вторым, ВАК Хохмы, так как они должны поддерживать себя затем, с помощью средней линии. И это смысл сказанного: «Ведь не спит и не дремлет Страж Исраэля»[252] – но глаз его открыт и светит Хохмой для Исраэля.

И все это сказал один из учеников рабби Шимона рабби Хие, сообщив ему о возвышенности рабби Шимона бен Йохая, ведь несмотря на то, что он использует среднюю линию и свой экран де-хирик, он все равно получает от левой линии свет Хохмы во всем совершенстве свечения ее, но только в свойстве ВАК Хохмы. Однако рабби Хия, хотя и держится за левую линию, без экрана, то есть может привлечь ГАР Хохмы, – но зачем ему это, когда она не светит ему вовсе, и Творец удален от Шхины из-за него, и Он словно спит.

«Выслушал рабби Хия»[261] – т.е. понял из его слов, что правда на его стороне, «и сказал: "Вот высшие занимаются Торой в доме, а я сижу снаружи"» – теперь рабби Хия осознал, что высшие, рабби Шимон и его товарищи, находятся в доме, то есть в мохин Хохмы, а он сидит во внешнем свойстве Хохмы, так как она не светит ему. И потому заплакал. «Услышал рабби Шимон и сказал: "Конечно же, Шхина снаружи"» – т.е. и рабби Хия уже чувствует, что Шхина из-за него находится вовне, и поэтому: «Кто выйдет» и притянет к нему мохин лицевой стороны? Сказал его сын, рабби Эльазар, чтобы услышал рабби Хия: «Сгорю ли я?» – из-за экрана де-хирик в средней линии, т.е. когда уйдут от меня ГАР де-ГАР? «Не сгорю» – то есть: я не считаю это сгоранием. Ведь Шхина была вне его, т.е. была во внешнем свойстве,

---
[260] См. выше, п. 236.
[261] См. выше, п. 237.

как мы уже сказали. «Пусть войдет Шхина» – в состояние паним бе-паним (лицом к лицу) с Зеир Анпином, благодаря тому, что я получил экран де-хирик в средней линии. «И огонь обретет совершенство» – и станет огонь завесы совершенным, в силу того, что вызвал зивуг Творца и Шхины паним бе-паним. И этими словами намеревался рабби Эльазар оказать содействие рабби Хии, чтобы он вышел из левой линии и получил среднюю линию.

«Услышал (рабби Эльазар) голос, произнесший: "Еще не поставлены столбы", – еще не установлены у рабби Хии правая и левая линии с экраном де-хирик, "и врата еще не установлены", – и врата еще не установлены с экраном первого сокращения, "и он теперь – один из малых ароматов в Эдене"» – и потому рабби Хия не примет от него (эти слова). «Не вышел рабби Эльазар» – потому что понял, что рабби Хия не сможет принять его слова. И «выйти» означает – слиться со ступенью рабби Хия, являющейся внешней, поскольку невозможно возвысить ступень товарища иначе, как спустившись и сравнявшись с его ступенью. И потому должен был рабби Эльазар выйти из внутреннего во внешнее.

«Сидел рабби Хия, плакал и вздыхал»[262] – много молился, чтобы удостоиться внутренних мохин. «Заговорил, провозгласив: "Обернись, будь подобен, возлюбленный мой, газели или молодому оленю"[253]» – намек на то, что он удостоился обрести экран де-хирик, уменьшающий ГАР левой линии, и остался в ВАК без рош. Поэтому он попросил у Творца, чтобы Он повернул голову назад, подобно газели.[263] «Открылись врата завесы» – другими словами, он еще не удостоился самого экрана, на который выходит средняя линия, а удостоился лишь входа (досл. врат) в него.[264]

Ибо сначала выходит экран де-хирик с помощью экрана первого сокращения, который своей силой подчиняет левую линию правой линии. И в этом свойстве он еще не достоин высшего зивуга, чтобы привлечь свет паним, так как экран первого сокращения не принимает в себя свет. И потому нужно подсластить этот экран вторым сокращением, и тогда он достоин того,

---

[262] См. выше, п. 238.
[263] См. выше, п. 236.
[264] См. Зоар, главу Лех леха, п. 22, со слов: «Экран де-хирик, на который выходит средняя линия, происходит от свойства суда, имеющегося в Малхут...»

чтобы привлечь и получить свет паним.[264] Поэтому экран первого сокращения не считается по-настоящему экраном, а входом (досл. вратами) в экран. Иначе говоря, он причина для (выхода) подслащенного экрана второго сокращения, и без него не покорилась бы левая линия.[264] И это означает: «Открылись врата завесы», и поэтому сказано: «Но рабби Хия не вошел», так как экран первого сокращения не предназначен для привлечения внутреннего света, и поэтому он еще не может войти внутрь.

И поэтому сказано: «Поднял рабби Шимон глаза и сказал: "Значит, дано позволение тому, кто снаружи"» – т.е. рабби Шимон почувствовал в нем, что он уже удостоился экрана де-хирик от первого сокращения, который представляет лишь врата экрана, как мы уже объяснили, и это считается позволением войти внутрь. «А мы находимся внутри» – и не поможем ему войти?! «Встал рабби Шимон, и огонь ушел с того места, где он был» – ушел огонь завесы от места рабби Шимона, т.е. экрана, подслащенного вторым сокращением, «до места рабби Хии». И благодаря этому получил рабби Хия от рабби Шимона подслащение экрана второго сокращения, тогда «Искра принимаемого света снаружи, а я здесь, внутри» – искра принимаемого света находится снаружи, у рабби Хии, т.е. он уже получил малое состояние (катнут) мохин благодаря зивугу на экран второго сокращения. И хотя оно еще малое, подобно искре, однако это уже принимаемый свет, то есть внутреннее свойство уже принимает его, и он может войти туда. И затем он будет способен принять мохин большого состояния (гадлут),[265] так как малое состояние (катнут), исходящее от Имы, делает его способным получить гадлут Имы.

И сказано: «Онемели уста рабби Хии». Полученный им катнут называется «божественная немота (элем де-Элоким אלם דאלהים)», и это намек на то, что ему недостает «йуд-хэй יה» де-Элоким (אלהים), то есть ГАР. Сказано: «Кто (מי) дал уста человеку»[266] – Бина, называемая МИ (מי), дает человеку уста, то

---

[265] См Зоар, главу Берешит, часть 1, п. 3, со слов: «В свойстве суда, т.е. в свойстве Малхут мира АК, прежде чем она подсластилась в Бине, в свойстве милосердия, мир не мог существовать...»

[266] Тора, Шмот, 4:11. «И сказал Моше Творцу: "Прости меня, Господин мой, но человек я не речистый – ни со вчера, ни с третьего дня, ни с того времени, когда заговорил ты со служителем Твоим, ибо я косноязычен и заикаюсь". И ответил ему Творец: "Кто дал уста человеку, и кто делает его немым, или глухим, или зрячим, или слепым – не я ли, Творец?!"»

есть раскрытие ГАР. «И кто (ми מי) делает его немым» – МИ (מי), то есть Бина, дает мохин де-катнут, и уста немеют, что и называется «божественная немота (элем де-Элоким אלם דאלהים)», так как недостает ГАР, «йуд-хэй יה» де-Элоким (אלהים).

«Когда (рабби Хия) вошел внутрь, он опустил глаза и не поднимал головы» – так как у него были оттуда лишь мохин де-катнут и недоставало рош. «Сказал рабби Шимон своему сыну, рабби Эльазару: "Проведи рукой по устам его, ведь он не знает об этом, поскольку это непривычно для него"». Рука означает – сила и мощь. И сказал рабби Шимон рабби Эльазару, чтобы он провел рукой по устам рабби Хии и помог ему поднять МАН для привлечения ГАР, и раскроются ему мохин де-ГАР, и раскрытие их называется устами. «Встал рабби Эльазар и провел рукой по устам рабби Хии. Открыл рабби Хия уста» – т.е. постиг внутренние мохин де-ГАР, раскрытие которых называется откровением уст, «и сказал: "Глаза мои видят то, чего я отродясь не видел"».

Зрение – это изобилие Хохмы, так как глаза – это Хохма. И заговорил рабби Хия, потому что теперь, когда он постиг внутренние мохин де-ГАР, он увидел, т.е. постиг свет Хохмы, которго не видел из-за того, что ранее находился во внешнем свойстве, и хотя он получал питание от ГАР де-ГАР левой линии, но эта Хохма ему не светила вовсе из-за отсутствия облачения хасадим.

Однако в тех внутренних свойствах ГАР, которые он постиг сейчас, Хохма светит в совершенстве, так как у нее есть хасадим для облачения, только она светит в ВАК де-ГАР. «И мой уровень возвысился так, как я никогда не помышлял» – мой рош возвысился, т.е. он постиг ГАР, называемые рош, «как я никогда не помышлял» – хоть когда-либо постичь. «Хорошо умереть в огне хорошего золота, горящего» – исчезновение ГАР де-ГАР из-за экрана де-хирик, который он получил, называется смертью, а Бина называется хорошим золотом. И сказал тем самым: чтобы обрести ГАР хорошего золота, горящего из-за экрана хирик, стоит умереть – то есть потерять ГАР де-ГАР.

240) «В месте» рабби Шимона, «разбрасывающего искры во все стороны», т.е. мохин катнут, которые рабби Шимон бросил

ему, называемые искрой принимающего света.²⁶⁷ «И каждая искра восходит к тремстам семидесяти строениям (меркавот)», т.е. каждая искра получает гадлут от Бины, сфирот которой исчисляются сотнями. И четыре сфиры ХУБ ТУМ, составляющие четыреста, лишены ГАР де-ГАР, и поскольку им недостает тридцати сфирот от Хохмы, они составляют лишь триста семьдесят строений, и недостает им тридцати до четырехсот.

А затем, когда они удостаиваются большего, они поднимаются к высшим Абе ве-Име и к Арих Анпину, сфирот которого исчисляются сотнями тысяч, а десять его сфирот составляют тысячу тысяч. И тогда «каждое строение (меркава) истолковывается как тысяча тысяч», поскольку каждое из них достигает мохин Абы ве-Имы, «и десять тысяч по десять тысяч, пока не будет достигнут Атик Йомин», сфирот которого исчисляются десятками тысяч и составляют десять тысяч по десять тысяч, «который восседает на престоле», т.е. ЗАТ Атика, на которых восседают ГАР, «и престол содрогается от него в двухстах шестидесяти мирах». То есть престол содрогается, боясь получить от ГАР десять АВАЯ (הויה), составляющих в гематрии двести шестьдесят (ר״ס), и это скрытый смысл слов: «Свернул (סָר)²⁶⁸ посмотреть»²⁶⁹. И все эти ступени есть в рабби Шимоне бен Йохае.

241) «Пока не достигнет» рабби Шимон «места Эдена праведников, и не станет слышно на всех небосводах» о достоинствах рабби Шимона. «И тогда все высшие и нижние, все вместе изумятся и скажут: "Это рабби Шимон бен Йохай, заставляющий всё содрогаться! Кто может устоять пред ним?! Это рабби Шимон – как только он открывает уста, чтобы начать заниматься Торой, его голосу внемлют все престолы, и все небосводы, и все строения (меркавот), и все те, кто славит своего Владыку!"»

242) «Нет того, кто начнёт» возглашать песнь, «и нет того, кто закончит» свою песнь. Иными словами, те, кто находится посреди песни, не завершают свою песнь, «ибо все прибыли»,

---

²⁶⁷ См. выше, п. 238.
²⁶⁸ Слово «свернул (סר)» в гематрии также составляет 260.
²⁶⁹ Тора, Шмот, 3:3-4. «И сказал Моше: "Свeрну-ка я и посмотрю на это великое видение – почему не сгорает терновник!" И узрел Творец, что он свернул посмотреть, и воззвал к нему Творец из терновника, и сказал: "Моше, Моше"».

чтобы слушать голос рабби Шимона. «Пока не будет услышано на всех небосводах наверху и внизу откровение уст».

«Когда заканчивает рабби Шимон заниматься Торой, видел ли кто-то песни, видел ли кто-то радость восславляющих своего Владыку, видел ли голоса́, которые расходятся по всем небосводам?! А благодаря рабби Шимону приходят все», т.е. все души и ангелы, «и преклоняют колени, и склоняются пред своим Владыкой, и возносят ароматы и благовония Эдена», т.е. свечение Хохмы, «до Атика Йомина. И всё это благодаря рабби Шимону».

243) «Рабби Шимон открыл уста и сказал: "Шесть ступеней спустились с Яаковом в Египет», ХАГАТ НЕХИ. «И каждая из них» распространяется до величины «десять», и пребывают они лишь в свечении Зеир Анпина, и тогда их шестьдесят, и их «тысяча», когда они получают свечение Хохмы, исчисляемое тысячами, их шестьдесят тысяч, и до величины «рибо (десять тысяч)», когда они получают свечение хасадим от Атика, и их шестьдесят рибо. «И им соответствуют шесть ступеней у Исраэля, так как от Исраэля они нисходят к Яакову.[270] И им соответствуют шесть ступеней у высшего престола», ХАГАТ Зеир Анпина, включающие НЕХИ. «И им соответствуют шесть ступеней у нижнего престола», Малхут, и это ХАГАТ НЕХИ, как сказано: «Шесть ступеней у престола»[271].

«И это смысл сказанного: "Десятитысячекратность, как растению полевому, даровал Я тебе"[272] – это первая ступень. "И выросла ты"[272] – вторая. "И возросла"[272] – третья. "Явилась в драгоценных украшениях"[272] – четвертая. "Груди достигли совершенства"[272] – пятая. "Волосы твои отрасли"[272] – шестая. И им соответствует сказанное: "Сыновья Исраэля расплодились"[273]

---

[270] См. выше, п. 5, со слов: «И теперь понятно, почему это изречение начинается с Исраэля…»

[271] Пророки, Мелахим 1, 10:18-19. «И сделал царь большой престол из слоновой кости, и обложил его чистым золотом. Шесть ступеней у престола, верх круглый у престола сзади, и подлокотники по обе стороны сиденья, и два льва стояли у подлокотников».

[272] Пророки, Йехезкель, 16:7. «Десятитысячекратность, как растению полевому, даровал Я тебе. И выросла ты, и возросла, и явилась в драгоценных украшениях – груди достигли совершенства, и волосы твои отрасли, но ты нага и неприкрыта».

[273] Тора, Шмот, 1:7. «А сыны Исраэля плодились и размножались, и умножились и усилились очень-преочень, и наполнилась ими страна».

– это первая ступень. "И размножились"²⁷³ – вторая. "И возросли"²⁷³ – третья. "И усилились"²⁷³ – четвертая. "Очень"²⁷³ – пятая. "Преочень"²⁷³ – шестая».

244) «Смотри, каждая из них», что в ВАК (в шести окончаниях) «восходит к десяти», от свечения самого Зеир Анпина, сфирот которого исчисляются десятками. «И становятся» эти ВАК «шестьюдесятью». И тогда «их "шестьдесят воинов" вокруг Шхины». Как сказано: «Вот ложе Шломо»²⁷⁴ – это Шхина, называемая ложем, «шестьдесят воинов вокруг него, воинов исраэлевых»²⁷⁴. «И их шестьдесят рибо (десятков тысяч)» – когда она получает свечение хасадим от Атика,²⁷⁵ «кто вышел с Исраэлем из изгнания и кто пришел с Яаковом в изгнание».

245) «Сказал рабби Хия: "Но ведь их семь", – ХАГАТ, НЕХИ и Малхут, "и" когда каждая становится десятью, "они восходят к семидесяти"», а не к шестидесяти. «Сказал ему рабби Шимон: "Семьдесят не имеют отношения к этому", – так как здесь речь идет о светящих ступенях, а ступень Малхут сама не светит, "и если тебе вздумается сказать: "Семь", – т.е. причислить также и Малхут к ВАК, "то сказано: "И шесть ветвей выходят с боков его: три ветви светильника с одной стороны и три ветви светильника с другой стороны"²⁷⁶, – соответственно ХАГАТ НЕХИ, "а одна средняя ветвь", – Малхут, "не принимается в расчет, как сказано: "С лицевой стороны светильника должны светить"²⁷⁷», так как Малхут сама не светит, а только получает от шести свечей.

---

²⁷⁴ Писания, Песнь песней, 3:7. «Вот ложе Шломо! Шестьдесят воинов вокруг него, воинов исраэлевых».

²⁷⁵ См. выше, п. 243.

²⁷⁶ Тора, Шмот, 25:32. «И шесть ветвей выходят с боков его: три ветви светильника с одной стороны и три ветви светильника с другой стороны».

²⁷⁷ Тора, Бемидбар, 8:2. «Говори Аарону, и скажешь ему: "Когда будешь зажигать лампады, с лицевой стороны светильника должны светить эти семь лампад"».

ГЛАВА ШМОТ

Зачем в изгнание и почему в Египет?

246) «Пока они сидели, спросил рабби Эльазар у рабби Шимона, отца своего: "Зачем Творец хотел отправить Исраэль в Египет в изгнание?" Сказал ему: "Ты задаешь один вопрос или два?" Сказал (рабби Эльазар): "Два. Зачем в изгнание? И почему именно в Египет?" Сказал ему (рабби Шимон): "Их два, но они возвращаются к одному". Сказал ему (рабби Шимон): "Поднимись в существовании своем", – т.е. в уровне своем, "для тебя это осуществится наверху", – в небесном собрании, "эта вещь будет на твое имя. Говори, сын мой, говори!"»

247) «Заговорил он, провозгласив: "Их шестьдесят цариц и восемьдесят наложниц"[278]. "Их шестьдесят цариц" – это высшие воины со стороны Гвуры (мужества), удерживающиеся в печатях", – во внешнем свойстве "святого существа Исраэля"», – то есть Малхут, и поэтому называются по ее имени «шестьдесят цариц (млахо́т (מְלָכוֹת))», и это ангелы, назначенные над народами, как мы еще выясним. «"Восемьдесят наложниц" – это ангелы, находящиеся под ними, утвержденные печатями цариц» – шестидесяти цариц, и поэтому они называются наложницами, а не царицами. «"А девицам – числа нет" – это, как сказано: "Есть ли счет воинствам Его?!"[279] И вместе с тем сказано: "Одна она, голубка моя, чистая моя, одна она у матери своей"[280] – это святая Шхина, выходящая из двенадцати светов,[281] и это сияние, светящее каждому, и поэтому она называется "мать (има)"», как сказано: «Одна она у матери своей».

248) «Подобно этому сделал Творец на земле: раскидал все народы в разные стороны, и поставил над ними правителей. Как сказано: "Тому, чем наделил Творец Всесильный твой все

---

[278] Писания, Песнь песней, 6:8. «Их шестьдесят цариц и восемьдесят наложниц, а девицам (аламот) – числа нет».

[279] Писания, Иов, 25:3. «Есть ли счет воинствам Его?! И над кем нет света Его?!»

[280] Писания, Песнь Песней, 6:9. «Одна она, голубка моя, чистая моя, одна она у матери своей, избранная – у родительницы своей. Увидели ее девицы – и признали, царицы и наложницы – и восхвалили ее».

[281] См. выше, п. 5.

народы"²⁸². И Творец взял в Свой удел Кнессет Исраэль. Как сказано: "Ибо доля Творца – народ Его, Яаков – наследственный удел Его"²⁸³. И назвал ее: "Одна она, голубка моя, чистая моя, одна она у матери своей"²⁸⁰ – это Шхина (обитель) величия Его, которая пребывала между ними, "одна она"²⁸⁰, и предназначена Ему. "Увидели ее девицы – и признали"²⁸⁰ – это как сказано: "Многие дочери преуспели, но ты превзошла всех их"²⁸⁴. "Царицы и наложницы и восхвалили ее"²⁸⁰ – это те правители народов, которые поставлены над ними».

249) «И есть еще один скрытый смысл этого. Мы изучали, что десятью речениями создан мир, но если мы всмотримся, есть всего три, которыми создан мир – "мудростью (хохма) и разумом (твуна), и знанием (даат)"²⁸⁵. И мир этот создан только для Исраэля. И когда захотел Творец установить мир, сделал (его) для Авраама с помощью мудрости (хохма), для Ицхака – с помощью разума (твуна), для Яакова – с помощью знания (даат). И об этом сказано: "И знанием покои наполняются"²⁸⁶». И это ХАГАТ, – т.е. Авраам, Ицхак, Яаков, – поднялись и стали ХАБАД. «И в тот самый час становится совершенным весь мир. А когда у Яакова рождаются двенадцать колен» – т.е. двенадцать диагональных границ,²⁸¹ «то всё становится совершенным» в этом мире, «подобно тому, что наверху», в Ацилуте.

250) «Когда увидел Творец великую радость этого мира, от того, что он стал совершенным в своем подобии Высшему, сказал: "Как бы не смешались часом двенадцать колен с остальными народами, и не осталось изъяна во всех мирах». Что сделал Творец? Перемещал их всех с места на место до тех пор, пока не спустились в Египет, расположив жилища свои среди народа непреклонного, презирающего их обычаи и гнушающегося

---

²⁸² Тора, Дварим, 4:19. «А то взглянешь ты на небо и увидишь солнце и луну и звезды, все воинство небесное, и прельстишься, и будешь поклоняться им, и будешь служить тому, чем наделил Творец Всесильный твой все народы под небом».

²⁸³ Тора, Дварим, 32:9. «Ибо доля Творца – народ Его, Яаков – наследственный удел Его».

²⁸⁴ Писания, Притчи, 31:29. «Многие дочери преуспели, но ты превзошла всех их!»

²⁸⁵ Тора, Шмот, 31:3. «И наполнил его божественным духом, мудростью и разумом, и знанием, и талантом к любому ремеслу».

²⁸⁶ Писания, Притчи, 24:3-4. «Мудростью устраивается дом и разумом утверждается, и знанием покои наполняются всяким достоянием, драгоценным и приятным».

заводить с ними родство, смешиваясь с ними, и считающего их рабами. И мужчины гнушались ими, и женщины ими гнушались, пока не стали все они совершенными в праведном семени», без смешения с чужаками. «А тем временем достиг полной меры грех народов, о котором сказано: "Ибо до сих пор еще не полон грех эморея"[287]. И когда они вышли, то вышли чистыми праведниками, как сказано: "Колена Творца, – свидетельство Исраэлю"[288]. Подошел рабби Шимон и поцеловал его в голову, сказал: "Встань, сын мой, в существовании своем", – т.е. на свою ступень, "ибо твой час настал"».

Таким образом, мы получаем ответ на оба заданных им вопроса:[289] Почему были изгнаны Исраэль? И почему именно в Египет? Поскольку из страха, чтобы не смешались колена с остальными народами, которые признавали Исраэль, они были изгнаны к египтянам, которые отличались высокомерием и гнушались Исраэлем. И находились они там, пока не стал «полон грех эморея»[287], и пришли в землю свою, когда больше нет страха перед смешением с остальными народами.

---

[287] Тора, Берешит, 15:16. «Четвертое же поколение возвратится сюда, ибо до сих пор еще не полон грех эморея».
[288] Писания, Псалмы, 122:4. «То место, куда восходили колена, колена Творца, – свидетельство Исраэлю, чтобы благодарить имя Творца».
[289] См. выше, п. 246.

Хлеба не ел и воды не пил

251) «Сел рабби Шимон, а рабби Эльазар, сын его, стоял, истолковывая скрытый смысл слов мудрости, и лицо его сияло, подобно солнцу, а слова разносились, воспаряя к небосводу. Сидели они два дня, не ели и не пили, и не знали, был это день или ночь. Когда они вышли, то узнали, что прошло два дня, и до сих пор они ничего не ели. Изрек в связи с этим рабби Шимон: "И пробыл он там с Творцом сорок дней и сорок ночей, хлеба не ел и воды не пил"[290]. И если с нами", удостоившимися слияния с Творцом на "один час, было так", что два дня промчалось над нами в свете Творца, когда не знали мы, где мы, "то про Моше, о котором свидетельствует Писание: "И провел он там с Творцом сорок дней и сорок ночей", и говорить нечего"».

252) «Когда пришел рабби Хия к рабби и рассказал ему эту историю, удивился рабби, и сказал ему рабби Шимон бен Гамлиэль, отец его: "Сын мой! Рабби Шимон бен Йохай – это лев, и рабби Эльазар, его сын, – лев! И не ровня рабби Шимон остальным львам. О нем сказано: "Лев зарычал – кто не затрепещет?!"[291] И если высшие миры трепещут перед ним, что уж говорить о нас? Это человек, который никогда не должен был назначать пост за то, что просил и молился. Но то, что он решает, Творец выполняет. Творец решает, а он отменяет. Как мы изучали сказанное: "Оплот Исраэля управляет человеком, праведник управляет страхом Всесильного"[292], – что Творец управляет человеком, а праведник управляет Творцом, т.е. Он выносит решение, а праведник отменяет его"».

---

[290] Тора, Шмот, 34:28. «И пробыл он там с Творцом сорок дней и сорок ночей, хлеба не ел и воды не пил, и написал Творец на скрижалях слова союза, десять заповедей».

[291] Пророки, Амос, 3:8. «Лев зарычал – кто не затрепещет?! Творец изрек – кто не станет пророчествовать?!»

[292] Пророки, Шмуэль 2, 23:3. «Сказал Всесильный Исраэля, говоря мне: "Оплот Исраэля управляет человеком, праведник управляет страхом Всесильного"».

ГЛАВА ШМОТ

Двенадцать гор Афарсемона

253) «Мы учили, – сказал рабби Йегуда, – не найти вещи, столь любимой Творцом, как молитва праведников. И хотя это желанно Ему, иной раз Он исполняет их просьбу, а иной раз – нет».

254) «Учили мудрецы: "Однажды мир нуждался в дождях. Пришел рабби Элиэзер и назначил сорок дней поста. А дождь не начинался. И вознес он молитву – дождь не начинается. Пришел рабби Акива и стал молиться. Сказал: "Возвращающий ветер"[293], и поднялся ветер, сильный и буйный. Сказал: "И Посылающий дождь"[293] – и пошел дождь. Пришел в смятение рабби Элиэзер. Взглянул рабби Акива ему в лицо и почувствовал его смятение».

255) «Встал рабби Акива перед народом и сказал: "Приведу я вам пример, на что это похоже. Рабби Элиэзер похож на любимца Царя, которого Он любит больше всех. И когда он является к Царю, он желанен Ему и не хочет (Царь) выполнять его просьбу слишком быстро, чтобы не расставаться с ним, ибо желает Он, чтобы тот поговорил с Ним. А я похож на раба этого Царя, который обратился к Нему с просьбой, а Царь не хочет, чтобы тот входил во врата дворца и уж тем более говорил с Ним. Сказал Царь: "Немедленно исполните его просьбу, и чтобы не являлся сюда". Так рабби Элиэзер – он любимец Царя, а я раб. И Царь желает говорить с ним каждый день, и не разлучаться с ним. Ну, а со мной, – Царь не желает даже, чтобы я входил во врата дворца, поэтому Он сразу же исполнил мою просьбу". Улеглось смятение рабби Элиэзера».

256) «Сказал ему (рабби Элиэзер): "Акива, идем, я расскажу тебе о том, что я увидел во сне о сказанном в отрывке: "Ты же не молись за этот народ и не возноси за них мольбы и просьбы, и не умоляй Меня"[294]». Но ведь по причине прегрешения этого поколения не принимается молитва за них. И всё же сказано: «Ты же не молись»[294] за них, – это означает, что другие могут

---

[293] «Возвращающий ветер и Посылающий дождь» – одно из благословений молитвы «Амида», произносимых зимой, начиная с праздника Шмини Ацерет и до первого дня праздника Песах.

[294] Пророки, Йермияу, 7:16. «Ты же не молись за этот народ и не возноси за них мольбы и просьбы, и не умоляй Меня, ибо Я не внемлю тебе».

молиться. «И поэтому я не получил ответа, а ты получил». И даже более того, есть такие свойства, что нет праведника в мире, который может молиться за них.

«Вот смотри. Двенадцать гор Афарсемона» – т.е. ХАГТАМ (Хесед, Гвура, Тиферет и Малхут) Бины, называемой Афарсемоном, которые включены друг в друга так, что каждый из них состоит из ХАГАТ, и всего их двенадцать. Однако Малхут не светит даже в Малхут до Конца исправления.[295] «Вошел» и поднял МАН «тот, кто облачён в хошен (наперсник) и эфод (накидку)», т.е. Зеир Анпин, Тиферет которого называется «хошен», а Малхут называется «эфод». И двенадцать камней, вставленных в хошен, получают от двенадцати светов Бины, указанных выше, а двенадцать эфода получают от двенадцати хошена. И в них тоже не светит сущность Малхут, как и в Бине.

«И вознес молитву к Творцу», т.е. поднял МАН в Бину, «чтобы проявил милосердие к миру», т.е. закончил исправление также и в самой Малхут, чтобы светила, как ХАГАТ. «И до тех пор его молитва в подвешенном состоянии» – пока еще не принята, так как есть свойства, молитва о которых не может быть услышана. «В таком случае, почему пришел в смятение рабби Элиэзер?» Потому что видел в своем сне: «Ты же не молись за этот народ»[294], откуда следует, что другой может молиться. «И это из-за людей, которые не знают об этом», и думали, что его достоинства ниже достоинств рабби Акивы.

---

[295] См. Зоар, главу Берешит, часть 1, п. 82, со слов: «Поэтому, когда она выявилась, и к Нукве поднялась из БЕА её Малхут...»

ГЛАВА ШМОТ

Восемнадцать гор Афарсемона

257) «Сказал рабби Элиэзер: "Восемнадцать высших гор Афарсемона", – и это Есод Бины, в котором есть девять сфирот прямого света и девять сфирот отраженного света, то есть восемнадцать гор. "Входят" – т.е. поднимают МАН, "души праведников" – являющиеся строением (меркава) для Есода, "и сорок девять благовоний", – т.е. пятьдесят врат Бины без одних (врат), "поднимаются каждый день", – от Бины, "до того места, которое называется Эден", – до Хохмы. "И соответственно этому передается Тора в сорока девяти ликах нечистоты и в сорока девяти ликах чистоты"» – так как из-за отсутствия пятидесятых врат вышли сорок девять ликов нечистоты, и об этом сказано: «Одно против другого создал Всесильный»[296]. А также «"сорок девять букв в названиях колен", и также "сорок девять дней" – исчисления (омера), "чтобы получить Тору", во время которых "сорок девять высших дней", – относящихся к ЗОН, "стоят в ожидании разрешения", – чтобы исправиться, "каждый день" – из этих сорока девяти дней, "от светящихся камней этого хошена", вставных, "с резьбой печатной"». И эти двенадцать получают от двенадцати гор Афарсемона, о которых уже говорилось,[297] и тем самым исправляются ЗАТ (семь нижних сфирот) ЗОН, состоящие из семи, с помощью сфирот омера.

258) «"А тот, кто надевает хошен", – т.е. Зеир Анпин в мохин де-гадлут, "восседает на драгоценном святом троне", – и он светит в Малхут, которая называется троном. "И четыре основы" – этого трона, и это Михаэль, Гавриэль, Уриэль, Рафаэль, "стоят и созерцают хошен" – то есть получают от двенадцати камней, которые светят в нем. "По слову его", – облачающего хошен, "приходят и по слову его уходят", – т.е. все света и исправления исходят от двенадцати светов, содержащихся в хошене, которые исходят от двенадцати светов, имеющихся в Бине. "Возносят глаза свои и смотрят наверх. Видят диадему, сверкающую с шестисот двадцати сторон" – намек на кетер (כתר), численное значение которого шестьсот двадцать (тарах תרך), потому что он соединен над мецахом и над гульголет, и это свойство кетера. И святое высшее имя "начертано на нем.

---
[296] Писания, Коэлет, 7:14. «В день благоволения – радуйся, а в день бедствия – узри, ведь одно против другого создал Всесильный с тем, чтобы ничего не искать человеку после Него».

[297] См. выше, п. 256.

И они сотрясаются и покачиваются. Связаны", – эти основы, "с правой стороны", – в Зеир Анпине, "а левая" – Малхут, "берет в свои руки основы небес" – т.е. три линии в Зеир Анпине, называемом небесами, "выясняет их и раскрывает их, как сказано: "И раскроются, как книга, небеса"[298]».

Объяснение. Тот, кто надевает хошен, – т.е. Зеир Анпин, восседает на престоле четырех основ, – на Малхут, у которой есть четыре основы ХУГ ТУМ, и эти четыре основы связаны с Зеир Анпином, который склоняется к правой стороне, то есть светит им скрытыми хасадим, которые не раскрыты в свечении Хохмы. Однако Малхут, являющаяся свойством левой стороны, выявляет их с помощью притяжения Хохмы и раскрывает их посредством облачения Хохмы в хасадим. И тогда становятся четыре основы ХУГ ТУМ – четырьмя основами, в каждой из которых есть ХАГАТ, светящие раскрытыми хасадим. Как сказано: «И раскроются, как книга, небеса»[298]. Именно поэтому Малхут называется миром раскрытия.

---

[298] Пророки, Йешаяу, 34:4. «И исчезнет все воинство небесное, и раскроются, как книга, небеса, и все воинство их поблекнет, как блекнет лист с виноградной лозы и как увядший (лист) со смоковницы».

ГЛАВА ШМОТ

В сад ореховый спустился я

259) «Сказал ему рабби Акива: "Что означает сказанное: "В сад ореховый спустился я"[299]? Сказал ему: "Смотри, сад этот выходит из Эдена, и это Шхина. "Орех" – это высшая святая меркава, и это начала четырех рек, выходящих из сада", – которые соответствуют четырем ликам: лик льва, лик быка, лик орла и лик человека. "Подобно этому ореху, у которого есть четыре святых начала внутри"», – т.е. в плоде его, и есть у него также четыре вида скорлупы (клипы), окружающей плод, которые указывают на четыре вида клипы: руах сеара (буйный ветер), анан гадоль (большое облако), эш митлакахат (разгорающийся огонь), и нóга (сияние), подобно высшей меркаве. «И то, что сказал: "Спустился"», то есть: «В сад ореховый спустился я», «это подобно тому, как мы учили: "Спустился такой-то в меркаву"».

260) «Сказал ему рабби Акива: "В таком случае следовало бы ему сказать: "В орех спустился я", – то есть в меркаву. "Что же означает сказанное: "В сад ореховый спустился я"? Ответил ему: "Потому что сад", – Малхут, "это все величие, что в орехе"», – из тех, что растут и выходят из этого сада, т.е. Малхут, и поэтому упоминается главным образом сад. И он продолжает объяснять, почему орех является намеком на меркаву. «"Насколько орех скрыт и недоступен со всех его сторон внутри своей скорлупы (клипот), так же и меркава, выходящая из сада", – т.е. Малхут, "скрыта со всех сторон. Насколько эти четыре начала, находящиеся в орехе, соединяются в центре своем, и разделены", – снаружи, "так и в меркаве" четыре лика "соединены в единстве, радости и совершенстве, и разделены каждый в свойстве своем, по предназначению своему. И это означает сказанное: "Она обтекает всю землю Хавилу", и также: "Она течет к востоку от Ашура"[300]. И так все они».

---

[299] Писания, Песнь песней, 6:11. «В сад ореховый спустился я взглянуть на побеги прибрежные, посмотреть, зацвела ли лоза, распустились ли гранаты».

[300] Тора, Берешит, 2:10-14. «И река вытекает из Эдена, чтобы орошать сад, а оттуда разделяется она на четыре главных реки. Имя одной Пишон, она обтекает всю землю Хавилу, где находится золото. И золото той земли хорошее, там хрусталь и камень оникс. А имя другой реки Гихон, она огибает всю землю Куш. А имя третьей реки Хидекель, она течет к востоку от Ашура; четвертая же река – это Прат».

Объяснение. В их центре находятся четыре лика, соединенные друг с другом, и свечение трех линий, – т.е. единство, приходящее от правой линии, и радость, содержащаяся в левой линии, и совершенство, имеющееся в средней линии, – есть в каждом из них без какого-либо различия. И относительно этого они соединены. Но относительно их роли по передаче нижним они разделены, поскольку каждый усиливает свое свойство:

Лик льва – правая, передает хасадим.

Лик быка – левая, передает Хохму.

Лик орла – средняя, передает смешанное наполнение.

Лик человека – его роль заключается в раскрытии хасадим в свечении Хохмы, как мы уже выяснили.

И в этом отношении каждый отделен от другого.

261) «Сказал рабби Акива: "Та грязь в скорлупе ореха", – т.е. в четырех клипот, окружающих его, "на что они указывают?" Сказал ему: "Хотя Тора не раскрывает ее", поскольку говорит только о хороших качествах, содержащихся в орехе, "в этом она раскрывает ее"» – т.е. в миндале, как он продолжает объяснять, что Тора рассказывает о четырех клипот именно в миндале, указывающих на суд, а не на хорошую сторону в нем.

262) «"Смотри, миндальные орехи. Среди них есть горькие", – из-за своей скорлупы, "и есть среди них сладкие. И это намек на то, что есть носители сурового суда", – на которых указывает горький миндаль, "и есть совершающие служение" – служащие святости, и на них указывает сладкий миндаль. "Но мы видим, что в целом они указаны в Торе как суд", и она не говорит о хороших качествах в них, – о том, что они сладкие. "И то же самое у Йермияу, которому был показан суд, содержащийся в них, как сказано: "Палку из миндального дерева вижу я"[301]. Что такое миндаль (шакед שָׁקֵד)? Это миндаль на самом деле"», и сказано было ему: «Ибо Я слежу бдительно (шокед שֹׁקֵד) за словом Моим»[301], то есть «чтобы искоренять, и разбивать, и уничтожать»[301]. «"А также о посохе Аарона сказано:

---

[301] Пророки, Йермияу, 1:9-12. «И простер Творец руку Свою, и коснулся уст моих, и сказал мне Творец: "Вот Я вложил слова Мои в уста твои. Смотри, Я поставил тебя ныне над народами и над царствами, чтобы искоренять и разбивать, и уничтожать и разрушать, строить и насаждать. И было слово Творца сказано мне: "Что видишь ты, Йермияу?" И я сказал: "Палку из миндального дерева вижу я". И Творец сказал мне: "Ты верно видишь, ибо Я слежу бдительно за словом Моим, чтобы исполнить его"».

"И созрел на нем миндаль"[302]», и стало это «в знамение сынам строптивым»[303]. Таким образом, Тора говорит только лишь о свойстве суда в них. «"И из самого слова", – из названия "шкедим", "следует, что это суровый суд, как сказано: "И ускорил (ва-ишкóд וַיִּשְׁקֹד) Творец это бедствие"[304], и также: "Ибо Я слежу бдительно (шокед שֹׁקֵד) за словом Моим"[301]. И так же – все"». Таким образом, слово «миндаль (шакед שָׁקֵד)» указывает на суровый суд. «Сказал ему рабби Акива: "Отсюда следует, что всё, что делает Творец, – это только для того, чтобы учиться у Него великой мудрости. Как сказано: "Всё содеял Творец ради Себя"[305]. И сказано: "И увидел Творец всё, что Он создал, и вот – хорошо очень"[306]. Что значит "очень"? Что хорошо "учиться у Него высшей мудрости"».

---

[302] Тора, Бемидбар, 17:23. «И было на следующий день, когда вошел Моше в шатер откровения, и вот, расцвел посох Аарона, от дома Леви, и расцвел цветами, пустил почки, и созрел на нем миндаль».

[303] Тора, Бемидбар, 17:25. «И сказал Творец, обращаясь к Моше: "Верни посох Аарона перед свидетельством союза на хранение, в знамение сынам строптивым, и прекратится ропот их на Меня, и не умрут они"».

[304] Писания, Даниэль, 9:14. «И ускорил Творец это бедствие, и навел его на нас, ибо праведен Творец Всесильный наш во всех деяниях Своих, которые совершил Он, – а мы не внимали голосу Его».

[305] Писания, Притчи, 16:4. «Все сделал Творец ради Себя, и даже нечестивого оберегает Он в день бедствия».

[306] Тора, Берешит, 1:31. «И увидел Творец всё, что Он создал, и вот – хорошо очень. И был вечер, и было утро, день шестой».

Одно против другого

263) «Сказал рабби Йегуда: "Сказанное: "Одно против другого создал Всесильный"[307] означает – подобно тому, что есть на небесах, сделал Творец и на земле". И всё, что есть на земле, "всё это указывает на то, что есть наверху", на небесах. "Ибо когда увидел рабби Аба одно дерево, плод которого обратился птицей, взлетевшей с него, заплакал и сказал: "Если бы люди знали, на что они (эти вещи) указывают, они разорвали бы свои одежды до пояса, из-за того что утрачена ими мудрость. Тем более это относится к прочим вещам, которые сделал Творец на земле"».

264) «"Как сказал рабби Йоси: "Деревья, от которых появляется мудрость, то есть рожковое дерево, пальма, фисташковое дерево", являющееся видом орехового дерева, "и им подобные, – все соединены в одно целое. Ибо все деревья, которые приносят плоды, – кроме яблонь", – т.е. НЕХИ, "это одно целое", – так как указывают на Тиферет. "Кроме путей, в которых они расходятся"», – поскольку у каждого дерева есть особый путь, которым оно светит.

265) «"Все те деревья, которые не приносят плодов, и они – больших размеров, кроме речных ив, у которых есть особые свойства, соответствующие высшим", – и это Нецах и Ход, "получают одно питание", – т.е. питаются от внешних свойств, называемых чужим богом, не приносящим плодов. "А все малые деревья, кроме эзова", – указывающего на Есод, "произошли от одной матери"», – от Нуквы.

---

[307] Писания, Коэлет, 7:14. «В день благоволения – радуйся, а в день бедствия – узри, ведь одно против другого создал Всесильный с тем, чтобы ничего не искать человеку после Него».

ГЛАВА ШМОТ

Сыновья Исраэля, сыновья Яакова

266) «Над всякой травою земною поставлены сильные управители на небесах». И нет ни одной травинки на земле, у которой не было бы своей звезды и созвездия на небосводе, что бьет ее и говорит ей: «Расти!»[308] «И у каждой из них есть свое особое свойство, подобное высшему», – так же как есть у них наверху особые управители, «и поэтому сказано: "Поля твоего не засевай семенем разнородным"[309], потому что каждое входит отдельно, и выходит отдельно», – и один управитель не вмешивается в дела другого, тогда как засевающий разнородными семенами смешивает их управление между собой. «И об этом сказано: "Знаешь ли ты законы небес? Установишь ли их господство на земле?"[310] И сказано: "Всех их по имени называет Он"[311]. И если у всего в мире есть свое назначение, и Творец не желает переводить это», – со своего места, «и смешивать», – с другим, «и каждого называет по имени, то о сыновьях Яакова, святых коленах, определяющих существование мира, и говорить нечего. И поэтому сказано: "И вот имена сынов Исраэля"[312]».

267) «Рабби Йоси бар Йегуда сказал: "Если бы было сказано: "Вот (эле אלה) имена", всё было бы именно так"», как сказал рабби Йегуда, что «И вот имена сынов Исраэля»[312] указывает на важность колен, определяющих существование мира. «Но раз сказано: "И вот (ве-эле וְאֵלֶה) имена"[312]», с добавочной буквой «вав ו», «это значит, что добавляет к первым. Как первые – это сыны Яакова, так и здесь – это сыны Яакова».

---

[308] См. Зоар, главу Трума, п. 835. «И нет у тебя маленькой травинки во всем мире, чтобы не властвовали над ней звезда и созвездие на небосводе. А над этой звездой есть один управляющий, служащий перед Творцом, каждый, как подобает ему».

[309] Тора, Ваикра, 19:19. «Законы Мои соблюдайте: скота твоего не своди с другой породой; поля твоего не засевай семенем разнородным, и одежда из смешанной ткани, шерстяной и льняной, да не покрывает тебя».

[310] Писания, Иов, 38:33. «Знаешь ли ты законы небес? Установишь ли их господство на земле?»

[311] Пророки, Йешаяу, 40:26. «Поднимите глаза ваши ввысь и посмотрите, Кто создал их. Выводящий по числу воинства их, всех их по имени называет Он; от Великого могуществом и Мощного силой никто не скроется».

[312] Тора, Шмот, 1:1. «И вот имена сынов Исраэля, идущих в Египет с Яаковом, каждый с домом своим пришли они».

Объяснение. Имя Исраэль указывает на подъем и важность, а имя Яаков указывает на понижение,[313] и поскольку здесь сказано: «Сынов Исраэля»[312], рабби Йегуда разъясняет в предыдущем пункте, что это говорит о важности колен. Однако рабби Йоси бар Йегуда не согласен с ним, потому что добавка буквы «вав ו» в сказанном: «И вот (ве-эле ואלה)» указывает на присоединение к предыдущим изречениям и относится уже ко времени после смерти Яакова, Йосефа и колен, когда они пришли к понижению ступени и зовутся сыновьями Яакова. И хотя здесь сказано: «сынов Исраэля»[312], это не по причине важности, так как, что касается ступени, они уже упали на ступень сыновей Яакова, а по другой причине – почтения к Яакову.

268) «Сказал рабби Йегуда (рабби Йоси бар Йегуде): "В час, когда Творец сказал: "Я сойду с тобой в Египет"[314], ты ни в коем случае не должен думать, что Шхина тотчас же сошла с (Яаковом)!"» – т.е. рабби Йегуда думал, что рабби Йоси бар Йегуда имел в виду, что сразу по прибытии в Египет они находились в свойстве «сыны Яакова», т.е. были в падении. «"Только лишь в час, когда случилось у его сыновей падение, сошла Шхина. И это означает сказанное: "Я сойду с тобой в Египет, и Я выведу тебя, также выведу (досл. подниму)"[314] – то есть: "Всё время, пока у тебя будет подъем, как бы и у Меня есть подъем, а когда будет у тебя падение, "Я сойду с тобой"[314]. И после того, как умер Йосеф и все его братья, и случилось с ними падение, встала Шхина и сошла с ними. Так же как опускались эти", – сыновья Исраэля, "нисходили и эти"», – Шхина и ее колесницы.

269) «Сказал рабби Йоси бар Йегуда: "Что сказано до этого? "И умер Йосеф ста десяти лет"[315]. В тот час, когда умер Йосеф и все колена, и произошло у них падение, сошли сыны Исраэля в изгнание, а Шхина и высшие ангелы спустились с ними"», т.е. как сказал рабби Йегуда, «и это означает сказанное: "И вот имена сынов Исраэля"[312], т.е. буква «вав ו» в словах «и вот (ואלה)» «добавляет к первым», т.е. после смерти Йосефа и его братьев, «чтобы сойти в изгнание», и потому они, безусловно, сыны Яакова, то есть в падении.

---

[313] См. Зоар, главу Ваехи, п. 5.
[314] Тора, Берешит, 46:4. «Я сойду с тобой в Египет, и Я выведу тебя, также выведу, и Йосеф закроет глаза твои».
[315] Тора, Берешит, 50:26. «И умер Йосеф ста десяти лет. И набальзамировали его, и положили в ковчег в Египте».

270) «Сказал ему рабби Йегуда: "В таком случае, умер Яаков или нет?" Сказал ему: "Умер". Сказал ему: "А что означает сказанное: "Идущих в Египет с Яаковом"[312]? Если бы это было при жизни его, то можно было бы сказать: "С Яаковом", но если это было после того, как он умер, следовало исключить оттуда Яакова"», – ведь он уже умер. Дело в том, что «вав ו» добавляет к первым. «"Но обрати внимание, Писание не говорит: "Нисходящих в Египет с Яаковом", ибо до сих пор не было падения у Яакова, а сказано: "Идущих". И мы учили, что"», – Шхина и двенадцать колен в ней, "они пришли с Яаковом", – в Египет. "И шли они оттуда, пока не сошли в изгнание", – т.е. после смерти Яакова и колен. "И тогда сошли эти вместе с ними"» – т.е. Шхина и двенадцать колен, что в ней. И поэтому сказано: «И вот имена сыновей Исраэля»[312], что говорит о степени их достоинства и важности, поскольку указывает на время подъема, а не на время падения.

271) «Рабби Достай сказал: "Каждый день приходили они", – Шхина и двенадцать колен, что в ней, "и уходили. И это означает сказанное: "Идущих в Египет"[312], – в настоящем времени, "но не сказано: "Которые пришли" – в прошедшем времени. «То есть, сначала сказано: "Идущих в Египет с Яаковом", – и здесь говорится до падения, "а затем, когда у них было падение, сказано: "Каждый с домом своим пришли", – в прошедшем времени. "Смотри, все сыновья Яакова уже умерли к тому времени, и сошли и те, и другие"», – в изгнание.

Каждый с домом своим

272) «Сказали рабби Йоси и рабби Эльазар: "В этой главе содержатся высшие понятия. И мы учили, что в час, когда низошли эти колесницы и святые станы, т.е. образы (двенадцати) колен, запечатленные наверху", – в Шхине, "все пришли, чтобы поселиться вместе с ними. Поэтому сказано: "Каждый с домом своим пришли они"[316]», – что указывает на ангелов, пришедших поселиться в Египте вместе с сыновьями Исраэля. «И сказано: "Реувен, Шимон, Леви..."[316]» – что указывает на образы двенадцати колен, содержащихся в Шхине.

273) «Другое объяснение. "И вот имена сынов Исраэля, идущих в Египет с Яаковом"[316]», – т.е. ему непонятно, почему начинается с сынов Исраэля, а в конце сказано: «С Яаковом»[316]. И говорит, что «возвращается эта глава» с сыновей Исраэля к Яакову, «к тому, что сказал рабби Йоси бар Йегуда»[317] – что сыны Исраэля опустились на ступень сынов Яакова. «И всё это было» – т.е. все истолкования истинны.

274) «Смотри, рабби Эльазар бен Арах, когда доходил до этого изречения ("И вот имена сынов Исраэля"), он плакал. И мы учили, сказал рабби Эльазар бен Арах: "В час, когда отправлялись Исраэль в изгнание, собрались души всех колен у пещеры Махпела. И громко воззвали: "Дед, дед! Сыновья твои испытывают боль, хуже которой нет в мире! Сыновей твоих, всех до единого, угнетают тяжелой работой другие и вымещают на них всё накопившееся в мире"».

275) «"В этот час проснулся дух этого деда", т.е. Яакова, "и, испросив разрешение, сошёл в Египет. Созвал Творец все свои колесницы, станы, и их царя", т.е. Шхину, "во главе их, и спустились все они вместе с Яаковом и коленами его. От колен этих сошли живые с праотцем своим в Египет, а также сошли мертвые с праотцем своим в Египет. Поэтому сказано: "И вот имена сынов Исраэля, идущих в Египет"[316], и сказано: "Реувен,

---

[316] Тора, Шмот, 1:1-5. «И вот имена сынов Исраэля, идущих в Египет с Яаковом, каждый с домом своим пришли они. Реувен, Шимон, Леви и Йегуда, Исасхар, Зевулун и Биньямин, Дан и Нафтали, Гад и Ашер. И было всех душ, происшедших от Яакова, семьдесят душ, а Йосеф (уже) был в Египте».

[317] См. выше, п. 267.

Шимон, Леви..."³¹⁶. Смотри, теперь были мертвы, как мы уже сказали, и спустились в Египет. И сказано: "А Йосеф (уже) был в Египте"³¹⁶» – ибо дух его не разлучался с Египтом после смерти его, поскольку должен был снова сойти, как остальные колена. «Сказал рабби Аба: "В этом он", Йосеф, – "как отец, жалеющий сыновей"³¹⁸», – так как не разлучался он с ними даже после своей смерти.

---

[318] Псалмы, 103:13. «Как отец, жалеющий сыновей, так жалеет Творец боящихся Его».

ГЛАВА ШМОТ

Мертвые будут знать о бедах живых

276) «Рабби Йегуда бар Шалом находился в пути, и рабби Аба был с ним. Зашли они в одно место и остановились там на ночь. Поели, когда захотели лечь, положили голову на земляную насыпь, а была там могила. Не успели они заснуть, как раздался голос из могилы, произнесший: "Мое потомство уходит в землю", – т.е. пропадает, "уже двенадцать лет я не просыпался, и только теперь (проснулся), когда я вижу здесь лица своих сыновей"».

277) «Сказал рабби Йегуда: "Кто ты?" Сказал ему: "Иудей я. И я пребываю в одиночестве", – словно отверженный, "потому что не могу войти в Эденский сад из-за страдания за сына моего, которого украл идолопоклонник, когда он еще был маленьким, и бил его каждый день. И беда его не позволяет мне войти в Эденский сад. А в этом месте я не пробуждался, но только сейчас"».

278) «Сказал ему: "А знаете ли вы о бедах живых?" Сказал ему: "Клянусь могильной плотью, что если бы не наша молитва за живых, вы бы не прожили в мире и полдня! А теперь я проснулся здесь, чтобы говорили мне каждый день, что сын мой скоро придет сюда, и я не знаю, будет это при жизни его или после смерти!"»

279) «Спросил его рабби Йегуда: "Что вы делаете в том мире?" Затряслась могила, и сказал он: "Отправляйтесь, вставайте, потому что сейчас бьют сына моего!" Поразившись, они бежали оттуда почти полмили. Сели, едва забрезжило утро, встали, чтобы идти, увидели одного человека, который бежал, скрываясь» от своего господина, ибо спасся от него благодаря молитве своего умершего отца, «и кровь текла по его плечам. Схватили его, и он рассказал им» о том, как его украл чужеземец, когда он был еще маленьким, и избивал до крови. «Спросили его: "Как имя твое?" Сказал им: "Лахма бар Леваей". Сказали: "А что, если Леваей бар Лахма звали того умершего?! Мы более боимся говорить с ним!" Не вернулись к нему. Сказал рабби Аба: "Это то, о чем говорят, что молитвы мертвых защищают живых. Откуда нам это известно?

Из сказанного: "И поднялись они на юге, и дошел до Хеврона"³¹⁹», – т.е. молиться на могилах праотцев, чтобы они молились за них.

280) «Сказал рабби Йегуда: "Смотри, две клятвы дал Творец Яакову. О том, что Он сойдет вместе с ним и будет пребывать с ним в изгнании. И о том, что он будет поднят из своей гробницы, дабы увидеть радость святого стана"», колесниц и ангелов, «тех, кто пребывал с его сынами» в изгнании, в час избавления. «Поэтому сказано: "Я сойду с тобой в Египет"³¹⁴, то есть: "Я сойду с тобой в изгнание", "и Я выведу тебя, также выведу (досл. подниму)"³¹⁴», – т.е. в час избавления, потому что подъем означает избавление. «Как сказано: "И подниму Я вас из погребений ваших, народ Мой"³²⁰, и сказано: "Куда восходили колена, колена Творца"³²¹».

281) «Другое объяснение. "И встал новый царь"³²². Сказал рабби Шимон: "В этот день дана была власть покровителю Египта", чтобы укрепиться "над всеми остальными народами. Ведь мы учили, что пока не умер Йосеф, Египту не была дана власть над Исраэлем. Но когда умер Йосеф, тогда: "И встал новый царь над Египтом"³²². "И встал" – подобно тому, кто был угнетен и встал"», – потому что в этот день возвеличился царь египетский, как уже говорилось.

---

³¹⁹ Тора, Бемидбар, 13:22. «И поднялись они на юге, и дошел до Хеврона, а там Ахиман, Шешай и Талмай, порожденные Анаком. А Хеврон построен семью годами раньше, чем Цоан египетский».

³²⁰ Пророки, Йехезкель, 37:12. «Посему пророчествуй и скажешь им, что так сказал Господин мой, Творец: «Вот Я открываю погребения ваши, и подниму Я вас из погребений ваших, народ Мой, и приведу в землю Исраэля».

³²¹ Писания, Псалмы, 122:4. «То место, куда восходили колена, колена Творца, – свидетельство Исраэлю, чтобы благодарить имя Творца».

³²² Тора, Шмот, 1:8. «И встал новый царь над Египтом, который не знал Йосефа».

Пока царь на троне своем

282) «Заговорил рабби Ицхак: "Пока царь на троне своем, мой нард источал запах"[323]. "Пока царь" – это Творец, как сказано: "Так сказал Творец, Царь Исраэля"[324]. И сказано: "И стал Он в Йешуруне Царем"[325]. "На троне своем" – между крыльями херувимов», которые на ковчеге свидетельства. "Нард мой источал запах" – то есть они привели к тому, что удалился Творец из среды их». И «источал запах»[323] означает – их зловонный запах.

283) «Другое объяснение. "Пока царь на троне своем"[323]. Пока Творец давал Тору Исраэлю, как сказано: "И пробыл он там с Творцом сорок дней и сорок ночей, хлеба не ел и воды не пил"[326], пока писал Тору для Исраэля, они оставили свои благовонные воскурения и сказали: "Вот божества твои, Исраэль"[327]». «Источал (запах)»[323] означает – оставил (запах).

284) «Другое объяснение. "Пока царь на троне своем"[323], – пока Творец спускался на гору Синай, чтобы дать Тору Исраэлю, "нард мой источал запах"», – т.е. в простом толковании, издавал благовонный запах, «как сказано: "(Все, что Творец сказал,) мы сделаем и услышим"[328]».

---

[323] Писания, Песнь песней, 1:12. «Пока царь на троне своем, нард мой источал запах».

[324] Пророки, Йешаяу, 44:6. «Так сказал Творец, Царь Исраэля и Избавитель его, Творец воинств: "Я – первый и Я – последний, и кроме Меня нет Всесильного"».

[325] Тора, Дварим, 33:5. «И стал Он в Йешуруне Царем, когда собрались главы народа – вместе колена Исраэля».

[326] Тора, Шмот, 34:28. «И пробыл он там с Творцом сорок дней и сорок ночей, хлеба не ел и воды не пил, и написал Творец на скрижалях слова союза, десять заповедей».

[327] Тора, Шмот, 32:4. «И взял он из их рук и придал этому форму, и сделал из этого литого тельца. И сказали они: "Вот божества твои, Исраэль, которые вывели тебя из земли Египта!"»

[328] Тора, Шмот, 24:7. «Он взял книгу союза и прочел ее народу. И сказали: "Все, что Творец сказал, мы сделаем и услышим"».

ГЛАВА ШМОТ

Исраэль в сравнении с остальными народами мира

285) «Рабби Танхум сказал: "У каждого народа есть правитель наверху, и когда Творец дает власть одному, Он принижает другого. И когда Он дал власть тому правителю Египта, власть эта была дана только ради Исраэля. Об этом сказано: "Стали во главе враги его"[329]».

286) «Рабби Ицхак сказал: "Исраэль сопоставляется со всеми остальными народами мира. Как остальных народов семьдесят, так и Исраэль – семьдесят. Сказано об этом: "Всех душ дома Яакова, пришедших в Египет, семьдесят"[330]. И тот, кто правит Исраэлем, он словно правит всем миром"».

287) «Сказал рабби Аба: "Отсюда следует"», что Исраэль – это семьдесят, как сказано: «"А сыны Исраэля расплодились, и размножились, и увеличились, и усилились очень-преочень"[331]. Ведь здесь перечислены семь ступеней, каждая из которых состоит из десяти, итого – семьдесят. А после этого сказано: "И встал новый царь над Египтом"[322]», – так как из-за его власти над Исраэлем, которые сопоставляются с семьюдесятью народами, он считается новым царем.

288) «Сказал рав Уна: "Почему Исраэль находились в порабощении у всех народов? Для того чтобы мир поднялся с их помощью, так как они сопоставляются со всем миром. И сказано: "В тот день будет Творец един и имя Его едино"[332]. И так же как Творец един, так же и Исраэль едины, как сказано:

---

[329] Писания, Эйха, 1:5. «Стали во главе враги его, неприятели благоденствуют, ибо Творец обрек его на скорбь за многие преступления; маленькие дети его пошли в плен впереди врага».

[330] Тора, Берешит, 46: 26-27. «Всех душ, прибывших с Яаковом в Египет, происшедших из чресл его, кроме жен сыновей Яакова, всех душ – шестьдесят шесть. Сыновей Йосефа, родившихся у него в Египте, – две души. Всех душ дома Яакова, пришедших в Египет, – семьдесят».

[331] Тора, Шмот, 1:7. «А сыны Исраэля плодились и размножились, и умножились и усилились очень-преочень, и наполнилась ими страна».

[332] Пророки, Зехария, 14:9. «И будет Творец Царем над всей землей. В тот день будет Творец един и имя Его едино».

"Народу единому на земле"³³³. И так же как имя Творца едино и раскрывается в семидесяти именах,³³⁴ так и Исраэль едины и раскрываются в семидесяти"».

---

³³³ Пророки, Шмуэль 2, 7:23. «И кто подобен народу Твоему, Исраэлю, народу единому на земле, ради которого ходил Всесильный искупить его Себе в народ и сделать Себе имя, и совершить вам (деяния) великие и страшные в стране Твоей, (изгоняя) пред народом Твоим, который Ты избавил от Египта, народов и божеств его?!»

³³⁴ См. Зоар, главу Ваера, п. 281.

ГЛАВА ШМОТ

Раба, когда он делается царем

289) «Заговорил рабби Йегуда: «"Под тремя трясется земля, четырех она (уже) не может носить: раба, когда он делается царем"[335], – ибо мы изучали, что нет народа, столь низкого, ничтожного и презренного пред Творцом, как египтяне. И дал им Творец власть ради Исраэля. "И рабыню, наследующую госпоже своей"[335] – это Агарь, родившая Ишмаэля, который принес столько несчастий Исраэлю, и властвовал над ними, и истязал их всевозможными мучениями, и подвергал их многочисленным гонениям. До сего дня они властвуют над ними, не позволяя им оставаться в своей религии. Нет изгнания столь тяжелого для Исраэля, как изгнание Ишмаэля».

290) «Рабби Йеошуа восходил в Йерушалаим и на пути увидел одного араба, который шел по дороге вместе со своим сыном. Встретили они одного иудея. Араб сказал своему сыну: "Это – мерзкий иудей, которого презрел Господин его. Вымарай его и плюнь ему в бороду семь раз, ведь он – потомок высших", т.е. Авраама, Ицхака и Яакова, "и знаю я, что семьдесят народов порабощено ими". Пошел его сын и схватил еврея за бороду. Сказал рабби Йеошуа: "Высшие, высшие", – то есть взмолился к заслугам праотцев, "наказываю я высшим", – арабу и его сыну, которые считают себя такими", – высшими над иудеями, "чтобы они сошли вниз". Не успел рабби Йеошуа закончить свои слова, как они тут же, на месте, были поглощены» землей.

---

[335] Писания, Притчи, 30:21-23. «Под тремя трясется земля, четырех она (уже) не может носить: раба, когда он делается царем, и негодяя, когда он досыта ест хлеб, ненавистную (женщину), вышедшую замуж, и рабыню, наследующую госпоже своей».

Пока не повеял день

291) «Заговорил рабби Ицхак: "Пока не повеял день, и не побежали тени"[336]. "Пока не повеял день"[336] – это сказано об изгнании Исраэля, которые были порабощены в изгнании, пока не завершится тот день власти народов. И мы учили, – сказал рабби Ицхак, – тысячу лет длится власть всех народов вместе над Исраэлем. И нет народа, который не поработил бы их. И один день – это соответствует изречению: "И будет день один – известен будет он Творцу"[337]».

292) «Другое объяснение. "Пока не повеял день"[336], – прежде чем повеял тот день народов, "и не побежали тени", – те правления, что властвовали над ними. "Пойду я на гору мирровую"[336], сказал Творец: "Пойду Я стряхнуть народы с Йерушалаима", – т.е. с мирровой горы, как сказано: "На горе Мория"[338], что в Йерушалаиме. "На холм благовоний"[336] – это Храм в Ционе, о котором сказано: "Прекрасна видом, радость всей земли, гора Цион"[339]», – тоже, чтобы стряхнуть оттуда нечестивцев, «как сказано: "Чтобы охватить края земли, и будут сброшены с нее нечестивцы"[340], – подобно тому, как берут одежду, чтобы стряхнуть с нее грязь».

293) «Сказал рабби Йоси: "В будущем раскроется Творец в нижнем Йерушалаиме и очистит его от скверны народов, пока не завершится этот день народов. Власть народов над Исраэлем длится лишь один день, и это – день Творца, т.е. тысяча лет. И о нем сказано: "Обрек меня на одиночество и страдание целый день"[341], – только один день, и не более"».

---

[336] Писания, Песнь песней, 4:6. «Пока не повеял день, и не побежали тени, пойду я на гору мирровую, на холм благовоний».

[337] Пророки, Зехария, 14:7. «И будет день один – известен будет он Творцу: не день и не ночь. И при наступлении вечера будет свет».

[338] Писания, Диврей а-ямим 2, 3:1. «И начал Шломо строить дом Творца в Йерушалаиме, на горе Мория, где Он явился Давиду, отцу его, на месте, которое подготовил Давид, (где было) гумно Орнана иевусея».

[339] Писания, Псалмы, 48:3. «Прекрасна видом, радость всей земли, гора Цион, северная сторона – город Царя великого».

[340] Писания, Иов, 38:13. «Чтобы охватить края земли, и будут сброшены с нее нечестивцы».

[341] Писания, Эйха, 1:13. «Ниспослал Он свыше огонь в кости мои, и тот иссушил их, раскинул Он сеть у ног моих, повернул меня вспять, обрек меня на одиночество и страдание целый день».

294) «Сказал рабби Йоси: "Если они будут порабощены более, чем тысячу лет, то не по указу Царя, а за то, что не хотят они раскаяться пред Ним. И сказано: "И будет, когда сбудутся на тебе все эти слова, благословение и проклятье, которые изложил Я тебе, то прими это к сердцу своему среди всех народов, к которым забросил тебя Творец Всесильный твой. И возвратишься ты к Творцу Всесильному твоему"[342]. И сказано: «Даже если будут изгнанники твои на краю неба, то и оттуда соберет тебя Творец Всесильный твой»[343].

---

[342] Тора, Дварим, 30:1-2. «И будет, когда сбудутся на тебе все эти слова, благословение и проклятье, которые изложил Я тебе, то прими это к сердцу своему среди всех народов, к которым забросил тебя Творец Всесильный твой. И возвратишься ты к Творцу Всесильному твоему, и исполнять будешь волю Его во всем, что Я заповедую тебе сегодня, ты и сыны твои, всем сердцем твоим и всей душой твоей».

[343] Тора, Дварим, 30:4. «Даже если будут изгнанники твои на краю неба, то и оттуда соберет тебя Творец Всесильный твой, и оттуда возьмет тебя».

ГЛАВА ШМОТ

И сказал он народу своему

295) «И сказал он народу своему: "Вот, народ сынов Исраэля многочисленнее и сильнее нас"»[344]. «Сказал рабби Шимон: "Смотри, всё же это был ангел-правитель, которого назначили над Египтом"», – тот, кто сказал народу: «Вот, народ сынов Исраэля многочисленнее и сильнее нас»[344]. «"И так в большей части этой главы говорится просто о царе Египта (без уточнения) – то есть о правителе, назначенном над Египтом. А если сказано: "Фараон – царь египетский", то это – сам Фараон"», а не ангел, назначенный над ними.

296) «Сказал рабби Шимон: "Поэтому сказано: "И сказал он народу своему"[344], дескать: "Зароню я эту мысль в их сердце", – что они (сыны Исраэля) будут важными, "как сказано: Верно, Творец повелел ему: "Ругай Давида!"[345], т.е. всего лишь мысль в сердце», – которую заронил ему Творец, «и также: "И сказал Аман в сердце своем"[346], и также: "И сказал он в сердце своем: "Неужто у столетнего"[347]. И здесь то же самое», означает «и сказал он»[344] – «"Зароню я мысль в их сердце, чтобы сказали в сердце своем: "Многочисленнее и сильнее нас"[344]. Что значит: "Нас"? Желал этим сказать – их правителя, потому что сказали они в сердце своем, что Творец и мощь Исраэля величественнее и сильнее "нас" – т.е. чем», правитель, «властвующий над Египтом».

297) «Сказал рабби Ицхак: "Все народы мира притягивают могущество от правителей, назначенных над ними на небесах. А Исраэль притягивают силы свои от Творца, и называются они народом Творца, а не народом назначенного правителя".

---

[344] Тора, Шмот, 1:9-10. «И сказал он народу своему: "Вот, народ сынов Исраэля многочисленнее и сильнее нас. Давайте перехитрим его, а не то умножится он и, случись война, присоединится и он к неприятелям нашим, и будет воевать против нас, и уйдет из страны"».

[345] Пророки, Шмуэль 2, 16:10. «И сказал царь: "Что вам до меня, сыны Церуи? Пусть он ругает, верно, Творец повелел ему: "Ругай Давида!" Кто же может сказать: "Зачем ты так делаешь?"»

[346] Писания, Эстер, 6:6. «И вошел Аман, и сказал ему царь: "Что бы сделать для того человека, которому царь хочет оказать почет?" И сказал Аман в сердце своем: "Кому, кроме меня, захочет царь оказать почет?!"»

[347] Тора, Берешит, 17:17. «И пал Авраам ниц, и засмеялся, и сказал он в сердце своем: "Неужто у столетнего может родиться, или Сара – разве на девяностом году жизни своей родит?"»

Рабби Йегуда сказал: "Здесь египтяне называются народом этого правителя, как сказано: "И сказал он народу своему"[344]. А там сказано: "Увидел Я бедствие народа Моего"[348], то есть: "Моего на самом деле", так как Исраэль называются народом Творца, а остальные народы называются народом назначенного над ними властителя. Как сказано: "Ибо все народы пойдут – каждый во имя божества своего, а мы пойдем во имя Творца Всесильного нашего во веки веков"[349]».

298) «Сказал рабби Аба: "Следовало сказать в этом изречении: "Сыны Исраэля многочисленнее и сильнее нас", что значит: "Народ сынов"[344]? Однако именно "народ сынов Исраэля"» – т.е. народ сынов Исраэля внизу, и это земной Исраэль, «происходящий от высшего Исраэля», Зеир Анпина. Но сам народ не относится к высшему Исраэлю, поэтому добавлено слово «народ». «Потому что они (египтяне) думали, что те "народ сынов Исраэля", – внизу, "а не народ Творца"», – Зеир Анпина. «И сказано: "И стали они гнушаться сынов Исраэля"[350], но не сказано, что самого народа сынов Исраэля», т.е. нижнего Исраэля, так как они в конце познали, что те – сыны высшего Исраэля, народ Творца.

299) «Рабби Йоханан стоял перед рабби Ицхаком. Сказал: "Почему Балак посчитал нужным сказать: "Вот народ, вышедший из Египта"[351], а не сказал: "Вот народ сынов Исраэля"? Сказал рабби Ицхак: "Балак был большим колдуном, а колдуны обычно выбирают то, что не вызывает сомнений. И также никогда не упоминают имя отца человека, а только имя его матери. Поскольку это то, что не вызывает сомнений"». И поэтому Билам не назвал их сынами Исраэля – по имени отца.

---

[348] Тора, Шмот, 3:7. «И сказал Творец: "Увидел Я бедствие народа Моего, который в Египте, и услышал вопль его из-за его притеснителей, ибо познал Я боль его"».

[349] Пророки, Миха, 4:5. «Ибо все народы пойдут – каждый во имя божества своего, а мы пойдем во имя Творца Всесильного нашего во веки веков».

[350] Тора, Шмот, 1:12. «Но по мере того как изнуряли его, он размножался и разрастался, и стали они гнушаться сынов Исраэля».

[351] Тора, Бемидбар, 22:5-6. «И отправил он послов к Биламу, сыну Беора, в Птор, который у реки, в стране сынов народа его, чтобы позвать его, сказав: "Вот народ, вышедший из Египта, и вот, покрыл он лик земли и расположился напротив меня. А теперь прошу, пойди и прокляни мне народ этот"».

300) «И демоны обычно очень внимательно проверяют то, что сказано им» колдунами, «если сказанное ложь, то и в ответ им сообщают вести ложные, а если это истина, то всё, что им сообщают в ответ, будет истиной, однако на короткое время. И тем более, если колдуны хотят от них совершения действия», то, конечно же, они очень точны в сообщении истины, чтобы она не вызвала никаких сомнений, и поэтому не упоминают имя отца человека. «Сказал рабби Аба: "Балак хотел опозорить их: "Вот народ, вышедший из Египта"351, то есть: "Неизвестно нам, от кого они"».

301) «Сказал рабби Йоханан: "От чего народ", который находится под властью "правителей, защищен, а народ Творца не защищен?" Сказал рабби Ицхак: "Бедняк не похож на богача. Бедняк должен защищать своё", потому что люди не боятся затеять ссору с ним, "богач не должен защищать своё", так как все боятся затевать с ним ссору. "И тем более Исраэль, которые находятся под властью Царя, любящего истину и суд. И первыми Он судит своих домочадцев, потому что желает, чтобы они были защищены от греха более всех" народов, "как сказано: "Только вас признал Я из всех семейств земли, потому и взыщу Я с вас за все грехи ваши"352».

302) «Рабби Йоси отправился в путь, и рабби Аха бар Яаков шел вместе с ним. Пока они шли, рабби Йоси молчал», оставив речения Торы, «и раздумывал о делах земных, а рабби Аха продолжал размышлять о речениях Торы. Увидел рабби Йоси змея, который гнался за ним. Обратился он к рабби Аха: "Ты видишь того змея, который гонится за мной"? Сказал рабби Аха: "Я не вижу его". Побежал рабби Йоси, а змей – за ним. Упал рабби Йоси, потекла у него кровь из носа. Услышал, как было произнесено: "Только вас признал Я из всех семейств земли, потому и взыщу Я с вас за все грехи ваши"352». Иначе говоря, благодаря этому он спасся от змея. «Сказал рабби Йоси: "Если один час" того, что оставил я речения Торы, обратившись к делам земным, мне дорого обошелся "так, то что уж говорить о том, кто полностью уходит в мыслях своих"» от речений Торы.

303) «Сказал, провозгласив: "Ибо Творец Всесильный твой благословил тебя во всяком деле рук твоих, предвидя, что идти

---

352 Пророки, Амос, 3:2. «Только вас признал Я из всех семейств земли, потому и взыщу Я с вас за все грехи ваши».

будешь ты по этой великой пустыне"³⁵³, "и провел Он тебя по пустыне великой и страшной, где змей ядовитый и скорпион"³⁵⁴. "Змей ядовитый" – зачем он был здесь?" – в пустыне, "но он был для того, чтобы" через него "наказывать Исраэль во всякое время, когда они отделяются от Древа жизни, о котором сказано: "Ибо Он – жизнь твоя и долгота дней твоих"³⁵⁵».

304) «"Смотри, – произнес рабби Хия, – сказано: "Щадящий розгу свою ненавидит сына своего, а кто любит его, тот с детства наказывает его"³⁵⁶. И сказано: "Возлюбил Я вас, – сказал Творец"³⁵⁷. И сказано: "А Эсава возненавидел Я"³⁵⁷. "Возненавидел Я" – соответствует сказанному: "Щадящий розгу свою ненавидит сына своего". Иначе говоря, ненавидел его, и поэтому оберегал его от розги. Что уж говорить об учениках мудрецов", которых Он вовсе не оберегал от розги, "ведь Творец не хочет, чтобы они даже на мгновение отделялись от Древа жизни"».

305) «"И сказал он народу своему"³⁴⁴ – дал им совет, как причинить им (сынам Исраэля) зло". Сказал рабби Танхум: "Египтяне знали из науки предсказания по звездам, что в конце своем будут наказаны из-за Исраэля. И поэтому их покровитель первым начал причинять им зло"».

306) «Рабби Ицхак, дойдя до горы, увидел одного человека, спавшего под деревом. Сел там рабби Ицхак. Когда сидел, он увидел, что земля колеблется, и дерево это переломилось и упало. И видел он глубокие трещины и впадины в земле, и земля поднималась и опускалась».

---

³⁵³ Тора, Дварим, 2:7. «Ибо Творец Всесильный твой благословил тебя во всяком деле рук твоих, предвидя, что идти будешь ты по этой великой пустыне. Вот сорок лет Творец Всесильный твой с тобою – не испытывал ты нужды ни в чем».

³⁵⁴ Тора, Дварим, 8:15. «И провел Он тебя по пустыне великой и страшной, где змей ядовитый и скорпион, где жажда и нет воды, извлек для тебя воду из скалы кремнистой».

³⁵⁵ Тора, Дварим, 30:20. «Чтобы любить Творца Всесильного твоего, слушая глас Его и прилепляясь к Нему; ибо Он жизнь твоя и долгота дней твоих, в кои пребывать тебе на земле, которую клялся Творец дать отцам твоим, Аврааму, Ицхаку и Яакову».

³⁵⁶ Писания, Притчи, 13:24. «Щадящий розгу свою ненавидит сына своего, а кто любит его, тот с детства наказывает его».

³⁵⁷ Пророки, Малахи, 1:2-3. «Возлюбил Я вас, – сказал Творец, – а вы говорите: "В чем явил Ты любовь к нам?" Разве не брат Эйсав Яакову, – слово Творца, – но возлюбил Я Яакова! А Эйсава возненавидел Я, и сделал горы его пустошью, и удел его – жилищем шакалов пустыни».

307) «Проснулся этот человек, закричал на рабби Ицхака, сказав ему: "Еврей, еврей!" Заплакал и произнес рычащим голосом: "Именно сейчас возводят на небосводе одного демона-правителя, высшего властителя, который в будущем причинит вам много зла! И землетрясение это было из-за вас. Ибо всегда, когда трясется земля, – это то время, когда встает правитель на небосводе, чтобы причинить вам зло!"»

ГЛАВА ШМОТ

Ангелы-покровители громко взывают снаружи

308) «Удивился рабби Ицхак и произнес: "Конечно сказано: "Под тремя трясется земля... под рабом, когда он делается царем"[358] – т.е. правитель, который находился раньше под гнетом другого властителя, а теперь воцарился, и дали ему власть", – говорит Писание, что трясется (под ним) земля. "И тем более, когда этот правитель властвует над Исраэлем"», – конечно же, земля трясется и содрогается.

309) «Сказал рабби Хама бар Гурья: "Когда Творец оставил Исраэль под властью народов, сидел Он, рыдал и плакал, как сказано: "Будет втайне плакать Душа моя"[359]. "Втайне" – именно так"», т.е. в мире Ацилут.

310) «Рабби Йегуда пришел к рабби Эльазару и застал его сидящим, положившим руку на уста и опечаленным. Спросил у него: "Чем занимается господин мой?" Сказал ему, что сказано: "В свете лика Царя – жизнь"[360]. Если Господин печален, и тем более, если Он рыдает и плачет, то что делают служители Его? Это, как в сказанном: "Вот ангелы-покровители громко взывают снаружи"[361]. Что значит "снаружи"? Владыка их внутри, как сказано: "Будет втайне плакать душа Моя"[359], а они – снаружи. Владыка их – во внутренних обителях", в Ацилуте, "а они – во внешних обителях", в БЕА. "И что такое внутренние обители?" Сказал рабби Ицхак: "Они – от десяти царских венцов"», т.е. от десяти сфирот Зеир Анпина мира Ацилут.

311) «"Ангелы мира горько плачут"[361]. Разве есть ангелы, которые не являются мирными?" Сказал ему: "Да, конечно,

---

[358] Писания, Притчи, 30:21-23. «Под тремя трясется земля, четырех она (уже) не может носить: раба, когда он делается царем, и негодяя, когда он досыта ест хлеб, ненавистную (женщину), вышедшую замуж, и рабыню, наследующую госпоже своей».

[359] Пророки, Йермияу, 13:17. «Если же вы не послушаете этого, будет втайне плакать душа Моя из-за гордости (вашей); и слезы прольются из глаз Моих, и глаза Мои изойдут слезами из-за того, что взято в плен стадо Творца».

[360] Писания, Притчи, 16:15. «В свете лика Царя – жизнь, и благоволение Его, как облако с весенним дождем».

[361] Пророки, Йешаяу, 33:7. «Вот ангелы-покровители громко взывают снаружи, ангелы мира горько плачут».

есть ангелы, свойством которых является суровый суд", исходящие от сферы Гвура, "а есть такие, свойством которых является суд, но не суровый", исходящие от Малхут. "Есть такие, свойством которых является суд и милосердие", исходящие от Тиферет, "а есть обладающие свойством милосердия, в которых нет вообще свойства суда", исходящие от Бины, "и они называются ангелами мира. А об ангелах, которые внизу", т.е. являются внешними, "сказано: "Я одеваю небеса мраком и рубище делаю покровом их"[362], и сказано: "И исчезнет все воинство небесное"[363]».

---

[362] Пророки, Йешаяу, 50:3. «Я одеваю небеса мраком и рубище делаю покровом их».

[363] Пророки, Йешаяу, 34:4. «И исчезнет все воинство небесное, и раскроются, как книга, небеса, и все воинство их поблекнет, как блекнет лист с виноградной лозы и как увядший (лист) со смоковницы».

ГЛАВА ШМОТ

Две слезы падают в бездну великого моря

312) «"Но в таком случае, если все эти правители, назначенные над народами, видят Господина своего опечаленным порабощением Исраэля, почему они принуждают Его сыновей к тяжкой работе?" Сказал рабби Эльазар: "Они делают лишь то, что на них возложено, и волю своего Господина они выполняют"».

313) «Рабби Достай сказал: "В час, когда сыновья Творца переданы правителям народов, собираются двенадцать судебных палат"», то есть Малхут, у которой есть двенадцать сочетаний Адни (אדני), и эти же буквы составляют слово «суд (дина דינא)», и поскольку отменился зивуг АВАЯ-Адни (הויה-אדני), при котором двенадцать сочетаний Адни (אדני) получали от двенадцати сочетаний АВАЯ (הויה), – то собираются эти двенадцать сочетаний Адни (אדני), «"и погружаются в великую бездну", в Бину. "И плачет Владыка", т.е. Бина, "возвышая голос"», что называется рыданиями. Иными словами, вследствие подъема Малхут Бина опустилась в состояние катнут, называемое плачем.

«"И сбегают и падают две слезы" из никвей эйнаим, т.е. Бины, "в бездну великого моря"» – в Малхут, т.е. в Малхут происходят два вида судов: один – от свойства Бина де-Малхут, а другой – от свойства Малхут де-Бина.[364] И поскольку они образовались вследствие подъема Малхут в Бину и их смешения между собой, они называются слезами (дмаот דמעות), от слова «смешение (мэдума́ מדומע)»[365]. И еще потому, что Бина – это никвей эйнаим, а всё, что опускается и выходит из никвей эйнаим, называется слезами. «Сказано об этом: "Правосудие Твое – бездна великая"[366], потому что суд, содержащийся в Малхут, поднялся к Бине, зовущейся великой бездной, и стал в ней правосудием, то есть судом. "И опустились высшие вниз,

---

[364] См. Зоар, главу Берешит, часть 2, п. 116.
[365] Вавилонский Талмуд, трактат Шабат, лист 141:2.
[366] Писания, Псалмы, 36:7. «Справедливость Твоя как высочайшие горы; правосудие Твое – бездна великая! Человека и скотину спасаешь Ты, Творец!»

и разделились нижние, и опустились на двести сорок ступеней. Сказано об этом: "Лев зарычал – кто не затрепещет?!"³⁶⁷»

Объяснение. Рабби Достай выясняет здесь, как происходит спуск ЗОН в ВАК без рош в то время, когда Исраэль отданы в изгнание среди народов. И это означает сказанное: «В час, когда сыновья Творца переданы правителям народов, собираются двенадцать судебных палат и погружаются в великую бездну», так как Малхут в это время поднялась к Бине, зовущейся великой бездной, вследствие чего Бина входит в состояние катнут, называемое рыданием и плачем, и в Малхут происходят два вида судов, называемых слезами, как мы уже сказали.

И он разъясняет далее: «И опустились высшие вниз» – т.е. ИШСУТ, которые были соединены с (парцуфом) Аба ве-Има, опустились теперь вниз, из-за экрана Малхут, который поднялся в середину Бины, так как Бина вследствие этого разделилась на два парцуфа:

1. ГАР в ней называются Аба ве-Има, которые остались на своем уровне, так как относятся к половине Бины, находящейся над экраном.
2. А ИШСУТ, которые относятся к половине Бины, находящейся под экраном Малхут, опустились вниз.

И получается, что ИШСУТ, которые были высшими, опустились вниз. А затем разделились также и КАХАБ ТУМ ИШСУТа вследствие подъема Малхут в Бину, – Кетер, Хохма и половина Бины остались над экраном Малхут, а половина Бины, Тиферет и Малхут опустились ниже экрана Малхут, стоящего в середине Бины.

И это означает сказанное: «И разделились нижние» – т.е. ИШСУТ, которые уже вышли из Абы ве-Имы вниз, тоже разделились, «и опустились на двести сорок ступеней», – и это половина Бины, Тиферет и Малхут. И (всего) их двести пятьдесят, потому что сфирот ИШСУТ исчисляются сотнями, но так как Малхут де-Малхут поднялась наверх и осталась наверху, в высших Абе ве-Име, поэтому в Малхут де-ИШСУТ, составляющей сотню, остались только девяносто ее первых сфирот, до Есода, и получается, что в ней есть только девяносто сфирот,

---

³⁶⁷ Пророки, Амос, 3:8. «Лев зарычал – кто не затрепещет?! Творец изрек – кто не станет пророчествовать?!»

и поэтому считается, что опустились только двести сорок ступеней, а не двести пятьдесят. И эти две с половиной ступени, опустившиеся из ИШСУТ, облачились в ЗОН, как известно, и это состояние ВАК без рош, так как им недостает ГАР, то есть Кетера, Хохмы и верхней половины Бины. И поэтому ЗОН остались без зивуга и находятся в состоянии ВАК без рош, пока Исраэль не будут выведены из изгнания. И хотя есть времена и праздники, и с помощью молитв ЗОН снова обретают ГАР также и во время изгнания, но это не постоянно. Однако во время избавления они вернутся к ГАР в постоянстве, как Аба ве-Има в дни изгнания.

314) «Мы изучали, что в час, когда Творец отдал Исраэль правителю Египта, Он им вынес семь приговоров, чтобы поработили их египтяне. Сказано об этом: "И делали жизнь их горькою трудом тяжелым над глиною и кирпичами и всяким трудом в поле, всякой работой, к которой насильно принуждали их"[368]. И им соответствует семь (изменений) во благо: "А сыны Исраэля плодились и размножались, и умножились и усилились очень-преочень, и наполнилась ими страна"[369]».

---

[368] Тора, Шмот, 1:14. «И делали горькою жизнь их тяжким трудом над глиной и кирпичами, всяким трудом в поле, и всякой работой, к которой насильно принуждали их».

[369] Тора, Шмот, 1:7. «А сыны Исраэля плодились и размножались, и умножились и усилились очень-преочень, и наполнилась ими страна».

ГЛАВА ШМОТ

Давайте перехитрим его

315) «"Давайте перехитрим его"[370]. Сказал рабби Йоси: "Давайте (áва הבה)" – это приглашение, чтобы свершить суд, как сказано: "Давайте низойдем"[371]. Сказал рабби Йоханан: "Давайте" – это язык согласия и призыва, так же как: "Давайте (áва הבה) построим себе город"[372], "Давайте (áву הבו) держать совет"[373], "Воздавайте (áву הבו) Творцу, сыны сильных"[374]».

316) «Рабби Ицхак сказал: "Давайте перехитрим его"[370] означает: давайте будем (относиться) к нему согласно суду, "а не то умножится он"[370]. А дух святости говорит, что все равно размножится и разрастется[375]. Ангелы-служители были им колючками и терниями, как сказано: "И стали они гнушаться сынов Исраэля"[375]. Речь идет о высших сынах Исраэля, и это ангелы, и им были отвратительны ангелы-служители подобно тому, как отвратительны людям вонзающиеся шипы"».

---

[370] Тора, Шмот, 1:9-10. «И сказал он народу своему: "Вот, народ сынов Исраэля многочисленнее и сильнее нас. Давайте перехитрим его, а не то умножится он и, случись война, присоединится и он к неприятелям нашим, и будет воевать против нас, и уйдет из страны"».

[371] Тора, Берешит, 11:6-7. «И сказал Творец: "Вот народ один, и язык один у всех их, и такое стали делать. И теперь не воспрепятствуется им все, что замыслили, делать?! Давайте низойдем и смешаем там речь их, чтобы один не понимал речи другого"».

[372] Тора, Берешит, 11:4. «И сказали они: "Давайте построим себе город и башню, главою до небес, и сделаем себе имя, чтобы не рассеялись мы по лицу всей земли"».

[373] Пророки, Шофтим, 20:7. «Вот все вы, сыны Исраэля, давайте держать совет сейчас».

[374] Писания, Псалмы, 29:1. «Псалом Давида. Воздавайте Творцу, сыны сильных, воздавайте Творцу славу и могущество!»

[375] Тора, Шмот, 1:12. «Но по мере того как изнуряли его, он размножался и разрастался, и стали они гнушаться сынов Исраэля».

ГЛАВА ШМОТ

И над всеми божествами Египта совершу расправу

317) «Сказал рабби Йудай, – сказал рабби Ицхак, – "что задумали египтяне, запретив Исраэлю плодиться и размножаться? И что задумал правитель, поставленный над ними, заронив это в их сердце?"» Ибо «и сказал он народу своему»³⁷⁰ означает – правитель их.³⁷⁶ «"Но сказал он им, (так как) они знали, что в будущем выйдет один из сынов Исраэля, и рукой его будет совершен суд над их божествами"».

318) «Ведь сказал рабби Йонатан: "В час, когда передал Моше (старейшинам): "И над всеми божествами Египта совершу расправу"³⁷⁷ – удалился Дума, поставленный над Египтом, на четыреста парсаот"», охваченный сильным страхом. «Сказал ему Творец: "Вынесен приговор предо Мной и не подлежит обжалованию", как сказано: "Накажет Творец воинство небесное в вышине"³⁷⁸ – и в тот же час было забрано правление у него, и назначен был Дума правителем ада, осуждать там души грешников". А рабби Йегуда говорит, что он был назначен ответственным за умирающих"».

319) «Сказал рабби Ханина: "Написано: "И над божествами их совершил Творец расправу"³⁷⁹. Разве существует расправа над божествами из серебра, золота, дерева и камня?" "Однако, – сказал рабби Йоси, – те, что из серебра и золота, расплавлялись, а те, что из дерева, сгнивали"».

320) «Сказал рабби Эльазар: "Египетским божеством был ягненок. И заповедал Творец совершить над ним расправу – сжечь его в огне. Как сказано: "Изваяния их божеств сожгите

---

³⁷⁶ См. выше, п. 295.
³⁷⁷ Тора, Шмот, 12:12. «И пройду Я по стране египетской в ту ночь, и поражу всякого первенца в стране египетской, от человека до животного, и над всеми божествами Египта совершу расправу, Я – Творец!»
³⁷⁸ Пророки, Йешаяу, 24:21. «И будет в тот день: накажет Творец воинство небесное в вышине и царей земных – на земле».
³⁷⁹ Тора, Бемидбар, 33:4. «А Египет, – они хоронили пораженное Творцом среди них, всякого первенца; и над божествами их совершил Творец расправу».

огнем"³⁸⁰ – для того чтобы распространялся его запах. Но, кроме того, (должна быть) "его голова с его ногами и его внутренностями"³⁸¹ – в знак пренебрежения. Но, кроме того, и кости его разбрасывались по площади, – и это было для египтян труднее всего. И поэтому сказано: "Расправу"³⁷⁹».

321) «Сказал рабби Йегуда: "Над самим богом их", – совершил Он расправу, "и это их правитель, чтобы выполнить: "Накажет Творец воинство небесное в вышине и царей земных – на земле"³⁷⁸. И обо всём этом знали их мудрецы, и уж тем более – их правитель. Поэтому сказано: "Давайте перехитрим"³⁷⁰».

322) «Сказал рабби Йоханан: "Много видов идолопоклонства было в Египте. Река Нил была их божеством, и входила в общее число их божеств. И над всеми Творец совершил расправу". Сказал рабби Аба: "Мнение рабби Йоханана точное и ясное, потому что сначала были поражены их божества, а затем – народ. И так же Нил был поражен сначала, а затем – деревья и камни", – которым они поклонялись, "как сказано: "И будет кровь по всей земле египетской, и на деревьях и на камнях"³⁸² – которые были их настоящими идолами". "Но, – сказал рабби Ицхак (рабби Йоханану), – "воинство небесное в вышине"³⁷⁸ сказано, а Нил был не в вышине, а на земле. Сказал рабби Йоханан: "Большей частью воды Нила смотрятся так, словно река находится в вышине". Сказал рабби Ицхак: "Их правитель был поражен вначале, а затем все остальные божества"».

323) "Рабби Шимон бар рабби Йоси говорит: "Но настоящее поражение народа Египта произошло лишь в море, как сказано: "Не осталось ни одного из них"³⁸³, а до этого была совершена расправа над их божествами. Поэтому сказано: "Давайте

---

³⁸⁰ Тора, Дварим, 7:25. «Изваяния их божеств сожгите огнем. Не возжелай серебра и золота, что на них, чтобы взять себе, а то попадешь в западню эту, а это мерзость для Творца Всесильного твоего».

³⁸¹ Тора, Шмот, 12:9. «Не ешьте от него недопеченного и сваренного в воде, но только испеченное на огне; его голова с его ногами и с его внутренностями».

³⁸² Тора, Шмот, 7:19. «И сказал Творец Моше: "Скажи Аарону: "Возьми посох свой и наведи руку свою на воды египтян: на реки их, на протоки их, и на озера их, и на всякое стечение вод их – и станет кровью вода! И будет кровь по всей земле египетской, и на деревьях и на камнях"».

³⁸³ Тора Шмот, 14:28. «И возвратились воды, и покрыли колесницы и всадников всего войска Фараона, вошедших за ними в море, – не осталось ни одного из них».

перехитрим его, а не то умножится он и, случись война"³⁷⁰, т.е. предсказали на будущее то, что и произошло с ними. "Присоединится и он к неприятелям нашим"³⁷⁰ – пророчествовали о станах высших ангелов, которые будут находиться среди них.³⁸⁴ "И будет воевать против нас"³⁷⁰ – пророчествовали о том, что сказано: "Творец будет воевать за вас»³⁸⁵. "И уйдет из страны"³⁷⁰, как сказано: "А сыны Исраэлевы уходили под рукою возвышенною"³⁸⁶».

---

[384] См. выше, п. 316.
[385] Тора, Шмот, 14:14. «Творец будет воевать за вас, а вы молчите».
[386] Тора, Шмот, 14:8. «И ожесточил Творец сердце Фараона, царя египетского, и он погнался за сынами Исраэля; а сыны Исраэля уходили под рукою возвышенною».

ГЛАВА ШМОТ

Песнь песней, которая для Шломо

324) «"И пошел муж из дома Леви и взял дочь Леви"[387]. Заговорил рабби Эльазар: "Песнь песней, которая для Шломо"[388]. Мы изучали, что когда создавал Творец", – то есть Бина, "Свой мир, поднялся в желание перед Ним и создал небеса", – т.е. Зеир Анпин, "справа от Себя", и это свойство хасадим, "и землю", – Нукву, "слева от Себя", – и это свойство гвурот. "И поднялся в желание перед Ним ввести день и ночь"», чтобы они пришли к зивугу, как сказано: «И был вечер, и было утро – день один»[389]. «"И сотворил Он ангелов, назначенных милостью Его", – которые происходят от Зеир Анпина, "днем, и сотворил ангелов, назначенных, чтобы возглашать песнь ночью", потому что песнь – это свечение Хохмы, привлекаемое посредством Нуквы, которая называется ночью. "И это значение сказанного: "Днем явит Творец милость Свою"[390] – посредством ангелов, назначенных над милостью. "А ночью – песнь Его со мною"[390] – посредством ангелов, назначенных над песнью. "Одни – справа", т.е. назначенные над милостью, "другие – слева", назначенные над песнью. "Одни", – те, что справа, "слушают песнь дня, песнь праведников Исраэля"», так как Исраэль возглашают песнь днем. «Рабби Ицхак сказал: "Те, что возглашают песнь ночью, слушают песнь Исраэля днем, и об этом сказано: "Друзья прислушиваются к голосу твоему"[391]».

325) «Сказал рабби Шимон: "Одна группа", относящаяся к свойству левой линии, "состоящая из трех групп", т.е. из трех линий, "возглашает песнь ночью, как сказано: "Встает она еще ночью, раздает пищу в доме своем"[392]».

Объяснение. Рабби Шимон дает нам понять, что если левая линия одна, и в нее не включены все три линии, от нее не исходит песнь, а наоборот, все суды исходят тогда от нее, как известно.

---

[387] Тора, Шмот, 2:1. «И пошел муж из дома Леви и взял дочь Леви».
[388] Писания, Песнь песней, 1:1. «Песнь песней, которая для Шломо».
[389] Тора, Берешит, 1:5. «И назвал Всесильный свет днем, а тьму назвал ночью. И был вечер, и было утро – день один».
[390] Писания, Псалмы, 42:9. «Днем явит Творец милость Свою, а ночью – песнь Его со мною, молитва к Создателю жизни моей».
[391] Писания, Песнь песней, 8:13. «Живущая в садах, друзья прислушиваются к голосу твоему! Дай мне услышать его!»
[392] Писания, Притчи, 31:15. «Встает она еще ночью, раздает пищу в доме своем и урок служанкам своим».

326) «Сказал рабби Эльазар: "Десять вещей были сотворены в первый день. Среди них свойство "ночь", – т.е. Малхут, и свойство "день", – Тиферет. "О свойстве "ночь" сказано: "Встает она еще ночью, раздает пищу в доме своем"[392]». И пища (тэ́реф טֶרֶף) – это суды, «как сказано: "Гнев Его терзает (тара́ф טָרַף)"[393], – т.е. гнев Творца терзает меня, «и сказано: "И терзает (ве-тара́ф וְטָרַף), и некому спасти от него"[394]. «"И урок (досл. закон) служанкам своим"[392]. Закон – это тоже суды, "как сказано: "Закон и правосудие"[395], "законы Свои и установления Свои"[396], "ибо закон для Исраэля это, установление Всесильного Яакова"[397]. Отсюда следует, что свойство суда властвует ночью"».

327) «И мы учили, что возглашающие песнь ночью – это правители, возвышающиеся над всеми произносящими песнь. Когда живые», т.е. нижние, «начинают песнь, высшие добавляют силу, чтобы познать, осознать и постичь то, что не постигли. Небо и земля», т.е. ЗОН, «тоже добавляют силу благодаря этой песни».

Объяснение. «Песнь» – это привлечение мохин свечения Хохмы, корень которого исходит только от левой линии и от Нуквы, называемой «ночь». И она нисходит после судебного приговора.[398] И это означает сказанное: «Возглашающие песнь ночью – это правители, возвышающиеся над всеми произносящими песнь». И сказано: «Встает она еще ночью» – раскрытие мохин свечения Хохмы называется вставанием. И вставание это происходит только ночью, когда настает время судов в Нукве. И это смысл сказанного: "Раздает пищу в

---

[393] Писания, Иов, 16:9. «Гнев Его терзает и преследует меня, скрежещет зубами на меня неприятель мой, пронзает меня взором своим».

[394] Пророки, Миха, 5:7. «И будет остаток Яакова между народами, среди племен многих, как лев меж животных лесных, как молодой лев меж стад мелкого скота, который, если пройдет, топчет и терзает, и некому спасти от него».

[395] Тора, Шмот, 15:25. «И возопил он к Творцу, и указал ему Творец дерево, и бросил его в воду, и стала вода пресною. Там установил Он ему закон и правосудие, и там испытал его».

[396] Писания, Псалмы, 147:19. «Он оглашает слово Свое Яакову, законы и постановления Свои - Исраэлю».

[397] Писания, Псалмы, 81:5. «Ибо закон для Исраэля это, установление Всесильного Яакова».

[398] См. Зоар, главу Ваера, п. 216, со слов: «Объяснение. Судебный приговор – это свечение точки шурук в Нукве до ее включения в хасадим...»

доме своем и урок (досл. закон) служанкам своим», ибо пища (тэ́реф טֶרֶף) и закон означают суды.

Известно, что нижние не могут привлечь мохин, если эти мохин не раскроются сначала во всех парцуфах мира Ацилут и БЕА, которые предшествовали им.[399] И это означает сказанное: «Когда живые начинают песнь, высшие добавляют силу, чтобы познать, осознать и постичь то, что не постигли». Ибо, когда нижние начинают песнь, то есть постижение мохин Хохмы, – эти мохин обязательно уже раскрылись в ЗОН и в предшествующих им ангелах.[399] И получается, что нижние, таким образом, добавляют силу и свечение мохин в высших.

328) «Сказал рабби Нехемия: "Счастлив тот, кто удостоился постичь эту песнь", – т.е. эти мохин свечения Хохмы. "Мы учили, что удостоившийся этой песни знает, как постигать Тору и мудрость, и уравновесит, и изучит, и добавит силу и доблесть (гвура) к тому, что было, и к тому, что будет. Благодаря этому Шломо удостоился знания"».

329) «"И учил рабби Шимон, что Давид знал это", – т.е. постиг мохин Хохмы в знании, "и потому он сложил множество песней и восхвалений, в которых намекал на грядущее будущее, добавляя силу и доблесть с помощью духа святости", – т.е. Нуквы, когда она получает дух (руах) от святости, от свойства Хохмы. "Он разбирался в вопросах Торы и мудрости (хохма), и уравновешивал, и изучал, и добавлял силу и доблесть с помощью языка святости"», то есть Нуквы, когда она получает знание (даат) от святости, то есть от Хохмы.[400]

331) «Сказал рабби Эльазар: "Эти поющие", – т.е. высшие воспевающие, "не возносили песнь, пока не родился Леви. Однако, когда родился Леви и после, возглашали песнь", – но она еще не была совершенной. "Когда же родился Моше, и был помазан Аарон, и освятились левиты, тогда стала совершенной песнь, и встали они", – поющие наверху, "на свою стражу"».

Объяснение. Реувен, Шимон и Леви – это ХАГАТ, т.е. три линии: правая, левая и средняя. И поэтому, хотя и родился Шимон, и это левая линия, от которой исходит песнь, т.е.

---

[399] См. «Введение в науку Каббала», п. 161.
[400] См. Зоар, главу Ахарей мот, п. 87. «Святость – это совершенство всего…»

свечение Хохмы, – все равно они удерживались от вознесения песни, так как левая линия не может светить из-за недостатка хасадим. Пока не родился Леви, т.е. средняя линия, дающая существование обеим и облачающая Хохму левой линии в хасадим правой. И тогда светит Хохма, раскрывающаяся в левой линии, что и называется «песнь».

Однако она пока еще не совершенна, так как средняя линия сама должна разделиться на правую и левую, и поэтому колено левитов разделилось на коэнов в правой линии и левитов в левой. И левиты, т.е. Хохма левой линии, должны облачаться в свет хасадим коэнов, которые справа. И тогда светит Хохма в левитах, и это означает, что левиты освящаются коэнами, так как святостью называется Хохма. И тогда песнь, т.е. привлечение Хохмы, становится совершенной, поскольку привлекается посредством левой линии, относящейся к средней линии, то есть (посредством) левитов, которые всегда соединены с коэнами и сообщены с ними.

И сказано: «Когда родился Моше и был помазан Аарон» – потому что Моше разделил колено левитов на коэнов, которые относились к потомкам Аарона, и на остальных левитов, т.е. на правую и левую линии. «И освятились левиты», потому что Хохма в них облачилась в свечение хасадим, что в коэнах, и «стала совершенной песнь», поскольку она исходит от левой линии, относящейся к средней, а не от самой левой линии. И тогда встали воспевающие наверху на свою стражу – это ночные стражи, во время которых ангелы возглашают песнь.[401]

332) «И сказал рабби Эльазар: "В час, когда родился Леви, заговорили наверху и сказали", – Шхина сказала Зеир Анпину, "Если бы ты был брат мне"[402], – т.е. если бы ты передал мне Хохму, ведь в отношении Хохмы называются ЗОН братом и сестрой, "вскормленный грудью матери моей"[402] – так как оба они тогда питаются от Бины и находятся на одной ступени, "встречала бы я тебя снаружи, целовала бы тебя"[402], – потому что свечение Хохмы без хасадим является внешним свойством, и она просила у него, чтобы она могла целовать его и светить от него даже когда она снаружи, "и никто не срамил

---

[401] См. выше, п. 324.
[402] Писания, Песнь песней, 8:1. «Если бы ты был брат мне, вскормленный грудью матери моей, встречала бы я тебя снаружи, целовала бы тебя, и никто не срамил бы меня».

бы меня"⁴⁰²». Ибо во внешнем свойстве пробуждается клипа, чтобы срамить Шхину, как сказано: «У входа грех лежит»⁴⁰³, и она просила его о том, чтобы не могли срамить ее. И всё это было до того, как средняя линия, то есть Леви, согласовала и стала поддерживать две линии, правую и левую, и благодаря этому она сама обретает эти две линии, называемые «коэны» и «левиты».

«"Когда из колена левитов вышли возносящие песнь внизу", – т.е. после их разделения на правую и левую линии, на коэнов и левитов, "и (тогда) освятились все", – Хохма левитов освятилась посредством их облачения в хасадим коэнов,⁴⁰⁴ "и встали на свои стражи", – т.е. воспевающие наверху, "и освятились одни", – ангелы, "соответственно другим", – левитам, "все товарищи, как один", – поскольку действия нижних восполняют высших,⁴⁰⁵ тогда стали "и миры как один, и один Царь пребывает над ними". А после всех этих исправлений – "пришел Шломо и составил книгу из той самой песни возносящих песнь, и мудрость скрыта в ней"».

333) «Сказал рабби Йегуда: "Почему названы воспевающие внизу левитами (левиим לוים)? – потому что они неотступно следуют (нилвим נלוים) и соединяются наверху в одно целое. И еще потому, что у того, кто слушает песнь, душа льнет к высшему, соединяясь наверху в Творце. Поэтому сказала Леа: "Прильнет (илаве́ יִלָּוֶה) ко мне муж мой"⁴⁰⁶. Рабби Танхум сказал: "И потому он был назван Леви, так как всё потомство Леви соединяется со Шхиной, вместе с Моше, Аароном и Мирьям, и со всеми его потомками, и они прилепляются к Творцу, чтобы служить Ему"».

---

⁴⁰³ Тора, Берешит, 4:7. «Ведь если исправишься, прощен будешь, а если не исправишься, у входа грех лежит, и к тебе его влечение, – но ты властвуй над ним!»
⁴⁰⁴ См. выше, п. 331.
⁴⁰⁵ См. выше, п. 327. «И мы учили, что возглашающие песнь ночью – это правители, возвышающиеся над…»
⁴⁰⁶ Тора, Берешит, 29:34. «И зачала она еще и родила сына, и сказала: "Ныне, на сей раз прильнет ко мне муж мой, ибо я родила ему трех сыновей". Потому нарек ему имя Леви».

ГЛАВА ШМОТ

И пошел муж

334) «"Смотри, когда стояли воспевающие наверху, они не стояли на страже своей, пока не родились трое братьев – Моше, Аарон и Мириям. Ну ладно – Моше и Аарон, почему Мириям?" Сказал рабби Йоси: "Это то, что сказано: "И певиц"[407], как сказано: "И возгласила им Мириям"[408]».

335) «"Мы учили: "Как только родился Леви, Творец выбрал его из всех братьев и поселил его на земле, и он породил Кеата, а Кеат породил Амрама, а тот породил Аарона и Мириям, (Амрам) отдалил от себя жену, а потом вернул ее. В этот час стояли высшие воспевающие и воспевали, разгневался на них Творец, и забылась песня, пока не простер Свою правую линию и не протянул Амраму"».

336) «"Почему он звался Амрам? Потому что вышел из него народ самый возвышенный из всех возвышенных. Но не упомянуто имя его. Почему не упомянуто имя его?" Сказал рабби Йегуда от имени рабби Авау: "Потому что в скромности ходил, и в скромности вернулся к жене своей, чтобы не знали о нем. Поэтому сказано: "И пошел муж"[409], – но открыто не сказано: "И пошел Амрам", "и взял дочь Леви"[409], и она тоже вернулась скромно, и не упомянуто имя ее"».

337) «"И пошел муж"[409]. Рабби Авау сказал: "И пошел муж" – это Гавриэль, как сказано: "Муж Гавриэль"[410], и он пошел и вернул ее Амраму". Рабби Йегуда сказал: "Это был сам Амрам, но не упоминается имя его, поскольку побуждение соединиться со своей женой исходило не от него, а свыше"». Ибо совет Творца заставил его действовать, и он пошел.

---

[407] Писания, Коэлет, 2:8. «Собрал я себе и серебра, и золота, и сокровищ царей и государств; завел я себе певцов и певиц, и услады сынов человеческих, роскошные колесницы».
[408] Тора, Шмот, 15:21. «И отозвалась Мирьям: "Пойте Творцу, ибо высоко превознесся Он, коня и всадника его поверг Он в море!"»
[409] Тора, Шмот, 2:1. «И пошел муж из дома Леви и взял дочь Леви».
[410] Писания, Даниэль, 9:21. «И когда я еще возносил молитву, то муж Гавриэль, которого видел я прежде в видении, пролетая, на лету коснулся меня во время вечерней молитвы».

338) «Рабби Ицхак сказал: «Почему относительно Аарона и Мирьям не упоминается в Торе о соединении (зивуге) их родителей, а относительно Моше сказано: "И взял дочь Леви"[409]? С целью показать, что Шхина называется по имени Леви. А Амрам не был достоин породить Моше, пока не взял удел в Шхине, как сказано: "И взял дочь Леви"[409], – т.е. Шхину. "Поэтому сказано: "И увидела, что он хорош"[411]», и это значит, что пребывала над ним Шхина.

339) «Рабби Эльазар сказал: "Амрам удостоился того, что произошел от него сын, удостоившийся большого голоса", и это – Зеир Анпин. "Как сказано: "А Всесильный отвечал ему голосом"[412]. И Амрам удостоился дочери голоса", – Малхут, "как сказано: "И взял дочь Леви"[409], иначе говоря "дочь голоса". И поэтому сказано: "И пошел"[409], т.е. пошел к этой ступени. Мы учили, что когда родился Моше, соединил Творец имя Свое над ним. Как сказано: "И увидела, что он хорош (тов)"[411]». А добрым (тов) именуется Творец, как сказано: «Добр (тов) Творец ко всем»[413]. «И сказано: "Испробуйте и увидите, как добр (тов) Творец!"[414]» Таким образом, Творец зовется хорошим.

---

[411] Тора, Шмот, 2:2. «И зачала жена, и родила сына, и увидела, что он хорош, и скрывала его три месяца».

[412] Тора, Шмот, 19:19. «И звук шофара становился все сильнее. Моше говорил, а Всесильный отвечал ему голосом».

[413] Писания, Псалмы, 145:9. «Добр Творец ко всем, и милосердие Его на всех творениях».

[414] Писания, Псалмы, 34:9. «Испробуйте и увидите, как добр Творец! Счастлив человек, полагающийся на Него».

ГЛАВА ШМОТ

И умер царь Египта

340) «"И было в течение этих долгих дней, – и умер царь Египта, и застонали сыны Исраэля от работы, и возопили, и вознесся их вопль к Всесильному от этой работы"[415]. Рабби Йеошуа де-Сахнин сказал: "И было в течение этих долгих дней" – это был конец их изгнания, когда Исраэль угнетались всеми работами. "В течение этих долгих дней"[415] – которые были долгими для" пребывания "Исраэля в Египте", т.е. что пришел конец, "и когда подошел конец их изгнания, сказано: "И умер царь Египта"[415]. Что это значит? – Что был низвержен правитель Египта со своей высокой ступени и пал в гордыне своей"». И поэтому говорит о нем Писание: «И умер царь Египта»[415], так как падение считается для него смертью. «"И когда пал царь Египта, т.е. правитель их, вспомнил Творец Исраэль и услышал их мольбу"».

341) «Сказал рабби Йегуда: "Так это и было", – как сказал рабби Йеошуа де-Сахнин, "потому что всё то время, пока была дана их правителю власть над Исраэлем, не были услышаны стенания Исраэля, но когда пал их правитель, сказано: "И умер царь Египта"[415]. И сразу же: "И застонали сыны Исраэля от непосильного труда и возопили, и вознесся их вопль к Всесильному"[415]. Но до этого часа их стенания не были услышаны"».

---

[415] Тора, Шмот, 2:23. «И было в течение этих долгих дней, – и умер царь Египта, и застонали сыны Исраэля от работы, и воскричали, и вознесся их вопль к Всесильному от этой работы».

Две слезы в великом море

342) «Сказал рабби Эльазар: "Как велико милосердие Творца, когда Он совершает милость над Исраэлем, отменяет сторону суда и опускает ее вниз, и проявляет к ним милость. То есть, как мы учили, что Творец роняет две слезы в великое море. И что это за две слезы?" Сказал рабби Йоси: "Это вещи неясные, ибо говорят вопрошающему кости мертвых, что это – обман, и слова его – ложь"[416]».

Внутренняя суть сказанного. Ты уже знаешь, что во время второго сокращения Малхут поднялась в Бину в виде «йуд י», которая вошла в свет (ор אור), и он становится воздухом (авир אויר). То есть свет Бины обратился в воздух из-за судов в Малхут, вошедших в нее (в Бину), а «воздух (авир אויר)» означает ВАК без рош. И вследствие подъема Малхут, образовались в Бине два вида судов. Первый из них – это Малхут, смешанная с Биной. И известно, что во время гадлута, вследствие свечения от АБ САГ, снова опустилась Малхут из Бины на свое место, и тогда «йуд י» выходит из воздуха (авир אויר) Бины, и Бина снова становится светом (ор אור), т.е. свойством ГАР. И вследствие того, что образовались катнут и гадлут в Бине, они образовались также и в Малхут,[417] и выходят мохин де-ГАР также и в Малхут.

И сказано: «Когда Он совершает милость над Исраэлем, отменяет сторону суда», – т.е. Малхут, которая поднялась в Бину, «и опускает ее вниз» – на её собственное место, «и проявляет к ним милость» – ибо тогда выходят ГАР в Бине, и в Малхут, и в душах праведников внизу. «То есть, как мы учили, что Творец роняет две слезы», – и это два вида судов, называемых «Бина, смешанная с Малхут» и «Малхут, смешанная с Биной», – «в большое море», в Малхут. И он спрашивает: «И что это за две слезы?» – иначе говоря, почему они называются слезами?

Сказал рабби Йоси: «Это вещи неясные» – т.е. неясно, какой в них суд, из-за смешения Бины с Малхут и Малхут с Биной. И «слезы (дмао́т דמעות)», указывают на «смешение (мэдума́

---
[416] Вавилонский Талмуд, трактат Брахот, лист 59:1.
[417] См. «Предисловие книги Зоар», п. 17, со слов: «И это означает: "Мать (има) одалживает свои одежды дочери и венчает ее своими украшениями"...»

מודים)», как в выражении «поднимать смешанное (медума)»⁴¹⁸. И он приводит доказательство своему объяснению, что суд в них неясен, поскольку даже во время катнута, когда свет (ор אור) Бины обращается в воздух (авир אויר), и также свет (ор אור) ЗОН становится из-за них воздухом (авир אויר), и клипа, называемая «вопрошающий кости мертвых», желает удерживаться в судах, «но говорят вопрошающему кости мертвых, что это – обман, и слова его – ложь» – т.е. возражают ему и говорят о двух этих видах суда, что они не являются свойством суда, и тем самым отдаляют его от того, чтобы удерживаться в них.⁴¹⁶ Таким образом, суд в них недостаточно выяснен, и поэтому он называется «слезы» в значении «смешения судов», когда неясно, что это – суд.

343) «Сказал рабби Эльазар: "Мы не идем на поводу у клипы "вопрошающий мертвых"» – не приводим доводов клипы «вопрошающий мертвых», ведь если мы возражаем ему, говоря, что нет в них (слезах) судов и отдаляем его, это является свидетельством того, что суд, заключенный в двух этих слезах, неясен, но это не так. «"Ибо это является выяснением", – иначе говоря, ясно, какой суд заключен в двух этих слезах. "В десяти венцах (сфирот⁴¹⁹) царя есть две слезы Творца, и это две меры суда". Первая – (суд), исходящий от смешения Малхут с Биной; вторая – (суд), исходящий от смешения Бины с Малхут. "И суд приходит от них обеих, как сказано: "Два эти (бедствия) постигли тебя"⁴²⁰, – таким образом, суд в них выяснен. "И когда Творец вспоминает сынов Своих, Он роняет их (слезы) в великое море, т.е. море мудрости", – и это Малхут, "чтобы подсластить их"». И с помощью этого в Малхут выходит катнут Бины. А затем Малхут может получить также и гадлут Имы, в виде: «Мать одалживает свои одежды дочери».⁴²¹ «"И тогда мера суда в Малхут обращается в меру милосердия", – т.е. она получает ГАР, "и Он проявляет к ним милость"», – т.е. к Исраэлю, так как они тоже получают ГАР.

---

⁴¹⁸ Вавилонский Талмуд, трактат Шабат, лист 141:2.
⁴¹⁹ В десяти сфирот мира Ацилут.
⁴²⁰ Пророки, Йешаяу, 51:18-19. «Не было у него руководителя среди всех сыновей, рожденных им, и не было поддерживающего руку его среди всех сыновей, которых взрастил. Два эти (бедствия) постигли тебя – кто посочувствует тебе? Грабеж и сокрушение, голод и меч!»
⁴²¹ См. выше, п. 342.

«Сказал рабби Йегуда: "Две слезы – от них нисходят слезы, от них нисходит суд"». Объяснение. Рабби Йегуда возражает рабби Эльазару, и говорит, что не следует из Мишны, которая говорит: «В десяти венцах (сфирот) царя есть две слезы Творца, и это две меры суда», что две слезы – это суд. Но две слезы в своем корне, в Бине, возникающие из-за подъема к ней Малхут, не являются ясным судом, однако от них нисходят другие слезы в место Малхут, и от этих слез в Малхут исходит суд. И это означает сказанное им: «Две слезы – от них нисходят слезы» в Малхут, а «от них исходит суд». А сказанное в Мишне: «И это две меры суда» указывает на слезы, которые в Малхут.

344) «Сказал рабби Йегуда: "Сказано: "И вот Египет преследует их"[422]. Сказал рабби Йоси: "Это же правитель Египта", – т.е. он еще был жив во время выхода Исраэля из Египта, "а ты говоришь: "И умер царь Египта"[415] говорится о правителе Египта"», но это было еще до выхода Исраэля из Египта. «Сказал рабби Ицхак: "Это утверждение"», – рабби Йоси, не противоречит, а лишь "усиливает сказанное выше, то есть: "И умер царь Египта"[415]. Ибо здесь сказано: "И вот Египет"[422], а там сказано: "И умер царь Египта"[415]. Это учит нас тому, что теперь, после египетского исхода, он не был царем, так как повержен с места своего величия. И поэтому сказано: "И вот Египет", но не сказано: "И вот царь Египта"». И сказанное: «И умер» не означает, что устранен окончательно, но только повержен с места величия своего, и он не может более причинить вреда. «"Как сказано: "Ибо умерли все люди, искавшие твоей души"[423]», – и это означает, что не могут более причинить вреда. И так же здесь: «И умер» – означает, что не может более причинить вреда, поскольку повержен с места величия своего.

345) «Сказал рабби Ицхак: "Сказал рабби Йеошуа: "Смотри, все египетские цари называются Фараонами. А здесь говорится просто: "(И умер) царь Египта"», но не сказано: «Фараон – царь Египта», – так как говорится о высшем правителе Египта. «"Если бы вместо этого было сказано: "Фараон", то это был бы

---

[422] Тора, Шмот, 14:10. «И Фараон приблизился; и подняли сыны Исраэля свои глаза, и вот Египет преследует их, и устрашились они очень, и громко воззвали сыны Исраэля к Творцу».

[423] Тора, Шмот, 4:19. «И сказал Творец Моше в Мидьяне: "Иди, возвратись в Египет, ибо умерли все люди, искавшие твоей души"».

сам Фараон", – а не высший правитель Египта. "Ведь все то время, пока есть власть наверху", – у правителя народа, "есть власть у народа внизу. Забирается власть наверху" – у народа наверху, "забирается также и власть внизу"».

Но разве у Творца есть меч?!

346) «Сказал рабби Йоси: "Сказано: "Вот день приходит для Творца"[424], "И будет день один – известен будет он Творцу"[425]. Разве остальные дни не принадлежат Творцу?" "Однако, – сказал рабби Аба, – это учит тому, что остальные дни даны правителям, а этот день принадлежит не правителям, а Творцу, чтобы вершить суд над идолопоклонниками, потому что в этот день падут все правители со своей возвышенной ступени. И потому сказано: "Возвеличен будет один лишь Творец в тот день"[426]. Ибо в тот день не станет величия у правителей"».

347) «Сказал рабби Аба: "Когда Творец вершит суд над высшими правителями, что сказано? – "Ибо напоен меч Мой на небесах"[427]. Но разве у Творца есть меч?!" Сказал рабби Ицхак: "Есть у Него меч, ведь сказано: "Меч у Творца полон крови"[428], и сказано: "И мечом Своим (судиться будет) со всякой плотью"[429]».

348) «Сказал рабби Аба: "Этот меч – это суд, который Он вершит, как сказано: "Увидел Давид ангела Творца, стоящего между землей и небом, и меч его обнаженный в руке его"[430].

---

[424] Пророки, Захария, 14:1. «Вот день приходит для Творца, и разделена будет добыча твоя в среде твоей».

[425] Пророки, Захария, 14:7. «И будет день один – известен будет он Творцу: не день и не ночь. И при наступлении вечера будет свет».

[426] Пророки, Йешаяу, 2:17. «И унижена будет гордость человеческая, и поникнет надменность людей; и возвеличен будет один лишь Творец в тот день».

[427] Пророки, Йешаяу, 34:5. «Ибо напоен меч Мой на небесах, вот он опускается на Эдом и на народ, обреченный Мною, – для суда».

[428] Пророки, Йешаяу, 34:6. «Меч у Творца полон крови, тучнеет от тука, от крови баранов и козлов, от тука с почек баранов, ибо резня у Творца в Боцре, и заклание великое в земле Эдома».

[429] Пророки, Йешаяу, 66:15-16. «Ибо вот Творец в огне придет, и, как буря, колесница Его, чтобы воздать в ярости негодования Его и гневом Его в огне пылающем. Ибо в огне Творец судиться будет и мечом Своим со всякой плотью, и многие поражены будут Господом».

[430] См. Писания, Диврей а-ямим 1, 21:16-17. «И увидел ангела Творца, стоящего между землей и небом, и обнаженный меч в руке его занесен над Йерушалаимом, и пал Давид и старейшины, покрытые вретищем, на лица свои. И сказал Давид Творцу: "Не я ли велел исчислять народ? Это я согрешил и содеял зло. А эти овцы, что сделали они? Владыка Всесильный! Да будет рука Твоя на мне и на доме отца моего, а народ Свой не поражай!"»

Разве обнаженный меч был в руке ангела? Это была отдана власть в его руки, чтобы вершить суд"», и власть эта называется мечом.

349) «"Но ведь сказал рабби Йеошуа бен Леви: "Сказал мне ангел смерти: "Если бы ты не дорожил честью творений, я показал бы им скотобойню, как животным!"'"» Отсюда следует, что действительно есть меч в руках ангела смерти. «Сказал рабби Аба: "Везде", – где говорится о мече у высших, "это значит, что дана ему в руки власть совершить окончательный суд"», – а не меч, как таковой. А «показал бы им скотобойню» означает, что он раскрыл бы им причину смерти, т.е. грех, подобно тому, как скотобойня является причиной смерти животного. «И об этом сказано: "И обнаженный меч в руке его"[430] – т.е. дана ему в руки власть, чтобы вершить суд. Но что, в таком случае, означает сказанное: "И он вернул меч свой в ножны его"[431]? Сказал рабби Аба: "Это значит, что суд возвращен истцу, и власть" вершить суд возвращена "тому, кому она принадлежит"», – т.е. Творцу.

---

[431] См. Писания, Диврей а-ямим 1, 21:27. «И сказал Творец ангелу, и он вернул меч свой в ножны его».

И застонали сыны Исраэля

350) «"И застонали сыны Исраэля"[432]. Не сказано: "И стонали (ва-итанхý וַיִּתְאַנְחוּ)", – что указывало бы на стенание из-за своих собственных бед, "а сказано: "И застонали (ва-еанхý וַיֵּאָנְחוּ)", – когда можно истолковать, что стонали за беды других. "Иначе говоря, стонали за них наверху"», – т.е. ангелы стонали за Исраэль.

351) «Рабби Брэхья сказал (о словах "и застонали сыны Исраэля"[432]): "Это были сыны Исраэля наверху", – т.е. ангелы,[433] "от работы" – кто эти сыны Исраэля в сказанном? Те, кто называются выполняющими работу, те, кто (стонет) от работы наверху"», – т.е. ангелы-служители. И поэтому нет необходимости истолковывать относительно того, что не сказано: «И стонали (ва-итанхý וַיִּתְאַנְחוּ)», как говорилось выше.[434] «"И вознесся их вопль к Всесильному"[432] – учит нас тому, что до этого момента не вознесся их вопль к Нему"».

352) «Сказал рабби Ицхак: "Когда Творец вершит суд в собрании высших служителей", – т.е. над ангелами-служителями и правителями семидесяти народов, "что представляет собой этот суд?" Сказал рабби Эльазар: "Он проводит их через ту самую реку Динур (досл. огненную), отстраняет их от правления и назначает других правителей из остальных народов". Сказал ему: "Но ведь сказано: "(Делает) служителями Своими – огонь пылающий"[435]?» – и в таком случае, что станется с ними, если проведут их через реку Динур? «Сказал ему: "Есть огонь, который еще суровее огня, и есть огонь, отметающий огонь"», – и поэтому, несмотря на то, что они сами огонь, огонь реки Динур суровее их, и там вершится суд над ангелами огня.

---

[432] Тора, Шмот, 2:23. «И было в течение этих долгих дней, – и умер царь Египта, и застонали сыны Исраэля от работы, и воскричали, и вознесся их вопль к Всесильному от этой работы».
[433] См выше, п. 298.
[434] См. выше, п. 350.
[435] Писания, Псалмы, 104:4. «Делает Он ветры посланниками Своими, служителями Своими – огонь пылающий».

Стон, крик и вопль

353) «Сказал рабби Ицхак: "Есть здесь три понятия: стон, крик и вопль. И каждое из них отдельно от другого", – т.е. они непохожи друг на друга. "Стон", как сказано: "И застонали сыны Исраэля"[432]. "Крик", как сказано: "И воскричали"[432]. "Вопль", как сказано: "И вознесся их вопль к Всесильному"[432]. И каждый из них истолковывается сам по себе. И всех их совершили сыны Исраэля". Сказал рабби Йегуда: "Крик и вопль совершили Исраэль, а стона не совершали. И это следует из сказанного: "И застонали (ва-еанху́ וַיֵּאָנְחוּ)", (вместо: "И стонали"), и стон за них был наверху"».[436]

354) «"В чем различие между криком и воплем?" Сказал рабби Ицхак: "Вопль может быть только в молитве, как сказано: "Услышь, Творец, молитву мою и воплю моему внемли"[437], "К Тебе, Творец, вопль мой"[438], "Возопил я к Тебе, и Ты исцелил меня"[439]». Таким образом, вопль означает слова молитвы. «"Крик" означает, что кричит и ничего не говорит", – без речи. Сказал рабби Йегуда: "Посему крик важнее всех их, потому что крик – он в сердце, поэтому сказано: "Сердце их кричало Творцу"[440], и он ближе к Творцу, чем молитва и стон, как сказано: "То когда он будет криком кричать ко Мне, услышу Я крик его"[441]».

Объяснение. Стон, крик и вопль – это проявления мысли, голоса и речи, и это Бина, Зеир Анпин и Малхут. И потому крик, в котором нет речи, лучше принимается Творцом, чем речь молитвы, потому что к речи, которая открывается, есть возможность придраться обвинителям. Но к крику, раскрывающемуся

---

[436] См. выше, п. 350.
[437] Писания, Псалмы, 39:13. «Услышь, Творец, молитву мою и воплю моему внемли, к слезам моим не будь глух, ибо чужеземец я у Тебя, житель, как все праотцы мои».
[438] Писания, Псалмы, 88:14. «К Тебе, Творец, вопль мой, а поутру молитва моя предстает пред Тобой».
[439] Писания, Псалмы, 30:3. «Творец Всесильный мой! Возопил я к Тебе, и Ты исцелил меня!»
[440] Писания, Эйха, 2:18. «Сердце их кричало Творцу! Стена дочери Циона, лей слезы, как поток, день и ночь, не давай передышки себе, не давай отдыха зенице ока твоего».
[441] Тора, Шмот, 22:22. «Если кого-либо из них ты будешь притеснять, то когда он будет криком кричать ко Мне, услышу Я крик его».

лишь в сердце кричащего, нет возможности придраться обвинителям. И он также принимается лучше, чем стон, который раскрыт только в мысли стенающего, в Бине, и с помощью него нижний не способен как подобает слиться с Творцом. И потому крик принимается лучше.

355) «Сказал рабби Брэхья: "Когда Творец сказал Шмуэлю: "Жалею Я, что поставил Шауля царем"[442], что сказано? "Прискорбно стало Шмуэлю, и кричал он к Творцу всю ночь"[442], то есть оставил всё", – стон и вопль, "и избрал крик, потому он ближе всего к Творцу. И об этом сказано: "А теперь вот крик сынов Исраэля дошел до Меня"[443]».

356) «"Учили мудрецы, что тот, кто молится, плачет и кричит так, что больше не может шевелить губами, – это совершенная молитва в сердце, и она никогда не возвращается пустой, а принимается". Сказал рабби Йегуда: "Велик крик, отменяющий судебный приговор человеку за все дни его"».

357) «Рабби Ицхак сказал: "Велик крик, господствующий над высшей мерой суда". Рабби Йоси сказал: "Велик крик, господствующий в этом мире и в мире будущем. С помощью крика человек становится обладателем этого мира и мира будущего. Как сказано: "Воскричали они к Творцу в бедствии своем – от невзгод спас Он их"[444]».

---

[442] Пророки, Шмуэль 1, 15:11. «"Жалею Я, что поставил Шауля царем, ибо он отвратился от Меня и слов Моих не исполнил". И прискорбно стало Шмуэлю, и кричал он к Творцу всю ночь».

[443] Тора, Шмот, 3:9. «А теперь вот крик сынов Исраэля дошел до Меня, и также видел Я гнет, каким египтяне угнетают их».

[444] Писания, Псалмы, 107:6. «Воскричали они к Творцу в бедствии своем – от невзгод спас Он их».

ГЛАВА ШМОТ

Мой возлюбленный – мне, а я – ему, пасущему среди лилий

358) «Рабби Шимон провозгласил: "Мой возлюбленный – мне, а я – ему, пасущему среди лилий"[445]. Сказал рабби Шимон: "Горе тем созданиям, которые не следят и не знают. В час, когда у Творца возник замысел сотворить мир Его, все миры возникли в едином замысле, и в этом замысле были созданы все. И это означает сказанное: "Все их в мудрости сотворил Ты"[446]. И в этом замысле, т.е. в мудрости (хохма), созданы этот мир и высший мир"».

359) «"Простер правую руку Свою и создал высший мир", – Зеир Анпин. "Простер левую руку Свою и создал этот мир", – Малхут. "Об этом сказано: "Рука Моя основала землю"[447], – Малхут, "и десница Моя простерла небеса"[447], – Зеир Анпин, "Я воззову к ним, и предстанут вместе"[447]. И все они в одно мгновение были созданы, и Он сделал этот мир в соответствии высшему миру, и от всего, что есть вверху, вышло по этому примеру внизу", – т.е. нет у тебя ничего внизу, что не имело бы корня в высших мирах. "И всё, что есть внизу", – на земле, "есть по этому примеру в море, и всё это – единое целое. Сотворил Он в высших мирах ангелов, сотворил в этом мире людей, сотворил в море левиатана. И это как сказано: "Чтобы соединить шатер, дабы он был единым целым"[448]».

360) «"Сказано о человеке: "Ибо по образу Всесильного создал Он человека"[449]. И сказано: "И немногим умалил ты его перед ангелами"[450]. Если люди так важны по деяниям своим,

---

[445] Писания, Песнь песней, 2:16. «Мой возлюбленный – мне, а я – ему, пасущему среди лилий».

[446] Писания, Псалмы, 104:24. «Как многочисленны дела Твои, Творец! Все их в мудрости сотворил Ты, полна земля созданиями Твоими».

[447] Пророки, Йешаю, 48:12. «Слушай Меня, Яаков, и Исраэль, призванный Мной: Я – Он, Я – первый, но Я и последний. И рука Моя основала землю, и десница Моя простерла небеса, – Я воззову к ним, и предстанут вместе».

[448] Тора, Шмот, 36:18. «И сделал он пятьдесят медных крючков, чтобы соединить шатер, дабы он был единым целым».

[449] Тора, Берешит, 9:6. «Кто прольет кровь человека, того кровь прольется человеком, ибо по образу Всесильного создал Он человека».

[450] Писания, Псалмы, 8:6. «И немногим Ты умалил его перед ангелами, славой и великолепием Ты увенчал его».

но пропадают из-за "праха колодца", – т.е. сбиваются из-за клипот, удерживающихся в прахе Малхут, называемой колодцем, "как же они придут к тому, чтобы черпать" наполнение "из колодца? Он выбрал высших", – ангелов, "и выбрал Исраэль. Высших Он не назвал сыновьями, а нижних назвал сыновьями, как сказано: "Сыны вы Творцу Всесильному вашему"[451]. Он называл их сыновьями, а они называли Его отцом, как сказано: "Ведь Ты – отец наш"[452], и сказано: "Мой возлюбленный – мне, а я – Ему"[445], – Он выбрал меня, а я выбрал Его"».

361) «"Пасущему среди лилий"[445], – Он пасет среди лилий, несмотря на то, что вокруг них колючки", – клипот, "и не может другой пасти среди лилий, как Он". Другое объяснение. "Пасущему среди лилий"[445], – лилия красная, а вода", выделяемая ею, "белая. Так Творец ведет мир от меры суда, на которую указывает красный цвет, к мере милосердия, на которую указывает белый, как сказано: "Если будут грехи ваши, как багрянец, то станут белыми, как снег"[453]».

362) «Рабби Аба находился в пути, и был вместе с ним рабби Ицхак. Пока они шли, увидели эти розы. Взял рабби Аба одну розу в свои руки и продолжил путь. Встретился им рабби Йоси. Сказал: "Нет сомнений, что Шхина здесь. Я вижу розу в руках рабби Абы – и это значит, что нужно поучиться у него большой мудрости. Ведь я знаю, что рабби Аба взял это не иначе, как с тем, чтобы показать мудрость"».

363) «Сказал рабби Аба: "Садись, сын мой, садись". Сели они. Понюхал рабби Аба эту розу и сказал: "Мир существует лишь благодаря запаху"», – т.е. мохин свечения Хохмы, светящим снизу вверх, подобно тому, как исходит запах. "Ибо я вижу, что душа (нефеш) существует лишь благодаря запаху. И поэтому на исходе субботы вдыхают мирт"», – чтобы притянуть мохин свечения Хохмы, на которые указывает запах.

---

[451] Тора, Дварим, 14:1. «Сыны вы Творцу Всесильному вашему, не делайте на себе надрезов и не делайте плеши между глазами вашими по умершему».

[452] Пророки, Йешаяу, 63:16. «Ведь Ты – отец наш, ибо Авраам не знает нас, и Исраэль не узнает нас, Ты, Творец, – отец наш, Избавитель наш – от века имя Твое».

[453] Пророки, Йешаяу, 1:18. «Давайте же рассудимся, – говорит Творец. – Если будут грехи ваши, как багрянец, то станут белыми, как снег, а если будут они красны, как кармазин, то станут (белыми), как шерсть».

364) «Провозгласил и сказал: "Мой возлюбленный – мне, а я – Ему, пасущему среди лилий"⁴⁴⁵. Кто устроил для меня так, что "я – возлюбленному моему, а возлюбленный мой – мне"⁴⁵⁴? Это потому, что Он ведет мир Свой меж лилий. Так же как есть запах у лилии, и она красна, совершают возлияние на нее, и она становится белой, и никогда не уходит аромат ее, – так и Творец ведет мир этим путем, ведь если бы не это, мир бы не смог существовать из-за человека (адам אדם), который грешит. И грешащий называется красным (адом אדום), как сказано: "Если будут грехи ваши красны, как багрянец, то станут белыми, как снег"⁴⁵³. И также "грешащий предает свою жертву огню, который красный, окропляет кровью, которая красная, вокруг жертвенника, и также на меру суда указывает красный цвет. Совершают возлияние на нее", – т.е. когда жертва сгорает на жертвеннике, "и поднимается дым, полностью белый. И тогда красное становится белым", – и это знак того, "что мера суда стала мерой милосердия"».

365) «"Смотри, вся мера суда нуждается в запахе ее лишь со стороны красноты"», – так как запах, указывающий на свечение Хохмы, не исходит со стороны белого цвета, т.е. правой линии, которая полностью хасадим, но только со стороны красноты, т.е. левой линии, откуда исходит Хохма с помощью точки шурук. «"То есть, как сказал рабби Йегуда: "И царапали себя, по своему обыкновению, мечами и копьями, так что кровь лилась по ним"⁴⁵⁵. Но знали они, что не добьются от меры суда", – Малхут, "желаемого ими", – т.е. привлечения Хохмы сверху вниз, что является желанием всех идолопоклонников, "иначе, как с помощью красноты"», – т.е. посредством левой линии, красного цвета. Поэтому «царапали себя мечами, так что кровь лилась по ним»⁴⁵⁵, чтобы притянуть красноту.

366) «Сказал рабби Ицхак: "И еще. Краснота и белизна", – т.е. правая и левая линии, "всегда приносятся в жертву, и запах поднимается от них обеих", – потому что Хохма левой линии не может светить без облачения в свет хасадим правой. "И поэтому так же, как лилия красная и белая, так же и запах

---

⁴⁵⁴ Писания, Песнь песней, 6:3. «Я – возлюбленному моему, а возлюбленный мой – мне, пасущему среди лилий».
⁴⁵⁵ Пророки, Мелахим 1, 18:28. «И стали они громко взывать, и царапали себя, по своему обыкновению, мечами и копьями, так что кровь лилась по ним».

жертвоприношения и сама жертва – из красного и белого.[456] Посмотри, от запаха воскурения, где масла красные и белые, благовоние (левона́) – белое (лава́н), чистая ми́рра – красная, и запах, поднимающийся от красного и белого. И поэтому "Он ведет мир Свой меж лилий", и они красного и белого цвета. И сказано: "Чтобы приносить Мне в жертву тук и кровь"[457]». И тук – белый, а кровь – красная.

367) «"В соответствие этому, человек приносит в жертву "тук" и "кровь", этим искупая себя; и одно – красное, а другое – белое. Так же как на лилию, которая и красная, и белая, не совершают возлияние, чтобы вернуть полностью к белому, иначе как в огне, так же и на жертву не совершают возлияние иначе, как в огне.[458] Теперь, для того, кто соблюдает пост и приносит в жертву "тук" и "кровь", не совершается возлияние (на тук), чтобы вернулся полностью к белому, иначе как в огне". И сказал рабби Йегуда: "Вследствие соблюдения человеком поста, ослабевают органы его, и усиливается огонь над ним, и в этот час он должен принести в жертву свои "тук" и "кровь" на этом огне, и это называется жертвенником искупления"».

368) «"То есть, как рабби Эльазар, который во время поста молился, говоря: "Открыто и известно Тебе, Творец Всесильный наш и Всесильный отцов наших, что принес я в жертву пред Тобой тук мой и кровь мою, расплавив их жаром слабости тела моего. Да будет желание пред Тобой, чтобы благовоние, исходящее из уст в этот час, было как благовоние, источаемое жертвой на огне жертвенника, и да будет оно приятно Тебе!"»

369) «Получается, что человек приносит в жертву во время поста "тук" и "кровь", а благовоние, исходящее из уст его, – это жертвенник искупления. И таким образом установили молитву вместо жертвоприношения. И он должен только намереваться прийти к тому, о чем мы говорили". Сказал рабби Ицхак: "Отсюда и далее сказано: "Всё, что проходит через огонь,

---

[456] См. выше, п. 364.
[457] Пророки, Йехезкель, 44: 15. «А священники-левиты, сыновья Цадока, которые исполняли службу в храме Моем, когда отступили от меня сыновья Исраэля, они-то приближаться будут ко Мне, чтобы служить Мне, и стоять будут предо Мной, чтобы приносить Мне в жертву тук и кровь, – слово Творца!»
[458] См. выше, п. 364.

проведите через огонь, и очистится"⁴⁵⁹», – т.е. с помощью огня снова станет полностью белым.⁴⁵⁸ «Сказал рабби Йоси: "Когда существовал Храм, человек и свою жертву приносил в соответствии этому", – так, чтобы было красное и белое, и благовоние, восходящее от них, и оно возвращало его полностью к белому с помощью огня, как уже говорилось, "и это было ему искуплением. Теперь молитва человека искупает его вместо жертвоприношения тем же путем"» – намерения жертвоприношения.

370) «Другое объяснение сказанного: "Мой возлюбленный – мне, а я – ему, пасущему меж лилий"⁴⁴⁵. Так же, как есть колючки посреди лилий, так же Творец управляет миром через праведников и грешников. Так же как лилии не могут существовать без колючек, так же и праведники неразличимы без грешников. Как сказал рабби Йегуда: "Благодаря чему видны праведники? В силу того, что есть грешники. Ведь если бы не было грешников, не были бы заметны праведники". Другое объяснение. "Пасущему меж лилий"⁴⁴⁵ – правящему миром Своим шесть лет"», потому что в слове «лилии (шошани́м שׁוֹשַׁנִּים)» те же буквы, что и в словах «шесть лет (шеш шани́м שֵׁשׁ שָׁנִים)», «"а седьмой год – суббота Творцу. Другое объяснение. "Среди лилий"⁴⁴⁵ – среди тех, кто изучает Тору"» – потому что «лилии (шошаним שׁוֹשַׁנִּים)» – от слова «изучающий (шонэ́ שׁוֹנֶה)».

---

[459] Тора, Бемидбар, 31:23. «Все, что проходит через огонь, проведите через огонь, и очистится, но и водой очистительной должно быть очищено; все же, что не проходит через огонь, проведите через воду».

А Моше пас скот

371) «"А Моше пас скот тестя своего Итро, жреца мидьянского"⁴⁶⁰. Рабби Хия провозгласил, сказав: "Псалом Давида. Творец – пастырь мой. Не будет у меня нужды"⁴⁶¹. "Творец – пастырь мой" – пастух мой. Как пастух управляет стадом и ведет их к доброму пастбищу, к тучному пастбищу, в место полноводных рек, направляя их прямым путем по справедливости и закону, так и о Творце сказано: "На пастбищах травянистых Он укладывает меня, к водам тихим приводит меня, душу мою оживляет"⁴⁶²».

372) «Сказал рабби Йоси: "Путь пастыря – справедливо управлять своим стадом, отдалять их от разбоя и вести их прямым путем. И все время посох в руке его, чтобы они не отклонялись ни вправо, ни влево"».

373) «Другое объяснение. "А Моше пас скот"⁴⁶⁰. Сказал рабби Йоси: "Все время, пока пастырь мудр, чтобы вести свое стадо, он готов принимать бремя небесного царства (малхут). Если же пастырь неразумен, то о нем сказано: "У глупого больше надежды, чем у него"⁴⁶³».

374) «Сказал рабби Йегуда: "Моше был мудр и сведущ, чтобы вести свое стадо. Смотри, о Давиде сказано: "И вот он пасет овец"⁴⁶⁴. Это учит тому, что Давид был великим мудрецом и вел свое стадо по закону, как полагается. И потому сделал его Творец царем над всем Исраэлем. Почему же (он пас) овец, а не быков?" Сказал рабби Йегуда: "Исраэль зовутся овцами, как сказано: "И вы – овцы Мои, овцы паствы Моей

---

⁴⁶⁰ Тора, Шмот, 3:1. «А Моше пас скот тестя своего Итро, жреца мидьянского, и повел он скот за пустыню и пришел к горе Всесильного, к Хорэву».

⁴⁶¹ Писания, Псалмы, 23:1-3. «Псалом Давида. Творец – пастырь мой. Не будет у меня нужды. На пастбищах травянистых Он укладывает меня, к водам тихим приводит меня, душу мою оживляет. Ведет меня путями справедливости ради имени Своего».

⁴⁶² Писания, Псалмы, 23:2-3.

⁴⁶³ Писания, Притчи, 26:12. «Видал ли ты человека, мудрого в глазах своих? У глупого больше надежды, чем у него».

⁴⁶⁴ Пророки, Шмуэль 1, 16:11. «И сказал Шмуэль Ишаю: "Нет больше отроков?" И сказал тот: "Еще остался меньший; и вот он пасет овец". И сказал Шмуэль Ишаю: "Пошли (за ним) и приведи его, ибо мы не сядем (за трапезу), пока он не придет сюда"».

человеческой вы"⁴⁶⁵. И сказано: "Как овцами освященными, как овцами Йерушалаима"⁴⁶⁶».

375) «"Так же как приводящий стадо на жертвенник, благодаря им удостаивается жизни в будущем мире, так и ведущий Исраэль по закону, как полагается, удостаивается благодаря им жизни мира будущего. Кроме того, когда стадо рожает, пастырь принимает этих агнцев в свое лоно, чтобы они не утомлялись и не блеяли, и ведет их за их матерями, и относится к ним с милосердием. Так и ведущий Исраэль должен управлять ими с милосердием, а не жестокостью. Об этом сказал Моше: "Что Ты говоришь мне нести его в лоне своем, как носит пестун ребенка"⁴⁶⁷».

376) «"Так же как пастух стада, если он хороший пастух, спасает стадо от волков и львов, так и тот, кто ведет Исраэль, если он хорош, спасает их от идолопоклонников, от нижнего суда и от высшего суда, и направляет их к жизни в мире будущем. Так и Моше был верным пастырем, и видел Творец, что он достоин вести Исраэль по тому же самому закону, по которому пас стадо: баранов – как положено им, а овец – как положено им"».

377) «"Поэтому сказано: "А Моше пас овец тестя своего Итро"⁴⁶⁰, а не своих собственных, как сказал рабби Йоси: "Разве когда (Итро) выдал свою дочь Ципору за Моше, он не дал ему овец и быков, – ведь Итро был богат?! Однако Моше не пас свой скот, чтобы не сказали: "Из-за того, что овцы его с ним, он хорошо их пасет". И потому сказано: "Овец тестя своего Итро"⁴⁶⁰, а не своих. "Жреца мидьянсккого"⁴⁶⁰ – рабби Танхум сказал, что хотя (Итро) и был идолопоклонником, но поскольку проявил милость к Моше, тот пас его стадо по закону, как полагается, на хорошем пастбище, тучном и сочном"».

---

⁴⁶⁵ Пророки, Йехезкель, 34:31. «И вы – овцы Мои, овцы паствы Моей человеческой вы. Я – Всесильный ваш, – слово Творца!»

⁴⁶⁶ Пророки, Йехезкель, 36:37-38. «Я, Творец, говорил и сделаю! Так сказал Творец: "Сверх того, Я откликнусь (на то, о чем молил) дом Исраэля сделать для него, – умножу людей у них, как (стадо) овец. Как овцами освященными, как овцами Йерушалаима в праздники его, так эти города разрушенные наполнятся людьми, как овцами. И узнают, что Я – Творец"».

⁴⁶⁷ Тора, Бемидбар, 11:12. «Разве я носил во чреве весь народ этот, или я родил его, что Ты говоришь мне нести его в лоне своем, как носит пестун ребенка, в страну, которую Ты поклялся отдать отцам его?!»

378) «"И повел он скот за пустыню"⁴⁶⁰. Рабби Йоси сказал: "С того дня, как родился Моше, не отходил от него дух святости. Увидел он благодаря духу святости, что пустыня эта была священной и готовой принять на себя бремя небесного царства. Что же сделал Моше? Повел скот за пустыню". Сказал рабби Ицхак: "В любом случае, "за пустыню", а не по пустыне, поскольку не хотел, чтобы они входили в нее, и увел их за пустыню"».

379) «"И пришел к горе Всесильного, к Хорэву"⁴⁶⁰ – только он один, без стада". Сказал рабби Йоси: "Как тот камень, который притягивает и принимает железо, когда видит, что это железо стремительно приближается к нему, так и Моше с горой Синай – когда они увидели друг друга, он стремительно приблизился к ней. Об этом сказано: "И пришел к горе Всесильного, к Хорэву"⁴⁶⁰».

380) «Сказал рабби Аба: "Они были предназначены друг для друга с шести дней начала творения. И в тот день взволновалась гора при виде Моше. Но, увидев, что он вошел в нее и прошел через нее, успокоилась гора. Это означает, что они были рады друг другу"».

381) «Сказал рабби Янай: "Моше знал, что гора эта – гора Всесильного, как сказано: "И пришел к горе Всесильного"⁴⁶⁰. Что же увидел Моше на той горе? Увидел птиц, которые парили, простирая крылья, но не залетали в нее"».

382) «Рабби Ицхак сказал: "Моше видел птиц, воспаряющих и улетающих оттуда, и падающих к его ногам. Тотчас он почувствовал, в чем дело, и, оставив скот за пустыней, вошел один"».

383) «"И явился ему ангел Творца в пламени огня из куста терновника"⁴⁶⁸. Рабби Танхум говорит: "Это был час послеполуденной молитвы (минха), во время которой властвует мера суда". Рабби Йоханан сказал: "Но ведь сказано: "Днем явит Творец милость Свою"⁴⁶⁹ – (царь Давид) говорит о свойстве милости, а не о мере суда". Сказал рабби Ицхак: "Время с момента

---

⁴⁶⁸ Тора, Шмот, 3:2. «И явился ему ангел Творца в пламени огня из куста терновника. И увидел он – вот терновник горит огнем, но терновник не сгорает».

⁴⁶⁹ Писания, Псалмы, 42:9. «Днем явит Творец милость Свою, а ночью – песнь Его со мною, молитва к Создателю жизни моей».

выхода света и до его заката называется днем, и это свойство милости; время заката называется вечером, и это свойство суда. То есть, как сказано: "И назвал Всесильный свет днем, а тьму назвал ночью"[470]».

384) «"Сказал рабби Йоханан: "Время послеполуденной молитвы – с шести часов и далее. И мы учили, – говорит рабби Ицхак, – что означает сказанное: "В сумерки будете есть мясо, а утром насытитесь хлебом"[471]. "В сумерки" – т.е. в час суда, "будете есть мясо". И сказано: "Еще не было пережевано мясо меж зубами у них, как воспылал гнев Творца на народ"[472], – потому что в сумерки властвует суд Малхут. "А утром насытитесь хлебом"[472] – поскольку это время милости. И сказано: "Милость Творца весь день"[473]. И сказано: "И назвал Всесильный свет днем"[470], так как он – с утра"».

385) «Рабби Танхум говорит: "Одно – красное, другое – белое. Красное – вечером, как сказано: "В сумерки будете есть мясо"[471]. А белое – утром, как сказано: "А утром насытитесь хлебом"[471]. Рабби Ицхак сказал: "Сказано: "И пусть зарежет его всё собрание общины Исраэля в сумерки"[474], так как это – час суда". Рабби Йегуда сказал: "Мы изучали, что по два ягненка каждый день: один приносится в жертву соответственно свойству милости, а второй – соответственно свойству суда"».

386) «И сказал рабби Йегуда: Почему сказано: "Одного ягненка приноси в жертву утром"[475], но не сказано: "Первого ягненка"? Однако это означает – "одного ягненка", особого,

---

[470] Тора, Берешит, 1:5. «И назвал Всесильный свет днем, а тьму назвал ночью. И был вечер и было утро – день один».

[471] Тора, Шмот, 16:12. «Я слышал ропот сынов Исраэля, говори им так: "В сумерки будете есть мясо, а утром насытитесь хлебом, и узнаете, что Я Творец Всесильный ваш"».

[472] Тора, Бемидбар, 11:33. «Еще не было пережевано мясо меж зубами у них, как воспылал гнев Творца на народ, и поразил Творец народ ударом очень сильным».

[473] Писания, Псалмы, 52:3. «Что похваляешься злодейством, храбрец? Милость Творца весь день!»

[474] Тора, Шмот, 12:6. «Ягненок без телесного порока, самец, не достигший года, да будет у вас – из овец или из коз берите. И да будет он храним вами до четырнадцатого дня этого месяца, и пусть зарежет его все собрание общины Исраэля в сумерки».

[475] Тора, Шмот, 29:39. «Одного ягненка приноси в жертву утром, а второго ягненка – в сумерки».

соответственно свойству милости. Но о втором нигде не говорится, что он хорош"».

387) «Рабби Танхум сказал: "Поэтому Ицхак ввел послеполуденную молитву (минха) соответственно свойству суда". Сказал рабби Ицхак: "Отсюда – "Горе нам, ибо день уже клонится (к вечеру) и распростерлись вечерние тени!"[476]. "Ибо день уже клонится (к вечеру)" – это свойство милости. "И распростерлись вечерние тени" – т.е. уже возобладало свойство суда. Авраам ввел утреннюю молитву (шахарит) соответственно свойству милости"».

388) «Учили наши мудрецы: "В час, когда Моше вступил на гору Синай, почему (ангел) явился ему в огненном пламени, означающем "суд"?" Сказал рабби Яаков: "Это было вызвано временем"», – иначе говоря, тогда был час суда, т.е. час послеполуденной молитвы (минха). «Рабби Йоси сказал: "Всё это", – т.е пламя огня, название Хорэв и терновник, "восходит к одному корню. Сказано: "И пришел к горе Всесильного, к Хорэву"[460], и сказано: "И при Хорэве гневили вы Творца"[477], и сказано: "И явился ему ангел Творца в пламени огня из куста терновника"[468], из-за того, что в будущем они станут подобными терновнику, такому, о котором сказано: "Как тернии отсеченные, сжигаемые в огне"[478]». То есть само место было причиной того, что в будущем Исраэль согрешат там и станут подобны терновнику. И поэтому Он раскрылся в пламени огня – т.е. в суде, сжигающем грешников, и о нем сказано: «Как тернии отсеченные, сжигаемые в огне»[478].

---

[476] Пророки, Йермияу, 6:4. «Готовьтесь к бою с нею! Вставайте, и пойдем в полдень! О горе нам, ибо день уже клонится (к вечеру) и распростерлись вечерние тени!»

[477] Тора, Дварим, 9:8. «И при Хорэве гневили вы Творца, и разгневался Творец на вас, (и хотел) уничтожить вас».

[478] Пророки, Йешаяу, 33:12. «И будут народы как горящая известь, как тернии отсеченные, сжигаемые в огне».

В пламени огня из куста терновника

389) «Сказал рабби Йегуда: "Это показывает нам, что Творец милостив с грешниками. Ведь сказано: "Вот терновник горит огнем"[479] – чтобы совершить суд над грешниками, "но терновник не сгорает"[479], – т.е. они не уничтожаются. "Горит огнем"[479] – всё же это намёк на огонь ада». Другими словами, несмотря на то, что этот огонь был показан Моше, который был праведником, всё же это намёк на огонь ада, т.е. на грешников. «Однако: "Но терновник не сгорает"» – т.е. (огонь) не уничтожает их.

390) «Другое объяснение. "И явился ему ангел Творца в пламени огня"[479]. Почему пламя огня раскрылось Моше, а не остальным пророкам?" Сказал рабби Йегуда: "Моше не такой, как остальные пророки. Мы учили, что каждый, кто приближался к огню, сгорал в нем, а Моше приблизился к огню, и не сгорел, как сказано: "А Моше приблизился ко мгле, в которой скрывался Всесильный"[480]. И сказано: "И явился ему ангел Творца в пламени огня из куста терновника"[479]».

391) «Рабби Аба сказал: "Всё сказанное о Моше необходимо рассматривать с помощью высшей мудрости. Ведь почему сказано: "Из воды я вытащила его"[481]? Только для того, чтобы научить нас, что тот, кто извлечен из воды", – Хеседа, "не боится огня" – суда. "Ведь мы учили, – сказал рабби Йегуда, – что из того места, откуда была взята душа Моше, не был взят никто другой". Сказал рабби Йоханан: "С помощью десяти ступеней" Зеир Анпина "он достиг совершенства, как сказано: "Во всем Моем доме"[482], – т.е. в Нукве, "доверенный он"[482]. И не сказано: "Доверенный дома"», – что означало бы «доверенный Нуквы», а сказано: «Доверенный он»[482], и это означает «доверенный

---

[479] Тора, Шмот, 3:2. «И явился ему ангел Творца в пламени огня из куста терновника. И увидел он – вот терновник горит огнем, но терновник не сгорает».

[480] Тора, Шмот, 20:18. «И стоял народ поодаль, а Моше приблизился ко мгле, в которой скрывался Всесильный».

[481] Тора, Шмот, 2:10. «И вырос ребенок, и привела она его к дочери Фараона, и стал он ей сыном, и назвала она его именем Моше, и сказала: "Потому что из воды я вытащила его"».

[482] Тора, Бемидбар, 12:6-7. «И сказал Он: "Слушайте слова Мои: если и есть у вас пророк, то Я, Творец, в видении открываюсь ему, во сне говорю Я с ним. Не так с рабом Моим Моше – во всем Моем доме доверенный он"».

Зеир Анпина», т.е. он выше Нуквы. «"Благословен удел человека, Господин которого свидетельствует о нем таким образом"».

392) «Сказал рав Дими: "Но ведь сказано: "И не восстал более пророк в Исраэле как Моше"[483]. Сказал рабби Йеошуа бен Леви: "В Исраэле не восстал, но в других народах восстал. Кто же это? Это Билам"», – как же ты утверждаешь, что из места, откуда был взят Моше, не был взят никто другой? «Сказал ему рабби Аба: "Ты, безусловно, верно сказал". Замолчал. Когда пришел рабби Шимон бен Йохай, они подошли к нему и спросили у него об этом».

393) «Заговорил рабби Шимон, сказав: "Жидкость, которая выделяется растением "карнатей", у которой дурной запах, – не хватало, чтобы она смешалась с хорошим Афарсемоном"». Иными словами, не хватало, чтобы ты начал сравнивать злодея Билама с Моше Рабейну. «"Но именно таково объяснение, что среди народов мира восстанет. И кто это? – Билам. Действия Моше – наверху", в святости, "а Билама – внизу", в нечистоте. "Моше пользовался святым кетером высшего Царя", – Зеир Анпина, "наверху, а Билам пользовался нижними кетерами, которые не святы, внизу. И точно также написано: "А Билама, сына Беора, чародея, убили сыны Исраэля мечом"[484], – так как назывался чародеем из-за того, что действия его были нечистыми. "А если это покажется тебе недостаточным, то спроси, что было у него с ослицей"», – что он осквернялся ею и ложился с ней, как объясняли мудрецы. «Подошел рабби Йоси и, поцеловав руки его, сказал: "Ты снял камень с моего сердца"». Иначе говоря, это вопрос лежал тяжелым камнем у него на сердце, а теперь он избавился от него.

394) «"Ведь отсюда", – из сказанного рабби Шимоном, "следует, что есть высшие и нижние, правая и левая (стороны), милосердие и суд, Исраэль и идолопоклонники. Исраэль пользуются высшими святыми кетерами, идолопоклонники – нижними кетерами, которые не святы. Эти", – принадлежащие Исраэлю, "относятся к правой (стороне), а эти", – принадлежащие идолопоклонникам, "относятся к левой. И уж тем более отличаются высшие праведники", – относящиеся к Исраэлю,

---

[483] Тора, Дварим, 34:10. «И не восстал более пророк в Исраэле как Моше, которого знал Творец лицом к лицу».

[484] Пророки, Йеошуа, 13:22. «И Билама, сына Беора, чародея, убили сыны Исраэля мечом в числе убитых ими».

"от нижних пророков", – относящихся к идолопоклонникам, "пророки, пребывающие в святости, от пророков, не относящихся к святости"».

395) «Сказал рабби Йегуда: "Так же как Моше отличался от всех пророков высшим святым пророчеством, так же отличался Билам от остальных пророков и колдунов пророчеством, не относящимся к святости, внизу. И вдобавок ко всему этому, Моше находился наверху, а Билам – внизу, и множество ступеней разделяло их"».

396) «Сказал рабби Йоханан, – сказал рабби Ицхак, – "Моше размышлял и думал: "Не хватало, чтобы был уничтожен Исраэль этой непосильной работой", как сказано: "И увидел их тяжкие труды"[485]. И поэтому: "И явился ему ангел Творца в пламени огня из куста терновника. И увидел он – вот терновник горит огнем, но терновник не сгорает"[479]. Иными словами, порабощены они тяжким трудом, "но терновник не сгорает"[479]», – т.е. невозможно уничтожить их в изгнании, как мы уже говорили. «Счастлив Исраэль, так как Творец избрал их из всех народов, и назвал их сыновьями. Как сказано: "Сыны вы Творцу Всесильному вашему"[451]».

---

[485] Тора, Шмот, 2:11. «И было в те дни: и вырос Моше, и вышел к братьям своим, и увидел их тяжкие труды, и увидел египтянина, избивающего еврея, из братьев его».

Глава Ваэра

И являлся Я – как Владыка Всемогущий, но под именем АВАЯ Я не был известен им

1) «"И говорил Всесильный с Моше и сказал ему: "Я Творец (АВАЯ). И являлся Я (ва-эра́ וָאֵרָא) Аврааму, Ицхаку и Яакову как Владыка Всемогущий"[1]. Заговорил рабби Аба: "Уповайте на Творца вовек, ибо в силе Творце твердыня миров"[2]. "Уповайте на Творца" – т.е. все обитатели мира должны укрепляться в Творце и быть уверенными в Нем"».

2) «"В таком случае, что такое: "Вовек (аде́й ад עֲדֵי עַד)"? Однако, сила человека должна быть в месте, представляющем существование и связь всего, и оно называется веком (ад עַד)", – и это Зеир Анпин, "как сказано: "Утром будет есть добычу"[3].[4] "Добыча (ад עַד)" – это место, объединяющее и ту и другую сторону", – т.е. это средняя линия, объединяющая правую и левую стороны друг с другом, "чтобы они могли существовать и соединиться" – чтобы могли существовать эти две линии, соединяя свои свечения "в нерушимой связи"».

3) «"И в этом веке (ад עַד) кроется желание всего, как сказано: "До (ад עַד) пределов возвышений мира"[5]. Кто такие "возвышения мира"? Это две матери", – Бина и Малхут, "женские свойства (некево́т)", и называются они "йове́ль и шмита́"». Бина называется «йовель (юбилей)», а Малхут – «шмита́ (субботний год)». «"И зовутся они возвышениями мира. Как сказано: "От мира и до мира"[6]», что означает – Бина и Малхут, так как обе они называются миром.

---

[1] Тора, Шмот, 6:2-3. «И говорил Всесильный с Моше и сказал ему: "Я Творец (АВАЯ). И являлся Я Аврааму, Ицхаку и Яакову как Владыка Всемогущий (Эль Шадай), но (под) именем Моим Творец (АВАЯ) Я не был известен им"».

[2] Пророки, Йешаяу, 26:4. «Уповайте на Творца вовек, ибо в силе Творца твердыня миров».

[3] Тора, Берешит, 49:27. «Биньямин – волк терзающий, утром будет есть добычу, а к вечеру – делить добычу».

[4] См. Зоар, главу Ваехи, п. 795.

[5] Тора, Берешит, 49:26. «Благословения отца твоего превышают благословения моих родителей до пределов возвышений мира. Да будут они на главе Йосефа и на темени отличившегося среди братьев своих».

[6] Писания, Псалмы, 106:48. «Благословен Творец, Всесильный Исраэля, от века и до века (досл. от мира и до мира). И скажет весь народ: "Амен и хвала Творцу!"»

4) «"И желание их – в этом веке (ад עַד)", – т.е. в Зеир Анпине, в средней линии, "так как он – существование всех сторон", т.е. правой и левой сторон. "И поэтому стремление йовель", – Бины, "к этому веку заключено в том, чтобы украсить его венцом", – ГАР, "привлечь к нему благословения", – т.е. изобилие хасадим, "и излить на него сладкие источники" – Хохму, подслащенную свойством хасадим. "Как сказано: "Выйдите и посмотрите, дочери Циона, на царя Шломо, в венце, которым украсила его мать"⁷». «Царь Шломо» – это царь, от которого зависит установление мира, т.е. Зеир Анпин, а «его мать» – это Бина. «"Стремление шмиты (субботнего года)", – т.е. Малхут, "к веку", – Зеир Анпину, оно, "чтобы благословиться от него и светить от него". И мы видим, что, конечно же, "этот век является стремлением возвышенностей мира", т.е. Бины и Малхут, "одной – для того чтобы отдавать, а другой – для того чтобы получать"».

5) «"И потому говорится в этом изречении: "Уповайте на Творца вовек"², – и это Зеир Анпин, "так как оттуда и выше", – т.е. Хохма и Бина, расположенные над Зеир Анпином, "место скрытое и упрятанное, и нет того, чье постижение дошло бы туда. Это место, откуда выходят и образуются миры", – т.е. ЗОН. "И это смысл сказанного: "Ибо в силе ("йуд-хэй "יה") Творца (АВАЯ הויה) твердыня миров"²». «Йуд-хэй יה» – это Хохма, а АВАЯ (הויה) – это Бина, и они образуют и выводят миры, т.е. ЗОН. «"И это место сокрыто и неведомо, поэтому сказано: "Уповайте на Творца вовек (адэй ад עֲדֵי עַד)" – т.е. до (ад עַד) этих пор", – до Зеир Анпина, называемого веком (ад עַד), "у каждого человека есть позволение созерцать его. А отсюда и далее человеку не позволено созерцать", – т.е. Хохму и Бину, "так как это скрыто от каждого человека. И что это?" за место, которое нельзя созерцать. Это "сила ("йуд-хэй "יה") Творца (АВАЯ הויה)", – т.е. ХУБ, "откуда образуются все миры, и нет того, кто мог бы устоять на этом месте"», для того чтобы хоть что-то постичь.

6) «Сказал рабби Йегуда: "Писание свидетельствует об этом", – о невозможности постижения выше Зеир Анпина, "как сказано: "Ибо спроси о временах прежних, что были до тебя, с того дня, когда сотворил Всесильный человека на земле,

---

⁷ Писания, Песнь песней, 3:11. «Выйдите и посмотрите, дочери Циона, на царя Шломо в венце, которым украсила его мать в день свадьбы его и в день радости сердца его».

и от края неба", – т.е. Зеир Анпина, "до края неба: было ли что-либо, подобное этому великому делу?!"⁸». Здесь разъясняется, что приобретение и постижение находятся лишь на ступени «небо», Зеир Анпин, «от края его и до края». «"И до сих пор у человека есть разрешение смотреть, а отсюда и далее", – т.е. выше Зеир Анпина, "нет того, кто бы мог устоять на этом (месте)"».

Объяснение. На каждой ступени есть свойство ГАР и свойство ЗАТ, т.е. Зеир Анпин. И нет постижения более, чем Зеир Анпин любой ступени, включая даже Зеир Анпин ГАР, который называется Даат. Однако ГАР каждой ступени, нет никого, кто бы мог постичь, включая даже ГАР ступени Асия.

7) «Другое объяснение сказанного: "Уповайте на Творца вовек (адэ́й ад עֲדֵי עַד)"². Человек во все дни свои должен укрепляться в Творце. И тому, кто полагается на Него в своей уверенности и силе как подобает, не может причинить вред никто из живущих в мире, ибо каждый, кто вкладывает силы в святое имя, существует в мире"».

8) «"А почему? Дело в том, что мир существует благодаря Его святому имени, как сказано: "Ибо в силе Творца твердыня (цур צוּר) миров"² – т.е. образующий (цаяр צַייָר) миры, ибо двумя буквами сотворены миры, этот мир и будущий мир. Этот мир сотворен в свойстве суда и стоит", т.е. существует, "на суде. И это означает сказанное: "Вначале создал Всесильный"⁹, – так как это имя указывает на суд. "И в чем смысл? В том, чтобы люди поступали по суду и не сбивались с пути"».

9) «Смотри, сказано: "И говорил Всесильный с Моше"¹, – имя Всесильный (Элоким) указывает на "приговор суда, который пребывает над ним. Что сказано до этого: Вновь обратился Моше к Творцу и сказал: "Господин мой (Адни אדני)"¹⁰ – через

---

⁸ Тора, Дварим, 4:32. «Ибо спроси о временах прежних, что были до тебя, с того дня, когда сотворил Всесильный человека на земле, и от края неба до края неба: было ли что-либо, подобное этому великому делу, или слыхано ли подобное сему?!»

⁹ Тора, Берешит, 1:1. «Вначале создал Всесильный небо и землю».

¹⁰ См. Тора, Шмот, 5:22-23. «И возвратился Моше к Творцу, и сказал: "Господин мой! Почему Ты причинил зло этому народу, почему Ты послал меня – ведь с того времени, как я пришел говорить от имени Твоего, он начал хуже поступать с этим народом, а избавить не избавил Ты народа Своего?!"»

"алеф-далет-нун-йуд אדני", – т.е. имя Малхут. "Посмотри на силу Моше, дух которого уже в самом начале его пророчества не успокоился на этом месте", – т.е. в Малхут, "и сказал: "Господин мой, почему Ты причинил зло этому народу? Почему послал Ты меня – ведь с того времени, как я пришел говорить от имени Твоего, он начал хуже поступать с этим народом, а избавить не избавил Ты народа Своего?!" Кто мог бы сказать так, кроме Моше, который знал, что другая ступень", – более высокая, чем Малхут, "предназначена ему"», – так как был он строением (меркава) для Зеир Анпина, мужа Царицы.

10) «Сказал рабби Ицхак: "Вначале, когда ему был передан дом", т.е. Малхут, поскольку будучи строением (меркава) для Зеир Анпина, мужа Малхут, он удостоился того, чтобы ступень Малхут была ему домом, так же как она – дом Зеир Анпину, поэтому "он заходил к ней, подобно тому, как человек заходит в свой дом и говорит всё, что захочет, без страха, так и Моше говорил со своим домом", т.е. с Малхут, "и не боялся"».

11) «"Другое объяснение. "И говорил Всесильный (Элоким)"[1] – это судебный приговор", – так как имя Элоким – это суд, Малхут. "И сказал ему: "Я – Творец (АВАЯ)" – это другая ступень", – т.е. Зеир Анпин, являющийся свойством милосердия. "И здесь связано всё, суд и милосердие" вместе, и это великое совершенство, "это смысл сказанного: "И сказал ему: "Я – Творец (АВАЯ)"» – т.е. свойство милосердия. «Сказал рабби Шимон: "Если бы было сказано: "И говорил Всесильный с Моше: "Я – Творец (АВАЯ)", то я бы так и сказал", – что связались для него суд и милосердие воедино. "Но сказано не так, ведь сначала сказано: "И говорил Всесильный с Моше", а затем: "И сказал ему: "Я – Творец (АВАЯ)". Следовательно, это ступени одна за другой"», а не суд и милосердие, связанные воедино.

12) «И рабби Йоси сказал: "Если бы Моше не был хозяином (также: мужем) дома, как сказано о нем: "Молитва Моше, человека (досл. мужа) Всесильного"[11], он был бы наказан за то, что сказал: "Почему Ты причинил зло этому народу?!" Но так как он был хозяином (мужем) дома, он не был наказан. Это похоже на человека, поссорившегося с женой, которая была царской дочерью. Обратился он к ней непочтительно, и она начала

---

[11] Писания, Псалмы, 90:1. «Молитва Моше, человека Всесильного: "Господин наш! Обителью Ты был для нас из рода в род"».

негодовать. Но только она начала говорить, как царь, который находился там, взял на себя это дело. И она замолчала, прервав свою речь. Сказал ему царь: "Разве ты не знал, что я царь, и передо мной произнес ты эти слова?!" Казалось бы, и Моше поступил так же, как сказано: "И возвратился Моше к Творцу и сказал: "Господин мой, почему Ты причинил зло этому народу?!"[10] Сразу же: "И говорил Всесильный (Элоким) с Моше", – т.е. свойство суда, так же как царская дочь, "начав негодовать. Тут же Царь взял на себя это дело: "И сказал ему: "Я – Творец (АВАЯ)"[1]. Разве ты не знал, что Я Царь, и что предо Мною говорил ты эти слова?!"»

13) «"И являлся Я Аврааму, Ицхаку и Яакову как Владыка Всемогущий (Эль Шада́й אל שדי)"[1]. Почему Он изменил здесь высшие имена?"», – Адни, АВАЯ, Элоким и сказал: «Эль Шадай». «Это подобно царю, у которого была незамужняя дочь, и был у него фаворит. Когда хотел царь говорить с фаворитом, он посылал дочь говорить с ним. И говорил с ним царь через дочь. Пришло время дочери выйти замуж. В тот день, когда она вышла замуж, сказал царь: "Называйте ее "дорогая государыня". И сказал ей: "До сих пор я говорил через тебя с тем, к кому обращался. Отныне и впредь я буду говорить твоему мужу, а он сообщит кому надо". Через какое-то время поссорился с ней муж её перед царем. Ещё не успела она ничего сказать, как царь взял это на себя, обратившись к нему: "Разве я уже не царь?! До сего дня никто не обращался ко мне иначе, как через дочь. И я отдал за тебя свою дочь и говорил с тобой открыто, чего не делал никому другому"».

14) «"Таким образом: "И являлся Я Аврааму, Ицхаку и Яакову как Владыка Всемогущий (Эль Шадай)"[1], – т.е. это имя Малхут, прежде чем она совершила зивуг с Зеир Анпином лицом к лицу. И смысл того, что Он являлся праотцам как Эль Шадай, т.е. Малхут, в том, что "когда была она в Моем доме незамужней, не говорили со Мной лицом к лицу, как Я сделал тебе, а ты в начале своей речи сказал Моей дочери предо Мной такие слова! Однако об этом сказано: "И являлся Я Аврааму, Ицхаку и Яакову как Владыка Всемогущий (Эль Шадай), но под именем Моим Творец (АВАЯ) Я не был известен им"[1], – чтобы говорить с ними на той ступени, на которой говорил с тобой"».

15) «Произнес рабби Йоси: "Давиду псалом. Творцу (АВАЯ) земля и всё наполняющее ее, мир и все обитающие в нем"[12]. "Земля" – это святая земля Исраэля, которая существует для того, чтобы быть орошаемой Им", – Творцом, "и благословляемой Им сначала, а затем, чтобы от нее уже орошался весь мир. "Мир и все обитающие в нем"[12] – это остальные земли, поглощающие от Него. Откуда нам это известно? – Потому что сказано: "И Он будет судить землю по справедливости"[13]».

16) «"Ибо Он на морях основал ее"[14] – это семь оснований", ХАГАТ НЕХИМ Зеир Анпина, "на которых держится земля. И это – семь морей, и море Кинерет", т.е. Малхут, "властвует над ними". Сказал рабби Йегуда: "Не говори: "Властвует над ними", – потому что Малхут не властвует над семью сфирот Зеир Анпина, "а (то, что море Кинерет) наполняется от них"», – это потому, что Малхут получает наполнение от них.

«"И на реках утвердил ее"[14]. Что это за реки? Но это, как сказано: "Вознесли реки голос свой, возносят реки шум свой"[15], – это сфирот Есода Зеир Анпина, называемого рекою, "как сказано: "И река вытекает из Эдена, чтобы орошать сад"[16]. Поэтому сказано: "И на реках утвердил ее"[14]».

17) «"Смотри, эта земля", – Малхут, "называется" – когда она в состоянии паним бе-паним с Зеир Анпином, называемым Исраэль, "землей Исраэля. Почему же Яаков, т.е. Исраэль, не властвует над ней, как Моше?"» – ведь он тоже является строением (меркава) для Зеир Анпина, зовущегося Исраэлем. «"Ведь сказано: "И являлся Я Аврааму, Ицхаку и Яакову как Владыка Всемогущий (Эль Шадай)", – т.е. имя Нуквы, прежде чем она совершает зивуг с Зеир Анпином, "но не более"».

---

[12] Писания, Псалмы, 24:1. «Давиду псалом. Творцу земля и всё наполняющее ее, мир и все обитающие в нем».

[13] Писания, Псалмы, 9:9. «И Он будет судить землю по справедливости, совершит суд над народами по правде».

[14] Писания, Псалмы, 24:2. «Ибо Он на морях основал ее и на реках утвердил ее».

[15] Писания, Псалмы, 93:3-4. «Вознесли реки, Творец, вознесли реки голос свой, возносят реки шум свой. Громче рокота многочисленных вод, вздымающихся волн морских, голос Творца в вышине».

[16] Тора, Берешит, 2:10. «И река вытекает из Эдена, чтобы орошать сад, а оттуда разделяется и становится четырьмя верховьями».

18) «"Однако Яаков, как мы уже выяснили,[17] взял дом внизу", – т.е. в этом мире, "и потому был оставлен им дом наверху", – Малхут. "С нижним домом", – т.е. с четырьмя женами, "он утвердил высший дом", – Малхут, "в двенадцати коленах,[18] в семидесяти ответвлениях", – т.е. в семидесяти ее именах,[19] и это те семьдесят душ, которые пришли в Египет. "И мы уже выясняли, что Моше взял высший дом", Малхут, "и оставил нижний дом", – так как ушел от жены. "И потому в отношении Яакова сказано: "Как Владыка Всемогущий (Эль Шадай)"[1], ибо только "в свойстве Эль Шадай говорил с ним Творец, и не более" того, "но под именем Моим Творец (АВАЯ) Я не был известен им"[1], – чтобы говорить с ними на этой ступени АВАЯ, которая является высшим (именем)"».

19) «"И являлся Я Аврааму, Ицхаку и Яакову"[1]. Сказал рабби Хия: "Великолепием праотцев был Яаков, совершенством всего. О каждом из них сказано: "Аврааму (эль Авраам אל אברהם)", "Ицхаку (эль Ицхак אל יצחק)", а к нему добавилась одна буква, как сказано: "И Яакову (ве-эль Яаков ואל יעקב)". Прибавилась в нем "вав ו", указывая на то, что он совершенен более всех. И вместе с тем, не удостоился он воспользоваться ею", Малхут, "как Моше"».

20) «"А также установил Я союз Мой, чтобы отдать им землю Кнаан"[20] – поскольку они сделали обрезание. Ведь каждый, кто делает обрезание, наследует землю. И потому сказано: "Чтобы отдать им землю Кнаан". Ибо землю наследует только праведник, а каждый, кто сделал обрезание, называется праведником, как сказано: "И народ твой, все праведники… навеки унаследуют землю"[21]. Каждый, кто обрезан и хранит знак союза, зовется праведником. Посмотри, Йосеф во все дни свои ещё не назывался праведником, пока не начал соблюдать этот союз, знак святого союза. Но после того, как смог уберечь его", – в случившемся с женой Потифара, "называется праведником, – Йосеф-праведник"».

---

[17] См. Зоар, главу Берешит, часть 1, п. 154.
[18] См. Зоар, главу Ваехи, п. 798.
[19] См. Зоар, главу Ваера, пп. 268-269.
[20] Тора, Шмот, 6:4. «И заключил Я с ними Мой союз, чтобы отдать им землю Кнаан, землю их пребывания, в которой они жили».
[21] Пророки, Йешаяу, 60:21. «И народ твой, все праведники, ветвь насаждения Моего, дело рук Моих для прославления, навеки унаследуют землю».

ГЛАВА ВАЭРА

Видимые и невидимые цвета

21) «Однажды сидел рабби Шимон, а вместе с ним рабби Эльазар, сын его, и рабби Аба. Сказал рабби Эльазар: "В этом изречении: "И являлся Я Аврааму, Ицхаку и Яакову"[22], что значит: "И являлся" – следовало ведь сказать: "И говорил"? Сказал ему рабби Шимон: "Эльазар, сын мой, это является высшей тайной!"»

22) «"Смотри, есть цвета, которые видимы, а есть цвета, которые не видимы. И те, и другие – это высшая тайна веры, а люди не знают о ней и не изучают ее. И тех" цветов, "которые видимы, человек не удостоился до тех пор, пока не пришли праотцы и не добились их", – т.е. постигли их. "И об этом сказано: "И являлся Я" – то есть они видели цвета, которые видимы"».

Объяснение. У ХАГАТ Зеир Анпина, и это три его линии, есть три цвета – белый, красный и зеленый,[23] и потому эти ХАГАТ называются цветами, и от них нисходят в Малхут три линии в свечении Хохмы, называемом ви́дением. Однако сами ХАГАТ на своем месте укрыты и скрыты от Хохмы, и светят только светом хасадим. И причина этого: «Ибо желает милости (хафец хесед) Он»[24], ведь поскольку он происходит от Бины, он любит хасадим больше, чем Хохму. И таким образом, только три цвета, нисходящие в Малхут, светят свечением Хохмы, называемым ви́дением. Поэтому они называются видимыми цветами – иными словами, в них есть Хохма. Однако три цвета, находящиеся на своем месте в Зеир Анпине, это цвета, которые невидимы, иначе говоря, в них нет Хохмы, называемой ви́дением.

И поэтому сказано: «И тех, которые видимы, человек не удостоился до тех пор, пока не пришли праотцы», – т.е. ХАГАТ Зеир Анпина, называемые праотцами, «и не добились их», – т.е. праотцы начали светить Малхут тремя своими цветами, и

---

[22] Тора, Шмот, 6:3. «И являлся Я Аврааму, Ицхаку и Яакову как Владыка Всемогущий (Эль Шадай), но (под) именем Моим Творец (АВАЯ) Я не был известен им"».

[23] См. Зоар, главу Берешит, часть 1, п. 72.

[24] Пророки, Миха, 7:18. «Кто Творец, как Ты, который прощает грех и проявляет снисходительность к вине остатка наследия Своего, не держит вечно гнева Своего, ибо желает милости Он».

там, в Малхут, они стали видимыми цветами. Поэтому сказано: «"И являлся Я" – то есть они видели цвета, которые видимы», – после того, как эти три цвета низошли в Малхут, в которой они раскрываются в свечении Хохмы. Но пока они в Зеир Анпине, они скрыты и невидимы, так как хасадим в нем укрыты от Хохмы.

23) «"И что это за света, которые раскрылись? Они относятся к Эль Шадай", – к Малхут, "и являются отражением высших цветов", – имеющихся в ХАГАТ Зеир Анпина. "И это – видимые цвета", – другими словами, в них есть Хохма. "А цвета наверху", – которые в ХАГАТ Зеир Анпина, "они скрыты и невидимы", – т.е. в них нет света Хохмы, а только свет хасадим. "И никто не сумел добиться их" – постичь их там, в Зеир Анпине, "кроме Моше. И об этом сказано: "Но под именем Моим Творец (АВАЯ) Я не был известен им"[22] – т.е. не раскрылся им в высших цветах", – имеющихся в ХАГАТ Зеир Анпина, называемом АВАЯ. "И если ты скажешь, что праотцы не знали", – имени АВАЯ, т.е. ХАГАТ Зеир Анпина, чего вообще не может быть, потому что праотцы являются строением (меркава) для ХАГАТ Зеир Анпина, "то они знали из тех цветов, что раскрывались"» в Малхут.

Объяснение. Их знание и постижение приходило не от скрытых ХАГАТ Зеир Анпина, но лишь после того, как нисходили видения ХАГАТ к Малхут. Там, в Малхут, было их познание и постижение, ибо там они раскрываются в свечении Хохмы, тогда как на своем месте они скрыты от Хохмы, как мы уже выяснили.

24) «Сказано: "Разумные воссияют, как сияние небосвода, а склоняющие к справедливости многих – как звезды, отныне и вечно"[25]. "Разумные воссияют"[25] – кто такие разумные? К разумным относится мудрец, который из внутреннего постижения созерцает высшие понятия, о которых люди не могут говорить вслух из-за их высочайшего уровня. И такие называются разумными. "Воссияют, как сияние небосвода"[25]. Что представляет собой "небосвод"? – Это небосвод Моше, стоящий посередине", – т.е. Зеир Анпин, представляющий собой среднюю линию, которая включает еще две линии, правую и левую. "И это сияние его скрыто и не выявлено" – в Хохме, называемой сиянием, однако свет его велик. "Из цвета его", – включающего

---

[25] Писания, Даниэль, 12:3. «Разумные воссияют, как сияние небосвода, а склоняющие к справедливости многих – как звезды, отныне и вечно».

все три цвета, "он стоит и светит над небосводом, который не светит", – и это Малхут, "и эти цвета видны на нем", – т.е. он светит Хохмой, называемой видением. "И эти цвета, хотя они и видны на нем, не светят, как сияние тех, у которых есть скрытые цвета"», – так как это цвета Зеир Анпина, который называется светящим небосводом.

25) «"Смотри, это – четыре света. Три из них", – т.е. ХАГАТ, "скрыты, а один" – Малхут, "раскрыт". И вот они:
1. "Светящий свет", – Хесед и правая линия.
2. "Сияющий свет", – Гвура и левая линия. "И он светит, как сияние небес, по чистоте (своей)", – и потому называется сияющим, так как корень Хохмы исходит от левой линии, получающей от левой линии Бины, и свечение Хохмы называется сиянием.[26]
3. "Пурпурный свет", – Тиферет и средняя линия, "принимающий все света", – так как средняя линия включает правую и левую.
4. "Свет, который не светит", – Малхут, "и он созерцает их", – эти три вышеуказанных света, "и принимает их. И эти света видны в нем, как в слитке" – в блестящем металлическом бруске, "стоящем напротив солнца"», – и солнце видно в нем. Так видны в Малхут три света Зеир Анпина, называемого солнцем. И по этому свойству называется Малхут слитком, который получает (свет) от солнца, и солнце видно в нем.

26) «"И эти три вышеуказанных света, они скрыты", – на своем месте в Зеир Анпине, "и стоят над этим четвертым светом, который раскрылся", – т.е. Малхут. Другими словами, три света нисходят в четвертый свет, и там раскрываются три эти света и светят Хохмой. "И это называется глазом".

"Смотри, в глазу есть три цвета", – белый-красный-зеленый, которые раскрылись в свечении Хохмы, "и они запечатлены в нем", – в четвертом его свете, и это черный цвет глаза. "И все они не сияют, потому что находятся в свете, который не светит"», – так как их основой является черный цвет глаза, т.е. Малхут, а это – «зеркало, которое не светит».

«"А эти", – три цвета глаза, "они как те", – три цвета Зеир Анпина, "скрытые, что стоят над ними". Иначе говоря, они относятся к трем линиям Зеир Анпина, но они светят и раскрываются

---

[26] См. Зоар, главу Шмот, п. 1.

в месте Малхут. "И это те, что являлись праотцам для познания и постижения трех этих скрытых", – что в Зеир Анпине, "раскрывающихся изнутри тех, что не светят", – т.е. трех в Малхут. "И те, что сияют, но они скрыты", – то есть три, которые в месте Зеир Анпина, "раскрылись Моше на его небосводе. И они стоят" и совершают отдачу "над теми тремя цветами, которые видимы глазу"», – т.е. над теми, которые являются праотцам.

27) «"И это тайна", – что желающему увидеть три скрытых (цвета) Зеир Анпина, говорят: "Закрой глаза", – т.е. чтобы он не привлекал Хохму, которая называется глазами, "и поворачивай глазное яблоко" в направлении трех мест, холам-шурук-хирик, привлекающих три линии ХАГАТ. "С помощью этого раскроются эти три цвета", – Зеир Анпина, "излучающие свет", – хасадим, "которые сияют", – от сияния левой линии, однако они скрыты и укрыты, "так как не дается разрешение видеть иначе, как только с закрытыми глазами, потому что они", – три цвета, "это высшие скрытые", – что в Зеир Анпине, "которые стоят" и совершают отдачу "тем трем видимым цветам", – в Малхут, "что не светят"».

28) «"И мы учили об этом, что Моше удостоился светящего зеркала" – т.е. трех линий Зеир Анпина, как мы уже сказали, "которое стоит" и светит "над тем зеркалом, которое не светит. Остальные обитатели мира удостоились зеркала, которое не светит", – Малхут. "А праотцы видели из тех трех цветов, которые раскрываются", – в Малхут, "те скрытые", – три цвета, "что стоят над ними" и светят им, "и они", – то есть те три, которые видны в Малхут, "не светят". Таким образом, праотцы тоже постигли ХАГАТ Зеир Анпина, но не от их места в Зеир Анпине, как Моше, а из ХАГАТ, полученных в Малхут и видимых там. "И поэтому сказано: "И являлся Я Аврааму, Ицхаку и Яакову как Владыка Всемогущий (Эль Шадай)"[22] – т.е. в этих трех цветах, которые видны"» в Малхут, называемой Эль Шадай.

29) «"Но под именем Моим Творец (АВАЯ) Я не был известен им"[22]. Это те высшие цвета, которые скрыты и светят", – т.е. ХАГАТ Зеир Анпина, называемого АВАЯ, "на которые удостоился смотреть Моше. И это причина того, что глаз иногда закрыт, а иногда открыт и виден. Если он закрыт, то видит зеркало, которое светит", – и это ХАГАТ Зеир Анпина. "Если же он раскрылся, то видит зеркало, которое не светит", – Малхут.

"И потому сказано: "И являлся" – т.е. в зеркале, которое не светит", так как оно открыто, и три цвета видны в нем, "и в отношении него говорится о видении. "Однако в отношении светящего зеркала", – Зеир Анпина, "которое скрыто", – т.е. нет в нем видения, "говорится о знании, как сказано: "Под именем Моим Творец (АВАЯ) Я не был известен им"[22]», – но не сказано: «Не являлся», потому что видение есть только в Малхут.[27]

«Подошли рабби Эльазар и рабби Аба и поцеловали ему руки», – рабби Шимону. «Заплакал рабби Аба и сказал: "Когда ты уйдешь из мира, и мир останется сиротой без тебя, кто сможет пролить свет на речения Торы?!"»

30) «Произнес рабби Аба и сказал: "И скажите: "Так будет при жизни (твоей) – и тебе мир и дому твоему мир, и всем твоим мир!"[28] "И скажите: "Так будет при жизни (твоей)"[28], – т.е. богатство и уважение подобает живому человеку, человеку праведному. "Но разве Давид не знал Навала?" – что тот нечестивец. "Зачем же он послал сказать ему: "Так будет при жизни (твоей)"[28]? Однако этот день был праздничным днем Начала года, и Творец восседал над миром в суде. И он Творцу сказал: "Так (ко כה) будет при жизни", чтобы связать свойство Ко (כה)", – Малхут, "с жизнью", – Есодом Зеир Анпина, от которого зависит вся жизнь. "И тебе мир"[28]. Что означает: "И тебе (ве-атá ואתה)"?» – следовало сказать: «Тебе (атá אתה)», зачем нужно было добавлять соединительную «вав ו»? «"Однако: "И тебе (ве-атá ואתה)" – всё это он сказал Творцу, для того чтобы установить связь веры как подобает"», – т.е. Малхут, называемой «ты (атá אתה)», с Зеир Анпином, называемым «вав ו», поэтому сказано: «И тебе (ве-атá ואתה)» с «вав ו».

31) «"Отсюда я делаю вывод, что нечестивого человека нельзя приветствовать миром. Но если он вынужден" приветствовать его миром, "пусть приветствует его, как царь Давид, который благословил Творца, хотя казалось, что он сказал это Навалу. И если ты скажешь, что это было обманом, то это не так, ведь если кто-то возносит свои речи к Творцу, хотя и кажется, что он обращается к человеку, – это не обман"». Ибо таковы пути

---

[27] См. Зоар, главу Берешит, часть 1, п. 69.
[28] Пророки, Шмуэль 1, 25:5-6. «И послал Давид десять отроков, и сказал Давид отрокам: "Поднимитесь в Кармель и зайдите к Навалу, и спросите его от моего имени о здоровье. И скажите: "Так будет при жизни (твоей) – и тебе мир и дому твоему мир, и всем твоим мир!"»

праведников, которые говорят, обращаясь к человеку, казалось бы, однако возносят свои речи к Творцу, чтобы выполнить сказанное: «Представляю Творца пред собою всегда»[29]. «"Но тот, кто приветствует миром праведника, это все равно, что приветствует миром Творца. И уж тем более господина моего", – рабби Шимона, "который является миром наверху и миром внизу!"»

---

[29] Писания, Псалмы, 16:8. «Представляю Творца пред собою всегда, ибо Он справа от меня – не пошатнусь!»

ГЛАВА ВАЭРА

Четыре основы: огонь, ветер, вода и прах

32) «"И являлся Я Аврааму, Ицхаку и Яакову как Владыка Всемогущий (Эль Шадай), но под именем Моим Творец (АВАЯ) Я не был известен им"[22]. Рабби Хизкия провозгласил: "Счастлив человек, которому Творец не вменяет вины"[30]. Насколько же глухи люди, которые не знают и не интересуются, зачем они находятся в мире. Ведь Творец, создавая мир, сделал человека по Своему образу и утвердил его в Своих исправлениях, чтобы тот занимался Торой и шел путями Его"».

33) «"Когда был сотворен Адам Ришон, он был создан из праха нижнего Храма", – т.е. от Малхут, называемой прахом, но от Малхут, которая подслащена Биной и называется прахом нижнего Храма. "И четыре стороны мира", – ХУГ ТУМ, "соединились в том месте, которое называется Храмом", – т.е. в Малхут, подслащенной Биной. "Эти четыре стороны мира соединились с четырьмя сторонами, т.е. основами мира: огнем, ветром, водой и прахом", – и это внутренние свойства ХУГ ТУМ. "И соединились четыре стороны мира с четырьмя основами мира, и Творец образовал из них одно тело высшим исправлением". И это Бина, иначе говоря, Малхут в нем была подслащена Биной. И получается, что "это тело соединилось из двух миров: из этого, низшего мира", – Малхут, "и из высшего мира"», – Бины. И это означает, что две точки соединились между собой.[31]

34) «Сказал рабби Шимон: "Смотри, первые четыре", – т.е. четыре стороны мира, "это вера", – Нуква, подслащенная ими. "Они являются первоосновами всех миров", так как все миры, – Бина, Зеир Анпин и Малхут в Ацилуте, а также три мира БЕА, – образовались от этих ХУГ ТУМ, т.е. три линии и Малхут, получающая от них. "И они – это высшее святое строение (мерекава)", – т.е. Бина, которая является строением (мерекава) для Хохмы. "И эти четыре основы, – огонь, ветер, вода и прах, – являются высшей сутью" в четырех сторонах мира. Иначе говоря, это внутренние свойства в ХУГ ТУМ. "И от этих четырех основ, – огня, ветра, воды и праха, – происходят золото, серебро, медь и железо". То есть от зивуга Зеир Анпина и Малхут во власти

---

[30] Писания, Псалмы, 32:2. «Счастлив человек, которому Творец не вменяет вины, и в душе его нет обмана».

[31] См. «Предисловие книги Зоар», статью «Две точки», п. 122.

огня от левой линии происходит золото, от зивуга Зеир Анпина и Малхут во власти воды от правой линии происходит серебро, и от власти средней линии происходит медь. И от Малхут, когда она без зивуга с Зеир Анпином, происходит железо. "А под этими" четырьмя "есть другие металлы, подобные им"». Ибо из золотого металла рождается зеленая окалина, от серебряного металла – свинец, и т.д.[32]

35) «"Смотри, огонь, ветер, вода и прах – это первоосновы и корни (того, что) наверху и внизу. И низшие и высшие стоят на них". Объяснение. Это три точки, холам-шурук-хирик, и поэтому говорится, что никакое семя нельзя посеять иначе, как с помощью трех точек холам-шурук-хирик.[33] Таким образом, четыре основы, – огонь, ветер, вода и прах, – это корни всего. И объяснение этих трех точек уже приводилось выше.[34]

"И эти четыре" основы – огонь, ветер, вода и прах, "это четыре для четырех сторон света", – поскольку соотносятся как внешние и внутренние. И поэтому "они находятся в этих четырех: север, юг, восток и запад. То есть – это четыре стороны мира, и четыре основы, – огонь, ветер, вода и прах, – находятся в них. Огонь находится в северной стороне", – и это точка шурук, левая линия и сфира Гвура. "Ветер – в восточной стороне", – и это точка хирик, средняя линия и сфира Тиферет. "Вода – в южной стороне", – и это холам, правая линия и сфира Хесед. "Прах – в западной стороне", – и это сфира Малхут, принимающая в себя эти огонь, ветер и воду.

"И эти четыре" основы – огонь, ветер, вода и прах, "связаны с четырьмя" сторонами – север, юг, восток и запад. "И все они – одно целое", но только облачены друг в друга путем внешнее и внутреннее. "И эти огонь, ветер, вода и прах порождают четыре металла", т.е. посредством зивуга с Малхут, "и это – золото, серебро, медь и железо. И вместе их двенадцать" свойств, "и все они – одно целое"» – т.е. три линии и Малхут, принимающая их. И их трижды по четыре, так как первые восемь – это

---

[32] См. ниже, п. 45.
[33] См. Зоар, главу Берешит, часть 1, п. 38, со слов: «Таким образом, нельзя посеять семя для создания мохин, но только с помощью трех посевов холам-шурук-хирик...»
[34] См. Зоар, главу Берешит, часть 1, п. 9. «Высшая точка, Арих Анпин, посеяла внутри чертога ИШСУТ три точки: холам, шурук, хирик...»

внутренние и внешние (свойства), а четыре металла – это порождения, происходящие от них.

36) «"Вот смотри, огонь находится в левой" линии, "в северной стороне", – Гвуре. "Ведь в огне – сильный жар и большая сухость, и противоположность ему – север", который холоден и влажен. "И смешано одно с другим, и они – одно целое. Вода находится в правой" линии, "в южной стороне", – Хеседе, отличающейся жарой и сухостью, как мы еще выясним. "И Творец, чтобы соединить их между собой, сделал смешение одного подобным смешению другого"».

37) «"Север – холоден и влажен", в него введен "огонь, жаркий и сухой. И поменял всё это в южной стороне: юг – жаркий и сухой", в него введена "вода, холодная и влажная"». И теперь он разъясняет, каким образом Он смешал их вместе. «"Творец смешал их воедино: вода идет с юга и приходит на север, и нисходит эта вода с севера. И также огонь выходит с севера и достигает своей силы на юге, и с юга в мир исходит сильный жар"». Таким образом, север источает воду, относящуюся к югу, а юг источает жар, относящийся к северу. «"Поскольку Творец сделал так, чтобы они получали друг от друга, и каждый передавал другому от своего, как положено ему. Подобно этому, ветер и восток"», – т.е. жара и влага, в них есть две противоположности, так как жара исходит от огня на севере, а влага исходит от воды на юге, – "чтобы каждый передал другому и включились друг в друга, соединяясь вместе"».

38) Теперь он разъясняет, какая противоположность есть между ветром и востоком, и говорит: «"Вот смотри, огонь – он с одной стороны"», – с юга, "а вода – с другой", – с севера, "и они в разногласии", – огонь хочет зажечь воду, а вода – потушить огонь. "Входит между ними ветер и держится одновременно в обеих сторонах" – т.е. он поддерживает обе их. "И об этом сказано: "И дух Всесильного витал над водой"[35], поскольку огонь находится наверху с одной стороны", – южной, "а вода – с другой стороны", – северной. "И вошел ветер между ними и, удерживаясь в обеих сторонах, устранил разногласие. Прах – вода, ветер и огонь над ним, и благодаря силе этих трех, которые находятся над ним, он получает от всех них"».

---

[35] Тора, Берешит, 1:2. «Земля же была пустынна и хаотична, и тьма над бездной, и дух Всесильного витал над водой».

39) И он поясняет далее, говоря: «"Смотри, ветер, находящийся в стороне востока. Восток жарок и влажен, и ветер жарок и влажен, и поэтому он удерживается в обеих сторонах. Ведь огонь жарок и сух, а вода холодна и влажна". Получается, что "ветер, который жарок и влажен, его жаркая сторона удерживается в огне, а холодная сторона в нем удерживается в воде. Поэтому он привел к миру между ними и устранил разногласие огня и воды"».

40) «"Прах холоден и сух, и потому принимает над собой всех", – т.е. огонь, воду и ветер. "И все они совершают в нем свою работу, и он получает от всех, чтобы благодаря их силе давать пропитание миру. Ибо прах включен в запад, и он холоден и сух", как и запад. "И та сторона, которая холодная", в прахе, "включена в север, который холоден и влажен, так как холодное соединяется с холодным, и потому север включен с этой стороны в запад. А юг, который жарок и сух, его сухость соединяется с сухостью запада, с другой стороны запада. И запад соединен с двумя этими сторонами"».

41) «"И также юг соединен с востоком, поскольку жар юга соединен с жаром востока. А восток соединен с севером, поскольку его влага соединена с влагой севера. Теперь есть юго-восточная (сторона)", – то есть они связаны друг с другом жаром, имеющимся в обоих, "восточно-северная", – влагой обоих, "северо-западная", – холодом обоих, "западно-южная", – сухостью обоих. "И все они включены друг в друга, так как входят друг в друга"».

Выяснение статьи. Здесь приводятся три вида названий четырех свойств ХУБ ТУМ, представляющих собой три линии, исходящие от трех точек холам-шурук-хирик, и принимающую их Малхут:
1. Юг, север, восток и запад.
2. Огонь, вода, ветер и прах.
3. Жар и сухость, холод и влага, жар и влага, холод и сухость.

И необходимо понять их смысл и различие между ними. И согласно выясненному во всех местах в Зоаре: юг считается Хеседом, и это вода; север – Гвурой, и это огонь; восток – Тиферет, и это ветер; запад – прахом, и это Малхут. И также огонь – это Гвура и суды, вода – это Хесед, и ветер состоит из смешения Хеседа с судом, а прах – это Малхут.

И он дополнительно выясняет здесь, что в каждой из (основ) огонь-ветер-вода-прах есть два свойства: первое указывает на меру суда в ней, второе указывает на ее путь отдачи.

Известно, что есть две вида судов:
1. Суды нуквы, приходящие из-за экрана Малхут и называемые жаром.
2. Суды захара, приходящие из-за привлечения свечения Хохмы от левой линии сверху вниз, которые замораживают света, и те не спускаются вниз. И они называются холодом. И это смысл сказанного: «Из чрева кого (МИ) вышел лёд?»[36].[37]

А также есть два вида пути отдачи:
1. Снизу вверх. И это состояние наполнения ВАК без ГАР, и оно называется сухостью и не притягивается вниз.
2. Сверху вниз. И это состояние наполнения ГАР, называемое влагой, иначе говоря, жидкость, текущая сверху вниз.

И сказано[38]: «Ведь в огне – сильный жар» – т.е. суды нуквы, приходящие вследствие экрана, «и большая сухость» – т.е. его наполнение, идущее снизу вверх и не передающееся от него вниз, и это как сухость относительно нижних. А вода – холодная и влажная, так как в ней содержатся только суды захара, называемые льдом и стужей. Однако, будучи исправленными, они светят сверху вниз, подобно жидкости. И это называется влагой. А ветер – он жаркий и влажный, так как в нем содержатся суды нуквы, называемой жарой, и в любом месте наполнение его – это ГАР, и оно передается сверху вниз и называется влагой, т.е. жидкостью. А прах – он холодный и сухой, так как в нем содержатся суды захара, называемого холодом. Он светит только снизу вверх, и вовсе не течет вниз, и называется сухим. И это свечение ВАК, как мы уже сказали. Таким образом, он рассматривает два состояния: первое – относительно суда, второе – относительно наполнения, имеющегося в каждом из четырех свойств, огонь, вода, ветер и прах.

---

[36] Писания, Иов, 38:29. «Из чрева кого вышел лёд? И кто родил иней небесный?»
[37] См. Зоар, главу Берешит, часть 1, п. 314. «И сказано: "Из чрева кого (МИ) вышел лёд?"...»
[38] См. выше, п. 36.

И необходимо понять причину всего этого. Кто вызвал разделение судов и наполнения между четырьмя свойствами в таких соотношениях? И дело вот в чем. Ты уже знаешь, что четыре стороны юг-север-восток-запад, или их внутренние свойства огонь-вода-ветер-прах, происходят от трех точек холам-шурук-хирик и Малхут, принимающей их, выходящих на ступени Бины, так как все мохин де-ЗОН Ацилута и БЕА выходят оттуда в таком порядке. Ибо сначала нужно подсластить Малхут в Бине, и поднимают Малхут в место Бины, и тогда выходят там ВАК, т.е. катнут, потому что ступень при этом разделяется на две половины: Кетер и Хохма остаются на своей ступени, Малхут, поднявшаяся к ним снизу, завершает ступень, а Бина и ЗОН этой ступени падают за пределы этой ступени, на ступень, которая под ней.

И это свойство точки холам, келим де-паним и правая сторона. И есть у нее два кли – Кетер и Хохма, и два света – руах и нефеш. И ей недостает ГАР из-за нехватки трех келим – Бины и ЗОН, упавших со ступени. И в это время она называется огнем, так как представляет собой жар, т.е. суды нуквы, исходящие от экрана Малхут, разделившего эту ступень. И она также называется сухостью, потому что света притягиваются в нее снизу вверх, и по отношению к тому, что внизу, она считается сухостью, как мы уже говорили. Таким образом выяснилось, почему огонь, исходящий от точки холам, является жаром и сухостью. И также южной стороной, как выясняется далее.[39]

Теперь разъясним точку шурук. Вследствие МАН нисходит свечение АБ-САГ де-АК, в которых властвует Малхут первого сокращения, стоящая на своем месте за окончанием (сиюм) Зеир Анпина. Это свечение опускает также оканчивающую Малхут, поднявшуюся в место Бины, и возвращает ее в место Малхут. И тогда Бина и ЗОН, которые упали с этой ступени вследствие ее подъема, возвращаются на ступень, как и раньше. И поскольку пять келим КАХАБ ЗОН уже находятся на ступени, в них облачаются пять светов НАРАНХАЙ, и ступень возвращается в состояние ГАР.

Однако точка холам осталась такой же, какой была до спуска Малхут на свое место, и не изменилась вследствие притяжения ГАР, и всё это новое притяжение получили Бина и ЗОН,

---

[39] См. ниже, со слов: «И с помощью этого ты поймешь...»

вернувшиеся на ступень после своего падения. Однако они стали двумя линиями в этой ступени, поскольку точка холам, в которой находятся Кетер и Хохма, стала правой линией, а точка шурук, в которой находятся Бина и ЗОН, вернувшиеся в состояние ГАР вследствие спуска Малхут на свое место, стала левой линией.

И еще ты должен знать, что в этой точке шурук есть два вида притяжения:
– Первый служит для увеличения хасадим, получаемых от точки холам. И тогда есть прочный мир между ними.
– Второй, когда притягивает свет Хохмы сверху вниз. И тогда возникает разногласие между ними, ибо точка шурук хочет аннулировать точку холам, и так же наоборот, точка холам хочет аннулировать точку шурук. И тогда застывают света в точке шурук. И причины этого разногласия мы уже подробно выяснили.[40]

И два эти вида притяжения в точке шурук мы приводили в ступенях Авраама в состоянии приближения к Египту и в состоянии нисхождения в Египет.[41]

И знай. То, о чем говорит здесь Зоар, что север, т.е. точка шурук, является свойством воды, которая по своей природе холодная и влажная, – речь идет о притяжении первого вида, ибо тогда это влага, т.е. нисходит сверху вниз, подобно жидкости, и тогда это холод, то есть является корнем для судов захара. И если совершит притяжение второго вида, то усилится холод, и вода застынет. Но пока еще это притяжение первого вида, вода не застывает, а течет, и она только холодна, поскольку это является корнем для застывания. Итак, мы выяснили, почему вода, которая притягивается из точки шурук, холодная и влажная.

И с помощью этого ты поймешь также, почему в отличие от других мест, Зоар говорит здесь, что юг – это свойство огня, а север – свойство воды. Потому что юг происходит от точки холам, называемой огнем, так как несет в себе жар и сухость, а север происходит от точки шурук, называемой водой, так как несет в себе холод и влагу, как мы уже выяснили. И говорится, что юг – это Хесед и свойство воды, а север – это суд и свойство огня, и сейчас нам предстоит это выяснить.

---

[40] См. Зоар, главу Берешит, часть 1, п. 44, со слов: «А правая линия является совершенством всего...»

[41] См. Зоар, главу Лех леха, статью «И сошел Аврам в Египет», пп. 108-109.

А теперь выясним точку хирик. Ибо точке шурук свойственно, что она после завершения притяжения первого вида производит притяжение второго вида, которое приводит ее к разногласию с точкой холам, и тогда света в ней застывают, и она перекрывается. И тогда Зеир Анпин поднимает МАН к Бине, так как в нем есть экран первой стадии, называемый экраном де-хирик. И этот экран уменьшает точку шурук с ГАР до ВАК,[42] в результате чего точка шурук подчиняется точке холам, и наступает мир между ними, т.е. он поддерживает свечение их обеих, но правая линия, юг, светит сверху вниз, а левая линия, север, светит только снизу вверх.[43]

Получается таким образом, что поменялись мохин, поскольку вода, которая была на севере в свойстве холодная и влажная, пришла теперь на юг и передается там сверху вниз. А огонь, который был на юге, пришел на север из-за экрана де-хирик, который уменьшил его с ГАР до ВАК, и в нем есть суды экрана, и мохин в нем не притягиваются сверху вниз. И поэтому он жаркий, из-за судов нуквы, имеющихся в экране де-хирик, и он сухой, так как не передает больше сверху вниз, а только снизу вверх. Таким образом, вследствие согласования средней линии, поменялись мохин: огонь, который был на юге, пришел на север, а вода, которая была на севере, пришла на юг.

И знай, что эта перемена, о которой мы говорили, произошла только во внутренних свойствах, т.е. в мохин, называемых огнем и водой. Однако внешние свойства, и это келим, называемые югом и севером, не меняются вовсе и остаются такими, как были в месте своего возникновения, до согласования средней линии. И юг как был, так и остался жарким и сухим, а север как был, так остался холодным и влажным. И вследствие этого возникла противоположность между мохин и келим. Кли правой линии, т.е. юг, всегда жарок и сух, тогда как мохин в нем после согласования средней линии холодны и влажны. А кли левой линии, т.е. север, всегда является холодным и влажным, но мохин в нем после согласования средней линии жарки и сухи. И подобным образом выясняется все, что сказано в находящейся перед нами статье. И я приведу только места, требующие особого выяснения.

---

[42] См. Зоар, главу Лех леха, п. 22, со слов: «Экран де-хирик, на который выходит средняя линия, происходит от свойства суда, имеющегося в Малхут…»

[43] См. Зоар, главу Берешит, часть 1, п. 50.

И вот, то, что он говорит: «Ветер – в восточной стороне, вода – в южной стороне»[44] – это после согласования средней линии, когда мохин уже поменялись. И поэтому сказано: «Вот смотри, огонь находится в левой, в северной стороне»[45] – т.е. после согласования левой линии, «ведь в огне – сильный жар»[45] – т.е. суды нуквы, называемые жаром, как мы уже сказали, «и большая сухость»[45] – т.е. он ничего не передает вниз, а только снизу вверх. «И противоположность ему – север»[45] – так как кли, называемое севером, нисколько не меняется из-за согласования средней линии, оставаясь холодным и влажным, как и раньше. И получается, что он полностью отличается от мохин, облаченных в него, ибо мохин поменялись вследствие согласования средней линии, поскольку вода пришла на юг, а огонь, который жарок и сух, – на север. Однако север, который является кли, по-прежнему остается в свойстве воды, как и до согласования, и он холоден и влажен. Таким образом, север противоположен облаченным в него мохин, т.е. огню.

«Вода находится в правой, в южной стороне»[45], – т.е. в кли, которое является жарким и сухим, а мохин представляют собой воду, холодную и влажную. И они тоже противоположны друг другу.

И сказано: «Север – холоден и влажен»[46], в него облачается «огонь, жаркий и сухой»[46]. «И поменял всё это в южной стороне: юг – жаркий и сухой»[46] – так как кли не меняется, и него облачилась «вода, холодная и влажная»[46], пришедшая с севера на юг, как мы уже сказали.

И необходимо знать еще, что по причине перемены мохин, они восполняются только с помощью кли, которое было у них до согласования средней линии. И это означает сказанное: «Вода идет с юга и приходит на север»[46] – потому что кли, называемое югом, не может восполнить ГАР в мохин воды, пока она не приходит обратно к своему кли, т.е. на север, «и нисходит эта вода с севера»[46] – потому что на севере она обретает свое совершенство.

---

[44] См. выше, п. 35.
[45] См. выше, п. 36.
[46] См. выше, п. 37.

И так же мохин огня в северном кли, «огонь выходит с севера и достигает своей силы на юге»[46], чтобы восполниться там. Ибо суды нуквы не раскрываются в кли юга, поскольку экран находится там ниже келим Кетера и Хохмы, т.е. келим правой линии и юга, а авиют экрана не может затронуть что-либо выше своего места. И потому: «И с юга в мир исходит сильный жар»[46], ведь поскольку они идут с юга, в них нет никакого изъяна. «Поскольку Творец», т.е. средняя линия, «сделал так, чтобы они получали друг от друга»[46], – Он берет от совершенства юга и дает северу, а также берет от совершенства севера и дает югу. И также наоборот.

И так, ветер и восток, а также прах и запад, – в них нет никакой противоположности между светом и кли, так как оба они приходят после согласования средней линии. Поэтому в них не происходит перемены мохин, и нет причины для появления различия между светом и кли. И поэтому ветер и восток оба жарки и влажны, ведь поскольку это средняя линия, она несет в себе экран де-хирик, в котором есть суды нуквы, называемые жаром. И есть в нем свечение ГАР, которые передаются сверху вниз и называются влажными, так как он восполнил ГАР в правой и левой линиях Бины, в виде «трое выходят из одного, и один находится в трех».[47]

А прах и запад оба холодны и сухи, так как Малхут, называемая прахом и западом, строится от левой линии Бины, из свойства кли в ней, называемого севером, и он холодный. И поскольку она (Малхут) некева, т.е. в ней есть суды нуквы, она должна получить подслащение от кли правой линии Бины, называемой югом, и он сухой. И здесь в прахе и западе нет различия между мохин и кли вообще, так как оба они получают от юга и севера, представляющих собой келим.

И это по той причине, что Малхут представляет собой только кли, и свет в ней не ее собственный, а от Зеир Анпина. Однако в ветре и востоке есть различие между мохин и кли, так как мохин в нем, называемые ветром, получают от правой и левой линий, называемых огнем и водой, которые являются свойством мохин, как мы уже выяснили,[48] а его кли, называемое востоком,

---

[47] См. Зоар, главу Берешит, часть 1, п. 363.
[48] См. выше, п. 39.

получает от правой и левой линий келим, называемых севером и югом, которые являются свойством келим, как выяснилось.[49]

42) «"Подобно этому, север порождает золото, потому что золото возникает со стороны силы огня, как сказано: "С севера золото приходит"[50]. Ибо огонь удерживается в прахе и образуется золото, т.е. как сказано: "И в прахе его – золото"[51]. И это тайна сказанного: "(Сделай) двух херувимов из золота"[52]».

Объяснение. Огонь – это суды катнута Бины. И когда этот огонь соединяется с прахом, экран опускается из Бины, возвращаясь на свое место, и раскрывается Хохма в прахе, т.е. в Малхут, и она называется золотом. И поэтому сказано: «С севера золото приходит»[50] – так как там облачается огонь. И поэтому сказано: «Двух херувимов из золота»[52], – поскольку в них нисходят мохин Хохмы, называемые золотом. Однако без праха нет золота, потому что Хохма раскрывается только в Малхут, как известно, и это значение сказанного: «И в прахе его – золото»[51].

43) «"Вода связывается с прахом, и холод праха с влагой воды создает серебро"». То есть, это – свет хасадим на юге, который передается сверху вниз, и когда он соединяется с холодом и сухостью праха, устраняется сухость праха, и он становится влажным, т.е. текущим сверху вниз. И эта ступень праха называется серебром.

«"Ведь теперь прах связан с двумя сторонами, с золотом и с серебром, и находится между ними. Ветер удерживается в воде и удерживается в огне, будучи средней линией, и сводит их обоих в одно целое, и это" то, что называется "словно блестящая медь"[53]. А прах, когда он сам по себе, благодаря его холодности и сухости, выходит из него железо. И признак этого: "Если притупилось (кэа) железо"[54]». И прах – это Малхут, и

---

[49] См. выше, п. 41.
[50] Писания, Иов, 37:22. «С севера золото приходит; грозно великолепие Творца».
[51] Писания, Иов, 28:6. «Место сапфира – камни ее, и в прахе его – золото».
[52] См. Тора, Шмот, 25:18. «И сделай двух херувимов из золота, чеканной работы сделай их с двух концов крышки (ковчега)».
[53] Пророки, Йехезкель, 1:7. «И ноги их – ноги прямые, и стопы их как копыта тельца, и сверкают, словно блестящая медь».
[54] Писания, Коэлет, 10:10. «Если притупилось железо и не отточено до блеска, (то) и оно воинов укрепит, а особое преимущество – мудрость».

называется рука слабой (кэа),⁵⁵ потому что Малхут – это тфилин руки, как известно.

44) «"И прах этот содержится во всех них", – т.е. в огне, ветре и воде. "И все они создают в нем себе подобное". Огонь создает в нем золото, которое подобно ему. И также вода создает в нем серебро, которое подобно ей, и т.д. "Смотри, без праха нет золота, серебра и меди, поскольку каждый передает другому своё, чтобы связаться друг с другом. И прах связан со всеми, потому что две стороны, огонь и вода, связаны с ним", – холод его связан с водой, а сухость его связана с огнем. "И ветер", – т.е. Зеир Анпин, "приближен к нему, поскольку он включает их обоих", – огонь и воду, "и производит в нем свое действие"», – так как ветер тоже включает огонь и воду. Ведь жар в нем – от огня, а влага в нем – от воды.

45) «"Таким образом, когда прах соединился с ними", – с огнем, водой и ветром, которые образовали в нем золото, серебро и медь, этот прах обрел силу, и этот прах, "он образовал и породил другие металлы, подобные этим", – золоту, серебру и меди. "Наподобие золоту прах порождает золотую окалину, зеленую, как настоящее золото. Наподобие серебру он порождает свинец", который похож на серебро. Наподобие меди высшего он порождает олово, называемое медью малого. Наподобие железу он порождает железо", другое, "и указанием на это является сказанное: "Железо делает острым железо"⁵⁶, откуда следует, что есть два вида"» железа.

46) «"Смотри, огонь, ветер, вода и прах содержатся друг в друге и связаны друг с другом, и нет меж ними несовместимости (досл. разделения)", – поэтому и между золотом, серебром и медью, которые от них произошли, тоже нет несовместимости. "Но вот прах, когда он порождает затем", – т.е. золотую окалину, свинец, олово и железо, "они не связываются друг с другом подобно тем высшим", – золоту, серебру и меди, которые произошли от огня, воды и ветра, соединенных с прахом, "как сказано: "И оттуда разделяется и становится четырьмя верховьями"⁵⁷, – и в них уже существует несовместимость"».

---

⁵⁵ Вавилонский Талмуд, трактат Менахот, лист 37:1.
⁵⁶ Писания, Притчи, 27:17. «Железо делает острым железо, а человек делает острым взгляд ближнего своего».
⁵⁷ Тора, Берешит, 2:10. «И река вытекает из Эдена, чтобы орошать сад, а оттуда разделяется и становится четырьмя верховьями».

47) «"Ибо когда прах порождал с помощью силы трех высших", – когда он сам по себе, "он образовал четыре реки, и там находятся драгоценные камни. И они в одном месте", – т.е. только у реки Пишон, которая произошла от содержащейся в прахе силы огня, "как сказано: "Там хрусталь и камень оникс"[58]. Этих драгоценных камней – двенадцать, и они обращены в четыре стороны мира, по три в каждой стороне". Поскольку, когда они включаются друг в друга, есть в каждом из них от огня, воды, ветра и праха только три, а не четыре, в каждой стороне, ибо сам по себе прах не светит, а только принимает. "И соответствуют они двенадцати коленам, как сказано: "И камни эти будут по именам сынов Исраэля, двенадцать по именам их"[59]. И это те двенадцать быков, которые стоят под морем"», сделанным Шломо.[60]

48) «"Смотри, все эти четыре свойства, о которых мы говорили, хотя они и связаны друг с другом, и они – поддержка мира, все же поддержкой мира в основном является ветер (руах), потому что всё существует благодаря ему. И нефеш (душа) оживляется руахом (духом) так, что если лишится она руаха (духа) даже на одно мгновение, то не сможет нефеш (душа) существовать. И это внутренний смысл сказанного: "Но и душа (нефеш) без разумения (даат) не хороша"[61], и Даат – это средняя линия, называемая руах, "ибо душа (нефеш) без духа (руах) не хороша и не может существовать"».

49) «"Смотри, те двенадцать, о которых мы сказали, что это двенадцать камней, – это двенадцать быков, которые под морем"», сделанным Шломо, так как Нуква называется морем,

---

[58] Тора, Берешит 2:11-12. «Имя одного – Пишон, он обтекает всю землю Хавила, где золото. И золото той земли хорошее, там хрусталь и камень оникс».

[59] Тора, Шмот, 28:21. «И камни эти будут по именам сынов Исраэля, двенадцать по именам их – резьбы печатной, каждый со своим именем будут они для двенадцати колен».

[60] Пророки, Мелахим 1, 7:23-25. «И сделал он море литое, – от края его до края его десять локтей, – совершенно круглое, высотою в пять локтей, так что линия (длиною) в тридцать локтей шла вокруг него по кругу. И бутоны под краем его охватывают его кругом, – по десяти на локоть, – со всех сторон, окружают море в два ряда; бутоны были вылиты с ним одним литьем. Оно стояло на двенадцати быках: три смотрели на север, три смотрели на запад, три смотрели на юг и три смотрели на восток, и море на них сверху, а задней частью они были обращены внутрь».

[61] Писания, Притчи, 19:2. «Но и душа без разумения не хороша, и скорый на ногу отступится».

и она стоит на двенадцати быках, представляющих четырех быков в мире Брия, каждый из которых состоит из трех. И называются они быками, поскольку находятся во власти левой линии, как сказано: «И лик быка – слева»[62]. И потому «"взяли их двенадцать предводителей колен, как сказано: "Всего животных во всесожжение – двенадцать быков"[63]. И все это является высшей тайной. И тот, кто внимательно рассмотрит эти слова, поймет тайну высшей мудрости, в которой основа всего"».

50) «Сказал рабби Шимон: "То, что сказал рабби Хизкия: "Когда Творец создавал человека", т.е. его тело, "был создан он из праха нижнего Храма", – т.е. Малхут. "А вот из праха высшего Храма", – т.е. Бины, "была дана ему душа. И так, когда он создавался из нижнего праха, соединились с ним три свойства от основ мира", – огонь, ветер и вода, что внизу. "И также, когда он создавался из высшего праха, соединились с ним, с этим прахом, три свойства от основ мира", – огонь, ветер и вода, что наверху. "И человек стал завершенным", – телом и душой. "Как сказано: "Счастлив человек, которому Творец не вменяет вины, и в душе его нет обмана"[64]. Когда ему "Творец не вменяет вины"? В то время, когда "в душе его нет обмана"» – т.е. когда есть у него душа от Бины.

51) «"Смотри, Моше обрел большее совершенство, чем праотцы, потому что Творец говорил с ним со ступени более высокой, чем со всеми", – со ступени праотцев. "Моше был из приближенных дома Царя", Зеир Анпина, т.е. относился к свойству Даат, представляющему внутреннее свойство Зеир Анпина. "И поэтому сказано: "И являлся Я Аврааму, Ицхаку и Яакову"[22], и мы уже это выяснили"».

---

[62] Пророки, Йехезкель, 1:10. «И образ их ликов – лик человека, и лик льва – справа у (каждого из) четырех, и лик быка – слева у (каждого из) четырех, и лик орла у (каждого из) четырех».

[63] Тора, Бемидбар, 7:87. «Всех животных во всесожжение – двенадцать быков, двенадцать овнов, двенадцать агнцев по первому году, и приношение хлебное при них, и двенадцать козлов для очистительной жертвы».

[64] Писания, Псалмы, 32: 2. «Счастлив человек, которому Творец не вменяет вины, и в душе его нет обмана».

И Я выведу, и спасу, и избавлю, и возьму

52) «"Поэтому скажи сынам Исраэля: "Я Творец, и Я выведу вас из-под гнета египетского, и спасу вас от порабощения их, и избавлю вас рукою простертою и великими судами, и Я возьму вас народом Себе, и буду вам Всесильным"[65]. Сказал рабби Йегуда: "В этом изречении (сказано) наоборот, сначала сказано: "И Я выведу вас из-под гнета египетского"[65], затем: "И спасу вас от порабощения их", а затем: "И избавлю вас"[65]. Но ведь следовало бы Ему сначала сказать: "И избавлю вас", а затем: "И Я выведу вас". Однако главное сказал вначале, потому что Творец вначале хотел сообщить им (весть) самую хорошую из всех"», – то есть о выходе из Египта.

53) «Сказал рабби Йоси: "Самая хорошая из всех: "И возьму вас народом Себе, и буду вам Всесильным"[65], и вместе с тем, Он сказал им это потом". Сказал ему: "В это время у них не было ничего лучше, чем выход, потому что думали, что никогда не выйдут из-под гнета. Ибо видели там, что все заключенные в тюрьму среди них связывали их колдовскими связями, от которых им никогда не освободиться. И поэтому то, что было для них приятнее всего, было сообщено им вначале"».

54) «"И если ты скажешь, что, несмотря на выход из Египта, случится так, что будут преследовать их с целью причинить им зло, об этом сказано: "И Я спасу вас от порабощения их"[65]. А если скажешь, что может быть и выйдут, и спасутся, но не произойдет их избавления, ответ на это: "И избавлю вас рукою простертою"[65]. И если скажешь, что не примут их как народ, об этом сказано: "И Я возьму вас"[65]. И если ты скажешь, что возьмет их (народом), но не приведет в землю, то об этом сказано: "И Я приведу вас в землю (Исраэля), которую поклялся дать"[65]».

---

[65] Тора, Шмот, 6:6-8. «Потому скажи сынам Исраэля: "Я Творец, и Я выведу вас из-под гнета египетского, и спасу вас от порабощения их, и избавлю вас рукою простертою и великими судами, и Я возьму вас народом Себе, и буду вам Всесильным, и узнаете вы, что Я Творец Всесильный ваш, который выводит вас из-под гнета египетского. И Я приведу вас в землю, которую поклялся дать Аврааму, Ицхаку и Яакову, и Я дам ее вам в наследие, – Я Творец"».

Общее и частное
(Раая Мехемна)[66]

55) «"И Я возьму вас народом Себе, и буду вам Всесильным, и узнаете, что Я Творец Всесильный ваш"[65]. Эта заповедь является начальной для всех заповедей, так как начало начал всех заповедей – знать Творца как "общее". Что значит – "общее"? Это значит – знать, что есть высший Правитель, что Он – Владыка мира, создавший все миры, небо и землю, и все воинство их. И это – "общее", а конец всего – в "частном", то есть познать его детально"».

56) «"Общее и частное – это рош и соф, и это свойства захар и нуква", – т.е. ЗОН, "как единое целое". Ибо Зеир Анпин называется общим, а Нуква называется частным. "Получается, что человек в этом мире", занимающийся заповедями, "занимается общим и частным". И они – начало и конец заповедей. "Таким образом, человек в этом мире – это общее и частное", – иначе говоря, он должен достичь совершенства в них обоих. "И исправление этого мира – это общее и частное", когда общее, Зеир Анпин, будет соединен с Нуквой, с частным. "И потому, это начало всего – знать, что есть Правитель и Судья в мире, и Он – Владыка всех миров, и Он "создал человека из праха земного, и вдохнул в ноздри его дыхание жизни"[67]. И это путем общего"».

57) «"Когда Исраэль вышли из Египта, они не знали Творца. Когда пришел к ним Моше, то он учил их этой первой заповеди, как сказано: "И узнаете вы, что Я Творец Всесильный ваш, который выводит вас из-под гнета египетского"[65]. И если бы не эта заповедь, не были бы Исраэль преданными Творцу", так же и "после всех этих знамений и могущества, которые явил им Творец в Египте".

"После того, как получили знание об этой заповеди путем общего, были совершены для них чудеса и явлено могущество"», – когда они уже были уверены, что будут верить в Творца с их помощью. Как сказано: «И увидел Исраэль силу

---

[66] Раая Мехемна означает – «верный пастырь».
[67] Тора, Берешит, 2:7. «И создал Творец Всесильный человека из праха земного, и вдохнул в ноздри его дыхание жизни, и стал человек существом живым».

великую, которую проявил Творец на египтянах, и устрашился народ Творца, и уверовали в Творца и в Моше, служителя его»[68].

58) «"И по окончании сорока лет, когда уже проявили усердие во всех заповедях в Торе, которым учил их Моше, как тем, которые относятся к земле Израиля, так и тем, которые относятся к земле за пределами Израиля, тогда он учил их путем частного. И об этом сказано: "Знай же отныне и возложи на сердце свое"[69]. Именно "отныне" – то, о чем прежде знать у вас не было права, "что Творец – Он Всесильный" – это уже познание путем частного. В этом слове, "частное", – как много есть в нем тайного и скрытого. И это изречение: "Творец – Он Всесильный" вместе с предыдущим изречением: "И узнаете вы, что Я Творец Всесильный ваш"[65] – это одно целое, но одно – в общем, а другое – в частном"».

Выяснение статьи. Мы уже знаем, что Зеир Анпин называется общим, а Малхут называется частным. Мохин, получаемые от Зеир Анпина, – это свет хасадим, а получаемые от Малхут – свет Хохмы. И говорит Раая Мехемна, что вначале необходимо привлечь мохин со всех ступеней Зеир Анпина, представляющего собой «общее». А в конце привлекают Хохму от Нуквы, представляющей собой «частное». Однако «частное» не означает – только от Малхут. Но «общее» означает – только от Зеир Анпина, а «частное» означает – от Зеир Анпина и Малхут вместе, то есть «общее» и «частное» вместе.

«Когда пришел к ним Моше, то он обучил их этой первой заповеди, как сказано: "И узнаете вы, что Я Творец Всесильный ваш, который выводит вас из-под гнета египетского"[65]»[70], – т.е. он притянул для Исраэля мохин Зеир Анпина от свойства Даат, о котором сказано: «И узнаете вы (видаатэ́м וִידַעְתֶּם), что Я Творец Всесильный ваш»[65]. И это – «общее», и о нем говорится в будущем времени. Потому что эти мохин притягиваются всё время, каждый день, в каждой молитве, в каждой заповеди, пока не приходят к своему совершенству.

---

[68] Тора, Шмот, 14:31. «И увидел Исраэль силу великую, которую проявил Творец на египтянах, и устрашился народ Творца, и уверовали в Творца и в Моше, служителя его».

[69] Тора, Дварим, 4:39. "Знай же отныне и возложи на сердце свое, что Творец – Он Всесильный, нет никого, кроме Него".

[70] См. выше, п. 57.

«И тогда учил их Моше путем частного: "Знай же отныне и возложи на сердце свое, что Творец – Он Всесильный"[69]» – т.е. говорится в настоящем времени, и только «отныне», после того как вы пришли к совершенству своему, но не прежде этого. И это значение сказанного: «И если бы не эта заповедь», т.е. если бы не мохин от Даат Зеир Анпина, которые он притянул для Исраэля с самого начала, как сказано: «И узнаете вы (видаатэ́м וידעתם), что Я Творец Всесильный ваш»[65], «не были бы Исраэль преданными Творцу также и после всех этих знамений и могущества», потому что сказали бы, что это – всего лишь колдовство. Но благодаря тому, что постигли мохин от Даат Зеир Анпина, различили в этих чудесах, что они исходят от Творца, и пришли с их помощью к полной вере, как сказано: «И устрашился народ Творца, и уверовали в Творца и в Моше, служителя его»[68].

«И это (изречение) вместе с предыдущим – это одно целое, но одно – в общем, а другое – в частном». Ибо здесь сказано: «Знай же отныне и возложи на сердце свое, что Творец – Он Всесильный»[69], и там сказано тем же языком: «И узнаете вы, что Я Творец Всесильный ваш»[65], поскольку нет разделения между ними, но только там это знание пришло от «общего», Зеир Анпина, а здесь пришло знание от «частного», Малхут, как мы уже выяснили. Там – это начало, а здесь – это завершение и совершенство.

59) «"Ты можешь сказать: "Ведь говорится: "Страх Творца – начало познания (даат)"[71]?» Но Малхут, являющаяся частным, называется страхом Творца, и вместе с тем, сказано о ней «начало». Значит, что «частное» является началом, а не «общее»? «"Дело в том, что здесь говорится путем частного, самого по себе"», – т.е. о первой стадии самого «частного», «"что необходимо знать, что такое "страх Творца"». Но началом всего является «общее», а не «частное». «"И хотя человек должен испытывать страх перед Ним, прежде чем узнал" и постиг страх Творца, "однако написано: "Страх Творца – начало познания"[71]?» – и это означает, что прежде необходимо познание Его. Ибо сказанное здесь: «Начало познания» – означает, что вначале надо страшиться Его, и посредством страха приходят к началу познания. И познать Его, потому

---

[71] Писания, Притчи, 1:7. «Страх Творца – начало познания. Глупцы презирают мудрость и наставление».

что страх Творца – «"это начало, чтобы познать путем частного"», как мы уже сказали.

60) «"И поэтому первая заповедь – познать Творца в общем и частном, в начале (рош) и конце (соф)"». Как мы уже выяснили, в Египте: «И узнаете вы, что Я Творец Всесильный ваш»[65], говорится в будущем времени, и оно завершается в конце сорока лет частным. «"И это смысл сказанного: "Я – первый, и Я – последний"[72]. "Я – первый" – это в общем, "и Я – последний" – в частном. И всё говорит об одной общности и является одним целым"».

"И после того, как познал это, в общем, восполнит все свои органы. И что они собой представляют?" – эти органы. "Это двести сорок восемь исполнительных заповедей, являющиеся двумястами сорока восемью органами души человека". И каждая исполнительная заповедь исправляет соответствующий ей орган в душе человека. "После того, как он восполнился в них, в общем, тогда будет постигать путем частного", то есть притягивать свечение Хохмы от Малхут,[73] "так как это", т.е. частное, "является исцелением для всех. И познает, как все дни года", то есть все сфирот Малхут, называемой годом, "соединяются, чтобы принести исцеление всем органам"». И это заповеди, т.е. они восполняют их.

61) «"И если ты скажешь: "Как же во все дни года дается исцеление всем органам?"» – Ведь у Малхут, называемой годом, нет ничего своего, и наоборот, органы, составляющие свойство «общее», это двести сорок восемь каналов изобилия Зеир Анпина, и они передают всё Малхут? «"Конечно, так это наверху и внизу", – т.е. в ЗОН и в нижнем человеке, "что год и его дни", – т.е. сфирот Малхут, "дают исцеление всем органам наверху", – в Зеир Анпине, "и внизу", – в нижнем человеке, "потому что органы передают изобилие благословений дням года"», – т.е. сфирот Малхут, представляющей собой «частное». И, выполняя каждую исполнительную заповедь, человек притягивает изобилие благословений от органа, т.е. от одного из каналов Зеир Анпина, к одному из дней года, т.е. к «частному». «"И тогда исцеление и жизнь пребывают над нами, свыше, до тех

---

[72] Пророки, Йешаяу, 44:6. «Так сказал Творец, Царь Исраэля и Избавитель его, Творец воинств: "Я – первый и Я – последний, и кроме Меня нет Всесильного"».

[73] См. выше, п. 58. «Выяснение статьи».

пор, пока органы не наполнятся всем"» совершенством, и не передадут всё это «частному», то есть году. И тогда раскрываются мохин «частного».

«"Кто привел их к этому?", – к тому, что органы наполнятся всем совершенством. "Дни года"», – они привели к этому. Ибо органы нужны, чтобы восполнить его, и если бы год не нуждался в исправлении, то органы, являющиеся каналами изобилия Зеир Анпина, не наполнились бы изобилием, и поэтому считается, что эти дни года дали исцеление и жизнь органам.

62) «"И также происходит внизу, когда человек восполняет себя этими двумястами сорока восемью исполнительными заповедями в Торе. Нет ни одного дня, который не пришел бы с тем, чтобы благословиться от него. И когда они благословляются от него, то жизнь и исцеление пребывают над ним свыше"». Иначе говоря, они не притягиваются к Малхут, прежде чем человек восполнит все двести сорок восемь исполнительных заповедей, во всей их полноте. А до этого они пребывают над ним свыше.

«"Кто привел к этому?", – к тому, что высшие каналы всё время наполняются исцелением и жизнью. "Эти дни года", как мы уже говорили. И поэтому считается, словно эти дни года дали им исцеление и жизнь. "Дни года, так же, как они благословляются сверху от свойства "человек (адам)", – т.е. Зеир Анпина, "так же благословляются и снизу от свойства "человек (адам)"» нижний, с помощью заповедей, которые он выполняет.

63) «"Счастливы Исраэль в этом мире вследствие заповедей, которые они выполняют, и поэтому называются "человек". Как сказано: "Вы – "человек"[74], что означает: "Вы называетесь "человек (адам)", а не идолопоклонники называются "человек"[75]. И поскольку Исраэль называются "человек", они должны усердно выполнять заповеди Торы", – число которых, шестьсот тринадцать (ТАРЬЯГ), соответствует двумстам сорока восьми (РАМАХ) органам и тремстам шестидесяти пяти (ШАСА) связкам, которые имеются в теле человека, – "чтобы все они стали единым организмом, называемым "человек"».

---

[74] Пророки, Йехезкель, 34:31. «И вы – овцы Мои, овцы паствы Моей, вы – "человек". Я – Всесильный ваш, – слово Творца!»
[75] Вавилонский Талмуд, трактат Бава меция, лист 114:2.

64) «"Когда Творец даровал Исраэлю Тору на горе Синай, первым словом было "Я". "Я (анохи́ אָנֹכִי)" восходит ко многим высшим тайнам,[76] а здесь оно – тайна первой заповеди: "Познать Его в общем". Ибо слово "Я (анохи́ אָנֹכִי)" указывает на то, что есть Всесильный, высший Властитель над миром"», т.е. Зеир Анпин, который представляет собой «общее». «Как сказано: "Ибо Творец Всесильный твой, – это огонь пожирающий"[77], т.е. Зеир Анпин. "И это первая заповедь в свойстве "общее". И есть здесь также намёк на "частное", так как сказанное: "Творец Всесильный твой" – это "частное". И эти "общее" и "частное" являются первой заповедью, которую надо познать в "начале" и в "конце"».

(До сих пор «Раая Мехемна»).

---

[76] См. Зоар, главу Итро, статью «Я Творец, Всесильный твой», п. 388.
[77] Тора, Дварим, 4:24. «Ибо Творец Всесильный твой – это огонь пожирающий, Он Всемогущий ревнитель».

Но не слушали они Моше из-за нетерпения

65) «"И говорил Моше так сынам Исраэля, но не слушали они Моше из-за нетерпения и тяжкой работы"[78]. Что значит: "Из-за нетерпения"? Сказал рабби Йегуда: "Из-за того, что не отдыхали от своей работы и не успевали собраться с духом". Сказал рабби Шимон: "Из-за нетерпения" означает, что еще не наступил юбилейный год (йовель)", Бина, "чтобы дать им покой" и свободу, "а конечный дух", Малхут, "еще не воцарился" в мире, "чтобы ввести справедливые законы" в мире. "И поэтому было "нетерпение (досл. нехватка духа)". И что это за дух? Это конечный дух, как мы сказали"», т.е. Малхут, которой не хватало сил вызволить Исраэль, и это смысл слов: «Из-за нетерпения (нехватки духа)».

---

[78] Тора, Шмот, 6:9. «И говорил Моше так сынам Исраэля, но не слушали они Моше из-за нетерпения и тяжкой работы».

ГЛАВА ВАЭРА

Голос и речь

66) «"Смотри, сказано: "Вот сыны Исраэля не послушали меня, как же послушает меня Фараон, я же неречист"[79]. Что значит: "Я же неречист"? Ведь вначале сказал: "Человек я не многословный, ...ибо я малоречив и косноязычен"[80], и ответил ему Творец: "Кто дал уста человеку?"[81], а также сказал Он: "И Я буду с твоими устами"[82]. Разве можно подумать, что это было не так? Но теперь говорит: "Я же неречист". В таком случае, где же то, что обещал ему Творец раньше?"» – т.е. обещание: «И Я буду с твоими устами».[82]

67) «"Но дело в том, что Моше – это голос", – т.е. Зеир Анпин, называемый голосом, "а речь, являющаяся словом его", – т.е. Малхут, "находилась в изгнании. Поэтому Моше был неречист в истолковании слов. И потому сказал: "Как же послушает меня Фараон?"[79] – в то время как слово мое", Малхут, "в изгнании своем, и нет у меня слова, и я – голос без слова, так как оно в изгнании". И поэтому Творец соединил с ним Аарона"», вместо Малхут, зовущегося сопровождающим Царицу.

68) «"Смотри, все время, когда речь", – Малхут, "в изгнании, пропадает у нее", – у речи, "голос", – Зеир Анпин, "и слово было безмолвным без голоса. Когда приходит Моше, появляется голос", так как он был строением (меркава) для Зеир Анпина, называемого голосом. "И Моше был голосом без слова, поскольку слово находилось в изгнании. И всё время, пока речь была в изгнании, шел Моше к горе Синай, и давалась Тора, и в это время соединялся голос с речью", – т.е. Зеир Анпин с Малхут, "и тогда он произносил речь. И это означает: "И произносил Всесильный все эти слова"[83] – голосом без речи». И так он

---

[79] Тора, Шмот, 6:12. «И говорил Моше пред Творцом и сказал: "Вот сыны Исраэля не послушали меня, как же послушает меня Фараон, я же неречист?"»

[80] Тора, Шмот, 4:10. «И сказал Моше Творцу: «Прошу Тебя, Владыка! Человек я не многословный ни со вчерашнего, ни с третьего дня, ни с начала Твоего разговора с рабом Твоим, ибо я малоречив и косноязычен».

[81] Тора, Шмот, 4:11. «И ответил ему Творец: "Кто дал уста человеку, и кто делает его немым, или глухим, или зрячим, или слепым – не Я ли, Творец?"»

[82] Тора, Шмот, 4:12. «А теперь иди, и Я буду с твоими устами и укажу тебе, что тебе говорить».

[83] Тора, Шмот, 20:1. «И произносил Всесильный все эти слова, говоря».

шел – до тех пор, пока они не сблизились. И тогда стал Моше совершенен в речи своей, как подобает, ибо голос и речь вместе пребывали в совершенстве"».

69) «"И на это жаловался Моше, – что слова недостает ему. Кроме того времени, когда Малхут говорила, гневаясь на него, как сказано: "Ведь с тех пор, как я пришел к Фараону говорить от имени Твоего, стало хуже этому народу"[84]. Сразу же: "И говорил Всесильный (Элоким) с Моше"[85]» – Малхут, являющаяся словом, называемая Элоким, разговаривала с ним сурово. Ибо «разговор» указывает на серьезность, так как она гневалась на него, за то, что сказал: "С тех пор, как я пришел к Фараону"[84] – ведь Малхут начала говорить с ним, несмотря на то, что была в изгнании. И это потому, что разговор этот был лишь для того, чтобы выразить гнев. «Убедись в том, что так это было, поскольку "речь" начинала говорить и прекращала, а "голос", Зеир Анпин, "восполнял ее. И поэтому Писание заканчивает: "И сказал ему: "Я Творец (АВАЯ)"[85], а Творец (АВАЯ) – это Зеир Анпин. "И это потому, что "речь" в изгнании, и еще не настало ее время говорить"». И поэтому говорил с ним Зеир Анпин.

70) «"Поэтому Моше вначале не был совершенен словом", – чтобы было у него слово, Малхут, "так как он – голос", нуждающийся в слове. "И он приходит к речи, чтобы вызволить ее из изгнания. Когда она вышла из изгнания, и соединились голос и речь вместе на горе Синай, Моше обрел совершенство и исцелился" от того, что был нечист. "И тогда голос и речь пребывают вместе в совершенстве"».

71) «"Смотри, все те дни, когда был Моше в Египте, когда он хотел вызволить слово из изгнания, не произносил он слова, то есть речи. Когда (речь) вышла из изгнания, и соединились голос и речь, это слово, или речь", – Малхут, "управляло и руководило Исраэлем. Но не говорил он, пока Исраэль не приблизились к горе Синай, и он не раскрыл Тору, как и должно было быть"».

---

[84] Тора, Шмот, 5:23. «Ведь с тех пор, как я пришел к Фараону, чтобы говорить от имени Твоего, стало только хуже народу этому, а избавить – не избавил Ты народа твоего!»

[85] Тора, Шмот, 6:2. «И говорил Всесильный с Моше и сказал ему: "Я Творец (АВАЯ)"».

"И если ты скажешь, что ведь написано: "Ибо сказал Всесильный (Элоким): "Не передумал бы народ"[86], а имя Элоким указывает на Малхут, и это значит, что Он (Элоким) говорил до вручения Торы. «"Однако: "Ибо сказал"[86] – произнесено было не устами, а было безмолвным желанием сердца"», и оно называется произнесением, также как: «И сказал Аман в сердце своем»[87].

72) «"И говорил Всесильный с Моше и сказал ему: "Я Творец (АВАЯ)"[85]. Провозгласил рабби Йегуда: "Встала я открыть возлюбленному моему, а возлюбленный пропал, ушел"[88]. "Встала я открыть возлюбленному моему" – это голос", т.е. Зеир Анпин, возлюбленный Малхут. "Кнессет Исраэль", Малхут, "когда она в изгнании, пропал голос у нее, затихло слово ее, как в сказанном: "Онемел я, притих"[89]. И если пробуждается слово" – т.е. пробуждается, чтобы говорить, "то что сказано: "А возлюбленный пропал, ушел" – так как голос исчез у нее, и прекратилось слово. И об этом сказано: "И говорил Всесильный (Элоким) с Моше"[85] – что она начинала говорить, и прекращала, замолчав. А затем дополнял голос", – т.е. Зеир Анпин, "и говорил, как сказано: "И сказал ему: "Я Творец (АВАЯ)"».

73) «"И являлся Я Аврааму, Ицхаку и Яакову как Владыка Всемогущий"[90]. О Яакове написано с дополнительной «вав ו», так как сказано: «И Яакову (ве-эль Яаков וְאֶל יַעֲקֹב)» – указание на то, что он избранный среди праотцев"», – потому что «вав ו» указывает на Тиферет, т.е. среднюю линию Зеир Анпина, и

---

[86] Тора, Шмот, 13:17. «И было, когда отпустил Фараон народ, не повел их Всесильный путем земли плиштим, хотя он и близок, ибо сказал Всесильный: "Не передумал бы народ при виде войны и не возвратился бы в Египет"».

[87] Писания, Мегилат Эстер, 6:6. «И вошел Аман. И сказал ему царь: "Что бы сделать тому человеку, которого царь хочет отличить почестью?" И сказал Аман в сердце своем: "Кому захочет царь оказать почесть, кроме меня?!"»

[88] Писания, Песнь песней, 5:5-6. «Встала я открыть возлюбленному моему, и с рук моих капала мирра, и с пальцев моих мирра стекала на скобы замка. Открыла я возлюбленному, а возлюбленный пропал, ушел. Душа покинула меня от слов его! Искала я его, но не нашла, звала, но не ответил он».

[89] Писания, Псалмы, 39:3. «Онемел я, притих, отстранили меня от добра, и боль мучила меня!»

[90] Тора, Шмот, 6:3. «И являлся Я Аврааму, Ицхаку и Яакову как Владыка Всемогущий (Эль Шадай), но (под) именем Моим Творец (АВАЯ) Я не был известен им».

Яаков был строением (меркава) для него. А Авраам и Ицхак – это две линии, правая и левая, Зеир Анпина, и совершенство их зависит от средней линии, Яакова. Как сказано: "Всесильный Авраама, Всесильный Ицхака и Всесильный Яакова (ве-Элокей Яаков וֵאלֹהֵי יַעֲקֹב)"[91] – о Яакове написано с дополнительной "вав ו". Сказал рабби Йоси: "Но, в таком случае, сказано: "Я Творец – Всесильный Авраама, отца твоего, и Всесильный Ицхака (ве-Элокей Ицхак וֵאלֹהֵי יִצְחָק)"[92] – ведь об Ицхаке написано с дополнительной "вав ו"?" Хотя, конечно, соединительная «вав ו» не используется для выяснения сказанного.

74) «Сказал ему: "Это верно", и не является противоречием, "раз Яаков был жив, Писание включает Яакова в Ицхака, поскольку затмились глаза его, и он был словно мертвый. Ведь пока человек еще жив в этом мире, он не поминается святым именем, и поэтому он был включен в Ицхака"», – и потому дополнительная «вав ו» приписана к Ицхаку. «"Теперь же, когда умер Яаков, слово встало на своё место, поэтому сказано: "И являлся Я Аврааму, Ицхаку и Яакову (ве-эль Яаков וְאֶל יַעֲקֹב)"[90] с дополнительной "вав ו"».

75) «"Как Владыка Всемогущий (Эль Шадай)"[90] означает: "Являлся Я вам в зеркале, которое не светит", – т.е. Малхут, называемой Эль Шадай, "но не являлся Я вам в зеркале, которое светит", – Зеир Анпине, называемом АВАЯ. "И если ты скажешь, что праотцы действовали только в Нукве", Малхут, "и не более, то знай, что никогда не разделялись они", Зеир Анпин и Нуква, "по отношению к праотцам. И об этом сказано: "И заключил Я с ними Мой союз", потому что союз", – Есод Зеир Анпина, "соединился с ней"», – с Малхут.

76) «"Человек должен учиться у Творца" – как не разделять между Зеир Анпином и Нуквой, "поскольку Он не разделял их, ведь сказано: "Как Владыка Всемогущий (Эль Шадай)"[90], – т.е. Нуква, "и сказано: "И заключил Я с ними Мой союз"[93],

---

[91] Тора, Шмот, 3:6. «И сказал еще: "Я - Всесильный отца твоего, Всесильный Авраама, Всесильный Ицхака и Всесильный Яакова". И закрыл Моше лицо свое, потому что боялся смотреть на Всесильного».

[92] Тора, Берешит, 28:13. «И вот, Творец стоит над ним и говорит: "Я Творец – Всесильный Авраама, отца твоего, и Всесильный Ицхака. Землю, на которой ты лежишь, – тебе отдам ее и потомству твоему"».

[93] Тора, Шмот, 6:4. «И заключил Я с ними Мой союз, чтобы отдать им землю Кнаан, землю их пребывания, в которой они жили».

– т.е. Есод Зеир Анпина, соединившийся с ней. "И мы учили, что тот, кто удостаивается союза", – Есода Зеир Анпина, "удостаивается земли", – Нуквы, "по той причине, что они соединены друг с другом"».

Побойтесь меча

77) «Однажды рабби Хия и рабби Йоси находились пред рабби Шимоном. Провозгласил рабби Шимон и сказал: "Побойтесь меча, ибо неистовство грехов – меч, дабы знали вы, что есть суд"[94]. Сказано: "Побойтесь меча". Что такое "меч"? Это меч возмездия для нарушивших союз. Ибо этот меч", т.е. Малхут, "непрестанно наблюдает за теми, кто нарушает союз", т.е. Есод, "и каждого, кто нарушает союз", – оскверняет его развратом или напрасным излиянием семени, "карает меч возмездия"».

78) «"И это значение сказанного: "Ибо неистовство грехов – меч"[94] – поскольку каждый, кто нарушает союз, отдаляет желание" Малхут получить наполнение от Зеир Анпина. "И не может дать наполнение тот, кто дает", то есть Есод, "и не дает месту его", Малхут, "потому что не пробудилось к нему место его", Малхут. Ибо из-за осквернения союза было отнято у нее желание получать наполнение. "А каждый, кто хранит союз, приводит к пробуждению союза к месту его", Малхут, "и благословляются высшие и нижние"».

79) «"Кто пробуждает этот союз к месту его?! То есть, когда есть праведники в мире, и они пробуждают его, откуда это нам известно? Из того, что сказано: "И заключил Я с ними союз Мой, чтобы отдать им землю Кнаан, землю их пребывания"[93]. Что значит: "Их пребывания (мегурéйэм (מגוריהם))"? Это, как сказано: "Побойтесь (гýру (גורו)) меча"[94], Малхут, "поскольку это место, дающее пристанище (магóр (מגור)) в мире. И поэтому сказано о ней: "Побойтесь (гýру (גורו)) меча"[94]». Таким образом, праотцы пробуждали союз к месту его, к Малхут, о которой сказано: «Чтобы отдать им... землю их пребывания»[93].

80) «"В которой они жили"[93]. "Жили (гáру (גר))" означает, что с того дня, когда приблизились к Творцу, испытывали в ней страх" перед Творцом, "и высший страх пребывал в ней, чтобы соблюдать заповеди Его", так как Малхут является свойством страха. "И если перед этим", – перед соблюдением союза, "не установит человек страх над своей головой, то он уже никогда не будет в трепете перед Творцом в остальных заповедях"».

---

[94] Писания, Иов, 19:29. «Побойтесь меча, ибо неистовство грехов – меч, дабы знали вы, что есть суд».

81) «"При пробуждении снизу, когда пробудились Исраэль к Творцу и вскричали к Нему, что сказано? "И вспомнил Я союз Мой"[95], и тогда пробудилось сильное желание соединить всё в единую связь. Ведь поскольку пробудился союз", Есод Зеир Анпина, "пробудилась связь всех" сфирот Зеир Анпина. "И вспомнил Я союз Мой"[95] означает – соединить его с местом его", – Малхут. "И потому сказано: "Поэтому скажи сынам Исраэля: Я Творец (АВАЯ)"[96]» – так как все сфирот соединились в единую связь, чтобы вызволить Исраэль из Египта.

82) «"И говорил Творец с Моше и Аароном"[97]. Рабби Йоси сказал: "Поэтому сказано: "И дал им указания о сынах Исраэля"[97] – то есть указал выводить их с достоинством, как подобает, "и о Фараоне"[97] – т.е. проявлять к нему почтение, и мы это выясняли"».

---

[95] Тора, Шмот, 6:5. «И также услышал Я стенание сынов Исраэля, которых египтяне порабощают, – и вспомнил Я союз Мой».

[96] Тора, Шмот, 6:6. «Потому скажи сынам Исраэля: "Я Творец, и Я выведу вас из-под гнета египетского, и спасу вас от порабощения их, и избавлю вас рукою простертою и великими судами"».

[97] Тора, Шмот, 6:13. « И говорил Творец с Моше и Аароном, и дал им указания о сынах Исраэля и о Фараоне, царе Египта, чтобы вывести сынов Исраэля из земли египетской».

ГЛАВА ВАЭРА

Вот главы их отчих домов

83) «Сказал рабби Йеса: "Почему сразу же после этого Писание говорит: "Вот главы их отчих домов"[98]. Однако, сказал ему Творец: "Обращайтесь к ним, к сынам Исраэля, достойным образом. Ведь хотя они и находятся под тяжким гнетом, – они потомки царского рода". То есть сказал ему: "Те, кого ты видишь, – это главы отчих домов"».

84) «Сказал рабби Хия: "Поэтому сразу же указывает Писание: "Вот главы их отчих домов"[98]. Это учит нас тому, что никто из них не нарушал законов, и не смешивался с другим народом – это те, которые стойко держались в месте святости и не изменяли, смешиваясь с египтянами". Сказал рабби Аха: "Потому сразу же указывает на них: "Вот главы их отчих домов"[98], чтобы привести родословную Моше и Аарона, что они достойны вывести Исраэль и говорить с Фараоном, и наказывать его при помощи посоха, потому что из всех глав Исраэля не было подобных им"».

85) «"Смотри, что сказано: "А Эльазар, сын Аарона, взял одну из дочерей Путиэля себе в жены, и она родила ему Пинхаса. Вот главы отчих домов левитов"[99]. Почему сказано: "Вот главы", – во множественном числе, "ведь Пинхас был один? Но это потому, что Пинхас дал жизнь многим тысячам и десяткам тысяч из Исраэля. И он дал жизнь многим главам отчих домов"» – в тот момент, когда убил Зимри и Козби, и прекратился мор, ниспосланный на Исраэль, и поэтому написано о нем: «Вот главы»[99], – во множественном числе.

86) «"И еще. "И она родила ему Пинхаса. Вот главы"[99] – сказано во множественном числе, так как потеря глав левитов находилась в нем. И то, что их не стало и они сгорели, восполнил он, и заслужил их священство, и образ их обоих находился в нем, в Пинхасе". "Ты говоришь, что потерянные главы левитов находятся в нем? И кто же это?" "Это Надав и Авиу. Они

---

[98] Тора, Шмот, 6:14. «Вот главы их отчих домов – сыны Реувена, первенца Исраэля: Ханох и Фаллу, Хецрон и Карми, это семейства Реувена».

[99] Тора, Шмот, 6:25. «А Эльазар, сын Аарона, взял себе (одну) из дочерей Путиэля себе в жены, и она родила ему Пинхаса. Вот главы отчих домов левитов по их семействам».

отделили знак союза от места его", – Малхут, вследствие того, что принесли в жертву чуждый огонь. "А он снова соединил их, поэтому ему было передано наследие и дух их обоих. И здесь упомянуто в Писании о том, что произойдет затем"». Поэтому сказано о нем: «Вот главы» – во множественном числе.

87) «"И если ты спросишь: "Для чего упомянут здесь Пинхас?" – ведь Писание приводит здесь только родословную Моше и Аарона. "Однако Творец видел по Аарону, когда говорил: "И вспомнил Я союз Мой"[95], что двое сыновей Аарона в будущем нарушат этот союз. И сейчас, когда Он посылал его в Египет", чтобы вывести Исраэль, "хотел отстранить Аарона, то есть не дать ему пойти с этой миссией. Но поскольку Творец увидел Пинхаса, который стойко соблюдает этот союз на месте его и исправляет ущерб их", Надава и Авиу, "сразу же сказано в Писании: "Это Аарон и Моше"[100]. Сказал Творец: "Теперь – это Аарон. Это Аарон, как и вначале"», – как и до нарушения союза Надавом и Авиу, потому что Пинхас исправил ущерб.

88) «"Это Аарон и Моше, которым Творец сказал: "Выведите сынов Исраэля из земли Египта с их воинствами"[100]. Сказано: "Это (досл. он הוא) Аарон и Моше", однако следовало сказать: "Это (они הם) Аарон и Моше". Но это для того, чтобы включить их друг в друга: "ветер", т.е. Моше, в "воду", – Аарона. И когда говорит: "Это (он הוא) Аарон и Моше" – для того чтобы включить воду", Аарона, "в ветер"», в Моше. Ибо Моше – это свойство «ветер», т.е. Тиферет Зеир Анпина, а Аарон – свойство «вода», Хесед Зеир Анпина. «"И поэтому сказано "он", а не "они"», – потому что они включены друг в друга, как выяснилось.

---

[100] Тора, Шмот, 6:26. «Это Аарон и Моше, которым Творец сказал: "Выведите сынов Исраэля из земли Египта с их воинствами"».

Знай же отныне и возложи на сердце твое

89) «Рабби Эльазар и рабби Аба однажды ночью находились на своем постоялом дворе в Луде. Встали они, чтобы заниматься Торой. Провозгласил рабби Аба и сказал: "Знай же отныне и возложи на сердце свое, что Творец – Он Всесильный"[101]. Следовало сказать в этом изречении: "Знай же отныне, что Творец – Он Всесильный", а в конце: "И возложи на сердце свое"», потому что знание того, «что Творец – Он Всесильный», приводит его к возможности возложить это и на сердце свое тоже. А если уже возложил на сердце свое, тем более у него есть знание. «"Кроме того, надо было сказать: "Возложи на сердце свое (либха́ לבך)", а не (как дословно сказано): "На сердца свои (левавха́ לבבך)"!»

90) «Но Моше сказал этим: "Если ты хочешь быть настойчивым в этом и познать, "что Творец – Он Всесильный", тогда, "И возложи на сердца свои (левавха לבבך) и познаешь это", потому что "сердца свои (левавха לבבך)" означает, что доброе начало и злое начало, пребывающие в сердце, включились друг в друга и являются одним целым"». То есть:[102] «И возлюби Творца Всесильного своего всем сердцем своим (досл. сердцами своими)»[103] означает – двумя своими началами, добрым началом и злым началом. Чтобы человек обратил плохие свойства злого начала в хорошие – т.е., чтобы работал с ними в служении Творцу, а не грешил, следуя им. И тогда, безусловно, нет больше различия между добрым и злым началом, и они – одно целое.

«"И тогда тебе раскроется, что "Творец (АВАЯ) – Он Всесильный (Элоким)"[101], – что мера суда, называемая Элоким, включена в имя АВАЯ, являющееся мерой милосердия, "поскольку они соединились друг с другом", – так же как злое начало с добром начало соединились в сердце, "и это – одно целое"». Таким образом, невозможно узнать, что «Творец – Он Всесильный» иначе, как с помощью «и возложи на сердце свое». "И поэтому сначала сказано: "И возложи на серд-

---

[101] Тора, Дварим, 4:39. «Знай же отныне и возложи на сердце свое, что Творец – Он Всесильный, нет никого, кроме Него».
[102] См. ниже, п. 97.
[103] Тора, Дварим, 6:5. «И возлюби Творца Всесильного своего всем сердцем своим и всей душою своей, и всей сутью своей».

свое", чтобы познать это"» – познать с помощью этого, что «Творец – Он Всесильный»[101].

91) «Еще сказал рабби Эльазар: "А грешники причиняют ущерб наверху" своими злодеяниями. "И в чем заключается ущерб? В том, что левая линия не включается в правую", – наверху, но властвует в суде сама по себе, "так как злое начало внизу не соединятся с добрым началом", – чтобы работать с ним для привлечения добра, как мы уже сказали, "по причине грехов людей", – которые грешат, следуя злому началу, и притягивают власть суда из-за него. "Но наносят они ущерб не высшему, а только самим себе. И это смысл сказанного: "Вредят Ему! Не сыны они Ему, их порок!"[104]» Сначала сказал (Моше): «Вредят Ему!», что означает – причиняют ущерб наверху, а затем: «Не сыны они Ему, их порок!» И получается, что «вроде бы, делают и не делают» вред:

– "делают", т.е. приводят к тому, "что не притянут к себе высших благословений, как сказано: "И замкнет Он небеса, и не будет дождя"[105]. Таким образом, они наносят ущерб высшим источникам наполнения;

– "и не делают, потому что небеса", т.е. высшие источники, "получают для себя благословения" и наполнение, "сколько им необходимо, но только не получают наполнения, чтобы передать его вниз. И конечно же, это" не ущерб и не порок наверху, но "порок их" – самих грешников"», и на них пребывает этот порок, а не наверху.

92) «"И еще" следует разъяснить. "Ему (ло לו)"[104] с "вав ו" – означает, что правая линия не включилась в левую" наверху, "для того чтобы благословения не передавались вниз"». И об этом сказано: «Вредят Ему (ло לו)» с «вав ו».

«"Не (ло לא)" с "алеф א" написано, когда они не получают" благословения, "чтобы передать их нижним", поэтому они пребывают в пороке. "Кто был причиной этого? Это из-за того, что грешники отделяют злое начало от доброго начала, и прилепляются к злому началу"».

---

[104] Тора, Дварим, 32:5. «Вредят Ему! Не сыны они Ему, их порок! Поколение упрямое и извращенное».

[105] Тора, Дварим, 11:17. «Берегите себя, чтобы не соблазнилось сердце ваше: и совратитесь вы, и служить будете божествам чужим и поклоняться им. И возгорится гнев Творца на вас, и замкнет Он небеса, и не будет дождя, и земля не даст плодов своих, и исчезнете вы быстро с той доброй земли, которую Творец дает вам».

93) «"Смотри, Йегуда исходит от левой стороны", – потому что Йегуда это свойство Малхут, а Малхут исходит от левой стороны, "но он прилепился к правой, чтобы одолеть народы и сокрушить их силу, ибо если бы он не прилепился к правой, не сокрушил бы силу их. Но ты можешь сказать: "Почему он прилепился к правой, ведь левая пробуждает суды в мире?"» И почему ему недостаточно левой, чтобы сокрушить силу народов?

94) «"Но в этом содержится скрытый смысл. В час, когда Творец судит Исраэль, Он их судит не иначе, как с левой стороны, чтобы оттолкнуть их левой, и приближает правой. Однако остальные народы Он отталкивает правой, а приближает – левой. И признаком этого является праведный прозелит"», – т.е. когда кто-то из них приближается к святости и обращается к праведности, он называется праведным прозелитом (гер-цедек). И «праведность (цедек)» – это имя Малхут от левой стороны в ней. Таким образом, Он приближает их левой. И он объясняет. «"Отталкивает их от правой стороны – это как сказано: "Десница Твоя, Творец, величественна силой, десница Твоя, Творец, сокрушает врага!"[106] Приближает их – левой, как мы уже говорили"», – что тот, кто приблизился из них, называется праведным прозелитом (гер-цедек), и это – левая сторона.

Объяснение. Исраэль исходят от средней линии, но когда они грешат и приводят к усилению левой линии над правой, тогда левая наказывает их. А когда совершают возвращение, приближает их Творец с помощью правой, т.е. Хесед, и они возвращаются к средней линии. Однако корень народов – в левой линии. И оттуда их жизненная сила, и когда наказываются, то (наказываются) усилением правой линии над их левой. А когда приближаются, они исцеляют свой корень, т.е. левую линию. И поэтому тот из них, кто приближается, называется «гер-цедек», потому что это имя Шхины, когда она исправлена с левой стороны.

95) «"Поэтому Йегуда, который исходит от левой стороны, прилепился к правой"», – для того чтобы покорить народы. И его перемещения происходят в правой стороне знамён. И те колена, которые находятся с ним, все они соединились в правой

---

[106] Тора, Шмот, 15:6. «Десница Твоя, Творец, величественна силой, десница Твоя, Творец, сокрушает врага!»

стороне: Исасхар, усердно занимавшийся Торой, и это правая сторона, как сказано: "От десницы Его пламя закона им"[107]; а также Зевулун, являющийся опорой Торы, то есть правой, как сказано: "Правая голень", – потому что правая голень поддерживает правую сторону тела (гуф). "И поэтому Йегуда связался с одной стороны и с другой стороны", – т.е. с левой и с правой, "север, левая, – с водой, правой"».

96) «"Реувен, совершивший грех по отношению к своему отцу, находился в правой стороне", Хесед, но из-за греха "связался с левой и прилепился к ней. И поэтому те, кто находится с ним", под знаменем его, "это левая сторона. Шимон, левая сторона, со стороны" создания, у которого лик "быка", т.е. Гвура, "как сказано: "И лик быка – слева"[108]. Гад – левая голень", т.е. Ход, "как сказано: "Гад – рать выступит от него, и вслед за тем он возвратится"[109]», где «возвратится» – это действие левой (линии), а «вслед» – указывает на «голень». «"Здесь юг прилепился к огню, правая – к левой"».

97) «"И поэтому то, что мы сказали:[110] "И возложи на сердце свое"[101], это значит – включить вместе левую и правую линии, и тогда узнаешь, "что Творец – Он Всесильный"[101]. Сказал рабби Аба: "Безусловно, что это так. И теперь понятно сказанное: "Это (досл. он) Аарон и Моше"[111] и "это (досл. он) Моше и Аарон"[112]. Это учит нас тому, что "ветер", Тиферет, "соединился с водой", Хеседом, "и вода", Хесед, "соединилась с ветром", Тиферет, "чтобы быть одним целым, и поэтому сказано: "Это (он)"[111]».

98) «Рабби Аба провозгласил и сказал: "И возлюби Творца Всесильного Своего всем сердцем своим и всей душою своей,

---

[107] Тора, Дварим, 33:2. «И сказал он: "Творец от Синая выступил и воссиял от Сеира им, озарил от горы Паран, и пришел, (а с Ним) от мириадов святых; от десницы Его пламя Закона им"».
[108] Пророки, Йехезкель, 1:10. «И образ их ликов – лик человека, и лик льва – справа у (каждого из) четырех, и лик быка – слева у (каждого из) четырех, и лик орла у (каждого из) четырех».
[109] Тора, Берешит, 49:19. «Гад – рать выступит от него, и вслед за тем он возвратится».
[110] См. выше, п. 90.
[111] Тора, Шмот, 6:26. «Это Аарон и Моше, которым Творец сказал: "Выведите сынов Исраэля из земли Египта с их воинствами"».
[112] Тора, Шмот, 6:27. «Это те, кто говорил царю Египта, чтобы вывести сынов Исраэля из Египта, это Моше и Аарон».

и всей сутью своей"¹⁰³. Подобно этому", тому, что мы сказали о единстве правой и левой линий, "так же и здесь подразумевается святое единство. И это является предостережением человеку: чтобы соединял святое имя, как подобает, – высшей любовью. "Всем сердцем своим (досл. всеми сердцами своими)"¹⁰³, – т.е. двумя своими началами, "это правая и левая линии, называемые добрым началом и злым началом. "И всей душою своей"¹⁰³ – это душа Давида, находящаяся между ними. "И всей сутью своей"¹⁰³ означает – включить их", правую и левую, "вверху, в место, в котором нет меры"».

Объяснение. Когда человек служит Творцу двумя своими началами – т.е. даже плохими свойствами злого начала служит и доставляет радость своему Создателю, тогда объединяются правая и левая линии наверху, т.е. Хесед и Гвура, как сказано: "Творец (АВАЯ) – Он Всесильный (Элоким)"¹⁰¹. И тогда он восполняет Малхут, называемую душа (нефеш) Давида, так как она находится между ними, и это называется: "Всей душою своей"¹⁰³. И также поднимает Хесед и Гвуру, находящиеся наверху, в ГАР. Поэтому сказано: "И всей сутью своей"¹⁰³ – ибо "сутью" означает, что нет у нее меры, то есть ГАР, которые непостижимы.

99) «"И еще следует объяснить: "И всей сутью своей"¹⁰³ – это Яаков", Зеир Анпин, "который связан со всеми сторонами", с правой и левой, так как он является средней линией. И сказанное означает, что если возлюбишь Творца с помощью двух своих начал, то восполнишь душу Давида и восполнишь Зеир Анпин, который называется Яаков. "И всё вместе является совершенным единством, как подобает. Поэтому говорит Писание: "Это Аарон и Моше"¹¹¹ и "это Моше и Аарон"¹¹², ибо всё это – одно целое", когда они соединились друг с другом "без различий между ними"».

ГЛАВА ВАЭРА

Возьми посох свой – и он сделается змеем

100) «"Если скажет вам Фараон, говоря: "Подтвердите это чудом", то ты скажешь Аарону: "Возьми посох свой и брось пред Фараоном", и он сделается змеем"[113]. Провозгласил рабби Йегуда и сказал: "Как люблю я Тору Твою! Весь день она в мыслях моих"[114]. И сказано: "В полночь встаю я благодарить Тебя за справедливые законы Твои"[115]. Смотри, Давид – он царь Исраэля, и он должен судить народ, возглавлять Исраэль, подобно пастуху, ведущему свое стадо, чтобы не сбились они с пути истины. И вот ночью, сказано: "В полночь встаю я благодарить Тебя за справедливые законы Твои" – то есть он занимался Торой и восхвалениями Творцу до наступления утра"».

101) «"И он пробуждал зарю, как сказано: "Пробудись, слава моя, пробудись арфа и кинор, пробужу я утреннюю зарю"[116]. А когда приходил день, говорил: "Как люблю я Тору Твою! Весь день она в мыслях моих"[114]. Что значит: "Весь день она в мыслях моих"? Но мы учили из этого, что каждый, кто занимается Торой, чтобы восполнить суд с помощью выяснения его, он словно выполняет всю Тору. Поэтому говорит Писание: "Весь день она в мыслях моих"» – так как он занимался выяснением суда.

---

[113] Тора, Шмот, 7:9. «Если скажет вам Фараон, говоря: "Подтвердите это чудом", то ты скажешь Аарону: "Возьми посох свой и брось пред Фараоном", и он сделается змеем».

[114] Писания, Псалмы, 119:97. «Как люблю я Тору Твою! Весь день она в мыслях моих».

[115] Писания, Псалмы, 119:62. «В полночь встаю я благодарить Тебя за справедливые законы Твои».

[116] Писания, Псалмы, 57:9. «Пробудись, слава моя, пробудись, арфа и кинор, пробужу я утреннюю зарю».

Полночь и день

102) «"Днем он занимался Торой для восполнения судов. А ночью занимался воспеванием и восхвалением до наступления дня. И в чем смысл этого? Ибо весь день он занимался восполнением и выявлением судов", являющихся свойством левой линии, "чтобы включить левую линию в правую", потому что день является свойством правой линии, и это Хесед. "А ночью" он занимался восхвалениями, т.е. хасадим", для того чтобы включить ступень ночи", т.е. суд, "в день"», Хесед.

103) «"В дни царя Давида, он приближал всех этих "зверей полевых"[117], – обитателей трех миров БЕА, "к морю" – Малхут. "Когда пришел Шломо", и Нуква в дни его находилась в полноте своей, "вышло море", т.е. Нуква, "и наполнилось", то есть поднялось к высшим Аба ве-Има, где находится его окончательное наполнение, "и напоило их", потому что поднялись тогда все населяющие БЕА в Ацилут и получили свое наполнение от моря. "Каких из них оно напоило первыми? Мы уже выясняли, что это огромные высшие чудовища, о которых сказано: "И наполняйте воды в морях"[118]» – это Матат и Сандал де-Брия, являющиеся высшими по отношению к остальным обитателям БЕА.

---

[117] Писания, Псалмы, 104:11. «Поят всех зверей полевых, дикие звери утоляют жажду».

[118] Тора, Берешит, 1:22. «И благословил их Всесильный, сказав: "Плодитесь и размножайтесь, и наполняйте воду в морях, а птицы пусть размножаются на земле"».

ГЛАВА ВАЭРА

Чудовище, лежащее среди потоков

104) «Сказал рабби Эльазар: "В высшей правой стороне вытекают тринадцать высших источников и глубоких рек. Одни поднимаются, а другие опускаются. И входят одни в другие. Один убирает рош, и предаёт ее двум гуф (телам). Одно тело, светящееся, берет от правой (стороны) наверху и выводит вниз тысячу потоков, вытекающих в четыре стороны"».

Рабби Йегуда приводит здесь слова рабби Эльазара, чтобы разделить между большими чудовищами святости и большим чудовищем клипы, о котором рассказывается в вышеприведенном изречении: «Если скажет вам Фараон, говоря: "Подтвердите это чудом", то ты скажешь Аарону: "Возьми посох свой и брось пред Фараоном", и он сделается змеем»[113]. А затем сказано: «И сделали также и они, волхвы египетские, своими чарами то же самое. И бросили они каждый свой посох, и те сделались змеями, но посох Аарона поглотил их посохи»[119]. И в словах рабби Эльазара выясняется, в чем различие между чистым змеем посоха Аарона и змеем волхвов?

«Сказал рабби Эльазар: "В высшей правой стороне", – т.е. из правой линии Бины, "вытекают тринадцать высших источников и глубоких рек", – т.е. это высший престол, Бина, и четыре опоры этого престола – ХАГТАМ (Хесед-Гвура-Тиферет-Малхут) Зеир Анпина, каждая из которых включает ХАГАТ (Хесед-Гвура-Тиферет). И их двенадцать, а сама Бина над ними, т.е. престол, – тринадцатая. И они разделяются на две линии, правую и левую, потому что и Тиферет тоже делится на правую и левую линии, Хесед и Гвуру. Правые (свойства) называются источниками, а левые – реками. "Одни поднимаются", – те, что относятся к левой линии, и они светят снизу вверх, "а другие опускаются", – те, что относятся к правой линии, и они светят сверху вниз.[120] "И входят одни в другие" – т.е. они включены друг в друга. Ибо "один", – т.е. средняя линия, "убирает", – т.е. уменьшает, "его

---

[119] Тора, Шмот, 7:11-12. «И призвал Фараон мудрецов и чародеев, и сделали также и они, волхвы египетские, своими чарами то же самое. И бросили они каждый свой посох, и те сделались змеями, но посох Аарона поглотил их посохи».

[120] См. Зоар, главу Берешит, часть 1, п. 50. «Разногласие, которое было исправлено согласно высшему подобию – это то, которое поднимается и не опускается...»

рош" – т.е. левой линии, которая называется рекой, "и предаёт ее двум (гуф) телам", называемым источником и рекой. Ибо посредством экрана де-хирик средней линии уменьшается рош левой линии, а затем они включаются друг в друга, и рош, т.е. ВАК де-ГАР, раскрывается между этими двумя.[121] "Одно тело", в свойстве "светящееся", – т.е. левая сторона и Хохма, "берет от" хасадим, что в "правой наверху, и выводит вниз", – нижним, "тысячу потоков, вытекающих в четыре стороны"», – и это ХАГАТ и Малхут, в каждой из которых двести пятьдесят потоков.

Пояснение сказанного. Потоки – это сфирот, передающие свечение Хохмы от левой линии Бины, т.е. пять ее сфирот ХАГАТ-Нецах-Ход, каждая из которых это – сто, и их – пятьсот. И поскольку левая линия включилась в правую, она дает наполнение только от хазе и выше,[120] и это две сфиры с половиной – Хесед, Гвура и половина Тиферет до хазе, итого – двести пятьдесят. То есть двести пятьдесят в каждой из четырех сторон, и четырежды двести пятьдесят – это тысяча потоков. И это тысяча потоков со стороны святости. А ступени, которые плавают в этой тысяче потоков, называются святыми чудовищами.

105) «"Из этих тринадцати рек", – слева, "и источников", – справа, "вытекают тринадцать потоков", – света́ левой стороны. "Они входят в них и берут воду: четыреста девяносто девять с половиной – с одной стороны", с правой, "и четыреста девяносто девять с половиной – с другой стороны", с левой. "Остается половина отсюда и половина отсюда, и две половины становятся одной (мерой), которая входит меж этих потоков и становится змеем"».

Объяснение. Эти тринадцать потоков, вытекающие из тринадцати рек и источников, – не от клипот. Ведь их пока еще по числу тринадцать, которое включает среднюю линию. Но они являются корнями клипот, то есть от них питаются клипот, не желающие средней линии, которая уменьшает левую, чтобы та не давала наполнение сверху вниз. И потому говорит: «И берут воду: четыреста девяносто девять с половиной – с одной стороны и четыреста девяносто девять с половиной – с другой стороны», – так как клипот, получающие только от двух

---

[121] См. Зоар, главу Хаей Сара, п. 10, со слов: «Объяснение. Средняя линия не может согласовать две линии и включить их друг в друга прежде, чем уменьшает левую линию от ГАР до ВАК де-ГАР...»

линий, правой и левой, но не от средней линии, берут сами воду, т.е. изобилие, от тринадцати потоков, а не потоки дают им наполнение, поскольку находятся еще в святости, только посередине, между святостью и клипот, и поэтому они не хотят отдавать скверне. Однако клипот сами притягивают от двух линий тринадцати потоков, правой и левой, – пять сфирот (по сто), и это пятьсот, от правой линии, и пять сфирот (по сто), пятьсот, от левой линии, то есть также от хазе и ниже. Но им недостает половины сфиры от каждой линии. Ведь последняя сфира – это Ход, и это Малхут, так как ХАГАТ-Нецах-Ход – это КАХАБ-ТУМ,[122] и у нее нет ста сфирот, поскольку ее собственного свойства, Малхут меры суда, там недостает. И поэтому у нее есть только девять первых сфирот, составляющих девяносто. И от сфиры Малхут у нее тоже есть девять первых сфирот, составляющих девять. И от Малхут (сфиры) Малхут де-Малхут они тоже высасывают верхнюю часть, от хазе и выше, тогда как ее нижняя часть, от хазе и ниже, обязательно отсутствует, поскольку представляет собой сущность точки меры суда в ней, не подслащенной в Бине, и она пребывает в состоянии Малхут первого сокращения и неспособна принимать свет. И в любом месте, где она раскрывается, она выталкивает оттуда все света.[123]

И поэтому тысяча потоков не могли получить ее, и их тысяча без одного – половины Малхут (сфиры) Малхут де-Малхут от правой линии, и половины Малхут (сфиры) Малхут де-Малхут от левой линии. И из двух этих половин образовался этот змей, являющийся настоящей скверной. Однако это не значит, что весь этой змей произошел от них, но есть у него также и (части) от девяти первых сфирот, подслащенных в Бине. А смысл в том, что эта скверна, которая полностью является мерой суда и умерщвляет каждого, кто прикоснется к ней, включилась в нечистого змея и стала его хвостом, как мы объясним далее. И это – нечистый змей.

106) "Голова его", этого чудовища, "красная, как роза". Красный цвет указывает на суды, исходящие от Бины. "Чешуя его крепка, как железо". Сущность самой Малхут называется железом,[124] и это мера суда. "Крылья его – крылья-плавники",

---

[122] См. «Предисловие книги Зоар», статью «Роза», обозрение Сулам, п. 1, со слов: «И то, что мы называем только в Тиферет…»
[123] См. Зоар, главу Ваеце, п. 23.
[124] См. выше, п. 43.

т.е. плавники, "входят во все эти потоки. Когда поднимает свой хвост", т.е. свою Малхут, где находится точка меры суда, "оно бьет и отбрасывает остальных рыб. И никто не устоит перед ним"», потому что эта точка меры суда, что в хвосте его, к чему бы она ни прикоснулась, пробуждает там меру суда, т.е. первое сокращение, и света уходят оттуда, как мы уже сказали[125].

107) «"Пасть его", этого чудовища, – "пылающий огонь. Когда оно проплывает через все эти потоки", – т.е. когда притягивает Хохму сверху вниз, как и эти потоки, "содрогаются остальные рыбы", – т.е. ступени, "которые там", – в страхе, что оно раскроет в них точку меры суда, "и убегают оттуда в море", – в чистую Малхут. "Раз в семьдесят лет оно располагается (досл. лежит) в одном порядке", – т.е. в четырехстах девяносто девяти с половиной потоках правой линии, и восполняет недостающую справа половину. "А раз в семьдесят лет оно располагается в другом порядке", – т.е. в четырехстах девяносто девяти с половиной потоках левой линии, и восполняет недостающую слева половину, так как это чудовище состоит из тех самых двух половин, которых им недостает.[125] Таким образом, "тысяча потоков без одного наполняются от него", – т.е. восполняются с его помощью. "Это чудовище лежит в своих потоках"», и не плавает в них, так как лежа, оно не производит действия и не притягивает Хохму сверху вниз, тогда как плывя, оно совершает действие и притягивает сверху вниз, и раскрывается из-за этого мера суда в нем, которая причиняет им вред.

И сказано: «Раз в семьдесят лет», так как семьдесят лет проистекают из семи свойств ХАГАТ-НЕХИМ, каждое из которых состоит из десяти. И начинаются они с Хеседа, а завершаются Малхут, так как речь идет о келим, а в них высшие возрастают первыми.[126] «Раз в семьдесят лет» – в последний год, т.е. в Малхут де-Малхут этого чудовища, так как именно это свойство он взял у потоков, и потому, когда лежит в них, он их снова восполняет.

108) Но, «"когда оно плавает" в них, "выходит язык одного пламени в клипот", т.е. раскрывается точка меры суда в нем. "И тогда все потоки встают и бушуют в ярости, вздымая свои волны вверх и падая вниз", – и это образно называется яростью.

---

[125] См. выше, п. 105.
[126] См. «Предисловие книги Зоар», п. 23, со слов: «И нет противоречия...».

"Смешиваются эти потоки" друг с другом "и становятся синего цвета, близкого к черному", – т.е. к цвету Малхут. "И колеса движутся вверх в четырех сторонах мира", – т.е. колеса святой колесницы, притягивающие ГАР своим движением.[127] "А чудовище поднимает свой хвост и бьет наверху" по волнам, т.е. разбивает их, "и бьет внизу" по потокам, "все они бегут от него"».

109) «"Пока не поднимется в северной стороне одно огненное пламя", – т.е. пока не раскроются суды Бины посредством подъема Малхут к ней, и не призовет вестник: «Предстаньте, отряды, и разойдитесь в четырех направлениях, ибо отброшен будет всякий, кто набросит тенёта на морду (паним) чудовища, как сказано: "Я продену крюки в челюсти твои"[128], – и это сказано о чудовище, лежащем в потоках своих. "Тогда расходятся все отряды, и хватают чудовище, и сбоку протыкают челюсти морды (паним) его, и вводят его в отверстие (нукву) великой бездны" – т.е. Бины клипот, "пока не сокрушится сила его, и тогда возвращают чудовище в реки его"».

Пояснение сказанного. В тот момент, когда чудовище подходит к одному из (завершений) своих семидесяти лет, т.е. к своей Малхут де-Малхут, властвует его хвост, т.е. точка Малхут, не подслащенная в Бине; и тогда оно бьет им наверху по святости и внизу.[129] Тогда нужно устроить чудовищу западню, как сказано: «Я продену крюки в челюсти твои»[128], потому что Малхут тогда возвращается в Бину, и Бина входит в состояние катнут, и тогда все ступени, происходящие от нее, возвращаются в катнут из-за судов Бины.

«Пока не поднимется в северной стороне одно огненное пламя», – т.е. суды Малхут поднимаются в Бину, и в тот момент, когда у ступеней есть ГАР, то считается, что на каждой ступени

---

[127] См. Зоар, главу Шмот, п. 40. «Сказал рабби Шимон: "Мы открываем наши глаза, видим: колёса святой колесницы совершают свое движение…"»

[128] Пророки, Йехезкель, 29:2-5. «Сын человеческий! Обрати лицо твое к Фараону, царю египетскому и пророчествуй о нем и обо всем Египте. Говори и скажешь: "Так сказал Всемогущий Творец: "Вот Я против тебя, Фараон, царь египетский, большое чудовище, лежащее среди рек его, сказавшее: "Мне принадлежит река моя и я (сам) сотворил себя". Но Я продерну крюки в челюсти твои, и прилеплю к чешуе твоей рыбу рек твоих, и подниму тебя из рек твоих, и всю рыбу из рек твоих, прилипшую к чешуе твоей. И выброшу тебя в пустыню, тебя и всю рыбу рек твоих; на открытое поле ты упадешь, не будешь подобран и не будешь погребен. Зверям земным и птицам небесным отдам тебя в пищу"».

[129] См. выше, п. 108.

есть отряд из трех линий.[130] И одна из них, средняя линия, выводит и уменьшает рош средней линии и передает ее двум гуф. Когда же они возвращаются в катнут, считается, что отряды расходятся. И это смысл сказанного: «Предстаньте, отряды, и разойдитесь в четырех направлениях» – т.е., чтобы вернулись в катнут, «ибо отброшен будет всякий, кто набросит тенёта на морду (паним) чудовища». И что это за западня для его «паним»? Это, как сказано: «И хватают чудовище, и сбоку протыкают челюсти морды (паним) его», – так как проделывают в нем отверстие в свойстве паним, где находится его Бина.[131]

Голова чудовища красна, как роза, и властвуют в нем также суды Бины, и возвращается оно в катнут. Тогда «и вводят его в отверстие (нукву) великой бездны» – т.е. в Бину клипот, которая удерживается в катнуте Бины, «пока не сокрушится сила его» – т.е. пока не сокрушится сила его хвоста, и оно более не может причинить вреда своим хвостом. Причина в том, что клипот тянутся к тому, чтобы причинить вред находящемуся выше них, и когда чудовище находится в отверстии великой бездны, где приносит вред Бине, из-за подслащенной там Малхут оно теряет свою силу, кроющуюся в хвосте, и повреждает только ЗАТ. Поэтому сокрушается сила чудовища, и оно больше не может причинить вред своим хвостом.

Это и считается западней для чудовища, поскольку из-за того, что протягивают ему суды Бины, оно теряет суды Малхут. И тогда вновь опускают на свое место Малхут, поднявшуюся в Бину, и Бина возвращается в состояние гадлут. И так – все ступени, которые от нее происходят, вплоть до тысячи потоков без одного, в которых лежит чудовище. «И тогда возвращают чудовище в реки его», т.е. оно опять лежит в своих потоках.

110) "Раз в семьдесят лет делают ему это", ибо когда оно приходит к завершению семидесяти лет, т.е. к своей Малхут де-Малхут, тогда вновь пробуждается сила суда в его хвосте, "чтобы оно не испортило мест небосводов и их опор". Иначе говоря, чтобы оно не испортило своей точкой суда подслащение этих мест, представляющих свойства Малхут, подслащенные в Бине. Ведь от этого подслащения происходят небосводы, т.е. экраны второго сокращения, и их опоры, т.е. НЕХИ, исходящие

---

[130] См. выше, п. 104.
[131] См. ниже, п. 115.

от этих небосводов. "И за них все благодарят и восхваляют: "Давайте поклонимся и склонимся, преклоним колена пред Творцом, Создателем нашим"[132]».

Объяснение. Возвращение ступени из ГАР в ВАК называется склонением и преклонением. Разумеется, нет ступени, которая вознесла бы хвалу за возврат в ВАК. Однако когда усиливаются суды меры суда в чудовище, причиняющего вред ступеням наверху и внизу, и нет того, кто может устоять пред ним, тогда расставляют перед ним западню посредством возврата Бины и всех ступеней в катнут. Благодаря этому, как мы уже говорили, чудовище приходит к отверстию великой бездны и теряет там суды своей Малхут, которая не подслащена. И тем самым сокрушается сила чудовища. А затем возвращается Бина и все ступени в состояние гадлут, и чудовище больше не может причинить вред. Таким образом, благодаря этому склонению и преклонению, т.е. возвращению в ВАК без рош с целью расставить западню перед чудовищем, радуются все ступени, и благодарят Творца, и говорят: «Давайте поклонимся и склонимся, преклоним колена пред Творцом, Создателем нашим»[132], так как благодаря этому они спаслись от чудовища.

Таким образом, мы подробно выяснили вопрос о змее клипот, представляющем собой повторение волхвами превращения посоха в змея. Но посох Аарона, ставший змеем, – это змей святости, исходящий от высших источников и глубоких рек, которые находятся в тысяче потоков, разделяющихся на четыре стороны.

111) «"Однако высшие чудовища, стоящие наверху", в святости, т.е. левиатан и его пара, "это те, что были благословлены. Как сказано: "И благословил их Всесильный"[133]. Они властвуют над всеми остальными рыбами", т.е. ступенями, находящимися в потоках, "как сказано: "Наполняйте воду в морях"[133]. И об этом сказано: "Как многочисленны дела Твои, Творец! Всё мудростью содеял Ты"[134]».

---

[132] Писания, Псалмы, 95:6. «Давайте поклонимся и склонимся, преклоним колена пред Творцом, Создателем нашим».

[133] Тора, Берешит, 1:22. «И благословил их Всесильный, сказав: "Плодитесь и размножайтесь, и наполняйте воду в морях, а птицы пусть размножаются на земле"».

[134] Писания, Псалмы, 104:24. «Как многочисленны дела Твои, Творец! Всё мудростью содеял Ты, полна земля созданиями Твоими».

ГЛАВА ВАЭРА

Пламя обращающегося меча

112) «"Кисть (досл. гроздь) кипера – друг мой для меня"[135]. "Гроздь" – это высшая Има, Бина. "Как гроздь украшается во множестве листьев и множестве ветвей для Исраэля, вкушающих ее, так и высшая Шхина", Бина, "украшается", т.е. поднимает МАН к Хохме "во множестве украшений восьми келим", и это четыре буквы АВАЯ (הויה) и четыре буквы Адни (אדני), т.е. ЗОН. "Благодаря многочисленным жертвоприношениям", совершаемым Исраэлем, "благодаря многочисленным видам украшений, которыми она искупила своих сыновей, она стоит в них пред Царем", т.е. Хохмой. "И сразу же: "Я увижу ее, чтобы вспомнить вечный союз"[136] – т.е. Он совершает с ней зивуг, и Бина "дает нам от просьб ее", с которыми она обращалась к Хохме для нас, "посредством тех благословений, которые установили мудрецы в молитве, чтобы просить пред Царем"».

113) «"В это время" зивуга Хохмы и Бины "все суды нижней Шхины", т.е. Малхут, "АВАЯ Адни (הויה אדני), обращаются в милосердие в виде "йуд-хэй יה" "вав-хэй וה", чтобы исполнить слова: "Если будут (יהיו) грехи ваши красны, как багрянец, то станут белыми, как снег"[137] – т.е. "йуд-хэй יה" "вав-хэй וה". "Если же будут они красны, как кармазин" – т.е. "хэй-вав הו" "хэй-йуд הי", "то станут (יהיו) как шерсть" – т.е. "йуд-хэй יה" "вав-хэй וה". Все суды ее", Малхут, "становятся белыми благодаря высшей Шхине"», – Бине.

114) «"И Шхина", т.е. "хэй-вав-хэй-йуд הוהי", – это "пламя обращающегося меча, чтобы охранять путь к Древу жизни"[138]. И объяснили мудрецы", что называется она пламенем обращающегося меча, так как обращается иногда милосердием, иногда судом; иногда – мужским, иногда – женским; иногда – судом

---

[135] Писания, Песнь песней, 1:14. «Кисть кипера - друг мой для меня, в садах Эйн-Геди».
[136] Тора, Берешит, 9:16. «И как будет радуга в облаке, Я увижу ее, чтобы вспомнить вечный союз между Всесильным и между всяким живым существом во всякой плоти, что на земле».
[137] Пророки, Йешаяу, 1:18. «Давайте же рассудимся, – говорит Творец. – Если будут грехи ваши, как багрянец, то станут белыми, как снег, а если будут они красны, как кармазин, то станут (белыми), как шерсть».
[138] Тора, Берешит, 3:24. «И изгнал Адама и поместил к востоку от сада Эденского херувимов и пламя обращающегося меча, чтобы охранять путь к Древу жизни».

в виде "хэй-вав-хэй-йуд הוהי", иногда – милосердием в виде "йуд-хэй יה" "вав-хэй וה". Ибо она – со стороны Древа жизни" – иначе говоря, если Шхина соединяется с Древом жизни, т.е. с Зеир Анпином, поднявшимся к Бине, "все суды в ней обращаются в милосердие. А со стороны Древа познания добра и зла", – т.е. Шхины, когда она не соединена с Древом жизни, "всё милосердие в ней обращается в суд, чтобы с помощью них судить тех, кто нарушает речения Торы"».

Пояснение сказанного. Когда Малхут находится в состоянии катнут, т.е. суда, ее зивуг с Зеир Анпином называется АВАЯ Адни (הויה אדני), потому что «хэй-вав-хэй-йуд הוהי» – это АВАЯ (הויה) в обратном порядке, которая светит снизу вверх: сначала «йуд י» внизу, над ней – первая «хэй ה», затем «вав ו» над ней, а наверху во главе стоит последняя «хэй ה». Это указывает на то, что Зеир Анпин (находится в состоянии) ВАК без рош, и приносит суды имени Адни (אדני), т.е. Малхут. Свет ВАК Зеир Анпина, совершающий отдачу снизу вверх, называется также светом некева, т.е. женским.

А когда она совершает зивуг с Зеир Анпином гадлута, когда он поднялся к Бине, этот зивуг называется «йуд-хэй יה» «вав-хэй וה» Адни (אדני), ибо АВАЯ (הויה) в прямой последовательности указывает на то, что он отдает напрямую, сверху вниз. И тогда Зеир Анпин называется Древом жизни, – т.е. получает ГАР и жизнь от Бины. Этот свет Зеир Анпина называется светом захар, т.е. «иногда – мужским». И потому называется Малхут пламенем обращающегося меча, так как вследствие греха нижних, ЗОН опускаются из Бины вниз, и тогда совершается зивуг «хэй-вав-хэй-йуд הוהי» Адни (אדני). Когда же они совершают возвращение, ЗОН снова поднимаются в Бину, и все суды в ней обращаются в милосердие, и тогда это зивуг АВАЯ (הויה) Адни (אדני).

115) «"И это Древо жизни возвышается в будущем мире, т.е. в Бине, в которой все имена суда обращаются в милосердие. И поэтому пояснили мудрецы: "Не таков, как этот мир", Малхут, "будущий мир"», Бина. «Этот мир говорит на хорошие вести: "Благословен Добрый и Творящий добро", а на плохие вести говорит: "Благословен истинный Судья". Для будущего же мира Он полностью "Добр и Творящий добро"», поскольку нет там

суда.¹³⁹ Вот почему Бина – это пламя меча, обращающегося из суда в милосердие для праведников, чтобы дать им награду в будущем мире. Малхут – это пламя меча, обращающегося из милосердия в суды, чтобы судить ими нечестивцев в этом мире.

116) «"Но от Древа познания добра и зла, подобного посоху", который обращается в змея, т.е. обращается в настоящее зло, а не из милосердия в суд, "женщины иногда превращаются в демониц, а мужчины – в демонов. И потому: "И рассказал Яаков Рахели"¹⁴⁰, и потому пояснили мудрецы, что человеку не следует сходиться с женой, пока он не поговорит с ней: возможно, подменили жену его демоницей. Ведь пламя в Древе познания добра и зла обращается из добра в настоящее зло. И если ты скажешь, что колдуны Фараона, как сказано: "То же сделали и волхвы их чарами"¹⁴¹ – их чарами они обращали свои посохи в змеев?" Как они могли сделать это? "Но со стороны этих обращений", что в Древе познания добра и зла, "они действительно могут обращаться"».

Внутренний смысл сказанного. Демоны и демоницы – это творения, которые были сотворены в канун субботы, в сумерки, и не были закончены.¹⁴² Поэтому раскрыто в них неподслащенное свойство суда, и нет в них исправления сокрытием, как на ступенях святости.¹⁴³ И потому они причиняют вред миру. Куда бы они ни прилеплялись, они нарушают там исправление сокрытием, и раскрывается там точка Малхут неподслащенной меры суда, из-за которой света́ вынуждены удалиться, так как пребывает над ней сила сокращения.¹⁴²

И пока в человеке властвуют мохин де-катнут, он всегда находится в состоянии обращения. Есть два вида обращения: или из милосердия в суд, а из суда в милосердие, или из добра во зло, а из зла в добро. Вначале они обращаются над человеком из милосердия Бины в суд левой линии, т.е. в застывание всех светов. Это нужно для того, чтобы судить грешников,

---

¹³⁹ Вавилонский Талмуд, трактат Псахим, лист 50:1.
¹⁴⁰ Тора, Берешит, 29:12. «И рассказал Яаков Рахели, что он племянник отца ее и что он сын Ривки; и она побежала и рассказала своему отцу».
¹⁴¹ Тора, Шмот, 8:3.
¹⁴² См. «Предисловие книги Зоар», п. 248, со слов: «И спрашивается: "Разве не мог Творец подождать с освящением этого дня, пока не будут созданы тела для этих духов?"...»
¹⁴³ См. «Предисловие книги Зоар», статью «Две точки», п. 122.

тянущихся за этими мохин. И тогда совершается высший зивуг «хэй-вав-хэй-йуд» יהוה Адни (אדני).

Если же они продолжают грешить и не раскаиваются, то обращаются еще более из добра во зло, т.е. раскрывается в них Малхут меры суда, которая была скрыта в них, являющаяся злом, и света́ удаляются от них, как сказано: «А если не удостоился – то (стало) зло»[144]. Таким образом, эти мужчины и женщины, в которых было исправление сокрытием, обратились теперь в демонов и демониц, в которых нет исправления сокрытием, потому что Малхут меры суда, которая не подслащена, раскрылась в них, как в демонах и демоницах. И это значение сказанного: «Женщины иногда превращаются в демониц, а мужчины – в демонов».

И это означает сказанное им: «И потому: "И рассказал Яаков Рахели"[140]». Рассказ – это привлечение мохин де-гадлут. То есть, Яаков, являющийся свойством Зеир Анпина, привлек мохин де-гадлут к Рахели, свойству Малхут, чтобы она не обратилась в демоницу. Ибо все то время, пока она пребывает в мохин де-катнут, есть опасение, как бы не обратилась она в демоницу, т.е. исправление сокрытием нарушится в ней. И поэтому сказано: «Человеку не следует сходиться с женой, пока он не поговорит с ней: возможно, подменили жену его демоницей» – т.е. это намек на Зеир Анпина, который не наполнит Малхут посредством зивуга, прежде чем притянет к ней мохин де-гадлут, называемые рассказом, как в выражении: «Небеса рассказывают»[145], и называемые также речью. Ведь пока Малхут пребывает в мохин де-катнут, она может обратиться в демоницу, т.е. исправление сокрытием нарушится в ней, как у демоницы. И он спрашивает, как же тогда волхвы могли превратить свои посохи в змеев, если в них нарушено исправление сокрытием, а точка суда раскрыта, и они не способны получить даже свойство «жизнь зме́я»?

И отвечает: «Но со стороны этих обращений, они действительно могут обращаться» – т.е. относительно обращения из добра во зло и из зла в добро, имеющихся, как мы уже

---

[144] См. «Предисловие книги Зоар», п. 123. «Малхут – это Древо познания добра и зла, если удостоился человек – стало добром, а если не удостоился – то злом».

[145] Писания, Псалмы, 19:2. «Небеса рассказывают о славе Творца, о деянии рук Его повествует небосвод».

говорили, в Древе познания, колдуны тоже могут на какое-то время обратить свои посохи в змеев, т.е. притянуть света́ клипы зме́я. Ибо на какое-то время они могут скрыть свою меру суда и уподобиться мужчинам и женщинам, но ненадолго, и она в конце концов опять раскроется. Тогда исчезает дух жизни, который они притянули от нечистого змея, и змей их опять становится посохом.

ГЛАВА ВАЭРА

Возьми свой посох

117) «"Ты скажешь Аарону: "Возьми свой посох"[146]. Почему" избран для этого "посох Аарона, а не посох Моше? Однако тот, что у Моше, он более свят, так как на нем было начертано святое имя в высшем Эденском саду, и Творец не желал осквернять его посохами волхвов"», которые тот должен был бы поглотить, как сказано: «Но посох Аарона поглотил их посохи»[147]. «"И кроме того, чтобы подчинить всех тех, кто исходит от левой стороны", нужен посох Аарона, "потому что Аарон исходит от правой, ибо он коэн, а левая сторона подчиняется правой"».

118) «Рабби Хия спросил рабби Йоси: "Ведь Творцу было известно, что эти волхвы сделают змеев. В чем же тогда важность создания змеев перед Фараоном?" Сказал ему: "Это потому, что оттуда начало наказаний", – т.е. от первородного змея, совратившего Адама и Хаву. "И от начала змея берет начало власть Фараона", – т.е. от левой стороны. "Тогда", – когда они увидели превращение посоха Аарона в змея, "обрадовались все волхвы, так как начало мудрости их змеев было тем же". Ибо мохин малого состояния святости, исходящие от левой стороны, называются змеем, и в противоположность ему есть нечистый змей, исходящий от левой стороны, откуда волхвы извлекают свою мудрость. И потому они обрадовались, когда посох Аарона превратился в змея. "Но тотчас посох Аарона вновь стал сухим деревом и поглотил их"».

119) «"И этому они удивились и узнали, что есть высшее правление на земле. Ведь они думали, что внизу", на земле, "нет иной власти, способной что-либо сделать, кроме их власти. И тут: "Но посох Аарона поглотил их посохи"[147] – т.е. змей вновь обратился деревом и поглотил их"».

120) «"И поэтому Аарон явил два знамения: одно наверху и одно внизу. Одно наверху – что высший чистый змей возобладал над их змеями. Одно внизу – что возобладало дерево над их змеями, так как поглотило их. А Фараон был умнее всех

---

[146] Тора, Шмот, 7:9. «Если скажет вам Фараон, говоря: "Подтвердите это чудом", то ты скажешь Аарону: "Возьми свой посох и брось пред Фараоном", и он сделается змеем».

[147] Тора, Шмот, 7:12. «И бросили они каждый посох свой, и те сделались змеями, но посох Аарона поглотил их посохи».

своих волхвов и видел, что высшее правление властвует над землей, властвует наверху и властвует внизу"».

121) «Сказал рабби Йоси: "Чтобы ты не сказал, – колдуны, что бы они ни делали, добиваются этого только обманом зрения, т.е. это представляется так, но не более, – говорит Писание: "И те сделались змеями"» – т.е. они сделали этих змеев на самом деле. «И сказал рабби Йоси: "Даже, когда их змеи снова превратились в дерево, дерево Аарона поглотило их"». Ведь сказано: «Но посох Аарона поглотил их посохи»[147].

122) «"Сказано: "Вот Я – против тебя, Фараон, царь египетский, большое чудовище, лежащее среди рек его"[148]. И оно называется так, "потому что оттуда", от большого чудовища, "берет начало их власть внизу. Однако мудрость их привлекается под всеми ступенями"» чудовища и его потоков.

Объяснение. Чудовище и тысяча его потоков близки к святости. Когда чудовище лежит в них, они находятся в совершенстве.[149] И только в то время, когда оно плывет в своих потоках, раскрывается скверна в его хвосте раз в семьдесят лет. Однако ступени нечистоты, которые под большим чудовищем и его потоками, – скверна уже была впереди них, и они неспособны притянуть свет от чудовища и его потоков. Сказано, что власть берет начало от большого чудовища, и поэтому только царь их получает от него, тогда как мудрость самих египтян – от нижних ступеней.

123) «"Смотри, их мудрость находится на нижних ступенях, чтобы подчинять и порабощать эти ступени высшим ступеням", – т.е. большому чудовищу и его потокам, чтобы они включились в них, тогда они могут притягивать свет также и к нижним ступеням. "Вершина их власти и их корень – ниже этого чудовища, и они включены в чудовище, так как оттуда их высшая ступень", т.е. царь, "получает силу". И поэтому царь их похож на большое чудовище, лежащее в своих потоках. "И это

---

[148] Пророки, Йехезкель, 29:3. «Говори и скажешь: "Так сказал Всемогущий Творец: "Вот Я против тебя, Фараон, царь египетский, большое чудовище, лежащее среди рек его, сказавшее: "Мне принадлежит река моя и я (сам) сотворил себя"».
[149] См. выше, п. 106.

смысл сказанного: "Которая за жерновами"¹⁵⁰», что означает – за высшими ступенями, называемыми жерновами, которые не способны получить свет Хохмы, называемый «первенец», но только вследствие того, что подчиняют и порабощают его высшим ступеням, как было сказано, и поэтому он называется «первенец рабыни».

124) «Рабби Хия, сидевший однажды на входе во врата Уши, увидел рабби Эльазара", и одна птица, называемая "катфира, летела к нему. Сказал ему (рабби Эльазару): "Это значит, что даже если ты находишься в пути, все стремятся идти за тобой". Повернул (рабби Эльазар) голову и увидел ее. Сказал: "Безусловно есть у нее", у этой птицы, "своя миссия. Ибо Творец через всех совершает послание Свое, и множество посланников есть у Творца. И не говори, что" Он совершает послание Свое "только через то, в чем есть дух жизни, но даже и через то, в чем нет духа жизни"».

125) «Провозгласил и сказал: "Ведь камень из стены вопиет, и деревянная балка отвечает ему"¹⁵¹. Насколько же человек должен остерегаться прегрешений, чтобы не согрешить пред Творцом. А если ты скажешь: "Кто же свидетельствует о нем?!" Вот – камни дома его и кровля дома его свидетельствуют о нем. А иногда Творец через них осуществляет Свое послание. Смотри, через посох Аарона, являющийся сухим деревом, положил Творец начало чудесам. И через него было осуществлено два послания:
1. Ведь он – сухое дерево, а поглотил их змеев.
2. На какое-то время оно получило дух жизни и стало творением"».

126) «Сказал рабби Эльазар: "Да исчезнет дух тех, кто говорит, что Творец в будущем не оживит мертвых, ведь как может быть, чтобы Он сделал из них новое творение?! Пусть же придут и увидят эти глупые нечестивцы, далекие от Торы и далекие от Творца, что в руках Аарона был посох, сухое дерево, а Творец в нужный час обратил его в творение, изменившееся духом и телом. А тела, в которых уже был дух и святые души, и они

---

¹⁵⁰ Тора, Шмот, 11:5. «И умрет всякий первенец на земле египетской, от первенца Фараона, восседающего на его престоле, до первенца рабыни, которая за жерновами, и все первородное из скота».
¹⁵¹ Пророки, Хавакук, 2:11. «Ведь камень из стены вопиет, и деревянная балка отвечает ему».

соблюдали заповеди Торы и занимались Торой днем и ночью, и которые Творец спрятал в прах, их затем, когда возрадуется мир", после окончательного исправления, "Творец тем более сделает новым творением"».

127) «Сказал рабби Хия: "Но кроме того, восстанет то же самое тело, что и было. Сказано: "Оживут Твои умершие"[152], и не сказано, что Он сотворит. Это значит, что они уже были сотворены, и нужно только, чтобы они ожили. Ибо кость одна остается от тела под землей, и кость эта не гниет и не исчезает в прахе никогда. Но в этот момент Творец смягчит ее и сделает ее подобной закваске в тесте, и поднимется она, и раздастся в четырех направлениях, и от нее обретет совершенство тело и все его органы. А затем привнесет Творец дух в него". Сказал ему рабби Эльазар: "Так и будет. И смотри, с помощью чего эта кость смягчится, – с помощью росы. Как сказано: "Ибо роса рассветная – роса Твоя, и земля изрыгнет мертвых"[152]».

---

[152] Пророки, Йешаяу, 26:19. «Оживут Твои умершие, восстанут мертвые тела! Пробудитесь и ликуйте, покоящиеся во прахе, ибо роса рассветная – роса Твоя, и земля изрыгнет мертвых».

ГЛАВА ВАЭРА

И станут кровью

128) «"И сказал Творец Моше: "Скажи Аарону: "Простри руку свою на воды египтян: на реки их, на потоки их, на озера их и на всякое стечение вод их". И станут они кровью"[153]. Сказал рабби Йегуда: "Это изречение надо рассмотреть внимательно. Как же он мог добраться до всех этих мест?" – т.е. до всех вод египтян и всякого стечения их вод на всей земле египетской. А, кроме того, ведь сказано: "И исполнилось семь дней после того, как Творец поразил реку"[154]. Сказано: "Реку", а ты говоришь: "На воды египтян: на реки их, на потоки их, на озера их"[153]».

129) «Но "воды египтян" – это Нил. И оттуда наполняются все остальные озера, потоки и источники, и все их воды. И потому Аарон простер руку, чтобы поразить только Нил. И убедись, что это так, – ведь сказано: "И не могли египтяне пить воду из реки"[155]». Отсюда видно, что эта река включает все воды египтян.

130) «Сказал рабби Аба: "Смотри, нижние воды простираются в разных сторонах", т.е. в правой и в левой. "А высшие воды стекаются в месте собрания вод" – т.е. в Есоде Зеир Анпина, "как сказано: "И сказал Всесильный: Да соберутся воды под небесами в одно место"[156]. И сказано: "А стечение вод назвал морями"[157]. И мы уже выясняли это изречение. И обрати внимание, свод этот, на котором есть солнце, луна, звезды и созвездия", – т.е. Есод Зеир Анпина, включающий в себя все света Зеир Анпина, "это место собрания вод, которое принимает все воды", – т.е. все света, "и поит землю, являющуюся нижним

---

[153] Тора, Шмот, 7:19. «И сказал Творец Моше: "Скажи Аарону: "Возьми свой посох и простри руку свою на воды египтян: на реки их, на потоки их, на озера их и на всякое стечение вод их". И станут они кровью. И будет кровь на всей земле египетской, и на деревьях, и на камнях"».

[154] Тора, Шмот, 7:25. «И исполнилось семь дней после того, как Творец поразил реку».

[155] Тора, Шмот, 7:21. «И рыба, которая в реке, вымерла, и зловонной стала река, и не могли египтяне пить воду из реки, и была кровь на всей земле Египта».

[156] Тора, Берешит, 1:9. «И сказал Всесильный: "Да соберутся воды под небесами в одно место, и покажется суша". И было так».

[157] Тора, Берешит, 1:10. «И назвал Всесильный сушу землею, а стечение вод назвал морями. И увидел Всесильный, что это хорошо».

миром", – т.е. Малхут. "И когда она", земля "получает воду, она раздает и распределяет ее во все стороны, и оттуда пьют все"».

131) «"И в час, когда царит суд, нижний мир", – т.е. Малхут, "не питается от того небосвода, а питается от левой стороны", – которая не включена в правую. "И тогда называется он", Малхут, – "меч у Творца полон крови"[158]. Горе тем, кто питается тогда от него и пьет от него. Ибо в то время море", – т.е. Малхут, "питалось от двух сторон", – от Есода Зеир Анпина и от левой стороны, и потому "делилось на две части: белую", – со стороны Есода, "и красную", – с левой стороны. "И тогда оно вливает в реку часть, относящуюся к египтянам", – т.е. красную, "и поражает" их корень "наверху, и поражает внизу. И поэтому Исраэль пьют воду", – поскольку они слиты с Есодом Зеир Анпина, который является белой частью Малхут, "а египтяне пьют кровь"», – которая является красной частью Малхут.

132) «"И если ты скажешь, что казнь кровью заключалось лишь в том, что она вызывала отвращение, то знай: они пили кровь, и она входила в их внутренности и разрывала, и поднималась. Пока Исраэль не начали продавать им воду за деньги, и тогда они пили воду. И поэтому первым, что их поразило, была кровь"».

133) «Рабби Ицхак начал свою речь следующим изречением: "Превозносить буду Тебя, Всесильный мой Царь, и благословлять имя Твое во веки веков!"[159] Давид соответственно своей ступени сказал: "Превозносить буду Тебя", ведь сказал: "Всесильный мой", что означает – относящийся ко мне", – т.е. это Малхут, являющаяся его ступенью. "Ибо он хотел вознести добродетель свою", – т.е. Малхут, "и привести ее к высшему свету", – к Бине, "чтобы смешать их друг с другом, и тогда станут они", Малхут и Бина, "одним целым. И поэтому сказал: "Превозносить буду Тебя, Всесильный мой Царь"[159]».

134) «"Мы изучали, что все дни свои Давид старался исправить престол", – т.е. Малхут, "и осветить лик его" светом Бины, "чтобы защищал его. И он всегда светил нижнему свету", – т.е.

---

[158] Пророки, Йешаяу, 34:6. «Меч у Творца полон крови, тучнеет от тука, от крови баранов и козлов, от тука с почек баранов, ибо резня у Творца в Боцре, и заклание великое в земле Эдома».

[159] Писания, Псалмы, 145:1. «Хвалебная песнь Давида. Превозносить буду Тебя, Всесильный мой Царь, и благословлять имя Твое во веки веков!»

Малхут, высшим светом, т.е. Биной, чтобы они были одним целым", – т.е. чтобы Малхут поднялась в Бину, и тогда они одно целое. "И когда пришел Шломо, он нашел мир, т.е. Малхут, "совершенным, и что луна", – Малхут, "стала полной". Иными словами, что Малхут уже поднялась в Бину, и стала совершенной, и наполнилась там всеми своими светами, "и больше не надо было заботиться о ней, чтобы освещать ее"».

135) «"В час, когда желает Творец совершить возмездие над народами-идолопоклонниками, пробуждается левая сторона, и наполняется луна", т.е. Малхут, "кровью с этой стороны. Тогда наполняются кровью источники и ручьи внизу – все те, что в левой стороне. И потому суд их – кровь"».

136) «"Когда кровь эта пробуждается на какой-либо народ, она является кровью убитых, так как пробудит на них другой народ, который придет и уничтожит их. Однако в Египте не хотел Творец приводить на них другой народ, который пробудит на них кровь", – т.е. уничтожит их, "так как Исраэль были среди них, и чтобы не пожалели об этом" Исраэль, "живущие на их земле. Но Творец поразил их кровью в их реках так, чтобы не могли они пить"».

137) «"Поскольку правление их властвует в той реке, Творец наказал сначала их правление, чтобы первым был поражен их бог. Ибо Нил был одним из их богов. А также прочие их боги истекали кровью, как сказано: «И будет кровь на всей земле египетской, и на деревьях, и на камнях"[153]».

138) «Рабби Хия встал однажды ночью, чтобы заниматься Торой, и был вместе с ним маленький рабби Йоси, который был еще ребенком. Провозгласил рабби Хия и сказал: "Иди, ешь в радости хлеб свой и пей с веселым сердцем вино свое, ибо уже желанны Всесильному деяния твои"[160]. Что же имел в виду Шломо, сказав эти слова?"»

139) «Однако во всех словах Шломо была мудрость. И то, что он сказал: "Иди, ешь в радости хлеб свой"[160] означает, что когда человек идет путями Творца, Творец приближает его и дает

---

[160] Писания, Коэлет, 9:7. «Иди, ешь в радости хлеб свой и пей с веселым сердцем вино свое, ибо уже желанны Всесильному деяния твои».

ему мир и покой. Тогда хлеб и вино он ест и пьет с радостным сердцем, потому что Творцу желанны его деяния"».

140) «Сказал ему этот ребенок: "Если так, ты ведь сказал, что во всех словах Шломо была мудрость. Где же здесь мудрость?"» – в этом изречении. «Сказал ему (рабби Хия): «Сын мой, хорошенько перевари в себе" – т.е. исследуй внимательно, "и поймешь это изречение". Сказал ему: "Еще до того как переварил, я знаю". Сказал ему (рабби Хия): "Откуда это у тебя?!"»

141) «Сказал ему ребенок: "Слышал я голос один", – т.е. одну вещь, "от отца, который сказал об этом изречении, что Шломо предостерег людей (о необходимости) украшать Кнессет Исраэль", Малхут, "радостью, и это правая сторона", – т.е. свет хасадим, "и это хлеб, чтобы украшаться радостью", – потому что хлеб указывает на свет хасадим. "А затем пусть украсится вином, и это левая сторона", – т.е. свечение Хохмы в левой линии Бины, "чтобы вера всех", – т.е. Малхут, пребывала в совершенной радости в правой и левой. И когда будет она меж ними обеими, тогда все благословения пребывают в мире". Ибо это конечное совершенство Малхут, когда свечение левой линии, т.е. Хохма, облачится в свет хасадим правой, и тогда светят в ней обе, и называются они хлебом и вином. "И все это, когда Творцу желанны деяния людей. И это означает сказанное: "Ибо уже желанны Всесильному деяния твои"[160]. Подошел рабби Хия и поцеловал его. Сказал: "Уверяю тебя, сын мой, что эту вещь я оставил для тебя"». Иначе говоря: «Несмотря на то, что и я это знал, все же не сказал, а оставил это с тем, чтобы ты сказал». «"И теперь узнал я, что Творец желает украсить тебя Торой"».

ГЛАВА ВАЭРА

Возложи на сердце свое

142) «И еще провозгласил рабби Хия и сказал: "Скажи Аарону: "Возьми свой посох и простри руку свою на воды египтян"¹⁶¹. Почему же Аарон, а не Моше? Однако, сказал Творец: "Аарон", – т.е. правая линия, "воды стоят" благодаря ему "на месте его", – потому что воды в правой стороне, "а левая хочет притянуть воды оттуда. Аарон, происходящий от другой стороны, будет пробуждать изобилие вод, а когда левая сторона", т.е. египтяне, "получит их, они превратятся в кровь"».

143) «"Так вот, нижнюю из всех ступеней" – Малхут, называемую мечом Творца, полным крови,¹⁵⁸ "Он поразил первой. И потому вода их превратилась в кровь". Сказал рабби Шимон: "От нижнего", – т.е. Малхут, "начал Творец поражать (их). И рука Его", – в которой есть десять пальцев, называемые десятью сфирот, "поражала каждым пальцем", – от Малхут до Кетера. "И когда Он дошел до их высшей ступени", которая является первенцем всех этих ступеней, т.е. соответствующая Кетеру, "Он сделал Свое, и прошел по земле Египта, и убил всех. Таким образом, Он убил всех первенцев в земле египетской, так как это – их высшая ступень и первенец всего"».

144) «"Власть Фараона держалась на силе воды, как сказано: "Большое чудовище, лежащее среди рек его"¹⁶². Поэтому сначала река его превратилась в кровь. А потом" вышли оттуда "жабы, которые сражали их", египтян, "голосами, вводящими в дрожь, ибо кричали в нутре у них. Они выходили из реки и поднимались на сушу, и возносили голоса во все стороны, пока египтяне не падали замертво в своих домах"».

145) «"Дело в том, что все эти десять знамений, которые свершил Творец, все они исходили от сильной руки" – т.е. Гвуры. "Рука эта укрепилась над всеми ступенями их правления,

---

¹⁶¹ Тора, Шмот, 7:19. «И сказал Творец Моше: "Скажи Аарону: "Возьми свой посох и простри руку свою на воды египтян: на реки их, на потоки их, на озера их и на всякое стечение вод их". И станут они кровью. И будет кровь на всей земле египетской, и на деревьях, и на камнях».

¹⁶² Пророки, Йехезкель, 29:3. «Говори и скажешь: "Так сказал Всемогущий Творец: "Вот Я против тебя, Фараон, царь египетский, большое чудовище, лежащее среди рек его, сказавшее: "Мне принадлежит река моя и я (сам) сотворил себя"».

чтобы запутать их знание. И не знали они, что делать", чтобы спастись. "Смотри, все эти их ступени, когда они выходили что-то делать, всем казалось, что они ничего не смогут сделать", чтобы спастись от казней, "из-за сильной руки, которая пребывала над ними"».

ГЛАВА ВАЭРА

И воскишит река жабами

146) «"И воскишит река жабами, и поднимутся они, и войдут в твой дом"[163]. Рабби Шимон провозгласил и сказал: "Слышится голос в вышине, стон, плач, рыдание: Рахель оплакивает сыновей своих"[164]. Смотри, это изречение уже разбиралось во многих местах. И непонятно это изречение, ведь сказано: "Рахель оплакивает сыновей своих". Но ведь сыновьями Рахели были только Йосеф и Биньямин, а шесть колен были от Леи, почему же плакала Рахель, а не Лея?"»

147) «"Но так сказано. Написано: "И глаза у Леи слабы"[165]. А почему они были слабыми? – Потому что каждый день она выходила на перепутье и вопрошала об Эсаве. И рассказывали ей о делах того нечестивца, и боялась она, как бы ей не пришлось разделить его судьбу. И плакала она каждый день, пока не ослабли глаза ее"».

148) «"И Творец сказал: "Ты плакала о том, чтобы удостоиться праведника Яакова и не разделить судьбу того нечестивца. Клянусь, сестра твоя встанет на перепутье и будет оплакивать изгнание Исраэля. А ты будешь внутри", – т.е. в пещере Махпела, "и не будешь плакать о них. А Рахель, – она будет оплакивать изгнание Исраэля"».

149) «"Однако, это изречение – оно о том, что мы говорили". Иначе говоря, согласно простому толкованию, – это то, о чем мы говорили. "Но скрытый смысл сказанного заключается в том, что Рахель и Лея – это два мира", где Нуква от хазе Зеир Анпина и выше зовется Леей, а Нуква от хазе Зеир Анпина и ниже зовется Рахелью. "Один – это мир, который был скрыт", – т.е. Лея, "а другой – мир, который раскрылся", – т.е. Рахель. "Поэтому одна", Лея, "была похоронена, спрятана в пещере и укрыта, а другая", Рахель, "находится на перепутье", – т.е.

---

[163] Тора, Шмот, 7:28-29. «И воскишит река жабами, и поднимутся они, и войдут в твой дом, и в твой спальный покой, и в твою постель, и в дом твоих слуг, и в (дом) твоего народа, и в твои печи, и в твои квашни. И на тебя, и на твой народ, и на всех твоих слуг поднимутся жабы».

[164] Пророки, Йермияу, 31:14. «Так сказал Творец: "Слышен голос в вышине, стон, плач, рыдание: Рахель оплакивает сыновей своих; не хочет она утешиться из-за детей своих, ибо не стало его"».

[165] Тора, Берешит, 29:17. «И глаза у Леи слабы, а Рахель была хороша обликом и хороша видом».

захоронена на пути в Эфрат,[166] "открыто. И всё это по высшему подобию. Поэтому Яаков не поместил ее", Рахель, "в пещеру или в другое место, ибо сказано: "Когда оставалась еще кивра земли идти до Эфрата"[167], и не поместил ее в городе, так как знал, что место для нее должно быть открытым местом"».

150) «"Кнессет Исраэль", – т.е. Малхут, "зовется Рахелью. Это как сказано: "И как овца (рахель) безгласная перед стригущими ее"[168]. А почему она безгласная? – Потому что когда властвуют другие народы, пропадает у нее голос", – Зеир Анпин, "и она становится безгласной"».

151) «"И это значение сказанного: "Слышен голос в вышине, стон, плач, рыдание"[164] "Слышен голос в вышине" – это высший Йерушалаим", – т.е. Бина. "Рахель оплакивает сыновей своих"[164], – все время, пока Исраэль в изгнании, она оплакивает их, ибо она их мать. И почему? "Ибо не стало его". Ведь следовало сказать: "Ибо не стало их"? Но это потому, что муж ее", Зеир Анпин, "называемый "голос", ушел от нее и не соединен с ней"».

152) «"Не один раз плакала она об Исраэле, а за каждый час, проведенный ими в изгнании. И за это", – за то, что они причинили вред голосу, который ушел от Рахели, "Творец устраивает голос египтянам", в наказание, "как сказано: "И будет вопль великий по всей земле египетской, какого не бывало и какого не будет более"[169]. А также приготовил Он для них другие голоса, через этих жаб, которые поднимали голос в нутре их, и они падали замертво на рыночных площадях"».

153) «"И поднялась жаба"[170], ведь следовало сказать – жабы, во множественном числе. Но это была одна жаба, и

---

[166] См. Тора, Берешит, 35:19. «И умерла Рахель, и погребена была на пути в Эфрат, он же Бэйт-Лехем».

[167] Тора, Берешит, 48:7. «А когда я шел из Падана, умерла у меня Рахель на земле Кнаан, в пути, когда оставалась еще кивра земли идти до Эфрата; и похоронил я ее там, на пути в Эфрат, он же Бэйт-Лехем».

[168] Пророки, Йешаяу, 53:7. «Притеснен и измучен он был, и не открывал рта своего, как агнец, ведомый на заклание, и как овца безгласная пред стригущими ее, и не открывал рта своего».

[169] Тора, Шмот, 11:6. «И будет вопль великий по всей земле египетской, какого не бывало и какого не будет более».

[170] Тора, Шмот, 8:2. «И простер Аарон свою руку над водами Египта, и поднялась жаба, и покрыла всю землю Мицраима».

она порождала (других), и наполнилась ими земля. И все они предавали себя огню, как сказано: "И в твои печи, и в твои квашни"[163]. "И если ты спросишь: "Какое им, египтянам, дело до того, что все жабы бросались в огонь?" Но все они входили в огонь, расходились по печи и не умирали. А те, которые умирали, что делали. В печи был хлеб, они забирались в хлеб и лопались, а из них выходили другие и впитывались в хлеб. И когда (египтяне) ели хлеб, он внутри них снова становился жабами, и прыгали и издавали голос, пока египтяне не умирали. Эта казнь была для них самой тяжелой из всех. Сказано: "И воскишит река жабами, и поднимутся они, и войдут в твой дом, и в твой спальный покой, и в твою постель... (И на тебя, и на твой народ, и на всех твоих слуг поднимутся жабы)"[163] – т.е. они забирались внутрь их тела. "Фараон же был поражен первым и более других, ведь так и сказано: "И на тебя, и на твой народ, и на всех твоих слуг". Да будет благословенно во веки веков имя Творца, который наблюдает за делами людей, за всем, что они делают"».

154) «"Сказано: "И увидели ее вельможи Фараона, и похвалили ее Фараону, и взята была эта женщина в дом Фараона"[171]. Это изречение требует разъяснения. Три Фараона указаны здесь. Один Фараон был в то время, еще один – имеется в виду тот Фараон, что был во времена Йосефа, и еще один – Фараон в дни Моше, который был поражен его посохом"».

155) «"Первый Фараон, когда была взята к нему Сара, намекнул художникам, и они нарисовали ее образ в его комнате на стене, что над его кроватью. И не успокоился он, пока они не нанесли образ Сары на скрижаль. Восходя на свое ложе, он брал эту скрижаль с собой. Каждый царь после него видел этот образ, отображенный в рисунке. И представали пред ним утешители, и когда он восходил на ложе, то наслаждался этим изображением. Поэтому был поражен царь здесь более всех, т.е. как сказано: "И в твой спальный покой, и в твою постель"[163], а затем: "И в дом твоих слуг, и в (дом) твоего народа" – и во всех случаях не говорится об их постели, а только о его постели"».

156) «Рабби Аба провозгласил: "Все реки текут в море, но море не переполняется; к месту, куда реки текут, туда вновь

---

[171] Тора, Берешит, 12:15. «И увидели ее вельможи Фараона, и похвалили ее Фараону, и взята была эта женщина в дом Фараона».

приходят они"[172]. Это изречение выяснялось, и товарищи говорили о нем. Но сам посмотри: когда эти реки", – т.е. света Зеир Анпина, "текут в море", – т.е. в Малхут, "и море принимает их и поглощает их в себя, ибо вода замерзает в море, и этот лед вбирает в себя всю воду, которая к нему приходит. А потом выходит вода благодаря силе юга", – т.е. благодаря хасадим правой стороны, "и поит всех зверей полевых, как сказано: "Поят они всех зверей полевых"[173]».

Объяснение. Сначала Малхут получает только от левой стороны, и тогда ее уровень равен Зеир Анпину, поскольку тогда у нее есть ГАР Хохмы, но без хасадим, а Хохма не может светить без хасадим, и потому Малхут становится тогда замерзшим морем, так как свет в ней застыл и не светит. А потом приходит средняя линия и усиливает правую линию над левой, и тогда правая линия передает хасадим левой линии, и Хохма облачается в хасадим. И тогда тает лед, и море поит все миры, как мы уже подробно выясняли.[174] Однако вследствие этого Хохма уменьшается на ГАР, и в ней остается только ВАК де-ГАР.[175]

И это означает сказанное: «Когда реки текут в море» – т.е. это света левой линии Бины, которые Зеир Анпин дает Малхут, как сказано: «Левая рука его у меня под головою»[176]. «И море принимает их и поглощает их в себя, ибо вода замерзает в море, и этот лед вбирает в себя всю воду, которая к нему приходит», – так как большие света ГАР Хохмы приходят в Малхут лишь когда оно (море) застыло, потому что после того, как растаял лед, у нее остается только ВАК Хохмы, как мы уже сказали. И поэтому считается, что «этот лед вбирает в себя всю воду, которая к нему приходит», даже ГАР Хохмы, – но не в состоянии, которое наступает потом. «А потом выходит вода благодаря силе юга», – когда правая линия, т.е. юг, берет верх над левой, и дает ей тогда хасадим для облачения Хохмы, то лед тает, снова превращаясь в воду, чтобы наполнять всех

---

[172] Писания, Коэлет, 1:7. «Все реки текут в море, но море не переполняется; к месту, куда реки текут, туда вновь приходят они».

[173] Писания, Псалмы, 104:10-11. «Ты собираешь источники в реки, текущие между гор. Поят они всех зверей полевых, дикие звери утоляют жажду».

[174] См. Зоар, главу Берешит, часть 1, п. 301, со слов: «Малхут становится "застывшим морем"...»

[175] См. Зоар, главу Ваехи, п. 534.

[176] Писания, Песнь песней, 2:6. «Левая рука его у меня под головою, а правая – обнимает меня».

нижних. «И поит всех зверей полевых», – т.е. ступени в мирах БЕА, которые вне мира Ацилут.

157) «"И смотри, застывшее море", – т.е. в то время, когда море получает от левой линии, и тогда застывает, "вбирает всю воду", – и даже ГАР Хохмы. "И оно тает благодаря силе юга, как мы учили", – который берет верх над левой, т.е. северной стороной, с помощью средней линии, и тогда передает ей хасадим для облачения Хохмы в ней, благодаря чему оно (море) может светить вниз. И это означает, что лед растаял и снова стал водой. "И поэтому оно не наполняется, как уже выяснилось"». Ведь вследствие того, что оно вновь становится водой только с помощью средней линии, которая усиливает юг над севером, оно теряет в результате этого ГАР Хохмы, которые получало, будучи застывшим. И получается, что оно не наполняется, так как недостает ему ГАР.

158) «И вот в изречении: "К месту, куда реки текут, туда вновь приходят они"[172], товарищи указали, почему они возвращаются. Потому что река, которая берет начало и вытекает из Эдена", т.е. из Есода Зеир Анпина, "никогда не прекращает давать свое наполнение" Малхут, "и она всегда несет воды морю. И потому воды снова приходят, и снова текут, и снова, и не иссякают никогда. И когда она вновь приходит, чтобы течь и поить всех", – т.е. чтобы провести Хохму, подавляющую все клипот, "приходит северный ветер", – т.е. левая линия, источник Хохмы, и вода застывает. "А южный ветер, который жарок, освобождает ее, чтобы она могла течь в любой стороне. И потому это море расположено меж двух этих сторон", северной и южной, «и благодаря им море существует. И корабли", – т.е. ступени, получающие от Малхут, "плавают и перемещаются в нем в любом направлении"», – т.е. после того как четыре стороны юг-север-восток-запад включаются друг в друга.

159) «"Смотри, когда царь", – т.е. Зеир Анпин, "подходит к постели", – т.е. к Малхут, "в час, когда разделяется ночь, пробуждается северный ветер", – т.е. левая линия, "и он пробуждает любовь к царице", – т.е. к Малхут. "Ибо без пробуждения северной стороны царь не соединился бы с ней, потому что от севера берет начало любовь, как сказано: "Левая рука его у меня под головою"[176], а юг", – т.е. правая линия, "охватывает любовью, как сказано: "А правая – обнимает меня"[176].

Тогда многочисленные утешители пробуждают песнь, пока не настанет утро, как сказано: "Когда возликуют вместе утренние звезды, и возгласят приветствия ангелы Всесильного"[177]».

160) «"А когда настает утро, все высшие и нижние возглашают песнь". Ибо ночью возглашают песнь только ангелы, исходящие от левой линии. Однако утром все возглашают песнь, – даже те, кто исходит от правой линии, – потому что тогда все линии включаются друг в друга под властью правой линии. "И подобно этому, возглашают песнь Исраэль внизу, как сказано: "Напоминающие о Творце – не давайте себе покоя"[178]. "Не давайте себе покоя" – сказано именно нижним"», – т.е. Исраэлю.

161) «"Когда разделяется ночь, те, кто стремятся всегда напоминать о Творце, не дают покоя сердцу и встают" с постели, "чтобы напомнить о Творце. Утром на рассвете они первыми приходят в дом собрания и восхваляют Творца. А также после полудня", – во время минхи. А также ночью, когда темнеет, и ночь сливается с тьмою, и солнце ночует. О них-то и сказано: "Напоминающие о Творце – не давайте себе покоя"[178], – и это святой народ Исраэля"».

162) «"За это вспомнил о них Творец в Египте, и поднялись на Фараона те, которые не утихнут ни днем, ни ночью. И кто это? – Жабы, голос которых никогда не смолкает. Это потому, что он (Фараон) обрушился на святой народ, который днем и ночью, не умолкая, славит Творца. И не было в Египте ни одного человека, который мог бы поговорить с другим. И была загублена ими земля, и от голоса их умирали младенцы и дети"».

163) «"Ты спросишь: "Почему же они не могли убить их?" – жаб. "Но если человек поднимал палку или камень, чтобы убить одну, она лопалась, и вылезали из нее, из нутра ее, шесть жаб, и начинали загаживать землю, пока к ним не перестали приближаться"».

---

[177] Писания, Иов, 38:7. «Когда возликуют вместе утренние звезды, и возгласят приветствия ангелы Всесильного».

[178] Пророки, Йешаяу, 62:6. «На стенах твоих, Йерушалаим, Я поставил стражей, весь день и всю ночь, всегда, не будут молчать они; напоминающие о Творце – не давайте себе покоя!»

164) «"Смотри, много рек и много потоков вытекает из высшего моря", Малхут, "когда показываются и текут воды. И расходятся в разные стороны множество ручьев, (превращаясь) в многочисленные реки и потоки, и они являются частью, назначенной над египетской стороной. Это и есть "воды кишащие"[179], ибо нет вод, вытекающих из моря, которые не произвели бы рыб различного вида"».

165) «Если реки и потоки – это высшие ступени, происходящие от Малхут, то "кем в таком случае являются эти рыбы? Это посланцы в мире, назначенные выполнять волю своего Господина, и назначены они духом мудрости. Есть вода, взращивающая мудрецов, и есть вода, взращивающая глупцов, т.е. соответственно рекам, которые делятся на все эти свойства"».

166) «"А здесь, реки Египта взращивают владеющих колдовством, – сильных рыб, связанных с десятью ступенями колдовства, о которых сказано: "Маг, чародейства, волхв, гадатель, колдун, заклинатель, вызывающий духов, ведун, вопрошающий мертвых"[180]. Маг – одна ступень, чародейства – это две, итого три, а вместе с остальными семью – десять. "Таковы десять видов колдовской мудрости"».

167) «"И в то время", – выхода из Египта, "простер Творец свой перст и перемешал эти реки и потоки египтян", – т.е. высшие ступени, от которых питаются египтяне. "И прекратились у них мудрые рыбы, перестав давать им мудрость. Одна (река) стала кровью, а в другой рыбы", т.е. жабы, "возносили голос свой, чтобы привлечь дух мудрости, но тщетно, и не сошел на них дух их премудростей"».

168) «"Скопище (аров ערוב)"[181] тоже наподобие этого, т.е. Он перемешал различные (ступени) их мудрости, и не могли

---

[179] Тора, Берешит, 1:20. «И сказал Всесильный: "Да воскишат воды кишением существ живых, и птицы да летают над землею под сводом небесным"».

[180] Тора, Дварим, 18:10-11. «Да не найдется у тебя никого, кто проводил бы сына своего и дочь свою через огонь, мага, чародейств, и гадателя, и колдуна, и заклинателя, и вызывающего духов, и ведуна, и вопрошающего мертвых».

[181] Тора, Шмот, 8:17. «Ибо если ты не отпустишь Мой народ, вот Я напущу на тебя, и на твоих слуг, и на твой народ, и на твои дома скопище (хищных зверей и гадов), и наполнятся дома Египта этим скопищем, а также земля, на которой они (обитают)».

они их постичь. Но мало того, даже те" ступени их мудрости, "которые уже находились на земле, стали губительны для них на земле", т.е. стали вредящими, "и уничтожали пути их. "Скопище". Что означает "скопище"? Это смешение, как сказано: "Одежда из смешанной ткани"[182], – т.е. из разнородного", шерсти и льна, "как сказано: "Поля твоего не засевай семенем разнородным"[182], что означает – засевать разными видами при ручном посеве"».

169) «"Смотри, множество сил пробудились наверху, как одна. И Творец перемешал их вместе, чтобы перемешать их мощные силы наверху. И все могучие деяния, которые свершил Творец в Египте, были совершены одной рукой", – т.е. сильной рукой, как мы уже сказали. Вознес Он над ними руку Свою наверху и внизу, и с тех пор была утрачена мудрость египтян, как сказано: "Пропадет мудрость мудрецов его, и разум разумных его исчезнет"[183]».

170) «"И буду Я подстрекать египтян (досл. Египет) против египтян (Египта)"[184] – высший Египет", их правителей, "против нижнего Египта. Ибо те воинства, которые наверху, поставлены над воинствами внизу, и перемешались все они, и перемешались их построения наверху, и не могли египтяне своими чарами установить связь с этими местами" их правителей наверху, "с которыми связывались сначала, так как были они перемешаны. И поэтому навел на них (Творец) казнь скопища – т.е. животных, перемешанных между собой"».

171) «"Что означают вши, которых поднял прах земной? Смотри, всё, что порождается на земле, происходит от силы высшего правителя, от того, что посеяно над этим, и всё вершится по высшему подобию"».

172) «"Смотри, семь небосводов сделал Творец, и сообразно этому семь земель. И это – пределы, которые уже выяснились

---

[182] Тора, Ваикра, 19:19. «Законы Мои соблюдайте: скота твоего не своди с другой породой; поля твоего не засевай семенем разнородным, и одежда из смешанной ткани, шерстяной и льняной, да не покрывает тебя».
[183] Пророки, Йешаяу, 29:14. «Поэтому вот, Я опять удивлю народ этот чудом дивным, и пропадет мудрость мудрецов его, и разум разумных его исчезнет».
[184] Пророки, Йешаяу, 19:2. «И буду Я подстрекать египтян против египтян, и будут они воевать – брат с братом своим и друг с другом своим, город с городом, царство с царством».

на своем месте" – т.е. они соответствуют семи сфирот ХАГАТ НЕХИМ. "Есть семь небосводов наверху и семь пределов земли наверху. И соответственно этому распространяются ступени внизу – семь небосводов и семь пределов земли. И их выяснили товарищи, что эти семь земель, они как семь отделов, один над другим"».

И не надо это путать с тем, что объясняется в Зоаре, в главе Ваикра. И говорится там: «И все эти небосводы – они один над другим, как слои лука...»[185]. Ибо есть два порядка в мирах:
1. Когда они упорядочены в виде окружностей, одна в другой, и чем она дальше от центра, тем важнее. Самая внешняя окружность находится наверху, рядом с Бесконечностью, и самая незначительная – внутри всех, это наш мир.
2. Когда они упорядочены по прямой, один под другим, и среди них более внутренний, он более важный, а внешний – хуже него.[186]

А в Зоаре, в главе Ваикра, говорится о порядке окружностей, которые располагаются одна внутри другой, подобно слоям лука. Здесь же речь идет о прямом порядке, и потому святая земля находится внутри, а семьдесят земель народов окружают ее снаружи. Ибо при прямом порядке каждый более внутренний, он лучший.

173) «"Эти пределы земли наверху", – которые соответствуют ХАГАТ НЕХИМ, "каждый из них распространяется в десять", – потому что каждая (сфира) в ХАГАТ НЕХИМ состоит из десяти сфирот. "И поэтому они распределяются на семьдесят правителей, назначенных над семьюдесятью народами. И эти земли, являющиеся пределом каждого из народов", – т.е. семьдесят земель, "окружают святую землю Исраэля, как сказано: "Вот ложе Шломо. Шестьдесят воинов вокруг него, воинов Исраэля"[187]. И есть десять, которые скрыты в них", и вместе их семьдесят. "И это – те семьдесят, которые окружают святую землю. И это – наверху, и соответственно этому также внизу"».

---

[185] См. Зоар, главу Ваикра, п. 136.
[186] См. «Учение десяти сфирот», часть 2, «Внутреннее созерцание».
[187] Писания, Песнь песней, 3:7. «Вот ложе Шломо, шестьдесят воинов вокруг него, воинов Исраэля».

174) «"И обрати внимание, земля эта – это предел, являющийся частью Египта. Простер Творец в то время перст, и родились языки пламени в этом пределе, и пересохли все пределы, орошаемые водой, и (не осталось) ни капли от поступающих вод. Тогда внизу", в земле египетской, появились вши из праха земного"».

175) «"Ведь сказано, что Аарон ударил" по праху земному, (вызвав) вшей[188], а ты говоришь, что Творец простер свой перст? Однако для того и ударил Аарон, чтобы показать, что десница Творца сокрушила врагов, как сказано: "Десница Твоя, Творец, сокрушает врага"[189]. Ибо Аарон – священник, т.е. строение для десницы Творца. И подобное нашлет Творец в будущем на великий город Рим, как сказано: "И превратятся потоки его в смолу, а прах его – в серу"[190]. И поэтому", – потому что Он высушил воду в прахе египетском, "весь прах земной стал вшами по всей земле Египта"».

---

[188] См. Тора, Шмот, 8:12-13. «И сказал Творец Моше: "Скажи Аарону, чтобы простер посох свой и ударил по праху земному, и превратится он во вшей на всей земле Египетской". И сделали они так, и простер Аарон руку свою с посохом своим, и ударил по праху земному; и появились вши на людях и на скоте. Весь прах земной стал вшами по всей земле Египетской».

[189] Тора, Шмот, 15:6. «Десница Твоя, Творец, величественна силой, десница Твоя, Творец, сокрушает врага!»

[190] Пророки, Йешаяу, 34:9. «И превратятся потоки его в смолу, и прах его – в серу, и будет земля его смолой горящей».

ГЛАВА ВАЭРА

И строил он его семь лет

176) «Рабби Йегуда и рабби Хия находились в пути. Сказал рабби Хия: "Когда товарищи находятся в пути, они должны идти, будучи одним сердцем. А если встретятся им или будут идти среди них грешники мира или люди, не относящиеся к царскому чертогу, нужно отделиться от них. Откуда нам это известно? Из того, что было с Ка́левом, как сказано: "Но раба Моего, Калева, за то, что в нем был дух иной, и он был полностью предан Мне"[191]. Что такое: "Дух иной"? Это значит, что он отделился от разведчиков, как сказано: "И поднялись они на юге, и дошел до Хеврона"[192]». Ведь следовало сказать: «И дошли», – во множественном числе. «"Но это потому, что он расстался с разведчиками и один пришел в Хеврон, чтобы поклониться могилам праотцев"», – поэтому сказано: «И дошел до Хеврона»[192], в единственном числе.

177) «"И Хеврон был дан ему в удел и во владение, чтобы укрепился в нем, как сказано: "И ему дам Я землю, на какую ступил он"[193]. Почему был дан ему Хеврон? Если из-за того, что поклонился могилам праотцев, чтобы спастись от (дурного) совета" разведчиков, "и спасся, – то нет!"»

178) «"Но слышал я, что смысл этого, он как в сказанном: "И вопросил Давид Творца, сказав: "Подняться ли мне в один из городов Иудейских?" И сказал ему Творец: "Поднимись". И сказал Давид: "Куда подняться мне?" И сказал Он: "В Хеврон"[194]. Здесь нужно всмотреться внимательно. Когда уже умер Шауль, а Давид был помазан на царство еще при жизни Шауля, почему не поставили править Давида после смерти Шауля? И почему

---

[191] Тора, Бемидбар, 14:24 «Но раба Моего, Калева, за то, что в нем был дух иной, и он был полностью предан Мне, его приведу Я на землю, куда он ходил, и его потомство овладеет ею».

[192] Тора, Бемидбар, 13:22. «И поднялись они на юге, и дошел до Хеврона, а там Ахиман, Шешай и Талмай, порожденные Анаком. А Хеврон построен семью годами раньше, чем Цоан-Мицраим».

[193] Тора, Дварим, 1:35-36. «Никто из людей этих, из этого злого рода, не увидит доброй земли, которую Я поклялся отдать отцам вашим. Кроме Калева, сына Йефуне, – он увидит ее, и ему дам Я землю, на какую ступил он, и его сынам, за то, что был полностью предан Творцу».

[194] Пророки, Шмуэль 2, 2:1. «И было после этого, и вопросил Давид Творца, сказав: "Подняться ли мне в один из городов Иудейских?" И сказал ему Творец: "Поднимись". И сказал Давид: "Куда подняться мне?" И сказал Он: "В Хеврон"».

он не получил царство над всем Израилем, а пришел в Хеврон и принял царство над одной лишь Иудеей на семь лет, и медлил там все эти семь лет, и только после смерти Ишбошета, принял царство над всем Исраэлем в Йерушалаиме?"»

179) «"Но всё это является тайной пред Творцом. Смотри, святая Малхут (царство)", высшая, "не получала" свет "Малхут в совершенстве, пока не соединилась с праотцами", – т.е. ХАГАТ от хазе и выше Зеир Анпина. "А когда соединилась с ними, она выстроилась в совершенном строении от высшего мира", т.е. Бины. "И высший мир называется "семь лет", потому что всё в нем"», – все семь сфирот ХАГАТ НЕХИМ включены в него.[195]

180) «"И вот признак тебе: "И строил он его семь лет"[196], – это высший мир. И поэтому не сказано: "И построил он его за семь лет"», – поскольку это указывает на высший мир, называемый «семь лет». «Как сказано: "Ибо шесть дней созидал Творец"[197]. Что такое эти "шесть дней"? Это Авраам, как сказано: "Вот порождения неба и земли при сотворении их (беибарам בהבראם)"[198] – те же буквы, что и "в Аврааме (бе-Авраам באברהם)". И Авраам называется "шесть дней", – т.е. Хесед Зеир Анпина, включающий ХАГАТ НЕХИ. "И поскольку он – шесть дней, с его помощью был создан мир. И подобно этому: "И строил он его семь лет"», – что указывает на высший мир, т.е. Бину, называемый «семь лет».

181) «"Давид хотел быть выстроенным в совершенной Малхут (царстве) внизу, наподобие высшей" Малхут, "но не был выстроен до тех пор, пока не соединился с праотцами" в Хевроне, "и он находился там семь лет, чтобы выстроиться внутри них". Через семь лет он был выстроен во всём", как нужно, "и продолжилось царство его, которое не уйдет от него никогда. А если бы он не обосновался в Хевроне, соединившись на своем

---

[195] См. Зоар, главу Лех леха, п. 65. Со слов: «Объяснение. Сначала выстраивается Малхут, Нуква Зеир Анпина, в состоянии "два больших светила"...»

[196] Пророки, Мелахим 1, 6:38. «А в одиннадцатый год, в месяц Бул, – это месяц восьмой, – он окончил дом со всеми принадлежностями его и со всем, что для него следует; и строил он его семь лет».

[197] Тора, Шмот, 31:17. «Между Мною и сынами Исраэля знак это вовеки, что шесть дней созидал Творец небо и землю, а в седьмой день прекратил (созидание) и почил».

[198] Тора, Берешит, 2:4. «Вот порождения неба и земли при сотворении их, в день созидания Творцом Всесильным земли и неба».

месте" с праотцами, "не было бы его царство выстроено так, чтобы продолжиться как подобает". "Подобно этому Калев, в котором светился дух мудрости, и он пришел в Хеврон, чтобы соединиться с праотцами. И пошел он в свое место", – потому что дух мудрости может быть получен только через соединение с праотцами, "а потом оно стало его местом", так как было отдано ему, как мы уже сказали, "и он наследовал его"».

Дороги – стези – благоволение – мир

182) «Рабби Йеса и рабби Хизкия шли из Каппадокии в Луд, и был с ними один иудей с поклажей птиц, называемых "катфира"[199], на осле. Пока шли они, сказал рабби Йеса рабби Хизкие: "Открой уста твои и произнеси речение из тех прекрасных речений, которые ты каждый день произносишь перед праведным светочем"», – рабби Шимоном.

183) «Провозгласил (рабби Хизкия) и сказал: "Дороги ее – дороги благоволения, и все стези ее – мир"[200]. "Дороги ее – дороги благоволения", – это пути Торы, ибо над тем, кто идет дорогами Торы, Творец устанавливает благоволение Шхины, чтобы она не уходила от него никогда. "И все стези ее – мир", – это тропы Торы, потому что абсолютно все тропы Торы, все они – мир. Мир ему наверху, мир ему внизу, мир ему в этом мире, мир ему в мире будущем"».

184) «Сказал этот иудей: "В этом изречении скрыт внутренний смысл". Спросил его (рабби Хизкия): "Откуда он известен тебе?" Сказал ему: "Я слышал это от своего отца и научился благодаря этому изречению хорошей вещи"».

185) «Заговорил он, сказав: "Это изречение – о двух видах и двух свойствах. Ведь ты читаешь в нем: "Дороги", и читаешь в нем: "Стези". И ты читаешь в нем: "Благоволение", и читаешь в нем: "Мир". Что такое "дороги"? И что такое "стези"? Что такое "благоволение"? И что такое "мир"?"»

186) «"Но: "Дороги ее – дороги благоволения"[200], это как сказано: "Давший в море дорогу"[201]. Ибо всюду, где в Торе говорится: "Дорога", – это путь, открытый для всех. Как эта дорога, которая отрыта каждому человеку, так и "дороги ее"[200] – это дороги, открытые с помощью праотцев", – т.е. ХАГАТ, "которые выкопали великое море", – т.е. Малхут, "и вошли в него. И это пути, открывающиеся в любой стороне и во всех направлениях мира"».

---

[199] См. выше, п. 124.
[200] Писания, Притчи, 3:17. «Дороги ее – дороги благоволения, и все стези ее – мир».
[201] Пророки, Йешаяу, 43:16. «Так говорит Творец, давший в море дорогу и в могучих водах – тропинку».

187) «"А благоволение", о котором говорится в изречении, – "это благоволение, исходящее от будущего мира", – т.е. Бины, "и светящее всем светилам", – т.е. ЗОН. "И они распространяются во всех сторонах", – т.е. в правой и в левой. И то благо и свет будущего мира, от которых получают питание праотцы", – т.е. ХАГАТ Зеир Анпина, называются "благоволение".

"Другое объяснение. Будущий мир называется "благоволение", ибо когда будущий мир пробуждается", чтобы отдавать, "пробуждаются всё благо и вся радость, и все света, и вся свобода мира. И поэтому" будущий мир, т.е. Бина, "называется благоволением"».

Пояснение сказанного. Две точки есть в Малхут: одна, подслащенная в Бине, и она называется «ми́фтеха (ключ)»; и вторая – не подслащенная, и она называется «ма́нула (замок)».[202] И поэтому есть два названия у Есода де-Малхут. Когда она (Малхут) исправлена от мифтехи, то называется «дорога» или «путь», а когда исправлена от манулы, она называется «тропа» или «стезя».

И это значение сказанного: «Всюду, где в Торе говорится "дорога", – это путь, открытый для всех»[203], потому что (Малхут), исправленная от мифтехи, получает все мохин Бины, называемые благоволением, и она открыта, чтобы передавать их всем нижним. И это исправление, делающее ее способной получить мохин Бины, происходит благодаря подъему ее в ХАГАТ Зеир Анпина, которые называются праотцами, и она устанавливается там в свойстве «четвертая по отношению к праотцам»[204]. И поэтому считается, что праотцы установили в Малхут этот Есод, который называется «мифтеха». И поэтому сказано: «Это дороги, открытые с помощью праотцев»[203], – т.е. ХАГАТ Зеир Анпина, «которые выкопали великое море и вошли в него», – которые исправляют ее в качестве своей Малхут, в свойстве «четвертая по отношению к праотцам». И это исправление считается выкапыванием и рытьем, так как этим они делают ее вместилищем для мохин Бины, которые называются благоволением. Как сказано: «Колодец,

---

[202] См. «Предисловие книги Зоар», статью «Манула и мифтеха», пп. 41-44.
[203] См. выше, п. 186.
[204] См. Зоар, главу Берешит, часть 1, п. 117.

выкопанный старейшинами»²⁰⁵, – и это Аба ве-Има, о которых сказано: «И отстроил Творец (АВАЯ) Всесильный (Элоким) эту сторону»²⁰⁶,²⁰⁷ «вырытый вождями народа»²⁰⁵, т.е. ХАГАТ Зеир Анпина.

188) «"И поэтому мы учили, что грешники, пребывающие в аду, в час, когда наступает суббота, все отдыхают, и есть у них радость и покой в субботу. И когда выходит суббота, мы должны пробудить над собой высшую радость, чтобы спастись от наказания ада, так как с этого часа и далее они находятся под судом. И мы должны пробудить свое внимание и сказать: "И да будет милость Владыки Всесильного нашего на нас"²⁰⁸. И это значит, вновь притянуть на себя высшее благоволение", т.е. мохин Бины, "являющееся радостью всего. И поэтому: "Дороги ее – дороги благоволения, и все стези ее – мир"²⁰⁰».

189) «Что значит: "Стези ее"? Это стези и тропы, выходящие свыше", – от Абы ве-Имы, и они относятся к свойству мануала, как мы уже говорили.²⁰⁹ "И все их принимает союз Единого, который называется миром (шалом)", – Есод Зеир Анпина, "т.е. миром в доме, и ведет их к великому морю", – Малхут, "когда оно в силе своей"». Иными словами, когда великое море находится только в свойстве левой линии, и оно пребывает в судах, и считается застывшим морем, тогда с помощью экрана де-хирик, имеющегося в средней линии, правая линия пересиливает левую, и они включаются друг в друга. И тогда воды открываются.²¹⁰ И это считается, что он делает мир. «"И тогда дарует ему мир. И это смысл сказанного: "И все стези ее – мир"²⁰⁰». И выяснилось, таким образом, что такое «стези» и что такое «мир».

---

²⁰⁵ Тора, Бемидбар, 21:18. «Колодец, выкопанный старейшинами, вырытый вождями народа жезлом, посохами своими».

²⁰⁶ Тора, Берешит, 2:22. «И отстроил Творец Всесильный эту сторону, которую взял у человека, чтобы быть ему женой, и привел ее к человеку».

²⁰⁷ См. Зоар, главу Берешит, часть 2, п. 203, со слов: «Пояснение сказанного...»

²⁰⁸ Писания, Псалмы, 90:17. «И да будет милость Владыки Всесильного нашего на нас, и дело рук наших утверди для нас, и дело рук наших утверди».

²⁰⁹ См. Зоар, главу Берешит, часть 1, п. 308. «Теперь выясняется различие между зивугом высшего мира...»

²¹⁰ См. выше, п. 156.

«Подошли рабби Йеса и рабби Хизкия и поцеловали его. Сказали: "И что, все эти высшие вещи сокрыты у тебя, и мы не знали?!" Отправились дальше. Когда пришли к одному полю, увидели полевых животных, которые помирали. Сказали: "Наверное, в этом месте есть мор скота"».

Вот, рука Творца будет

190) «Сказал этот иудей: "То, о чем вы говорили, что Творец умертвил в Египте весь крупный и мелкий скот, так вот, было три вида смерти, которой умирал скот: мор; те, кого убил град; и те первенцы скота, которые умерли во время казни первенцев"».

191) «"И какой была их смерть? Ведь сказано вначале: "Вот, рука Творца будет на скоте твоем, который в поле"[211]. Почему обо всех (остальных) казнях не сказано: "рука Творца"? Но здесь "рука" – с пятью пальцами. Ведь вначале", о казни вшами, "сказано: "Это перст Божий"[212]. А тут все пять пальцев, поскольку каждый палец уничтожил один вид. И было пять видов, как сказано: "На конях, на ослах, на верблюдах, на крупном и на мелком скоте"[211]. И это пять видов для пяти пальцев, которые называются рукой. И поэтому: "Вот, рука Творца будет на скоте твоем... – мор очень тяжелый"[211]. Т.е. они умирали сами, и находили их мертвыми"».

192) «"И поскольку египтяне не раскаялись, вернулись те же самые буквы слова "мор (дéвер דבר)" и уничтожили всех тех, кто остался. И мор (дéвер דבר)", буквы его, "стал градом (барáд ברד). Но в чем разница между ними? Однако один", мор, "(происходит) спокойно, а другой", град, "в приступе ярости. И оба они были в том же месте, – в пяти пальцах"».

193) «"Смотри, мор (девер דבר) – буквы, пребывающие в покое, спокойная смерть, когда помирали сами. Град (барад ברד) – когда буквы обращались в приступ ярости, и он уничтожал всё". Сели они в этом поле, увидели скот, который шел в другое место, и там умирал. Встал этот иудей и пошел к тому месту, и увидел трупы двух птиц, называемых катфиры,[213] переполненных червями"» и ядом, и это из-за них вымер скот.

---

[211] Тора, Шмот, 9:2-3. «Ибо, если ты отказываешься отпустить, и еще будешь удерживать их, то вот, рука Творца будет на скоте твоем, который в поле, на конях, на ослах, на верблюдах, на крупном и на мелком скоте, – мор очень тяжелый».

[212] Тора, Шмот, 8:15. «И сказали волхвы Фараону: "Это перст Божий", но укрепилось сердце Фараона, и не послушал их, как и предсказал Творец».

[213] См. выше, п. 124.

ГЛАВА ВАЭРА

И сделаю Я тебя великим народом

194) «Провозгласил и сказал: "И сделаю Я тебя великим народом, и благословлю тебя, и возвеличу имя твое, и будешь благословением"[214]. "И сделаю Я тебя великим народом"[214] – соответствует сказанному: "Ступай же"[215]. "И благословлю тебя"[214] – соответствует сказанному: "Из земли своей"[215]. "И возвеличу имя твое"[214] – соответствует: "И от родни своей"[215]. "И быть тебе благословением"[214] – соответствует: "И из дома отца твоего"[215]. И одно соответствует другому"». Объяснение. В соответствии четырем указаниям в изречении: «Ступай же»[215] обещано ему четыре вида награды в сказанном: «И Я сделаю тебя великим народом»[214].

195) «Сказал рабби Шимон: "Здесь содержится скрытая мудрость. "И сделаю Я тебя великим народом"[214] соответствует правой стороне", – т.е. Хеседу. "И благословлю тебя"[214] соответствует левой стороне", – т.е. Гвуре. "И возвеличу имя твое"[214] соответствует средней стороне", – т.е. Тиферет. "И быть тебе благословением"[214] соответствует стороне земли Исраэля", – т.е. Малхут. И всё это – тайна святого строения (меркавы)"». Ибо ХАГАТ и Малхут являются четырьмя подножиями этого строения.[216]

196) «"Смотри, благодаря пробуждению снизу, происходит пробуждение наверху. И прежде, чем пробудятся внизу, не произойдет пробуждения наверху, чтобы пребывать над этим. Что сказано об Аврааме: "И вышли они с ними из Ур-Касдим"[217]. Следовало сказать: "И вышли они с ним", ведь сказано: "И взял Терах Аврама, сына своего, и Лота, сына Арана, внука своего, и Сарай, невестку свою"[217]. Что значит: "И вышли они с ними"[217]? Но дело в том, что Терах и Лот вышли вместе с Авраамом и Сарой, ибо после того как Авраам спасся из огня, Терах снова

---

[214] Тора, Берешит, 12:2. «И сделаю Я тебя великим народом, и благословлю тебя, и возвеличу имя твое, и будешь благословением».

[215] Тора, Берешит, 12:1. «И сказал Творец Авраму: "Ступай же из земли своей, и от родни своей, и из дома отца твоего в землю, которую Я укажу тебе"».

[216] См. Зоар, главу Берешит, часть 1, п. 117.

[217] Тора, Берешит, 11:31. «И взял Терах Аврама, сына своего, и Лота, сына Арана, внука своего, и Сарай, невестку свою, жену Аврама, сына своего, и вышли они с ними из Ур-Касдим, чтобы идти в землю Кнаан, и дошли они до Харана, и поселились там».

стал поступать по желанию его. И поэтому сказано: "И вышли они с ними"²¹⁷, – т.е. Терах и Лот вышли с Авраамом и Сарой. "Когда они пробудились вначале" снизу, чтобы идти в землю Кнаан, сразу же происходит над ним пробуждение свыше, и "сказал ему Творец: "Ступай же"²¹⁵».

197) «Сказал рабби Шимон: "Ступай же (досл. ступай себе)"²¹⁵ – т.е. для исправления себя самого. "Из земли своей"²¹⁵ – из той стороны поселения, в которой ты полагаешь, что там родился", – т.е. из правой стороны, до того как она включилась в левую. И сказал ему Творец идти оттуда. "И от родни своей"²¹⁵ – от этого своего порождения", – т.е. от левой стороны, до того как она включилась в правую, потому что левая – это порождение правой. "И из дома отца твоего"²¹⁵ – ибо ты смотришь на их корень", – и сказал ему Творец, чтобы он больше не смотрел на них.²¹⁸ "В землю, которую Я укажу тебе"²¹⁵ – ибо там раскроется тебе то, чего ты желаешь, т.е. сила, управляющая ею, которая глубока и скрыта.²¹⁹ Сразу же: "И пошел Аврам, как сказал ему Творец"²²⁰. И мы хотим уйти отсюда, чтобы постичь тайну мудрости"». (Отсутствует окончание статьи).

---

[218] См. Зоар, главу Лех леха, п. 30. «"И из дома отца твоего" – ступай же и не смотри больше в доме отца твоего, в Харане, т.е. не смотри, есть ли у тебя корень, чтобы преуспеть в мире...»

[219] См. Зоар, главу Лех леха, п. 31, со слов: «"В землю, которую Я укажу тебе". "Я укажу тебе" то, на чем ты не мог стоять из-за судов свечения левой линии, и не мог знать силы той земли, Малхут, которая глубока и скрыта из-за судов отмены ГАР...»

[220] Тора, Берешит, 12:4. «И пошел Аврам, как сказал ему Творец, и пошел с ним Лот. А Аврам был семидесяти пяти лет при выходе из Харана».

И была Сарай бесплодна

198) «Рабби Йоси и рабби Хия находились в пути. Сказал рабби Йоси рабби Хие: "Почему ты молчишь, ведь путь не исправляется иначе, как с помощью речений Торы". Вздохнул рабби Хия и заплакал. Провозгласил он и сказал: "А Сарай была бесплодна, не было у нее ребенка"[221]. О, горе из-за этого! Горе из-за того времени, когда Агарь родила Ишмаэля!"»

199) «Сказал ему рабби Йоси: "Почему? Ведь Сара родила потом", после того как родился Ишмаэль, "и был у нее сын из рода святого"?» – Почему же ты говоришь: «Горе!»? «Сказал ему: "Ты видишь, и я вижу, и так я слышал об этом из уст рабби Шимона. И плакал я, сказав: "Горе из-за того времени", ибо из-за того, что Сара запоздала (с рождением ребенка), сказано: "И сказала Сара Аврааму: "Прошу тебя, войди к моей рабыне"[222]. И поэтому время способствовало Агари, чтобы наследовать Саре, госпоже своей. И был у нее", у Агари, "сын от Авраама"».

200) «"И Авраам сказал: "Лишь бы Ишмаэль жил пред Тобою!"[223] И, несмотря на то, что Творец сообщил ему об Ицхаке, Авраам привязался к Ишмаэлю настолько, что Творец ответил ему: "А что касается Ишмаэля, услышал Я тебя"[224]. И после этого он совершил обрезание и вступил в святой союз, прежде чем Ицхак появился в мире"».

201) «"Смотри, четыреста лет стоял ангел-хранитель сынов Ишмаэля, прося пред Творцом. Сказал Ему: "У того, кто обрезан, есть доля в имени Твоем?" Сказал ему Творец: "Да". Сказал Ему: "Но ведь Ишмаэль, он обрезан, почему у него нет доли в Тебе, как у Ицхака?" Сказал Он ему: "Этот обрезан, как

---

[221] Тора, Берешит, 11:30. «А Сарай была бесплодна, не было у нее ребенка».

[222] Тора, Берешит, 16:1-2. «А Сарай, жена Аврама, не рожала ему, и у нее была рабыня-египтянка по имени Агарь. И сказала Сарай Авраму: "Вот не дает мне Творец родить. Прошу тебя, войди к моей рабыне, может быть, восстановлюсь я через нее". И послушал Аврам голоса Сарай».

[223] Тора, Берешит, 17:18. «И сказал Авраам Всесильному: "Лишь бы Ишмаэль жил пред Тобою!"»

[224] Тора, Берешит, 17:20. «А что касается Ишмаэля, услышал Я тебя. Вот Я благословил его и сделаю его плодовитым и весьма многочисленным. Двенадцать князей породит он, и Я дам ему стать народом великим».

подобает и как следует, а тот – нет. И, кроме того, эти привязываются ко Мне, как полагается, к восьми дням, а те далеки от меня во многие дни". Сказал Ему ангел-хранитель: "И всё же, раз он обрезан, разве не будет ему доброй награды за это?"»

202) «"Горе тому времени, когда в мире родился Ишмаэль и был обрезан! Что сделал Творец?" – по поводу притязания ангела-хранителя Ишмаэля. "Отдалил сынов Ишмаэля от высшего слияния и дал им долю внизу, в святой земле, за обрезание, которое есть у них"».

203) «"И будут сыны Ишмаэля властвовать над святой землей в течение долгого времени, когда она совершенно пуста, также как их обрезание пусто, без совершенства. И они не дадут сынам Исраэля вернуться на место свое, пока не завершится право сынов Ишмаэля"».

204) «"И должны будут сыны Ишмаэля вызвать в мире великие войны. И соберутся против них сыны Эдома, и будут вести с ними войну: одну на море, а другую на суше, и еще одну возле Йерушалаима. И будут господствовать одни над другими, но святая земля не будет отдана сынам Эдома"».

205) «"В это время поднимется один народ с края мира на злодейский Рим и будет вести с ним войну три месяца. И соберутся там народы и падут от руки их. Пока не соберутся против него все сыны Эдома со всех концов мира. И тогда пробудится против них Творец. Как сказано: "Ибо резня у Творца в Боцре"[225]. А после этого что сказано: "Чтобы охватить края земли, и будут сброшены с нее нечестивцы"[226], и сотрет сынов Ишмаэля с земли, и сокрушит все силы наверху, и не останется силы наверху против народа мира", т.е. Исраэля, "кроме одной лишь силы Исраэля, как сказано: "Творец – тень твоя по правую руку твою"[227]».

---

[225] Пророки, Йешаяу, 34:6. «Меч у Творца полон крови, тучнеет от тука, от крови баранов и козлов, от тука с почек баранов, ибо резня у Творца в Боцре, и заклание великое в земле Эдома».

[226] Писания, Иов, 38:13. «Чтобы охватить края земли, и будут сброшены с нее нечестивцы».

[227] Писания, Псалмы, 121:5. «Творец – страж твой, Творец – тень твоя по правую руку твою».

206) «"Ибо святое имя находится справа, и Тора – справа, и поэтому всё зависит от правой стороны. И мы учили, что нужно возвысить правую сторону над левой. Как сказано: "От десницы Его пламя Закона им"[228]. И о грядущем будущем сказано: "Спаси десницей Твоей и ответь мне"[229]. И об этом времени сказано: "Ибо тогда сделаю Я чистым язык народов, чтобы все призывали имя Творца и служили Ему единодушно"[230]. И сказано: "В тот день будет Творец един, и имя Его – едино"[231]. Благословен Творец вовеки! Амен и амен!"»

---

[228] Тора, Дварим, 33:2. «И сказал он: "Творец от Синая выступил и воссиял от Сеира им, озарил от горы Паран, и пришел, (а с Ним) от мириадов святых; от десницы Его пламя Закона им"».

[229] Писания, Псалмы, 60:7. «Чтобы избавлены были любимые Тобой, спаси десницей Твоей и ответь мне».

[230] Пророки, Цфания, 3:9. «Ибо тогда сделаю Я чистым язык народов, чтобы все призывали имя Творца и служили Ему единодушно».

[231] Пророки, Зехария, 14:9. «И будет Творец Царем над всей землей. В тот день будет Творец един и имя Его едино».

Глава Бо

ГЛАВА БО

Если есть над ним ангел-заступник

1) «И сказал Творец Моше: "Пойди (бо) к Фараону, ибо Я ожесточил сердце его и сердце рабов его, чтобы Мне свершить эти знамения Мои в среде его"»[1]. «Рабби Йегуда провозгласил и сказал: "Счастлив народ, умеющий трубить. Творец, в свете лица Твоего ходят они"[2]. Насколько нужно людям держаться путей Творца и соблюдать заповеди Торы, чтобы удостоиться с помощью нее будущего мира, и чтобы спасти их от всех обвинителей наверху и внизу. Ведь так же как есть в мире обвинители внизу, так же находятся обвинители и наверху, готовые возводить вину на людей"».

2) «"Над теми, кто выполняет заповеди Торы и идет прямым путем, в трепете перед Господином своим, сколько же добрых заступников стоит над ними наверху, как сказано: "Если есть над ним один ангел-заступник – один из тысячи"[3]. И сказано: "Сжалится он над ним и скажет: "Отпусти его, чтобы не сойти ему в могилу. Нашел я искупление ему"[3]. А потому счастлив тот, кто соблюдает заповеди Торы"».

3) «Сказал рабби Хия: "В таком случае, зачем нужен ангел, чтобы заступаться за человека, – ведь сказано: "Ибо Творец будет твоей опорой и убережет ногу твою от силков"[4]? И сказано также: "Творец убережет тебя от всякого зла"[5]. Иными словами, Творец видит всё, что делает человек в мире, как добро, так и зло. А также говорит: "Если спрячется человек в

---

[1] Тора, Шмот, 10:1. «И сказал Творец Моше: "Пойди к Фараону, ибо Я ожесточил сердце его и сердце рабов его, чтобы Мне свершить эти знамения Мои в среде его"».

[2] Писания, Псалмы, 89:16. «Счастлив народ, умеющий трубить. Творец, в свете лица Твоего ходят они».

[3] Писания, Иов, 33:23-24. «Если имеется над ним ангел-заступник – один из тысячи, чтобы известить человека о прямоте его. Сжалится он над ним и скажет: "Отпусти его, чтобы не сойти ему в могилу, нашел я искупление ему"».

[4] Писания, Притчи, 3:25-26. «Не бойся внезапного ужаса и бедствия грешников, когда придет, ибо Творец будет твоей опорой и убережет ногу твою от силков».

[5] Писания, Псалмы, 121:7. «Творец обережет тебя от всякого зла, сохранит душу твою».

укрытии, разве Я его не увижу?" – сказал Творец"⁶». И раз так, зачем Творцу ангел, чтобы заступаться или обвинять?

4) «Сказал ему рабби Йегуда: "Всё это, конечно, так, и Творец видит всё. Но сказано: "Коснись кости его и плоти его"⁷. И также сказано: "А ты подстрекал Меня против него, чтобы погубить его безвинно"⁷. Это показывает, что дано право иной стороне обвинять (людей) за содеянное в мире, чтобы они были преданы в руки ее. И всё это вещи, скрытые Творцом, и ты неспособен проследить за ними и изучить их, поскольку это законы Творца, и людям не дозволено изучать их, но только истинным праведникам, знающим тайны Торы и идущим путем мудрости, чтобы познавать скрытое в Торе"».

И это смысл сказанного: «Счастлив народ, умеющий трубить. Творец, в свете лица Твоего ходят они»². Иначе говоря, они знают пути Творца, который совершает трубление и благодеяние через посланников, несмотря на то, что Он может делать это сам. Также и здесь, в сказанном: «Пойди к Фараону»¹, Творец желал, чтобы Фараон отпустил сыновей Исраэля, хотя мог вывести их против его воли.

---

⁶ Пророки, Йермияу, 23:24. «Если спрячется человек в укрытии, то разве Я его не увижу? – сказал Творец, – ведь и небо и земля полны Мною».

⁷ Писания, Иов, 2:3-5. « И сказал Творец сатану: "Обратил ли ты внимание на раба Моего Иова, что нет подобного ему на земле? Человек он непорочный и справедливый, Богобоязненный и удаляющийся от зла, и доселе тверд он в непорочности своей, а ты подстрекал Меня против него, чтобы погубить его безвинно. И отвечал сатан Творцу и сказал: "Кожу за кожу и все, что есть у человека, отдаст он за душу свою. Но простри-ка руку Твою и коснись кости его и плоти его – клянусь, пред лицом Твоим Тебя хулить станет"».

ГЛАВА БО

И был день – и пришел также сатан среди них

5) «Провозгласил рабби Эльазар: "И был день, когда пришли сыны Всесильного предстать пред Творцом, и пришел также сатан среди них"[8]. "И был день" – это Начало года (Рош а-шана), когда Творец поднимается судить мир. Подобно этому, сказано: "И был день, когда пришел он туда"[9] – этот день был праздничным днем Начала года"».

6) «"Когда пришли сыны Всесильного"[8] – это правители, посланники в мире, назначенные наблюдать за делами людей, "чтобы предстать пред Творцом"[8], как сказано: "И все воинство небесное стоит при Нем, справа и слева от Него"[10]. Однако в словах "чтобы предстать пред Творцом"[8] я нашел любовь Творца к Исраэлю. И поскольку эти посланники, назначенные наблюдать за делами людей, странствуют по миру и берут (на заметку) все эти дела, то в день, когда суд готовится подняться и осудить мир, они становятся обвинителями, чтобы возводить вину на людей. Смотри, из всех народов мира, ни над одним не стоят ответственные, чтобы наблюдать за их делами, а только лишь над Исраэлем, так как они – сыны Творцу"».

7) «"И когда действия Исраэля не находятся в подобающем виде, якобы, эти назначенные посланники, которые хотят подняться на Исраэль, поднимаются на Творца. Ибо когда Исраэль совершают нехорошие действия, якобы, они ослабляют силу Творца, а когда совершают хорошие действия, дают мужество и силу Творцу, и об этом сказано: "Отдавайте силу Творцу"[11]. Каким образом?" они дают силу. – "Посредством хороших действий. И поэтому в этот день все назначенные правители собрались "пред Творцом (досл. против Творца)"[8]. Против Творца, конечно. Ведь поскольку собрались, чтобы выступить с обви-

---

[8] Писания, Иов, 1:6. «И был день, когда пришли сыны Всесильного, чтобы предстать пред Творцом, и пришел также сатан среди них».

[9] Пророки, Мелахим 2, 4:11. «И был день, когда пришел он туда и поднялся в верхнюю комнату, и лег там».

[10] Пророки, Мелахим 1, 22:19. «И сказал: "Итак, внимай слову Творца. Видел я Творца, сидящего на престоле Своем, и все воинство небесное стоит при Нем, справа и слева от Него"».

[11] Писания, Псалмы, 68:35. «Отдавайте силу Творцу: над Исраэлем величие Его и мощь Его в небесах».

нением против Исраэля, получается, что собрались против Творца"», якобы, чтобы ослабить силу Его.

8) «"И пришел также сатан среди них"[8]. Слово "также" указывает на то, что он добавляется к ним (к "сынам Всесильного"[8]), ибо все они пришли, чтобы выступить с обвинением против Исраэля, а этот", – сатан, "присоединился к ним, так как он самый большой наговорщик из всех. Когда увидел Творец, что все они пришли обвинять, сразу же: "И сказал Творец сатану: "Откуда пришел ты?"[12], – так как тот больше всех остальных. "Разве Творец не знал, откуда тот пришел?" – так, что вынужден был спросить его. "Но это для того, чтобы повести дело по желанию сатана"». Иначе говоря, Он дал ему этими словами возможность обвинять по своему желанию.

9) «"И сказал Творец сатану: "Откуда пришел ты?"[12] И отвечал сатан Творцу и сказал: "Сновал я по земле"[12]. Отсюда я изучаю, что расселение на земле было передано стороне других", – т.е. семидесяти народам, "кроме одной лишь земли Исраэля", – которая пребывает в святости для Исраэля. И потому, "когда сказал он: "Сновал я по земле"[12], а просто земля означает – земля Исраэля, "увидел Творец, что он хочет быть обвинителем Исраэля", а не Иова или других, считающихся народами, живущими в остальных землях. "Тут же: "И сказал Творец сатану: "Обратил ли ты внимание на раба Моего Иова, что нет подобного ему на земле?"[13]»

10) «"Увидел Он, что сейчас подходящее время дать сатану долю, занявшись которой, тот отстранится от Исраэля. И мы учили, что это подобно тому, как пастух хотел перевести свое стадо через одну речку", но пришел волк, чтобы растревожить стадо. Пастух, который был опытным, что делает? Выбирает большого козла и дает его волку, подумав про себя: "Пусть сражается с козлом, пока я переведу свое стадо через реку. А затем я вернусь и возьму еще и этого". Так сделал Творец, отдав Иова сатану, чтобы тот занимался им, а не обвинял Исраэль. "Тотчас занялся им сатан и не стал обвинять Исраэль"».

---

[12] Писания, Иов, 1:7. «И сказал Творец сатану: "Откуда пришел ты?" И отвечал сатан Творцу и сказал: "Сновал я по земле, исходив ее"».

[13] Писания, Иов, 1:8. «И сказал Творец сатану: "Обратил ли ты внимание на раба Моего Иова, что нет подобного ему на земле? Человек он непорочный и справедливый, Богобоязненный и удаляющийся от зла"».

11) «"И отвечал сатан Творцу и сказал: "Разве даром богобоязнен Иов?"[14] – неудивительно, что раб, чей Господин выполняет его желания, страшится Его. Отведи от него Свое управление, и увидишь, страшится он Тебя или нет"».

12) «"Смотри, в час беды, когда одна часть отдается этой стороне, чтобы заниматься ею, она после этого удаляется полностью. Так же и козел, которого приносят в жертву на новомесячье и в День искупления", – с целью дать долю ситре ахра (другой стороне), которая дается ей, "чтобы она занималась ею, оставив Исраэль в их правлении.[15] И здесь, пришло время взять эту долю от всего потомства Авраама для ситры ахра. Как сказано: "Вот, и Милка родила сынов Нахору, брату твоему: Уца, первенца его"[16]». А Иов жил в земле Уц,[17] т.е. был из семьи Авраама.

13) «"Смотри, в тот момент, когда сатан сказал Творцу: "Сновал я по земле"[12], он просил у Творца свершить суд над Исраэлем", так как просто земля – это земля Исраэля. "Ибо у него был суд против Авраама, и он добивался его у Творца. Дело в том, что не свершился суд с Ицхаком, когда он был принесен в жертву на жертвеннике,[18] так как он (Авраам) не должен был менять жертву, приготовленную им на жертвеннике, на другого", – т.е. на барана. "Как сказано: "Не выменяет его"[19]. А тут Ицхак уже был на жертвеннике, но в итоге не стал жертвой, и не свершился над ним суд. И этого он (сатан) просил у Творца, так же как просил суда за продажу Йосефа для многих поколений. И всё, что просит он", сатан, – просит "по суду"».

---

[14] Писания, Иов, 1:9-10. «И отвечал сатан Творцу и сказал: "Разве даром богобоязнен Иов?! Ведь Ты оградил кругом его, и дом его, и все, что у него. Дело рук его благословил Ты, и скот его распространился по земле"».

[15] См. Зоар, главу Ноах, пп. 104-109. «И тогда Исраэль внизу приносят в жертву козла на новомесячье...», а также п. 130, со слов: «И вместе с этим, ты поймешь внутренний смысл принесения в жертву козла на новомесячье...»

[16] Тора, Берешит, 22:20-21. «И было, после этих событий сообщено было Аврааму и сказано: "Вот, и Милка родила сынов Нахору, брату твоему: Уца, первенца его...»

[17] См. Писания, Иов, 1:1. «Был человек в земле Уц, Иов – имя его, и был человек тот непорочен, справедлив и Богобоязнен, и удалился от зла».

[18] См. Тора, Берешит, 22:1-19.

[19] Тора, Ваикра, 27:10. «Не выменяет его и не заменит его, хорошее вместо плохого или плохое вместо хорошего. А если заменит скотину скотиной, то будет она и ее замена — будет свято».

14) «"Но с того времени, как Ицхак был спасен, и было заменено его принесение в жертву, Творец приготовил этому обвинителю его", т.е. Иова, "в долю, как сказано: "Вот, и Милка родила сынов Нахору, брату твоему: Уца, первенца его"[16]. И это Иов, который жил в земле Уц. И сказано это сразу же после жертвоприношения Ицхака. "И тут", с рождением Уца, "пришел он", сатан, "чтобы взять свою долю от всего потомства Авраама, и тогда не приблизится он", чтобы нанести вред, "к другой стороне"», т.е. к Исраэлю.

15) «"И всё – по суду. Так же как он", т.е. Иов, "судит, так судят и его. Ибо Иов был из советников Фараона. И когда поднялся Фараон на Исраэль, желая уничтожить их, сказал ему Иов: "Нет, лучше возьми деньги их и властвуй над их телами тяжкой работой, и не уничтожай их". Сказал ему Творец: "Клянусь тебе, что тем же судом", который ты вынес Исраэлю, "судим будешь". Что сказано: "Но простри-ка руку Твою и коснись кости его и плоти его"[7]. "На что осудил" Исраэль, "на то и был осужден" сам, "хотя во всем остальном страшился пред Творцом"», как сказано о нем: «И Богобоязнен»[17], от суда он не спасся.

16) «"Смотри, что сказано: "Только душу его сохрани"[20] – т.е. дано ему (сатану) право властвовать нал плотью его (Иова). И это смысл сказанного: "Конец всякой плоти пришел предо Мной"[21]. И мы выясняли, что "пришел предо Мной", безусловно"», то есть «конец всякой плоти»[21] – и это сатан-губитель, «пришел предо Мной»[21] – чтобы получить позволение.[22] «"И это" называется "конец всякой плоти, а не" конец всякого "духа.[23] И мы выяснили, что это конец, приходящий со стороны тьмы", т.е. со стороны судов захара, "как сказано: "Положил конец тьме, и всякий предел он обследует"[24]. "И всякий предел" – это то же, что и "всякую плоть". Ибо есть иной конец, и это – конец правой (кец а-ямин)", пребывающий в святости.

---

[20] Писания, Иов, 2:6. «И сказал Творец сатану: "Вот он в руке твоей, только душу его сохрани"».

[21] Тора, Берешит, 6:13. «И сказал Всесильный Ноаху: "Конец всякой плоти пришел предо Мной, ибо земля наполнилась злодеянием из-за них. И вот, Я истреблю их с землею"».

[22] См. Зоар, главу Ноах, п. 78. «Отсюда ясно, что грешники мира преждевременно навлекают его на себя...»

[23] См. Зоар, главу Ноах, п. 130.

[24] Писания, Иов, 28:3. «Положил конец тьме, и всякий предел он обследует, – камня могильного и тени смертной».

"А этот", который здесь, "это другой конец, со стороны левой, т.е. тьмы. И потому дано ему (сатану) право поражать кость и плоть его (Иова)"».

17) «"А ты подстрекал Меня против него"[7]. Но, в таком случае, он был наказан не по суду, а из-за речей обвинителя, который подстрекал и путал Его? Однако всё было по суду. И так сказал ему Элиу: "Ибо по делам человека платит Он ему и по пути мужа ему воздает"[25]. И так и было, как мы уже сказали, – то, к чему он приговорил Исраэль у Фараона, к тому был приговорен и сам"».

18) «"А то, что сказал: "А ты подстрекал Меня против него, чтобы погубить его безвинно"[7], ведь не сказано: "Ты подстрекал Меня, чтобы погубить его", а сказано: "Ты подстрекал Меня против него". "Против него" значит – против его мнения, того, что он думает. Ибо "ты подстрекал Меня", как сказал Иов: "И над советом нечестивых Ты являешься"[26]. И подобно этому: "И прельщали Его устами своими и языком своим лгали Ему"[27]». И это тоже трудно понять: разве можно прельстить Творца? «Однако не сказано: "И прельщали Его и лгали Ему", а только: "И прельщали Его устами своими". "Устами своими" – это то, что прельщает"». То есть, они думают так, – а в действительности это не так.

19) «Сказал рабби Аба: "Все это верно, но я учил так. Мы изучали: "Поднимается и обвиняет", – разве он может обвинять перед Творцом, который всеведущ? Да, потому что он – "царь, старый, да глупый", как сказано: "Лучше отрок бедный, но умный, чем царь старый, да глупый"[28]. И поскольку он – царь над людьми, "поэтому может обвинять человека, так как он – поверенный по делам людей"». Ведь будучи царем над ними, он является поверенным по их делам.

---

[25] Писания, Иов, 34:10-11. «Поэтому слушайте меня, мудрые люди! Немыслимо для Творца беззаконье и для Всемогущего – несправедливость. Ибо по делам человека платит Он ему и по пути мужа ему воздает».
[26] Писания, Иов, 10:3. «Разве благо для Тебя, что притесняешь, что презираешь творение рук Твоих и над советом нечестивых являешься».
[27] Писания, Псалмы, 78:36.
[28] Писания, Коэлет, 4:13. «Лучше отрок бедный, но умный, чем царь старый, да глупый, не умеющий остерегаться».

20) «"Это относится только к суду над одним человеком, а о суде над миром сказано: "И спустился Творец, чтобы увидеть"[29], "Сойду же и посмотрю"[30]. То есть, нет ему (сатану) веры, но всё в руках одного лишь Творца, ибо не желает Он губить мир по словам обвинителя, страсть которого – всегда уничтожать. Откуда мы это знаем? Из того, что сказано: "Положил конец тьме, и всякий предел он обследует"[24] – т.е. он обследует, чтобы уничтожить всё. И об этом сказано: "Конец всякой плоти пришел предо Мной"[21], – так как сатан, называемый концом всякой плоти, "пришел, конечно, чтобы уничтожать"[22]».

21) «"И был день, когда пришли сыны Всесильного предстать пред Творцом"[8], как уже выяснилось"[31], что это было в Начале года (Рош а-шана), "и в этот день стоят две стороны перед миром. Все те, кто предстает пред Творцом с раскаянием и добрыми делами, удостаиваются быть записанными на стороне, которая является жизнью, и она выводит "источники жизни"[32]. И тот, кто на Его стороне, записывается к жизни. А все те, кто предстает с дурными делами, они записаны в другой стороне, являющейся смертью. И она называется смертью, и в ней пребывает смерть"», чтобы умерщвлять людей.

22) «"И в этот день стоят две эти стороны – жизнь и смерть. Одних записывают на сторону жизни, а других – на сторону смерти. А иногда мир является средним", – т.е. наполовину виновен, наполовину оправдан. "Если найдется один праведник, который перевешивает в мире, то все стоят и записываются к жизни. А если один грешник перевешивает мир, то все записываются к смерти"».

23) «"И в это время был мир промежуточным", – т.е. наполовину виновным, наполовину оправданным. "А обвинитель хотел возвести вину" и склонить мир на чашу вины. И сразу, что сказано: "Обратил ли ты внимание на раба Моего Иова,

---

[29] Тора, Берешит, 11:5. «И спустился Творец, чтобы увидеть город и башню, которые строили сыны человеческие».

[30] Тора, Берешит, 18:21. «Сойду же и посмотрю: если по мере вопля, приходящего ко Мне, поступали – надо кончать с ними! А если нет, то буду знать».

[31] См. выше, п. 5.

[32] Писания, Притчи, 4:23. «Больше всего хранимого береги сердце свое, потому что из него источники жизни».

что нет подобного ему на земле?"⁷ Поскольку лишь он один был известен, тотчас напал на него обвинитель. И поэтому мы изучали, что человек не должен выделяться из общей массы, чтобы не выделили лишь его одного и не обвинили свыше"».

24) «"Ведь сказано о шунамитянке: "Но она сказала: "Среди своего народа я живу"³³. Это значит, что она не хочет исключать себя из общности: "Среди своего народа я живу" до сего дня, и "среди своего народа", в единой общности, буду известна наверху". А здесь, поскольку Иов был известен наверху и выделялся, сразу же перешел в наступление тот обвинитель и сказал: "Разве даром Богобоязнен Иов?!"¹⁴ Везде, где он боялся Тебя и укреплялся" в добрых делах, "он делает это не даром, как сказано: "Ведь Ты оградил кругом его, и дом его, и все, что у него"¹⁴. Но забери у него всё то благо, что Ты сделал ему, и сразу же увидишь, как "пред лицом Твоим хулить Тебя станет"³⁴, и оставит Тебя, и прилепится к другой стороне. Ибо сейчас он за столом Твоим ест, но лиши его стола Твоего, и увидим, из каких он, и к какой стороне прилепится"».

25) «"Сразу же: "И сказал Творец сатану: "Вот, всё, что есть у него, – в руке твоей"³⁵, – чтобы показать, что трепет Иова перед Творцом был ради сохранения своего богатства. И отсюда мы учили, что все те, кто трепещет пред Творцом ради своего богатства или своих сыновей, – их трепет не такой, как подобает. И потому изобличил его обвинитель, сказав: "Разве даром богобоязнен Иов?! Ведь Ты оградил кругом его, и дом его, и все, что у него. Дело рук его благословил Ты"¹⁴, – потому-то он и боится Тебя. И тогда дано было ему (сатану) право обвинять его и показать, что Иов не служил Творцу с любовью"».

26) «"Ведь когда подвергся испытанию, он сошел с пути и не остался тверд. Что сказано: "Во всем этом не согрешил

---

³³ Пророки, Мелахим 2, 4:12-13. «И сказал он Гэйхази, отроку своему: "Позови эту шунамитянку". И позвал тот ее, и она стала пред ним. И сказал он ему: "Скажи ей, прошу: "Вот, ты так заботилась о нас, что сделать для тебя? Не нужно ли поговорить о тебе с царем или с военачальником?" Но она сказала: "Среди своего народа я живу"».

³⁴ Писания, Иов, 1:11. «Но простри-ка руку Твою и коснись кости его и плоти его – клянусь, пред лицом Твоим хулить Тебя станет».

³⁵ Писания, Иов, 1:12. «И сказал Творец сатану: "Вот, всё, что есть у него, – в руке твоей, только на него не простирай руки своей"».

Иов устами своими"³⁶, однако желанием своим – согрешил. А затем согрешил во всем"». Как объясняется³⁷: «Тем, что сказал: "Земля отдана в руки нечестивца"³⁸», и также: «Сказал Раба: "Иов в буре проклял"».

27) «"И если ты скажешь, что не был испытан никто", кроме Иова, "то ведь сказано: "Творец испытывает праведника"³⁹. И потому подвергся испытанию" также и "Иов. И несмотря на то, что не остался тверд, как подобает, он не вышел из-под власти своего Господина, чтобы прилепиться к другой стороне"».

28) «"И сколько же длилось его испытание? Двенадцать месяцев – время власти другой стороны. Как мы изучали, что "приговор нечестивцев в аду – двенадцать месяцев"⁴⁰. И поскольку он не прилепился к другой стороне, сказано: "И Творец благословил последние дни Иова больше, чем прежние"⁴¹».

29) «Сказал рабби Шимон: "Это (испытание) Иова – не испытание от Творца, как испытания остальных праведников, ведь не сказано: "Всесильный испытал Иова", как сказано: "Всесильный испытал Авраама"⁴². Ибо Авраам своими руками принес в жертву Творцу единственного сына, а Иов ничего не отдал, и ничего не посвятил Творцу"».

30) «"И ему не было сказано об испытании", как было сказано Аврааму, "так как было открыто пред Ним, что не сможет он выстоять в нем достойно, но был отдан он в руки обвинителя.

---

³⁶ Писания, Иов, 2:9-10. «И сказала ему жена его: "Все еще тверд ты в непорочности твоей! Прокляни Творца и умри". Но он сказал ей: "Как одна из негодных говоришь ты! Неужели доброе мы примем от Творца, а злое не примем?" Во всем этом не согрешил Иов устами своими».
³⁷ Вавилонский Талмуд, трактат Бава батра, лист 16:1.
³⁸ Писания, Иов, 9:24. «Земля отдана в руки нечестивца, лица судей ее закрывает Он; если же нет – кто тот?»
³⁹ Писания, Псалмы, 11:5. «Творец испытывает праведника, а нечестивого и любящего разбой ненавидит душа Его».
⁴⁰ Иерусалимский Талмуд, трактат Санэдрин, 53:1, Алаха 3, Гмара.
⁴¹ Писания, Иов, 42:12. «И Творец благословил последние дни Иова больше, чем прежние. И стало у него четырнадцать тысяч мелкого скота, и шесть тысяч верблюдов, и тысяча пар волов, и тысяча ослиц».
⁴² Тора, Берешит, 22:1-2. «И было: после этих речей Всесильный испытал Авраама, и сказал ему: "Авраам!" И сказал он: "Вот я". И сказал Он: "Возьми же сына твоего, единственного твоего, которого ты любишь, Ицхака, и иди на землю Мория, и принеси его там во всесожжение на одной из гор, которую Я укажу тебе"».

И это было сделано по суду Творца" – за то, что устроил тяжкую работу Исраэлю в Египте.[43] "И на этот суд к нему указал Творец обвинителю, как сказано: "Обратил ли ты внимание на раба Моего Иова?"[13]»

31) «Провозгласил и сказал: "И было по прошествии (досл. в конце) дней, принес Каин от плодов земли"[44]. Сказано: "В конце дней" – "микéц ямим (קץ ימים)", а не "микец ямин (קץ ימין)"», – потому что «кец ямим» – это нечистая сторона, а «кец ямин» – это святость.[45] «"Ибо он отверг "кец ямин" и приблизился к "кец ямим". И мы выясняли сказанное: "Ты же иди к концу"[46]. И сказал Даниэль: "К какому концу – "кец ямин" или "кец ямим"?" Пока не сказал ему Творец: "К "кец ямин", и это святость. "И этого боялся Давид, и сказал: "Сообщи мне, Творец, конец мой"[47] – "кец ямим", или "кец ямин"? А здесь сказано: "И было в конце дней"[44] – "ми-кец ямим", т.е. в ситре ахра, а не "микец ямин", в святости. И потому не была принята жертва его (Каина),[44] ибо была от ситры ахра"».

32) «"Смотри, что сказано: "А Эвель, он тоже принес"[44]. Что значит "он тоже"? "Он тоже" – это чтобы добавить одно к другому", – т.е. и он тоже принес немного ситре ахра, подобно Каину, "только жертва его была полностью Творцу, – то есть основная часть жертвы была Творцу, а также дал часть другой стороне, как сказано: "От тучных из них"[44]. Отсюда следует, что основную часть жертвы, "тучных из них", он принес Творцу, а худшую часть дал ситре ахра. "Каин же основную часть жертвоприношения совершил для кец ямим, т.е. ситре ахра, и часть дал Творцу. И потому не был принят"».

33) «"А что сказано о Иове: "И сходились сыновья его и устраивали пир… и посылали и звали трех сестер своих есть и пить с ними. И было, когда завершали пиршественные дни

---

[43] См. выше, п. 15.
[44] Тора, Берешит, 4:3-5. «И было по прошествии дней, принес Каин от плодов земли дар Творцу. А Эвель, он тоже принес из первородных овец своих и от тучных из них. И призрел Творец на Эвеля и на его дар. А на Каина и на его дар не призрел. И досадно стало Каину очень, и поникло его лицо».
[45] См. Зоар, главу Берешит, часть 2, пп. 334-335.
[46] Писания, Даниэль, 12:13. «Ты же иди к концу и успокойся, и встанешь по жребию своему к концу дней (ле-кец ямин)!»
[47] Писания, Псалмы, 39:5. «Сообщи мне, Творец, конец мой и меру дней моих – какова она, чтобы знать мне, когда я обрету покой!»

круг свой..."⁴⁸ А на пиру присутствовал сатан каждый день, но одолеть его (Иова) не мог. Откуда нам это известно? Из того, что сказано: "Ведь Ты оградил кругом его, и дом его, и все, что у него"¹⁴. И никогда не давал он доли нечистой стороне, так как сказано: "И возносил всесожжения по числу всех их"⁴⁸. А жертва всесожжения поднимается высоко-высоко, и не дает части ситре ахра. Но если бы давал ей часть, сатан не осилил бы его впоследствии, и всё, что взял у него сатан, – свое взял"», поскольку (Иов) не давал ему доли от своих жертв.

34) «"И если ты спросишь: "Почему же причинил ему Творец зло?" – если не давал он доли сатану. "Но если бы он давал долю ситре ахра, то освободил бы путь" святости, "и удалилась бы" ситра ахра, "(и не пребывала) над Святилищем, а святая сторона поднялась бы высоко-высоко. Но он не делал этого, и потому пожелал Творец суда над ним"».⁴⁹

35) «"Смотри, так же как он (Иов) обособился и не включил добро и зло", – т.е. не дал доли ситре ахра, чтобы очистить святость, как мы уже сказали, "Он (Творец) и осудил его так же, дав ему вначале добро, а потом – зло, а потом вернул его к добру. И так надлежит делать человеку – познать добро и познать зло, и вернуть себя к добру. И это является тайной веры", т.е. Нуквы. "Смотри, Иов был из рабов Фараона, и это о нем сказано: "Тот, кто боялся слова Творца, из рабов Фараона"⁵⁰».

---

⁴⁸ Писания, Иов, 1:4-5. «И сходились (обыкновенно) сыновья его и устраивали пир, каждый в доме своем, в день свой, и посылали и звали трех сестер своих есть и пить с ними. И было, когда завершали пиршественные дни круг свой, то посылал (за сыновьями) Иов и приглашал их, и вставал рано утром, и возносил всесожжения по числу всех их, ибо говорил Иов: "Быть может, согрешили сыновья мои и хулили Творца в сердце своем". Так делал Иов во все дни».

⁴⁹ Для выяснения понятия доли ситре ахра, см. Зоар, главу Ноах, пп. 100-106, п. 130, а также п. 131, со слов: «И вместе с этим, ты поймешь внутренний смысл принесения в жертву козла на новомесячье...»

⁵⁰ Тора, Шмот, 9:20. «Тот, кто боялся слова Творца, из рабов Фараона, понудил своих рабов и свой скот войти в дома».

Чудовища

36) «Сказал рабби Шимон: "Теперь следует раскрыть тайны, которые связываются наверху и внизу. Что сказано: "Пойдем к Фараону"[51]. Разве не надо было сказать: "Иди к Фараону"? Что значит: "Пойдем"? Однако Он ввел его", Моше, "во внутренние комнаты, к одному сильному высшему чудовищу, от которого исходят и спускаются многочисленные ступени"».

37) «"И Моше боялся его и не приближался (к нему), но только к тем притокам, которые являлись его ступенями. А самого чудовища боялся и не приближался к нему, поскольку видел, что тот берет начало в высших корнях"».

38) «"Когда увидел Творец, что Моше боится, и другие высшие посланники не могут приблизиться к нему (к чудовищу), сказал Творец: "Вот Я против тебя, Фараон, царь египетский, большое чудовище, лежащее среди рек его"[52]. То есть Творец должен был вести с ним войну, а не кто иной, как сказано: "Я, Творец"», и пояснили это (мудрецы): «Я, а не посланник»[53]. «"И выяснили тайну мудрости "большого чудовища, лежащего среди рек его"[52], у тех "восседающих на суде"[54], которые знают тайну Господина своего"».

39) «Провозгласил рабби Шимон и сказал: "И сотворил Всесильный огромных чудовищ и всякое существо живое

---

[51] Тора, Шмот, 10:1. «И сказал Творец Моше: "Пойдем к Фараону, ибо Я ожесточил сердце его и сердце рабов его, чтобы Мне свершить эти знамения Мои в среде его"».

[52] Пророки, Йехезкель, 29:3. «Говори и скажешь: "Так сказал Всемогущий Творец: "Вот Я против тебя, Фараон, царь египетский, большое чудовище, лежащее среди рек его, сказавшее: "Мне принадлежит река моя и я (сам) сотворил себя"».

[53] Пасхальная агада: «Я пройду по земле египетской в ту ночь – Я, а не ангел. И поражу всякого первенца в земле египетской от человека до скота – Я, а не серафим. И над всеми богами египтян совершу суды – Я, а не посланник. Я, Творец, – Я это, а не другой».

[54] Пророки, Шофтим, 5:9-10. «Сердце мое – правителям Исраэля, добровольным заступникам в народе; славьте Творца! Ездящие на ослицах белых, восседающие на суде и ходящие по дороге, повествуйте!»

пресмыкающееся, которыми воскишела вода, по роду их"⁵⁵. Это – левиатан и его пара. "Чудовищ (танини́м תַּנִּינִם)" написано без буквы "йуд י", потому что убил самку, и Творец вознес ее к праведникам, и это выяснено (мудрецами)"». И потому осталось лишь одно большое чудовище. И знай, что левиатан – рыба чистая, как установили мудрецы.⁵⁶

Внутренняя суть сказанного. У левиатана и его пары очень высокий корень, потому что море – это Малхут в свойстве Хохмы, а самое важное из всех морских созданий – это левиатан, поскольку он – совокупность Хохмы, имеющейся в море. Однако он исходит не от самой Хохмы, а от Бины, которая вернулась в Хохму, т.е. левая линия в ней, называемая точкой шурук. И поэтому сказано о них: «И сотворил (ваивра וַיִּבְרָא) Всесильный огромных чудовищ»⁵⁵, потому что Бина называется Брия (בריאה).

Однако место его было установлено не в самом море, т.е. в Малхут мира Ацилут, но уготовано место (для него) в мире Брия, находящемся за пределами Ацилута, ниже Малхут Ацилута, и это – десять потоков, которые приводит нам далее рабби Шимон. И пусть это не вызывает у тебя затруднений – если они (чудовища) со ступеней святости, почему же были убиты? Ведь некева была убита сразу, а затем был убит и захар, как сказано: «И убьет чудовище, которое в море»⁵⁷. Но дело в том, что убийство означает – отмена его ступени и возвращение в Ацилут. И действительно, в конце исправления аннулируются все три мира БЕА и вернутся в Ацилут.

И не должен вызывать затруднений также вопрос: если существовала необходимость убить некеву, чтобы не был разрушен мир, то почему Он изначально ее создал? Потому что об этом убийстве говорится лишь в отношении ее служения левиатану, но она не была устранена полностью, так как от нее питаются души праведников. И это означает сказанное: «И Творец вознес ее к праведникам».

---

⁵⁵ Тора, Берешит, 1:21. «И сотворил Всесильный огромных чудовищ и всякое существо живое пресмыкающееся, которыми воскишела вода, по роду их, и всякую птицу крылатую по виду ее. И увидел Всесильный, что хорошо».

⁵⁶ Вавилонский Талмуд, трактат Хулин, лист 67:2.

⁵⁷ Пророки, Йешаяу, 27:1. «В тот день накажет Творец мечом Своим тяжелым, и большим, и крепким левиатана, змея ползающего (бариах), и левиатана, змея извивающегося (акальтон), и убьет чудовище, которое в море».

40) «"Большое чудовище"» – т.е. левиатан захар, оставшийся в живых, о котором сказано: «Большое чудовище, лежащее среди рек его»[52]. «"Это девять рек, в которых оно лежит", – соответствующие девяти сфирот ХАБАД, ХАГАТ, НЕХИ. "И одна река, воды которой бесшумны", – т.е. Кетер. "Благословения вод сада", – Малхут мира Ацилут, "выпадают ему трижды в год"», – т.е. три линии, правая-левая-средняя, о которых сказано: «Трижды в год да предстанет всякий мужчина твой»[58]. «"А если (благословения) выпадают ему дважды в год", – т.е. только две линии, правая и левая, "эта река благословляется, но недостаточно", – так как отсутствует средняя линия. "А если лишь одно (благословение) выпадает ему", – только правая линия или только левая, "то нет"», – не благословляется она им. И от реки, которая является Кетером, получают наполнение девять рек, являющиеся девятью нижними сфирот.

41) «"И это чудовище входит в эту реку", – т.е. в Кетер этих рек, "набирает в ней силу, плывет дальше и входит в море, в Малхут Ацилута. И проглатывает там рыб разных видов и властвует", – т.е. ступени, включенные в это море, которые меньше него, оно проглатывает их, и они восполняются в нем. "И оно возвращается в ту тихую реку. И эти девять рек постоянно поднимаются" к ней, чтобы получить свое наполнение, ибо они получают свое наполнение от тихой реки – от своего Кетера. "И возле нее", этой реки, "многочисленные виды деревьев и трав, которые нам предстоит выяснить.[59] И это – самая первая река"» из всех, Кетер.

42) И теперь он выясняет порядок выхода десяти этих рек. «"Выходят с левой стороны – из одного источника, проистекающего и выходящего", – т.е. Есода Зеир Анпина, "три капли", выходящие из трех линий, включенных в левую линию. "И каждая капля расходится на три капли", и они становятся они девятью каплями. "И из каждой капли образуется одна река. И это девять рек, все время усиливающихся, текущих и образующих все небосводы"», – границы второго сокращения, называемые небосводами.

---

[58] Тора, Шмот, 23:17. «Трижды в год да предстанет всякий мужчина твой пред лицом Господина, Творца».

[59] См. ниже, п. 68.

43) «"Из того, что осталось от этих капель после того, как они закончили выходить", – а с ними не вышли все свойства Кетера и Хохмы, которые выше Бины, и не притягиваются с тремя линиями, – ведь "осталась одна капля, и выходит она неслышно, падая между ними", – между реками, "и возникает из нее одна река, и это река, которая течет неслышно"», – т.е. тихая река.

44) «"Эта река, – когда река", Есод Зеир Анпина, "берет свое начало и выходит, она выводит другие капли благословений с правой стороны", т.е. в тот момент, когда передает Малхут от трех линий, включенных в правую линию, "то, что осталось от этих капель", и не вышло вместе с ними, – т.е. также и от сфирот, находящихся выше Бины, которые не притягиваются вместе с тремя линиями, "осталась одна капля от этих благословений", выходящая неслышно, и "падающая в эту тихую реку". И получается, что у тихой реки тоже есть свечение правой (линии). "И эта река – самая важная из всех"».

45) «"Когда выходят и разделяются эти четыре реки, выходящие из Эденского сада,[60] то река, называемая Пишон[61], впадает в эту" тихую "реку и включается в нее. И поэтому вавилонское царство (малхут) включено в эту реку. И Пишон – это вавилонское царство"». Ибо Пишон – это самая главная из четырех рек, а Вавилон – главное из четырех царств, о котором сказано: «Ты сам – голова из золота»[62], и поэтому Пишон – это Вавилон. «"От этой тихой реки насыщаются и наполняются все другие реки"».

46) «"В каждой из этих рек всегда плавает одно чудовище, и всего их девять чудовищ. И каждому Он пробил отверстие в голове его, как сказано: "Проломил головы чудовищ на воде"[63]. Включая даже это большое чудовище, ибо все они выдыхают воздух (руах) наверх, а не вниз"».

---

[60] Тора, Берешит, 2:10. «И река вытекает из Эдена, чтобы орошать сад, а оттуда разделяется и становится четырьмя верховьями».

[61] См. Тора, Берешит, 2:11.

[62] Писания, Даниэль 2:38. «Ты, царь, – царь царей, тот, кому Творец небесный дал царство, мощь, силу и славу. И всюду, где живут люди, животные и птицы небесные, отдал Он их в твои руки, и поставил тебя властелином над ними. Ты сам – голова из золота».

[63] Писания, Псалмы, 74:13. «Ты могуществом Своим разделил море на части, проломил головы чудовищ на воде».

Объяснение. Из-за того, что они получают от средней линии, приводящей к тому, чтобы свечение правой линии распространялось сверху вниз, а свечение левой линии светило только снизу вверх,[64] и все чудовища происходят от свечения левой линии, поэтому выдыхают воздух (руах) наверх, а не вниз. И по этой причине у них есть отверстие в голове, и это отверстие образуется у них по причине экрана де-хирик средней линии, из-за того, что он сократил ГАР де-ГАР в них.[65] И это означает: «Проломил головы чудовищ на воде»[63]. И даже во время гадлута, когда экран опускается из Бины на свое место, остается у них по-прежнему отверстие в голове, потому что этот гадлут не светит сверху вниз из-за отсутствия ГАР де-ГАР, и смысл слов: «Ибо все они возносят дух (руах) наверх, а не вниз». Поэтому отверстие в их голове остается, даже у большого чудовища.

47) «"Сказано: "Вначале сотворил Всесильный"[66], и сказано: "И сотворил Всесильный огромных чудовищ"[55]. В обоих речениях говорится о сотворении. И это учит нас, что "против каждого действия в десяти речениях" начала творения, "стоят эти десять рек, в которых одно чудовище возмущается духом против одного из них"». Другими словами, одно чудовище в каждой реке из числа десяти рек возмущается духом своим против действия, направленного на него, относящегося к десяти речениям начала творения.

48) «"И поэтому раз в семьдесят лет содрогается мир, потому что когда это большое чудовище поднимает свои плавники и содрогается, содрогаются" вместе с ним "все, кто находится в реках. И весь мир содрогается, и земля сотрясается, так как все включены в это большое чудовище"».

Объяснение. Мы уже знаем, что ступень левиатан, т.е. большое чудовище, – это Хохма, притягиваемая от левой линии. И эта Хохма не раскрывается иначе, как над сфирой Малхут

---

[64] См. Зоар, главу Берешит, часть 1, п. 50. «Разногласие, которое было исправлено согласно высшему подобию – это то, которое поднимается и не опускается...»

[65] См. Зоар, главу Лех леха, п. 22, со слов: «Экран де-хирик, на который выходит средняя линия, происходит от свойства суда, имеющегося в Малхут...»

[66] Тора, Берешит, 1:1. «Вначале сотворил Всесильный небо и землю».

каждой ступени,[67] а у левиатана она называется плавником (снапир). И также в числе «раз в семьдесят лет» содержится намек, потому что семьдесят лет – это семь сфирот ХАГАТ НЕХИМ, и одна из них – это Малхут. И мы узнали также, что притяжение Хохмы сопровождается судами.[68] И это смысл сказанного: «Раз в семьдесят лет содрогается мир», – т.е. от свечения Малхут, «потому что когда это большое чудовище поднимает свои плавники», – т.е. Малхут его, и оно поднимает их (плавники), чтобы притянуть Хохму, «и содрогается», – так как притягиванию Хохмы сопутствуют суды, и поэтому оно содрогается в момент их привлечения, «содрогаются все, кто находится в реках. И весь мир содрогается, и земля сотрясается, так как все включены в это большое чудовище», – и поскольку они все включены в него и получают свое наполнение от него, то содрогаются вместе с ним.

49) "Земля же была пустынна и хаотична, и тьма над бездной, и дух Всесильного витал над поверхностью вод"[69]. Сказал рабби Шимон: "Товарищи изучают действие начала творения и знают его, но немногие умеют показать, как действие начала творения связано с большим чудовищем. И мы изучали, что весь мир распространяется" и происходит "от плавника его», – этого большого чудовища. И поэтому необходимо понять, как это указывает на всё действие начала творения.

Объяснение. Поскольку всё действие начала творения совершается свойством Хохма, как сказано: «Всё мудростью (хохма) сотворил Ты»[70]. А большое чудовище – это совокупность Хохмы, как мы уже говорили в начале этой статьи.[71] Поэтому всё неизбежно исходит от него. И именно от плавников его, являющихся его Малхут, потому что свечение Хохмы раскрывает-

---

[67] См. Зоар, главу Берешит, часть 1, п. 340, со слов: «И, кроме того, так же как высшая Хохма является началом...»

[68] См. Зоар, главу Ваера, п. 216, со слов: «Объяснение. Судебный приговор – это свечение точки шурук в Нукве до ее включения в хасадим, и оно раскрывается только с проявлением суда...»

[69] Тора, Берешит, 1:2. «Земля же была пустынна и хаотична, и тьма над бездной, и дух Всесильного витал над поверхностью вод».

[70] Писания, Псалмы, 104:24-26. «Как многочисленны дела Твои, Творец! Все мудростью сотворил Ты, полна земля созданиями Твоими. Вот море, великое и необъятное, там пресмыкающиеся, которым нет числа, животные малые и большие, там корабли плывут, левиатан, которого сотворил Ты, чтобы он резвился в нем».

[71] См. выше, п. 39.

ся только из Малхут.⁶⁷ И это значение сказанного: «Весь мир распространяется от плавника его».

50) «"Земля же была пустынна и хаотична"⁶⁹. Мы учили, что "была" – прежде, т.е. была пустынной до того, как началось исправление.⁷² И мы выяснили, что в этой первой реке", т.е. в тихой реке, "когда большое чудовище входит в нее, оно наполняется" свечением Хохмы, "и плывет, и гасит те искры, которые были собраны в мирах, разрушенных вначале"», т.е. во время разбиения келим. И разлетелись тогда искры, являющиеся судами, во все стороны. И сейчас это большое чудовище гасит и устраняет эти суды, поскольку Хохма прекращает все суды.

51) «"Эти другие чудовища были и не были", – потому что их свечение не раскрывается в них, и это подобно тому, словно их и не было. "И почему?" – это так. "Из-за того, что ослабла их сила, чтобы они не разрушили мир. Кроме одного раза в семьдесят лет, когда они укрепляются благодаря силе того большого чудовища, и оно само укрепляется. И если бы его нуква была жива у него, то не смог бы мир вынести их"».

Объяснение. Мы уже выяснили выше, что Хохма не раскрывается ни в какой сфире ступени, но только в сфире Малхут этой ступени. И дело в том, что после того как вначале вышли две линии, правая и левая, между ними возникает разногласие, и от этого разногласия произошел ад,⁷³ и мир был разрушен, пока не вышла средняя линия и не сократила левую, чтобы та светила только снизу вверх.⁷⁴ А свечение, идущее снизу вверх, считается светом Малхут, светом некевы. И потому не может Хохма, приходящая слева, светить в девяти первых сфирот, т.е. в свете захара, отдающего сверху вниз, но только в самой Малхут, отдающей снизу вверх, что является свойством ВАК

---

⁷² См. Зоар, главу Берешит, часть 1, п. 17. «"Земля же была пустынна и хаотична". Слово "была" указывает на прежнее состояние, в то время, когда она "была"...»

⁷³ См. Зоар, главу Берешит, часть 1, п. 44, со слов: «А правая линия является совершенством всего, потому что все сфирот получают от нее жизненные силы...»

⁷⁴ См. Зоар, главу Берешит, часть 1, п. 45, со слов: «Ступень хасадим, вышедшая на среднюю линию, Тиферет, вошла между правой и левой линией и при помощи своих хасадим вынудила левую линию облачиться в правую и устранила разногласие...»

де-ГАР. И на эту Малхут указывают слова: «Раз в семьдесят лет», как мы уже сказали.[75]

И сказано: «Эти другие чудовища были и не были», – ведь хотя они и были созданы, их словно и не было, так как их свечение, т.е. Хохма, не раскрывается в них, поскольку Хохма не раскрывается в девяти первых сфирот. «Из-за того, что ослабла их сила» – так как ослабевает их сила под воздействием средней линии, которая убавляет от света захар свечение Хохмы, «чтобы они не разрушили мир», – чтобы прекратилось разногласие, и левая линия подчинилась правой, и не был разрушен мир из-за разногласия.

«Кроме одного раза в семьдесят лет», – т.е. только в их Малхут, «когда они укрепляются благодаря силе того большого чудовища» – они усиливаются, так как раскрывается свет в их Малхут, светящей снизу вверх и получающей от большого чудовища. «И оно само укрепляется» – так как большое чудовище является совокупностью света Хохмы. Но и большое чудовище светит только в свойстве своей Малхут, т.е. только снизу вверх, как мы уже сказали.[73] И говорит: «Ибо все они возносят дух (руах) наверх»[76], – что является свойством ВАК де-ГАР.

«И если бы его нуква была жива у него, то не смог бы мир вынести их», – потому что захар может отдавать сверху вниз только если он находится в единстве захара и нуквы, но если он без нуквы, то он находится в свойстве ВАК, и ему недостает ГАР. И поэтому, когда средняя линия сократила ГАР де-ГАР левой линии с помощью экрана де-хирик,[77] была убита этим нуква левиатана, этого большого чудовища, и остался левиатан захаром без некевы, т.е. свойством ВАК де-ГАР, светящим только снизу вверх.

И это уменьшение необходимо, так как благодаря этому средняя линия установила согласие между правой и левой линиями. И это значение сказанного: «Не смог бы мир вынести их», то есть ее (нукву левиатана) надо было убить. И получается, что он говорит, что девять чудовищ получают от большого

---

[75] См. выше, п. 48.
[76] См. выше, п. 46.
[77] См. Зоар, главу Лех леха, п. 22, со слов: «Экран де-хирик, на который выходит средняя линия, происходит от свойства суда, имеющегося в Малхут...»

чудовища, и это – свет некевы. И выяснилось, таким образом, что нуква левиатана была убита с помощью экрана де-хирик средней линии, которая называется Творцом.

52) «"Пока Творец не убил нукву" левиатана, "земля была пустынна"[69]. Она была пустынной, а после того как Он убил ее, стала" земля "и хаотична"[69], то есть начала" земля "существовать. "И тьма над бездной"[69] – потому что то действие, которое Он произвел, пока еще не дало свет"».

Пояснение сказанного. Мы выяснили ранее,[77] что четыре действия происходят в средней линии, когда она выходит для установления согласия между двумя линиями и их соединения друг с другом:
1. Первое сокращение.
2. Экран первого сокращения.
3. Второе сокращение.
4. Экран второго сокращения, благодаря которому вышел уровень хасадим, чтобы объединить две линии друг с другом.

И это смысл сказанного: «Земля же была пустынна и хаотична».[78]

И с помощью этого ты сможешь понять две вещи, которые сказаны здесь о большом чудовище:
1. Что (Творец) убил его нукву.
2. А также (Творец) пробил голову самому захару и сделал отверстие в голове его, как сказано: «Проломил головы чудовищ в воде». Ибо это два вида вышеуказанных экранов, первого сокращения и второго сокращения, выходящих вместе с экраном де-хирик в средней линии. С помощью экрана первого сокращения Он «убил нукву большого чудовища», а с помощью экрана второго сокращения – «пробил голову захара». И далее он выясняет причины, для чего приходят эти четыре действия.

И это значение сказанного: «Пока Творец не убил нукву, "земля была пустынна"[69]», – т.е. была привлечена к ней сила первого сокращения, что является подготовкой к приходу экрана первого сокращения с помощью средней линии. «А после того как Он убил ее, стала (земля) "и хаотична"[69]», – т.е. после того как средняя линия раскрыла экран первого сокращения,

---

[78] См. Зоар, главу Берешит, часть 1, статью «Земля же была пустынна и хаотична», пп. 17-19.

убивающий нукву чудовища, и вышел на него уровень зивуга, являющийся уровнем руах, подсластилась земля посредством этого экрана, и называется хаотичной. «То есть начала (земля) существовать" – благодаря этой ступени руах, вышедшей на экран первого сокращения. «"И тьма над бездной"[69] – потому что то действие, которое Он произвел, пока еще не дало свет"» – потому что свет снова исчез, и не светил, и настала тьма. И эта тьма передалась состоянию второго сокращения, т.е. достигла Бины. И благодаря этому произошла подготовка к экрану второго сокращения, как мы выясним далее.

53) «"Что сделал Творец? Проломил голову захару"» больших чудовищ, – т.е. с помощью экрана второго сокращения, представляющего собой подъем экрана Малхут в место Бины. И исчез ГАР Бины и всех ступеней под Биной, внутри которых находится и большое чудовище. И скрытие ГАР чудовища посредством судов Бины образовало отверстие в его голове, т.е. в его ГАР.

«"И чудовище покорилось, потому что бездна внизу"», – т.е. Малхут на своем месте, "не светила"». А теперь, посредством подъема Малхут наверх к Бине, вышла на нее ступень руах, которая светит. И это смысл сказанного: «И дух Всесильного витал над поверхностью вод»[69]. Поэтому покорился змей и получил экран второго сокращения, и это означает, что образовалось отверстие в голове его.

«"Почему же она (бездна)"», – т.е. экран первого сокращения, "не светила? Потому что большое чудовище возвращало дух (руах) над бездной и наводило тьму на нее, и он не витал внизу"».

Объяснение. Ступень руах, выходящая на экран первого сокращения, никогда не способна получить ГАР.[79] Поэтому сказано, что большое чудовище возвращало ступень руах первого сокращения над бездной и наводило тьму на нее, так как она никогда не будет способной получить свет, потому что дух в то время, когда он внизу, в Малхут, не подслащенной Биной, не витает. Ибо «витает» означает, что дух колеблется туда-сюда,

---

[79] См. Зоар, главу Берешит, часть 1, п. 3, со слов: «В свойстве суда, т.е. в свойстве Малхут мира АК, прежде чем она подсластилась в Бине, в свойстве милосердия, мир не мог существовать...»

т.е. нет установления ступени с помощью него, и пока еще ему приличествует более высокая ступень. А этот дух первого сокращения не витал, а установился на этой ступени руах неизменно, потому что дух первого сокращения еще не способен вознестись выше. Поэтому сказано: «И он не витал внизу».

54) «"И перешел другой высший дух (руах)" – т.е. руах, выходящий на экран второго сокращения. "И подул и ударил по тому духу", который вышел на экран первого сокращения, "и унял его", т.е. устранил его. "Это смысл сказанного: "И дух Всесильного витал над поверхностью вод"[69], – так как ступень руах экрана второго сокращения не устанавливается никогда, а витает туда-сюда. "И это то, что мы учили, что Творец столкнул один дух с другим и сотворил мир"». Ибо пока царил дух первого сокращения, не мог Он сотворить мир, и потому столкнул с ним дух второго сокращения и сотворил мир.

55) «"И сказал Всесильный: "Да будет свет". И стал свет"[80], – так как светил высший свет"», – т.е. ГАР, потому что буква «йуд י» вышла из воздуха (авир אויר), и он стал светом (ор אור).[81] «"И он ударил по тому духу, что веет, и тот удалился из бездны, перестав покрывать ее". Иными словами, отменил ступень руах, покрывавшую бездну, чтобы та не получала свечения ГАР. "И поскольку осветилась бездна и дух удалился, появился свет"», как сказано: «И стал свет».

56) «"Этот свет светил над головой его", – большого чудовища, ибо после того, как Бина достигла своих ГАР, также и чудовище снова достигло своих ГАР, "и вода выходила из его ноздрей", передаваемая остальным ступеням, "и дух возносился вверх"».

Объяснение. Чтобы передать (наполнение) остальным ступеням, свет спустился к свойству воды, так как сократились его ГАР де-ГАР, и остался лишь в ВАК де-ГАР, которые называются водою. И это произошло благодаря силе согласования средней линии. И сказано: «И вода выходила из его ноздрей» – т.е. от экрана третьей стадии, называемого «хотэм», служащего для

---

[80] Тора, Берешит, 1:3. «И сказал Всесильный: "Да будет свет". И стал свет».
[81] См. Зоар, главу Берешит, часть 1, п. 33. «Когда от Арих Анпина есть первая точка, «йуд י», его «свет (ор אור)» раскрывается над ней...»

ступени Хохмы, т.е. ступени АБ.[82] И получается, что от свойства ГАР де-ГАР есть в нем только лишь ступень руах. И это означает сказанное: «И дух (руах) возносился вверх». И известно, что хотя он и светит только в свойстве ВАК де-ГАР, все равно обязан сначала получить полные ГАР, а затем уходят от него ГАР де-ГАР, и он остается в ВАК де-ГАР, и это ВАК ступени АБ.[83] И потому сказано сначала: «Этот свет светил над головой его», – т.е. в свойстве света, но затем, когда исчезли ГАР де-ГАР, и свет вернулся к свойству воды, сказано: «И вода выходила из его ноздрей». Но Зоар не всегда точно разграничивает эти имена.

«"И он (руах) светится от этого света". И он объясняет, почему и вода выходила, и дух возносился, и говорит, что до этого он светился от этого совершенного света, "пока не спускался свет его", – из Бины, "искрясь в семидесяти двух светах солнца", – т.е. Зеир Анпина, который достиг ступени АБ, называемой семьюдесятью двумя светами[84], – т.е. (достиг) ступени Хохмы, как мы уже сказали. "И поскольку эти света запечатлелись в солнце внизу, о них знали грешники мира и поклонялись солнцу", – т.е. поклонялись, чтобы притянуть от него свет сверху вниз. "Когда посмотрел Творец на этих грешников", желающих притянуть свет сверху вниз, "Он поднял свет и укрыл его. И почему Он скрыл его?" от деяний грешников. – "Потому что это чудовище поднималось и опускалось", тоже притягивая свет сверху вниз из-за деяний грешников. "И Он ударял по этим рекам", – т.е. Он уничтожал их силой судов, притягиваемых вместе со свечением сверху вниз, "пока не скрыл свет, и он (более) не раскрывался"».

57) «"И посеял это семя в одном праведнике", Есоде Зеир Анпина, "называемом садовником этого сада. А семя, которое посеял в саду", т.е. в Малхут, – "это укрытие и скрытие этого света"». Иными словами, скрытие является не исчезновением, а наоборот, семенем для благословения, когда само скрытие снова станет светом, подобно растению, восходящему из семени.

58) «"Когда это большое чудовище видит, что в саду", в Малхут, "произросло семя этого света", – то есть, когда чудовище

---

[82] См. «Введение в науку Каббала», п. 21.
[83] См. Зоар, главу Берешит, часть 1, п. 76, со слов: «Но не имеется в виду, что мохин выходят в зивуге ВАК без ГАР, потому что в мохин парцуфа АБ не может выйти ВАК без ГАР...»
[84] Гематрия слова АБ (72 – ע"ב).

снова получает свет Хохмы, который вырос в Малхут, "оно пробуждается к передаче другой стороне", – второй из четырех рек, называющейся Гихон[85]. "И тогда разделяются воды реки Гихон одной его тропой", – чудовища, по причине, которая выяснится далее.[86] "Оно", чудовище, "идет по направлению к семени, которое выросло" и стало светом в саду, в Малхут, и берет его, "и светит в ней", – в этой реке, "светом величия этого семени, и называется Гихон"».

59) «"И благодаря величию этого семени возвысился в величии своем царь Шломо, когда взошел на царство, как сказано: "И сведите его к Гихону"[87], а также сказано: "И помажет его там"[87]. "Там", – а не в другом месте, потому что царь Давид знал, что другая вода поднимается к другому царству (малхут), а это царство", от Гихона, "сильное царство"».

60) «"И это большое чудовище пробудилось к ней", – к реке Гихон, "чтобы отдавать в ней, и плавники этого чудовища", т.е. его Малхут, приподнялись в этой реке", Гихон, "чтобы укрепиться в ней. И все остальные реки поднимаются и опускаются благодаря этой силе большого чудовища". И после того, как осветило реку Гихон, "оно снова вошло в тихую реку и унялось в ней"», – т.е. не действует, чтобы передавать Хохму.

61) «"А тогда, когда этот свет скрывается выше садовника, которого мы упомянули,[88] тогда наступает первая тьма", т.е. прежде, чем вышел свет, "и ударяет по голове его", чудовища, "в то самое отверстие, которое образовалось в ней.[89] И протянулась одна нить между свечением", оставшимся "от этого

---

[85] См. Тора, Берешит, 2:13. «А имя другой реки Гихон, она огибает всю землю куш».

[86] См. ниже, п. 62.

[87] Пророки, Мелахим 1, 1:32-34. «И сказал царь Давид: "Позовите ко мне Цадока, священника, и Натана, пророка, и Бнаяу, сына Йеояды". И пришли они к царю. И сказал им царь: "Возьмите с собою рабов господина вашего и посадите Шломо, сына моего, на мула моего, и сведите его к Гихону. И помажет его там Цадок, священник, и Натан, пророк, на царство в Исраэле, и затрубите в шофар, и возгласите: "Да живет царь Шломо!"»

[88] См. выше, п. 57.

[89] См. выше, п. 53.

укрываемого света, и мраком, (установившимся) от этой тьмы, как сказано: "И отделил Всесильный свет от тьмы"[90]».

Объяснение. Теперь он выясняет порядок скрытия, происходящего вследствие возвращения Малхут в Бину. И ты уже знаешь, что подъем Малхут в Бину вызывает разделение каждой ступени на две, как мы выяснили.[91] Однако здесь есть два действия. Сначала сокращение Малхут поднимается в Бину, и об этом сказано: «Тьма над бездной»[69]. А затем экран Малхут поднимается и устанавливается в Бине, как сказано: «И дух Всесильного витал над поверхностью вод»[69], как объяснялось выше.[92]

И после того, как уже установился экран в Бине, оканчивая там ступень, считаются Кетер и Хохма, оставшиеся на этой ступени, свойством «свет», т.е. светом катнута де-нефеш и руах, облачающимся в два сосуда, Кетер и Хохма, и это – свечение, которое осталось после скрытия света. А Бина и ТУМ, находящиеся под оканчивающим экраном, считаются вышедшими из этой ступени, и они находятся в состоянии тьмы.

И это смысл сказанного: «Когда этот свет скрывается выше садовника, которого мы упомянули, тогда наступает первая тьма и ударяет по голове его, в то самое отверстие, которое образовалось в ней».

Во время скрытия света происходит два действия:
1. «Наступает первая тьма», которая образуется вследствие подъема сокращения, имеющегося в Малхут, в Бину, и об этом сказано: «Тьма над бездной»[69].

2. «И ударяет по голове его, в то самое отверстие, которое образовалось в ней» – когда тьма ударяет, т.е. она соединилась с отверстием, растянувшимся в голове его вследствие подъема экрана Малхут в Бину, о котором мы говорили,[93] т.е. как сказано: «И дух Всесильного витал над поверхностью вод»[69]. И тогда «протянулась одна нить», – т.е. экран, оканчивающий ступень под Кетером и Хохмой, «между свечением от этого укрываемого света» – и это Кетер и Хохма, которые

---

[90] Тора, Берешит, 1:4. «И увидел Всесильный свет, что он хорош; и отделил Всесильный свет от тьмы».
[91] См. Зоар, главу Берешит, часть 1, п. 2, со слов: «Пояснение сказанного...»
[92] См. выше, п. 54.
[93] См. выше, п. 53.

остались на ступени, «и мраком, (установившимся) от этой тьмы» – и это Бина и ТУМ, которые вышли за пределы ступени, поскольку они ниже экрана, оканчивающего ступень.

62) «"А это чудовище, вследствие этого разделения нити, которая разделила, вернуло разделение" также "в те реки, что над тьмою". Иными словами, в них тоже произошел подъем Малхут в их Бину, посредством сокращения и экрана в ней. И этот экран, находящийся в месте Бины, разделил между их Кетером и Хохмой, оставшимися на ступени, и Биной и ТУМ, которые вышли со ступени и находились во тьме. "И отделились рыбы по видам их друг от друга в результате этого разделения"», произошедшего в реках.

63) «"А когда отделились высшие святые воды"[94]. То есть, во время гадлута, когда Малхут снова вышла из Бины, и вернулись Бина и ТУМ на ступень. И поскольку уже есть в ней пять келим КАХАБ ТУМ, вернулись к ним ГАР, и есть в ней пять светов НАРАНХАЙ. И тогда высшие воды называются святыми.[95] "Тогда все эти реки отделились и поднялись в тихую реку, лучшую из всех. И выходят и входят в нее трижды в день"».

Объяснение. Во время катнута, когда оканчивающая Малхут находится в Бине, а Бина и ТУМ вышли со ступени, упали все Бина и ТУМ высшей ступени в Кетер и Хохму нижестоящей ступени. А во время гадлута, когда Бина и ТУМ данной ступени возвращаются к ней, они поднимают вместе с собой также Кетер и Хохму нижней ступени. И благодаря этому, Кетер и Хохма нижней ступени получают ГАР высшей ступени. Ибо нижний, поднимающийся к высшему, становится как и он.[96]

И подобно этому тихая река, Бина и ТУМ которой упали в Кетер и Хохму этих рек во время катнута, то также, во время гадлута, когда тихая река снова поднимает к себе свои Бину и ТУМ, поднимаются с ними Кетер и Хохма рек и получают ГАР

---

[94] См. Берешит, 1:6-7. «И сказал Всесильный: "Да будет свод внутри вод, и будет отделять воды от вод". И сделал Всесильный свод, и отделил воды, которые под сводом, от вод, которые над сводом. И стало так».

[95] См. «Предисловие книги Зоар», п. 14, со слов: «Сказано: "И утвердил в этой святой скрытой свече", т.е. в Малхут, которая включилась в Бину…»

[96] См. «Предисловие книги Зоар», п. 17, со слов: «И это означает: "Мать (има) одалживает свои одежды дочери и венчает ее своими украшениями" – т.е. во время выхода мохин гадлута…»

от нее. И это означает сказанное: «Тогда все эти реки отделились», – т.е. отделились их Кетер и Хохма, оставаясь на ступени, а во время гадлута: «И поднялись в тихую реку», – ибо когда она возвращает свои Бину и ТУМ, поднимаются с ними Кетер и Хохма рек и получают ГАР (три первые сфиры), и это смысл сказанного: «И выходят и входят в нее трижды в день», – т.е. получают ГАР, называемые «трижды в день». Ибо нижний, поднимающийся к высшему, становится как и он.[97]

64) «"Все те рыбы", – т.е. ступени и души, "которые растут в этих реках, отделены друг от друга", – так как оканчивающий экран отделяет Кетер и Хохму в каждой из них от Бины и ТУМ. "И называются они ночами", – потому что ступени левой (линии) называются ночью. "И эти", – со ступеней Кетер и Хохма в них, "являются главными (рош) по отношению ко всем тем", – со ступеней Бина и ТУМ их, "что вышли наружу" ступени. "И эти", – те, что внутри, "властвуют над всеми. И они называются первенцами Египта. И отсюда первенцы распространились наружу", – т.е. от ступеней, относящихся к Бине и ТУМ. "И все они насыщаются свежестью этих рек. А это большое чудовище властвует над всеми"».

65) «"И всё это (делается) отделением высших вод" от нижних, "как сказано: "И будет отделять воды от вод"[94]. И образовались высшие святые воды", Кетер и Хохма, "и отделились, чтобы быть наверху, и нижние воды", Бина и ТУМ, "все они отделились одни от других", чтобы быть внизу. И отделились "святые от тех, что не святы. И поэтому высшие ангелы называются отделёнными, так как отделились одни от других", – Кетер и Хохма в них от Бины и ТУМ в них, "по видам их"».

66) «И сказал Всесильный: "Да произрастит земля поросль, траву семяносную"»[98]. «Земля» – это Малхут, а «тра́вы» – это свет, произрастающий от посева укрытого света. «"Когда большое чудовище выпускало дух через это отверстие" в голове, "и он возносился вверх", – т.е. оно желало притянуть оттуда ГАР сверху вниз, "тогда оно превращало все эти травы в сушь, пока другой дух", приходящий в результате подъема Малхут в Бину, "не напускался на дух этого чудовища, заставляя его

---

[97] См. «Введение в науку Каббала», п. 93 и п. 144.
[98] Тора, Берешит, 1:11. «И сказал Всесильный: "Да произрастит земля поросль, траву семяносную, плодовое дерево, производящее плод по виду его, семя которого в нем, на земле". И стало так».

утихнуть внизу", – т.е. уменьшая его ГАР, вследствие чего происходит новый посев, а затем в гадлуте произошло новое произрастание, как мы уже сказали, "и травы произрастают, как и вначале. И властвуют, и восславляют, и возносят благодарность Творцу"».

67) «"С левой стороны, и из тихой реки, выходят животные по видам их, пытаясь приблизиться к этим травам, и не могут, и возвращаются на свое место. Все эти реки непрестанно текут вместе с тем чудовищем, властвующим над ними, и окружают эти травы, и не могут" насладиться ими. "Лишь иногда, когда высший дух не веет, и оно", чудовище, "выпускает дух через это отверстие" в голове его, "и тогда властвует этот дух над травами"», – т.е. иссушает их.

68) Есть у него еще одна возможность приблизиться к травам: в час, когда «"тихая река возвращается" из Малхут "на свое место, поднимаясь и опускаясь. И поскольку во́ды ее неслышны, течет она тихо, а большое чудовище поднимается к тем рекам", – и нет его там, в тихой реке. "А все травы растут возле этой тихой реки, и растут они на каждой стороне. Тогда поднимается это чудовище" к травам, "и растет среди них. А затем возвращается ко всем этим рекам"».

Объяснение. Ты уже знаешь, что травы – это свет, произрастающий из тьмы.[99] И поскольку каждый раз, когда нижние хотят притянуть Хохму сверху вниз, засыхают эти травы, находящиеся в Малхут. Поэтому, несмотря на то, что сами они свойство Хохмы, все равно они отклоняют Хохму и светят только правой стороне – свечению хасадим. И потому все, кто исходят от левой стороны и тянутся к Хохме, не смогут приблизиться к этим травам.

Поэтому сказано[100]: «С левой стороны, и из тихой реки, выходят животные по видам их, пытаясь приблизиться к этим травам, и не могут». И это потому, что они тянутся за Хохмой, а травы отклоняют свечение Хохмы, которое с левой (стороны), и светят только правой (стороне) свечением хасадим. И также «все эти реки непрестанно текут вместе с тем чудовищем, властвующим над ними, и окружают эти травы, и не могут».

---

[99] См. выше, п. 66.
[100] См. выше, п. 67.

За исключением того времени, когда тихая река поднимается к Малхут, получает свечение трав и возвращается на свое место. Тогда могут также исходящие от левой (стороны) насладиться их свечением. Ведь поскольку она является свойством Кетер, нет боязни судов в травах, и они не отклоняют Хохму.

И поэтому сказано: «Тихая река возвращается на свое место, поднимаясь и опускаясь. И поскольку во́ды ее неслышны» – т.е. в них нет суда. «И растут они на каждой стороне» – травы, находящиеся возле нее, светят всем сторонам, даже левой, так как не отклоняют Хохму. «Тогда поднимается это чудовище и растет среди них» – тогда может чудовище расти среди трав, поскольку они светят там также и левой стороне. «А затем возвращается ко всем этим рекам», – и возвращается, и передает наполнение от них всем рекам.

69) «И сказал Всесильный: "Да будут светила на своде небесном"[101] – это змей ползающий (нахаш бариах). И почему он называется "бариах (досл. засов)"? Потому что запирает две стороны", – две линии, правую и левую, и не позволяет, чтобы распространилась третья линия, согласующая между ними. "И выходит в мир", чтобы причинить вред, "лишь один раз в пятьдесят лет"».

Объяснение. Клипа, противостоящая Тиферет святости, т.е. средней линии, называемой: «А средний засов внутри брусьев проходит из конца в конец»[102], т.е. из правой линии в левую, называется «змей-бариах (засов)».[103] То есть он наносит ущерб средней линии, не позволяя ей согласовать линии между собой. И это смысл сказанного: «И почему он называется "бариах (засов)"? Потому что запирает две стороны», – и поскольку запирает две линии, он противостоит средней линии, называемой засовом. И потому он тоже называется засовом.

И разъясняется, каким образом он наносит ущерб средней линии: «И выходит в мир лишь раз в пятьдесят лет"». Мохин

---

[101] Тора, Берешит, 1:14,15. «И сказал Всесильный: "Да будут светила на своде небесном, чтобы отделять день от ночи; и будут они для знамений и времен, и для дней и лет. И будут они светилами на своде небесном, чтобы светить над землей"».

[102] Тора, Шмот, 26:28. «А средний засов внутри брусьев проходит из конца в конец».

[103] См. Зоар, главу Шмини, п. 119.

Бины называются «йовель (50 лет)», и в них – три линии, называемые «три времени». И говорится, что он наносит ущерб только тем, что удерживается в левой линии «йовель», называемой «один раз», не давая ей соединиться с правой стороной.

70) «"В книгах первых мудрецов говорится о речении: "Да будут светила", что это – "змей извивающийся (акальтон)"[104], который всегда перемещается извиваясь. И он навлек проклятья на мир", так как ввел в искушение Хаву через Древо познания. Когда он восстает, сокрушается сила большого чудовища, которое не может подняться, пока не избавится от тела. Ибо Творец усмиряет его в пучине моря, являясь к нему, когда тот попирает силу моря. А сила моря – это большое чудовище, как сказано: "И ступает по высотам моря"[105]».

71) «"Когда этот змей встает, что сказано? "И убьет чудовище, которое в море"[104], и это большое чудовище. И потому сказано: "Вот Я против тебя… большое чудовище, лежащее среди рек его"[106]. И этот змей – это «светила (мэорот מְאֹרֹת)»" без «вав ו», что означает проклятие, как сказано: «Проклятие (меэра́т מְאֵרַת) Творца на доме нечестивого»[107], «"и он проклинает всех. И он одерживает верх над тем", над чудовищем, "посредством силы большой реки, называемой Хиддекель[108]", и мы это уже выясняли"».

Объяснение. Четыре реки соответствуют трем линиям и Малхут, принимающей их. Река Пишон – правая, река Гихон – левая, а река Хиддекель – от средней линии. И известно, что в экране де-хирик средней линии находится в сокрытии свойство Малхут манулы (замка́), и из любого места, которого она

---

[104] Пророки, Йешаяу, 27:1. «В тот день накажет Творец мечом Своим тяжелым, и большим, и крепким левиатана, змея ползающего (бариах), и левиатана, змея извивающегося (акальтон), и убьет чудовище, которое в море».

[105] Писания, Иов, 9:8. «Он один простирает небеса и ступает по высотам моря».

[106] Пророки, Йехезкель, 29:3. «Говори и скажешь: "Так сказал Всемогущий Творец: "Вот Я против тебя, Фараон, царь египетский, большое чудовище, лежащее среди рек его, сказавшее: "Мне принадлежит река моя и я (сам) сотворил себя"».

[107] Писания, Притчи, 3:33. «Проклятие Творца на доме нечестивого, а обитель праведников Он благословляет».

[108] См. Тора, Берешит, 2:14. «А имя третьей реки Хиддекель, она течет к востоку от Ашура; четвертая же река это Прат».

касается, уходят света.[109] В первородном змее также примешано это свойство суда манулы, которым он умерщвляет всё живое. И это значение сказанного: «И он одерживает верх над тем посредством силы большой реки, называемой Хиддекель[110]"» – т.е. он смешан с той самой силой (гвура), которая скрыта в реке Хиддекель, и из-за этого крепка сила его, чтобы губить всё живое.

72) «"Этот змей находится на суше. И когда они выходят сражаться друг с другом – тот, что на суше, всегда одерживает верх, потому что все пути его и сила его – на суше", ибо он – Малхут, в которой (заключены) все суды. "И он всегда ест землю и прах, как сказано: "И прах будешь есть все дни жизни своей"[111]. Этот растет в прахе, а тот растет в воде. Змей, растущий в воде, не так силен, как этот, который растет на суше. И потому сказано об этом змее – "светила (мэорот מְאֹרֹת)" без "вав ו"», так как крепка сила его, чтобы губить всё.

73) «"Этот змей предназначен для того чудовища, что в воде. И хотя предназначен для него, он не сражается с ним. Но только сам Творец может убить его в море, как мы уже выясняли, и это – за дерзость духа в нем, как сказано: «Сказавшее: "Мне принадлежит река моя и я (сам) сотворил себя"»[106].

Объяснение. Большое чудовище – это свойство левой линии, как мы уже говорили. И в начале выхода левой линии, она выходит только для того, чтобы служить правой линии, в состоянии приближения к Египту.[112] Но затем набралась смелости и обнаружила несогласие с правой линией, и захотела отменить ее.[113] И потому, хотя затем и уступила правой линии

---

[109] См. Зоар, главу Ваеце, п. 23.
[110] См. Тора, Берешит, 2:14. «А имя третьей реки Хиддекель, она течет к востоку от Ашура; четвертая же река это Прат».
[111] Тора, Берешит, 3:14. «И сказал Творец Всесильный змею: "За то, что ты сделал это,
проклят ты более всякого скота и всякого зверя полевого! На чреве твоем передвигаться
будешь и прах будешь есть все дни жизни твоей"».
[112] См. Зоар, главу Лех леха, п. 108, со слов: «И было, когда он приблизил свой путь к Египту...»
[113] См. Зоар, главу Берешит, часть 1, п. 44, со слов: «А правая линия является совершенством всего, потому что все сфирот получают от нее жизненные силы...»

под воздействием средней линии,[114] вместе с тем осталась в ней дерзость против правой линии, поскольку уступила лишь вынужденно. И поэтому убил ее Творец. Иными словами, устранил ее и установил заново, чтобы была полностью подчинена правой линии – т.е. осознанно и по желанию, как это было в состоянии приближения к Египту.[112] И это смысл сказанного: «Сказавшее: "Мне принадлежит река моя"»[106], – т.е. Хохма, которую я притянул, принадлежит мне, а не правой линии. Ибо слово «река (йеор יאור)» происходит от слова «свет (ор אור)». «"И я (сам) сотворил себя"», – я сам сотворил себя для особой власти.

---

[114] См. Зоар, главу Берешит, часть 1, п. 50. «Разногласие, которое было исправлено согласно высшему подобию, – это то, которое поднимается и не опускается...»

ГЛАВА БО

И пройдет... на притолоке и на обоих косяках

74) «"И пройдет Творец, чтобы поразить Египет"[115]. "Мы учили, – сказал рабби Йоси, – что это сложное изречение. Если: "И увидит кровь"[115], а затем: "И минует"[115], отсюда следует, что Он сделал знак. И если ты скажешь, что это по причине приношения крови, то почему нужно было наносить за входом, и почему "на притолоке и на обоих косяках"[115]?» Зачем это нужно, если все открыто перед Творцом, и сказано: «Ему открыты глубины и тайны»[116]? Зачем Ему нужно было видеть кровь «на притолоке и на обоих косяках»?

75) «"Однако мы учили. Сказано: "И увидел Творец и вознегодовал"[117]. И сказано: "И увидел Творец, что велико зло человека на земле"[118]. И мы учили, что не проявляется управление свыше, прежде чем проявляется действие его снизу. И прежде чем произошло действие внизу, не управляют через наказание, но только за помыслы поклонения идолам", когда наказывают без действия. "Как сказано: Берегите себя, чтобы не соблазнилось сердце ваше"[119]. А когда действие произошло, пробуждается управление свыше. И поэтому все, как хорошее, так и плохое, зависит от действия"».

---

[115] Тора, Шмот, 12:21-23. «И созвал Моше всех старейшин Исраэля, и сказал им: "Выведите и возьмите себе мелкий скот для семейств ваших и режьте пасхальную жертву! И возьмите пучок иссопа и обмакните в кровь, что в сосуде, и приложите к притолоке и к обоим косякам кровь, что в сосуде, а сами не выходите никто за двери дома своего до утра. И пройдет Творец, чтобы поразить Египет, и увидит кровь на притолоке и на двух косяках, и минует Творец этот вход, и не даст ангелу-губителю войти в дома ваши, чтобы поразить вас"».

[116] Писания, Даниэль, 2:20-22. «И заговорил Даниэль, и сказал: "Да будет благословенно имя Творца во веки веков, ибо мудрость и сила – у Него! Он меняет времена и сроки, свергает царей и возносит их, дает мудрость разумным и знание – способным понимать. Ему открыты глубины и тайны, знает то, что во мраке, и свет обитает с Ним"».

[117] Тора, Дварим, 32:19. «И увидел Творец, и вознегодовал, ибо разгневали Его сыны и дочери Его».

[118] Тора, Берешит, 6:5. «И увидел Творец, что велико зло человека на земле и все помыслы сердца его – только неугодное весь день».

[119] Тора, Дварим, 11:16. «Берегите себя, чтобы не соблазнилось сердце ваше, и не уклонились вы, и не начали служить божествам чужим и поклоняться им».

76) «Сказал рабби Йоси: "Все рынки Египта были переполнены идолами. Более того, буквально в каждом доме можно было найти всяких колдунов, которые связывались своими колдовствами с нижними кетерами, находящимися внизу, и пробуждали дух нечистоты среди них"».

77) «"И мы изучали смысл этого. Сказано: "И возьмите пучок иссопа и обмакните в кровь, что в сосуде"[115]. Зачем нужен "пучок иссопа"? – Чтобы прогнать дух нечистоты из их среды, и чтобы показать на их домах, в этих трех местах, полную веру: одно (место) – с одной стороны, другое – с другой", – на двух косяках, символизирующих две линии, правую и левую, "и одно (место) – между ними", – на притолоке, являющейся намеком на среднюю линию. "И поэтому: "И минует Творец этот вход, и не даст ангелу-губителю войти в дома ваши, чтобы поразить вас"[115], – потому что видит святое имя, начертанное на входе"», – т.е. три линии.

78) «Сказал рабби Йегуда: "Если так", – т.е. подразумеваются три линии, "то почему это проделывается кровью? Мы учили", что цвета трех этих линий, это – "белый, красный, и один", который между ними, "соединяющий между цветами"». То есть ее цвет зеленый. Подобно тому, как солнце включает белый и красный. Так почему на все три линии указывает красный цвет, цвет крови? «Сказал ему: "Два вида крови было, одна – пасхальной жертвы, другая – обрезания", так как сделали себе обрезание. "И кровь обрезания – это милосердие", несмотря на то, что она красная. "А кровь пасхальной жертвы – это суд"». И поэтому здесь это не зависит от цвета.

79) «Сказал рабби Йегуда: "Это не так. Вот как я учил: Творец вернул эту кровь к свойству милосердия, словно она была белым цветом среди цветов. Как сказано: "А Я проходил мимо тебя, и Я увидел тебя попранную, в крови твоей, и Я сказал тебе: "В крови твоей живи!"[120] И хотя (цвет) был красным, был возвращен к милосердию, потому что сказано: "В крови твоей живи!", – поэтому здесь это не зависит от цвета. И поэтому было отмечено на входе с трех сторон: одно (место) – здесь, одно – здесь, а одно – между ними"», и они указывают на три линии.

---

[120] Пророки, Йехезкель, 16:6. «А Я проходил мимо тебя, и Я увидел тебя, попранную, в крови твоей, и Я сказал тебе: "В крови твоей живи!" И Я сказал тебе: "В крови твоей живи!"».

80) «Рабби Хизкия учил: "Были видны два вида крови: кровь пасхальной жертвы и кровь обрезания, которые соответствуют двум кетерам", – т.е. сфирот, "которые проявились наверху в этот час"», – т.е. две линии, Хесед и Гвура. «Сказал рабби Йоси: "Они соответствуют одному кетеру, включенному в две стороны, которые скрыты, – т.е. в милосердие и в суд"». Объяснение. Средняя линия, Тиферет, сама состоит из двух линий, так что есть в ней, в Тиферет, милосердие и суд. И сказал рабби Йоси, что ей соответствует два вида крови: кровь обрезания – и это милосердие в Тиферет, и кровь пасхальной жертвы – суд в Тиферет.

81) «Сказал рабби Аба: "Во многих местах Творец проявлял милосердие к сыновьям своим. Человек строил дом, и Творец говорил ему: "Напиши имя Мое и помести у входа. И ты сиди в доме, а Я буду сидеть снаружи, у входа, и охранять тебя". А здесь", в Песах, "сказал: "Напиши на входе тайну веры Моей", – т.е. три линии, на двух косяках и на притолоке, как мы уже объясняли. И ты сиди в доме, а Я буду охранять тебя снаружи. Как сказано: "А сами не выходите никто за двери дома своего до утра"[115], и сказано: "И увидит кровь на притолоке и на двух косяках, и минует Творец этот вход, и не даст ангелу-губителю войти в дома ваши, чтобы поразить вас"[115]», – то есть Творец охранял их снаружи.

82) «И еще сказал рабби Аба: "В этот час они сделали подобие святому имени ה", – т.е. три линии: две – на косяках, и одна – на притолоке свыше, и это похоже на форму ה, и это Малхут. И поэтому, "так же как это святое имя стало в тот час судом", – над Египтом, "так же кровь стала в тот час судом, как сказано: "И увидит кровь на притолоке и на двух косяках"[115] – т.е. пометка на всех была красной", – что указывает на суд. "И это, чтобы показать, что" хотя она милосердие по отношению к Исраэлю, "она вновь стала судом, чтобы совершить возмездие в Египте"».

83) «"И дело в том, что так же как это наверху в тот час, так они должны были показать внизу: если милосердие – милосердие, если суд – суд". А поскольку наверху был суд над Египтом, "поэтому сказано: "И обмакните в кровь, что в сосуде, и приложите к притолоке и к обоим косякам"[115], – так как кровь указывает на суд. "А о грядущем будущем сказано: "Кто это идет

из Эдома, в багряных одеждах из Боцры"[121] – т.е. в будущем все они проявятся как суд, чтобы совершить возмездие"», и окрасятся тогда все его облачения кровью.

84) «"А сами не выходите никто за двери дома своего до утра"[115]. И в чем причина?", – того, что запрещено им выходить за двери своего дома. "Поскольку человек, как мы учили, не должен выходить на рыночную площадь в час, когда суд навис над городом, потому что дано право губителю, и тому, кто столкнется с ним, будет причинен вред. И поэтому здесь, когда вершился суд" над египтянами, "нельзя было выходить наружу"».

85) «"Мы учили, – сказал рабби Йоси, – в той же сущности, в которой есть суд над египтянами, в той же сущности есть милосердие к Исраэлю. Как сказано: "И увижу ту кровь, и миную их"[122]. Мы также изучали, что во всех этих высших святых кетерах, так же как находится в них суд, находится в них и милосердие. И все это одновременно. Учил рабби Хизкия: "Сказано: "И Творец будет разить Египет, поражая и исцеляя"[123] – т.е. "поражая" Египет и "исцеляя" Исраэль. Что значит "исцеляя"? Вследствие того, что совершили обрезание, нуждались в исцелении"».

86) «"И мы учили, что в тот час, когда поражались египтяне, в тот же час исцелялись Исраэль. Сказано: "И минует Творец этот вход"[115]. "И минует Творец вас", надо было бы сказать, но "этот вход" – именно вход, и это вход в тело. И что это за вход в тело? И он говорит, что это обрезание"», – и его Он исцелял.

87) «Рабби Шимон сказал: "В час, когда настала полночь, и у святого кетера", – т.е. Малхут, "пробудился захар. И кто такой захар? Высший Хесед", Зеир Анпина, "и известно, что одно без другого не поднимается", т.е. хотя ночь – это только свойство Малхут, все же никогда не случится такого, чтобы Малхут была без Зеир Анпина, мужа своего. "И поэтому одно – поражает, а

---

[121] Пророки, Йешаяу, 63:1. «Кто это идет из Эдома, в багряных одеждах из Боцры, тот, кто великолепен в одеянии своем, владеет могучей силой своей?! Я, говорящий справедливо, велик в спасении!»

[122] Тора, Шмот, 12:13. «И будет та кровь для вас знаком на домах, в которых вы пребываете, и увижу ту кровь, и миную их; и не коснется вас кара губительная, когда Я поражу страну египетскую».

[123] Пророки, Йешаяу, 19:22. «И Творец будет разить Египет, поражая и исцеляя, и возвратятся они к Творцу, и Он примет их молитву и исцелит их».

другое – исцеляет". Малхут – поражает, Зеир Анпин – исцеляет. "И все это – одновременно"».

88) «Сказано: "И минует Творец этот вход"[115] – т.е. известный вход", – вход тела, как мы уже сказали. "Что это за вход?" Почему он называется входом? "Потому что это вход для привлечения духа и тела, откуда они произошли. Пока не был обрезан Авраам, он был глух и закрыт со всех сторон", – т.е. не мог порождать в святости. "После того, как был обрезан, раскрылось в нем все, и не был глух и закрыт, как вначале"».

89) «"И это то, что мы учили: "А он сидел у входа в шатер"[124], поскольку раскрылась "йуд י". Что это значит? Однако, сказал рабби Ицхак, что он вызвал это раскрытие "йуд י", милости (хесед) в праведности"». Объяснение. С помощью обрезания раскрывается «йуд י» имени Шадай (שדי), и это указывает, что Хесед притягивается в Малхут, называемую праведностью. «"И это – вход высшей святой Скинии", Малхут. "И значит, что "шатер" здесь – это известный шатер"», – т.е. Малхут, называемая шатром.

Объяснение. Прежде, чем он совершил обрезание, Малхут получала наполнение только от левой стороны, от свойства Хохмы без хасадим, и тогда она закрыта со всех сторон, ведь Хохма, как известно, не может светить без хасадим. А когда он совершил обрезание, раскрылись в ней хасадим, и тогда Хохма в ней облачается в хасадим, и она светит как Хохмой, так и хасадим. И определяется, что вследствие обрезания открылся вход в Малхут, чтобы она могла светить. И это означает: «А он сидел у входа в шатер»[124].

90) «Сказал рабби Эльазар: "Когда раскрылась эта "йуд י", было сообщено Аврааму, и он был благословлен у входа в шатер, и это – праведность", Малхут, "получившая подслащение в милости (хесед)". То есть Хохма, имеющаяся в Малхут, облачилась в хасадим, как мы уже сказали. И это значение сказанного: "В самый разгар дня", ибо день – это то время, когда господствует милость (хесед), являющаяся уделом Авраама", так как Авраам – это меркава (строение) для Хеседа Зеир Анпина. "И откуда нам известно, что "вход в шатер", Малхут,

---

[124] Тора, Берешит, 18:1. «И явился ему Творец в Алоней Мамрэ, а он сидел у входа в шатер в самый разгар дня».

"получил подслащение в милости (хесед) с помощью Авраама? Из сказанного: "А Творец благословил Авраама во всем"[125]. "Во всем", – Малхут, "т.е. получил подслащение в милости (хесед)" с помощью Авраама, "после того, как раскрылась в нем "йуд י"», – вследствие обрезания.

91) «Сказал рабби Аба: "А он сидел у входа в шатер"[124], это как сказано: "А Творец благословил Авраама во всем"[125]». То есть «вход в шатер» – это Малхут, которая называется «во всем». «"И это десятый Кетер", т.е. Малхут. Под Кетером имеется в виду сфира. "В самый разгар дня"[124] означает – так же как была дана ему сфира Хесед", называемая днем, так он удостоился входа в шатер. Ибо Хесед раскрывает Малхут, называемую шатром, чтобы она могла светить. "И так же, как сидит в этом", – в Хеседе, называемом днем, "так же сидит и в этом", в Малхут, называемой входом в шатер, "потому что не может одно подняться без другого"», – так как Малхут без Хеседа не может светить Хохмой, которая в ней. А Хесед без свечения Хохмы, имеющейся в Малхут, является свойством ВАК без рош.

92) «"Другое объяснение сказанного: "И пройдет Творец, чтобы поразить Египет"[115]. Что значит: "И пройдет"? – То есть Он прошел по порядку суда кетеров, которые связывались с другими кетерами наверху, и устранил их существование"». Объяснение. Нижние кетеры, к которым прилепились египтяне, были связаны с высшими кетерами святости и оттуда получали свои жизненные силы. И Творец устранил эти связи, и было отменено существование нижних кетеров, и тогда были убиты первенцы Египта. Таким образом, «Творец прошел по путям Своим", – т.е. испортил нисхождение кетеров, "чтобы совершить суд над египтянами и уберечь Исраэль. И так в любом месте, где сказано: "И пройдет", "И пройду Я", "И прошел Он", – это указание, что Творец прошел по путям Своим", в последовательности нисхождения сфирот, "либо для совершения суда, либо – милосердия. И здесь: "И пройдет"[115] означает – для

---

[125] Тора, Берешит, 24:1. «И Авраам состарился, достиг преклонных дней. А Творец благословил Авраама во всем».

совершения суда". А там сказано: "И прошел (Творец перед лицом его)"[126] – это для того, чтобы явить милосердие"».

---

[126] Тора, Шмот, 34:6-7. «И прошел Творец пред лицом его, и возгласил: "Творец – Творец Сильный, Милосердный и Милостивый, Долготерпеливый и великий милостью и истиной, Он хранит милость для тысяч, снимает вину и преступление и прегрешение, но без кары не оставляет; Он поминает вину отцов сыновьям и сынам сыновей до третьего и четвертого поколения"».

И было в полночь

93) «"И было в полночь, и Творец поразил всякого первенца в земле египетской"[127]. Рабби Хия и рабби Йоси направлялись из Уши в Лод, и рабби Хия ехал верхом на осле. Сказал рабби Йоси: "Сядем здесь и помолимся, потому что пришло время полуденной молитвы (минха). И мы учили, что человек должен всегда быть внимательным в молитве минха. И почему должен быть внимательным? Поскольку это то время, когда суд нависает над миром, и человек должен направить на это свои мысли". Сошел рабби Хия с осла, и стал молиться».

94) «Пока они шли, солнце начало клониться к закату. Сказал рабби Хия рабби Йоси: "Почему ты молчишь?" Сказал рабби Йоси: "Я раздумывал над тем, что мир существует только ради глав этого народа. Если главы народа – праведники, благо миру и благо народу. А если они не праведники, то горе миру и горе народу"».

95) «Сказал рабби Хия: "Это действительно так. Откуда мы знаем? Потому что сказано: "Видел я весь Исраэль, рассеянных по горам, подобно овцам, у которых нет пастыря. И сказал Творец: "Нет у них хозяина, пусть возвратятся с миром каждый в свой дом"[128]. Почему сказано "возвратятся", ведь надо бы сказать "поселятся"?! И также "в свой дом" – надо было сказать "в своем доме", ведь народ находился на месте своем"», – куда же им возвращаться?

96) «"Но мы учили так: если глава народа не удостоился" своими действиями, "то народ несет вину за грех его. Откуда нам известно? Из сказанного: "И говорил Давид... вот, я

---

[127] Тора, Шмот, 12:29. «И было в полночь, и Творец поразил всякого первенца в земле египетской, от первенца Фараона, который сидеть должен на престоле его, до первенца узника, который в темнице, и все первородное из скота».

[128] Пророки, Мелахим 1, 22:17. «И сказал он: "Видел я весь Исраэль, рассеянных по горам подобно овцам, у которых нет пастыря. И сказал Творец: "Нет у них хозяина, пусть возвратятся с миром каждый в свой дом"».

согрешил, я провинился, а эти овцы, что они сделали?"¹²⁹ Получается, что Давид грешил, а Исраэль страдали. Но если глава народа несет вину за грех свой, то народ спасен, потому что суд более не пребывает над ними. Как сказано: "И сказал Творец: "Нет у них хозяина". Иначе говоря, если нет главы у народа", потому что был убит Ахав,¹³⁰ "то "пусть возвратятся"¹²⁸ с этого пути, "с миром каждый в свой дом"¹²⁸». И хотя суд уже навис над ними на этом пути, все же, поскольку был убит глава их, и понес вину за грех свой, «возвратятся с миром»¹²⁸. «"Все спасены, если глава их несет вину. И даже Йеошафат должен был понести вину за то, что связался с Ахавом, если бы не закричал, как сказано: "И закричал Йеошафат"¹³⁰».

97) «"Пока они шли, спустилась ночная тьма. Сказали: "Что будем делать? Если идти – то уже наступила ночь, если оставаться на нашем месте – то страшно. Свернули они с пути и сели под одним деревом. И сидели и произносили речения Торы, и не спали"».

98) «В полночь увидели одну лань, которая пробежала перед ними, крича и вознося голоса. Вслушались. Встали рабби Хия и рабби Йоси и содрогнулись. Услышали они один из голосов, призывающий и возглашающий: "Отроки, встаньте! Спящие, пробудитесь! Миры, готовьтесь к приходу Господина своего! Господин ваш выходит в Эденский сад, ведь это – чертог Его", Малхут, "чтобы наслаждаться с праведниками"».

---

[129] Пророки, Шмуэль 2, 24:17. «И говорил Давид Творцу, когда увидел ангела, поражающего народ, сказав: "Вот, я согрешил, я провинился, а эти овцы, что они сделали? Пусть же будет рука Твоя на мне и на доме отца моего"».

[130] Пророки, Мелахим 1, 22:30-35. «И сказал царь Исраэльский Йеошафату: "Переоденусь я и пойду в сражение, а ты надень свои одежды". И переоделся царь Исраэльский, и вступил в бой. А царь Арамейский повелел тридцати двум начальникам колесниц его, сказав: "Не сражайтесь ни с малым, ни с великим, а только с одним царем Исраэльским". И было, когда начальники колесниц увидели Йеошафата, то сказали они: "Верно, это царь Исраэльский", и повернули к нему, чтобы сразиться (с ним). И закричал Йеошафат. И когда начальники колесниц увидели, что это не царь Исраэльский, то повернули от него. А (один) человек случайно натянул лук и поразил царя Исраэльского сквозь швы лат. И сказал тот своему вознице: "Поверни назад и вывези меня из боя, потому что оставили силы меня". Но битва в тот день разгорелась, и царь стоял в колеснице против арамейцев, и умер вечером. А кровь из раны текла внутрь колесницы».

99) «Сказал рабби Хия: "Сейчас ровно полночь, и тот голос, который мы слышали, направляется и разносится высшей ланью", – т.е. Малхут, "и нижней. Как сказано: "Голос Творца тревожит ланей"[131]. Счастлив удел наш, что удостоились мы услышать это"».[132]

100) «"Смотри, какой смысл скрыт за всем этим. В час, когда Творец раскрывается над этим садом, собирается весь сад", – т.е. все праведники, что в саду. "И Он не расстается с Эденом", – т.е. с Хохмой. "И из этого Эдена расходятся источники", – свечение Хохмы, "несколькими путями и тропинками", – для постижения праведниками.[133] "И этот сад называется средоточием жизни, и там праведники испытывают наслаждение от свечения будущего мира. И в этот час Творец раскрывается им"».

101) «Сели рабби Хия и рабби Йоси. Сказал рабби Йоси: "Сколько раз я это спрашивал. О сказанном: "И было в полночь, и Творец поразил всякого первенца в земле египетской"[127], почему не случилось это днем, чтобы Он явил славу чуда всем? И почему умерли все те слабые, что "за жерновами"[134], и "пестрые"[135] в стаде? И почему же не умерли цари и управители, и люди, затевающие войны, как это было при Санхериве? Как сказано: "И вышел ангел Творца и поразил в стане Ашурском сто восемьдесят пять тысяч"[136]. И мы учили, что (поразил) всех царей, царских сыновей, управителей, военачальников. И там проявилась сила одного посланца Творца", – большая, чем то чудо, которое было совершено здесь Им самим. Но ведь "Его чудо должно было быть бо́льшим"».

---

[131] Писания, Псалмы, 29:9. «Голос Творца тревожит ланей и обнажает леса. И в храме Его всё гласит: "Слава!"»

[132] См. Зоар, главу Ваигаш, п. 39, со слов: «Пояснение статьи». И оттуда сможешь понять также и эту статью.

[133] См. Зоар, главу Берешит, часть 1, п. 308.

[134] Тора, Шмот, 11:5. «И умрет всякий первенец на земле египетской, от первенца Фараона, восседающего на его престоле, до первенца рабыни, которая за жерновами, и все первородное из скота».

[135] Тора, Берешит, 30:35. «И отделил он в тот день козлов с белыми пятнами и пестрых, и всех коз крапчатых и пестрых, всех, что с белизною, а также всех бурых из овец, и передал сыновьям своим».

[136] Пророки, Мелахим 2, 19:35. «И было в ту ночь, и вышел ангел Творца и поразил в стане Ашурском сто восемьдесят пять тысяч. И встали поутру, и вот, все они – мертвые тела».

102) «Сказал ему: "Ты правильно спросил, но я ничего не слышал об этом, и (поэтому) не говорю. Но раз мы удостоились всего этого, и путь перед нами проложен, и слышал я, что рабби Шимон бен Йохай очищает рыночные площади города Тверии, пойдем к нему". Сидели, пока не занялся день. Когда показался свет, встали и пошли. Когда пришли к нему, обнаружили его сидящим и книга-сказание (сефер агада) в руках его».

103) «Провозгласил он и сказал: "Все народы как ничто пред Ним, меньше ничтожества и пустоты значат они для Него"[137]. Спрашивается, после того, как сказано: "Все народы как ничто перед Ним", зачем сказано: "меньше ничтожества и пустоты значат они для Него"? Но изучил я разум всех народов в мире, что вера их – словно нет ее, и не постигают они ни высших ступеней, ни низших. И устанавливают для себя безумную веру, но "меньше ничтожества и пустоты значат они для Него"[137]. Как мякина, развеваемая ветром и перекатывающаяся летом в полях впустую, т.е. ничего в себе не содержит, как сказано: "А все живущие на земле считаются ничем в сравнении с Ним"[138]».

104) «Еще провозгласил и сказал: "Вначале сотворил Всесильный небо (эт а-шамаим) и землю (вэ-эт а-арец)"[139]. "Эт" – это правая рука Творца, "вэ-эт" – левая. Мы учили, что простер Творец десницу Свою", – т.е. Хесед, "и создал небо, и простер левую руку Свою", – т.е. суд, "и создал землю, как сказано: "И рука Моя основала землю, а десница Моя распростерла небеса. Я воззову к ним, и предстанут вместе"[140]».

105) «"Что значит: "Предстанут вместе"[140]? Разве можно себе представить, что небо и земля", – Зеир Анпин и Нуква, "не так?!" – не находятся вместе. "Однако, это правая и левая", – разделены, "то есть "эт" и "ве-эт"». Поэтому говорит Писание: «Предстанут вместе»[140]. «"И как "предстанут

---

[137] Пророки, Йешаяу, 40:17. «Все народы как ничто пред Ним, меньше ничтожества и пустоты значат они для Него».

[138] Писания, Даниэль, 4:32. «А все живущие на земле считаются ничем в сравнении с Ним; и по воле Своей поступает Он как с воинством небесным, так и с живущими на земле, и нет никого, кто противился бы Ему и сказал бы Ему: "Что делаешь Ты?"»

[139] Тора, Берешит, 1:1. «Вначале сотворил Всесильный небо и землю».

[140] Пророки, Йешаяу, 48:13. «И рука Моя основала землю, а десница Моя распростерла небеса. Я воззову к ним, и предстанут вместе».

вместе"? В этой (зот)", – Малхут, "которая властвует в полночь, "когда "эт", – Хесед, "включен в "зот"», – Малхут. И тогда они «предстанут вместе».

106) «И мы учили. Сказано: "Всё (эт а-коль) создал Он прекрасным в свое время"[141]. "Эт" – как мы уже сказали", что это Хесед Зеир Анпина, "всё (а-коль)" – это как сказано: "А Творец благословил Авраама во всём"[142]. И мы учили, что "во всём (бе-коль)" – это сфира, называемая "зот", т.е. Малхут, "которая состоит из "эт" и "вэ-эт" и властвует в полночь в обеих сторонах – в милосердии и в суде. Милосердие – для Исраэля, а суд – для народов-идолопоклонников"». И говорит Писание: «Всё ("эт" "а-коль") создал»[141], – чтобы были соединены вместе, «прекрасным в свое время (беито́ בעתו)»[141] – в полночь.

107) «Заговорил рабби Хия, сказав: «Если угодно господину моему, спрошу я об одной вещи, ради которой пришел. Сказано: "И было в полночь, и Творец поразил всякого первенца в земле египетской"[127]. И из того, что сказал господин мой, кажется, что и это изречение выяснится с помощью этого. А мы, – путь будет исправлен перед нами, чтобы приходить и спрашивать пред тобой"».

108) «Провозгласил рабби Шимон и сказал: "Кто как Творец Всесильный наш, возносящийся, чтобы восседать"[143]. "Кто как Творец Всесильный наш", – Зеир Анпин, "возвышающийся и венчающийся, чтобы восседать в высшем святом Кетере", – Бине, "свечение которого выше всех сияющих светов, и кетеров, и венцов"», – потому что все мохин, существующие в мирах, притягиваются из Бины. «"Принижающий Себя, чтобы наблюдать"[143] – опускается в своих сфирот от кетера к кетеру", – т.е. от правой линии Бины к своей правой линии, "от венца к венцу", – от левой линии Бины к своей левой, "от свечения к свечению", – от средней линии Бины к своей средней линии, "от светила к светилу" – от Малхут Бины к своей Малхут. "Чтобы

---

[141] Писания, Коэлет, 3:11. «Все создал Он прекрасным в свое время, даже вечность вложил в их сердца, но так, чтобы дела, вершимые Всесильным, не мог постичь человек от начала и до конца».

[142] Тора, Берешит, 24:1. «И Авраам состарился, достиг преклонных дней. А Творец благословил Авраама во всем».

[143] Псалмы, 113:5-7. «Кто как Творец Всесильный наш, возносящийся, чтобы восседать, принижающий Себя, чтобы наблюдать, – в небесах и на земле, поднимающий из праха бедного, из сора возвышающий нищего».

наблюдать за высшими, в небесах, и за низшими, на земле. И это значение сказанного: "Творец с небес следит за сынами человеческими"[144]».

Объяснение. Говорится о постижениях мохин Зеир Анпина. И известно, что вначале Зеир Анпин поднимается в МАН к Бине и согласует между собой две линии Бины, правую и левую, которые были в разногласии, и устанавливает мир между ними. И тогда выходят три линии в Бине и Малхут, получающая от них. И об этом состоянии сказано: «Три выходят из одного», когда три линии Бины выходят из «одного», Зеир Анпина. И об этом говорит Писание: «Кто как Творец Всесильный наш, возносящийся, чтобы восседать»[143]. Ведь, несмотря на то, что Зеир Анпин и является свойством ВАК, а не ГАР, он все же поднимается в Бину, и становится в ней согласующей линией, называемой Даат, то есть ГАР, и он пребывает там среди сфирот де-рош.

А затем, после того как «три выходят из одного», мы видим, что и «один находится в трёх»,[145] – что и Зеир Анпин устанавливается в тех же трех линиях, свечение которых он вызвал в Бине. Ибо в той мере, в какой нижний вызывает свечение высшего, удостаивается его также и нижний. И это смысл сказанного: «Принижающий Себя, чтобы наблюдать, – в небесах и на земле»[143] – т.е. затем он принижает себя, поскольку опускается из Бины на свое место с тремя этими мохин, светящими в трех линиях, и делает это для того, чтобы давать наполнение «в небесах и на земле». И правая линия называется «кетер (корона)», а левая линия называется «атара (венец)». И средняя линия называется «свет». А Малхут называется «искра».

109) «"Смотри, сказано: "И было в полночь"[146]. "Примерно в полночь" следовало сказать, или "около полуночи"[147], как сказал Моше. И если утверждать, как сказали товарищи: чтобы не сказали предсказатели Фараона, что Моше обманщик",

---

[144] Писания, Псалмы, 53:3. «Творец с небес следит за сынами человеческими, чтобы видеть, есть ли разумный, ищущий Творца».
[145] См. Зоар, главу Берешит, часть 1, п. 363.
[146] Тора, Шмот, 12:29. «И было в полночь, и Творец поразил всякого первенца в земле египетской, от первенца Фараона, который сидеть должен на престоле его, до первенца узника, который в темнице, и все первородное из скота».
[147] Тора, Шмот, 11:4. «И сказал Моше: "Так сказал Творец: "Около полуночи появлюсь Я среди Египта"».

– поскольку в точности невозможно установить сам момент полуночи, "то противоречие остается на своем месте, в трех отношениях, когда даже Исраэль скажут это.

1. Если так, то следовало ему сказать: "И сказал Моше: "Около полуночи", зачем он добавил: "Так сказал Творец"[147], – ведь Творец сказал: "В полночь"? И в какой бы час это не произошло, будет уличен не Моше, а только Господин его, ведь он сказал: "Так сказал Творец"?

2. Ибо Моше сказал: "До первенца рабыни, которая за жерновами"[134]. Но это не сбылось, а только – "до первенца узника, который в темнице"[146]. Таким образом, даже Исраэль скажут так", что он – обманщик, "поскольку события не соответствовали тому, что он сказал.

3. Он сказал от имени Господина: "Около полуночи"[147], но сказано: "И было, в полночь"[146]», а не «около полуночи», как сказал Моше.

110) «"И еще, вопрос ваш" тяжелый, "более, чем поклажа, которую животное может вынести. Вы спросили: "Почему казнь первенцев произошла ночью, а не днем? И почему умерли слабые, которые "за жерновами"[134]? Но всё это – высшая тайна среди "жнецов поля", – т.е. тех, кто удостоился достичь ростков укрытого света, посеянных в Малхут, называемой полем. "И всё правильно в словах верного пророка"».

111) «"Счастлив удел Моше, о котором сказано: "Ты прекрасней, чем все сыны человеческие, влита прелесть в уста твои, поэтому благословил тебя Всесильный навеки"[148], "любишь ты справедливость и ненавидишь нечестие, поэтому помазал тебя Всесильный, Всесильный твой елеем радости, из всех собратьев твоих"[149]. "Ты прекрасней, чем все сыны человеческие (досл. сыны Адама)"[148] – чем Шет и Ханох. "Влита прелесть (хен חן) в уста твои"[148] – от Ноаха и сыновей его"», о котором сказано:

---

[148] Писания, Псалмы, 45:3. «Ты прекрасней, чем все сыны человеческие, влита прелесть в уста твои, поэтому благословил тебя Всесильный навеки».

[149] Писания, Псалмы, 45:8. «Любишь ты справедливость и ненавидишь нечестие, поэтому помазал тебя Всесильный, Всесильный твой елеем радости, из всех собратьев твоих».

«А Ноах обрел милость (хен חן) в глазах Творца»[150], «"Поэтому помазал тебя Всесильный, Всесильный твой"[149] – от Авраама и Ицхака. "Елеем радости"[149] – от Яакова. "Из всех собратьев твоих"[149] – из остальных пророков. Неужели муж, вознесшийся на высшие ступени, на которые не поднялся никто другой, не знал, что говорит?!"»

112) «"Но мы учили, что сфира, называемая "зот (эта)", – т.е. Малхут, "называется женой. Как сказано: "Эта (зот) наречена будет женой (иша)"[151]. И почему?" – наречена так, "ибо от мужа (иш) взята она (зот)"[151]. И кто этот муж? Тот, кто называется "зэ (этот)". И это муж, захар", – т.е. Зеир Анпин. "Как сказано: "Ибо этот муж, Моше"[152]. Таким образом, "муж" называется "этот", а "этот" называется "муж". А "эта (зот)" взята от "этого (зэ)", который называется "захар"».

113) «"И поэтому она", Малхут, называется "пальма (тамар)", что указывает на "захар (мужское свойство) и некева (женское)". Ибо у пальмы не восходит одно без другого", захар без некевы. И еще, почему называется "тамар (пальма)". Как сказано: "Как столбы (тимрот) дыма"[153]. Как дым поднимается белым и черным, так же и здесь"», – в Малхут, называемой «зот (эта)», «"всё включено в нее в полночь, чтобы выполнить ее действия одновременно", – сразу. "Белый – для Исраэля", и это милосердие, "а черный – для идолопоклонников"», т.е. суд.

114) «"И до того, как эта ночь разделится, она не совершает своих действий. Откуда нам это известно, – от Авраама, о котором сказано: "И разделилась для них ночь"[154], то есть она делится, чтобы производить свои действия. Так же и здесь Моше сказал: "Около полуночи" – то есть, что эта ночь раз-

---

[150] Тора, Берешит, 6:8. «А Ноах обрел милость в глазах Творца».

[151] Тора, Берешит, 2:23. «Эта на сей раз – кость от костей моих и плоть от плоти моей. Эта наречена будет женой (иша), ибо от мужа (иш) взята она».

[152] Тора, Шмот, 32:1. «И увидел народ, что медлит Моше спуститься с горы, и собрался народ против Аарона, и сказали ему: "Встань, сделай нам божества, которые пойдут пред нами, ибо этот муж, Моше, который вывел нас из земли египетской, не знаем мы, что стало с ним».

[153] Писания, Песнь песней, 3:6. «Кто она, поднимающаяся из пустыни, как столбы дыма, и окуриваемая миррою и фимиамом, и всякими порошками торговца (благовониями)?!»

[154] Тора, Берешит, 14:15. «И разделился против них ночью, сам и рабы его (дословно: и разделилась для них ночь, для него и рабов его), и бил их, и преследовал их до Ховы, что по левую сторону от Дамесека».

делится. И Моше знал, что она не будет совершать действий своих, пока не разделится"».

115) «"Так и было – ночь не совершала своих действий, пока не разделилась. Потому что во второй половине ночи совершались ее действия. Как сказано: "И было в полночь (досл. в половине ночи)"[146]. Что значит "в половине"? Это значит – во второй половине, в то время, когда она", Малхут, "властвует. И всегда находится эта "зот", Малхут, "чтобы совершать действия. И любое действие, совершенное ночью, совершается во второй ее половине"».

116) «"И Творец поразил всякого первенца"[146]. "И Творец"[146] – это Он", Зеир Анпин, "и дом суда Его", Малхут. "И Творец"[146] означает – "Он и действия Его". "Поразил (икá הכה) всякого первенца"[146]. Сказал Моше: "И умрет всякий первенец"[134]. Что значит "поразил"? Но пробудилась Ко" Малхут свойства суда, называемая Ко, "как предостерегал его (Фараона) Моше: "И вот, ты не слушался до сих пор (ад ко)"[155]», и поэтому сказано: «И Творец поразил (икá הכה)»[146], и это имя Ко (כה), которым умертвил всех первенцев египтян.

117) «"И мы учили, что Фараон был умнее всех его колдунов. И наблюдал за этой "зот", – Малхут, "которая будет вершить в нем суд и в будущем разрушит его страну. Как сказал Моше: "Из этого (бе-зот) узнаешь, что Я – Творец"[156]. И что про него сказано: "И повернулся Фараон"[157]. Что значит: "И повернулся"? Обратил свое сердце от этого помысла, как сказано: "И пошел в дом свой, и не обратилось его сердце также и к этому (ле-зот)"[157]. Слово "также", являющееся лишним, включает ту, которая в будущем разрушит его землю. И не обратил своего сердца на "зот"». Иначе говоря, хотя и знал, что имя «зот», т.е. Малхут, разрушит его страну, вместе с тем не обратил своего сердца к «зот».

---

[155] Тора, Шмот, 7:16. «И скажи ему: "Творец Всесильный евреев, послал меня к тебе, чтобы сказать тебе: "Отпусти Мой народ, чтобы они служили Мне в пустыне. И вот, ты не слушался до сих пор"».

[156] Тора, Шмот, 7:17. «Так сказал Творец: "Из этого узнаешь, что Я Творец". Вот я ударю посохом, который в моей руке, по воде, которая в реке, и (вода) превратится в кровь».

[157] Тора, Шмот, 7:23. «И повернулся Фараон, и пошел в дом свой, и не обратилось его сердце также и к этому».

118) «Сказано: "Всякого первенца"[146]». «Первенец» – это свойство Хохмы, а «всякого первенца» указывает на то, что «"даже высшие ступени, так же, как и низшие, были разбиты, лишившись своей власти, – т.е. все те ступени, которые властвуют с помощью мудрости в них", – т.е. мудрости египтян, "как сказано: "Всякого первенца в земле египетской"[146]. И все ступени, высшие и низшие, которые были разбиты, лишившись своей власти, все они указаны в изречении: "От первенца Фараона, который сидеть должен на престоле его, до первенца узника, который в темнице, и все первородное из скота"[146]. Таким образом, все они указаны в Писании"».

119) «"Вот они вкратце. "От первенца Фараона, восседающего на престоле"[134] – это власть нижней сферы" клипот, получающей "от высшей Малхут. "До первенца рабыни"[134] – это левая сфира, находящаяся под этой властью, за четырьмя жерновами, и это – четыре стана" клипот. "И это смысл сказанного: "За жерновами"[134], а не "от жерновов". "И все первородное из скота"[134] – это под нижними, о которых мы сказали. И это некева от некевот, находящихся в ослицах, в животных и ослах, в крупных и в мелких", – т.е. ступени нечистоты. "И получают от них мужчины (гварим) и женщины (некевот). "До первенца узника, который в темнице"[146] – это происходящие от рабыни. И с помощью них делают" колдовства "узникам, чтобы те работали с ними всегда, и не вышли на свободу"».

120) «"И, уверенные во всех этих ступенях, отказывались египтяне" отослать Исраэль, "потому что с помощью них устанавливали связь колдовства с Исраэлем так, чтобы те никогда не смогли освободиться от своей работы. И в этом проявилась сила и власть Творца. И память об этом не умрет в Исраэле во все поколения. Ведь если бы не проявились сила и непреклонность Творца, все цари народов и все колдуны мира не смогли бы избавить Исраэль от рабства. Ибо раскрыл Он связи их и сокрушил все эти кетеры", – первенца узника, "чтобы вывести их на свободу. Об этом сказано: "Кто не убоится Тебя, Царь народов, как и подобает Тебе, ибо среди всех мудрецов народов и во всем их царстве нет подобных Тебе"[158]».

---

[158] Пророки, Йермияу, 10:7. «Кто не убоится Тебя, Царь народов, как и подобает Тебе, ибо среди всех мудрецов народов и во всем их царстве нет подобных Тебе».

121) «Заплакал рабби Шимон, возвысив голос свой, и застонал. Сказал: "Связь уже имеется. Вы думаете, зачем соединяется Творец, и восславляет Себя так много раз при выходе из Египта?" Сказано: "Который вывел тебя из земли египетской"[159]. "И вывел тебя Творец Всесильный твой из Египта"[160], "И вывел тебя Творец Всесильный твой оттуда"[161]. "Вывел Я ополчения ваши"[162], "Помните день этот, в который вы вышли из Египта"[163]. "И вывел тебя пред Собою великой силой Своей из Египта"[164]. "Вывел Творец вас оттуда"[163]». И пятьдесят раз упомянут выход из Египта в Торе.

122) «И ответил: "Но мы учили, что десять кетеров", – т.е. сфирот, "есть внизу", – в клипот, "подобных тем, что наверху", – в святости. "И все они скрыты внутри этих трех" клипот, "о которых мы говорили", т.е. первенец Фараона, первенец рабыни, первородное из скота. "И три связи были установлены на три эти ступени, с помощью которых они сделали так, чтобы Исраэль не ушел от их порабощения никогда"».

123) «"Счастливы вы, Авраам, Ицхак и Яаков, что благодаря вашим заслугам раскрылись эти связи, и Творец помнил ваши три связи веры. Как сказано: "И вспомнил Всесильный союз Свой с Авраамом, Ицхаком и Яаковом"[165]. С Авраамом – это одна связь, Авраама. С Ицхаком – это вторая связь, Ицхака. С Яаковом – это третья связь, самая совершенная, Яакова"».

---

[159] Тора, Дварим, 5:6. «Я – Творец Всесильный твой, который вывел тебя из земли египетской, из дома рабства».

[160] Тора, Дварим, 16:1. «Соблюдай месяц колосьев и совершай Песах Творцу, ибо в месяце колосьев вывел тебя Творец Всесильный твой из Египта ночью».

[161] Тора, Дварим, 5:15. «И помни, что рабом был ты на земле египетской, и вывел тебя Творец Всесильный твой оттуда рукою мощною и мышцею простертою. Поэтому повелел тебе Творец Всесильный твой отмечать день субботний».

[162] Тора, Шмот, 12:17. «И оберегайте опресноки, ибо в тот самый день вывел Я ополчения ваши из земли египетской; и соблюдайте день этот во все роды ваши как вечный закон».

[163] Тора, Шмот, 13:3. «И сказал Моше народу: "Помните день этот, в который вы вышли из Египта, из дома рабства, ибо сильной рукою вывел Творец вас оттуда – и не ешьте квасного!"»

[164] Тора, Дварим, 4:37. «И (все) за то, что любил Он твоих отцов, и избрал их потомство после них, и вывел тебя пред Собою великой силой Своей из Египта».

[165] Тора, Шмот, 2:24. «И услышал Всесильный их стон, и вспомнил Всесильный союз Свой с Авраамом, Ицхаком и Яаковом».

124) «"Мы учили, что все установленные времена, праздники и субботы являются памятью о выходе из Египта, и на этом все они установлены. Ведь если бы не это, то не было бы соблюдения сроков, праздников и суббот. Поэтому не умирает память о Египте во все времена, и праздники, и субботы. Это правило, помнить о выходе из Египта, является основой и источником Торы и всех заповедей, и всего совершенства веры Исраэля"». Поэтому выход из Египта так много раз упомянут в Торе.[166]

125) «"И еще – то, о чем вы спрашивали: почему суд над Египтом не происходил днем? Мы учили. Сказано: "Сегодня вы выходите"[167]. И сказано: "И вывел тебя Творец Всесильный твой из Египта ночью"[160]. Но мы учили, что основное избавление Исраэля происходило только ночью", – ибо это Малхут, называемая ночью, и эта ночь раскрыла связи и совершила возмездие, а день вывел их рукою вознесенной. И это смысл сказанного: "Вышли сыны Исраэля с рукою вознесенной на глазах у всего Египта, а египтяне хоронили тех, кого поразил у них Творец, – всякого первенца"[168]. И это было сделано ради прославления чуда"».

126) «Подошли к нему рабби Хия и рабби Йоси и, склонившись пред ним, поцеловали руки его, и заплакали, и сказали: "Высшие и низшие образы возносят головы свои благодаря тебе. Создал Творец нижний Йерушалаим", – Малхут, "наподобие высшего Йерушалаима", – Бины. "И сделал стены святого города и врата его. И тот, кто входит, не входит, пока не откроются ворота. Тот, кто восходит, не восходит, пока не будут установлены ступени, ведущие к этим стенам. Кто может открыть ворота святого города, и кто может установить ступени к стенам?! Это рабби Шимон бен Йохай, он открывает врата сокровенных тайн мудрости и он устанавливает высшие ступени. И сказано: "Пусть являются все мужчины твои пред ликом

---

[166] См. Зоар, главу Лех леха, п. 117, со слов: «В этих словах заключен необычайно глубокий смысл...», и поймешь, почему суд египетского исхода является корнем всего.

[167] Тора, Шмот, 13:4. «Сегодня вы выходите, в месяце колосьев».

[168] Тора, Бемидбар, 33:3-4. «И отправились в путь из Рамсеса в первом месяце, в пятнадцатый день первого месяца; на следующий день после Песаха вышли сыны Исраэля с рукою вознесенной на глазах у всего Египта, а египтяне хоронили тех, кого Творец поразил у них, – всякого первенца, и над божествами их совершил Творец расправу».

Владыки, Творца"¹⁶⁹. Кто является "ликом Владыки, Творца"? Это рабби Шимон бен Йохай. И тот, кто захар от зихронот", – т.е. он является свойством захар высших мохин, называемых зихронот (воспоминания), и это мохин Абы ве-Имы, "должен являться пред лицо Его"».

127) «Сказал им: "Я еще не закончил отвечать на заданные вами вопросы. Мы ведь учили: "И Творец поразил всякого первенца"¹⁴⁶ – просто каждого первенца"», и не говорит: «Первенцев египтян», поскольку это указывает также и на все ступени, в которых удерживаются египтяне, т.е. на четыре ступени клипот, «"как мы уже сказали. И все они были как те, которые умерли". То есть образовалось на ступенях клипот подобие египетским первенцам, которые умерли. "Это – устанавливающие связи, которые пользовались колдовствами их в этих кетерах. Часть из них пользовались высшими, а часть из них – низшими, и это несмотря на то, что все они низшие", – вместе с тем пользовались также и высшими. "И вся земля египетская была переполнена колдовством, ведь сказано: "Ибо не было дома, где не было бы мертвеца"¹⁷⁰».

128) «"И суд свершился над всеми ними, в час, когда все собрались в домах своих. Не были рассеяны в пустыне и в поле, но все находились в своих домах. И вершила ночь", – Малхут, "свои суды в этот час. И светила ночь, как день, во время тамуза, и видел весь народ суды Творца. Как сказано: "И ночь как день будет светить, и тьма – как свет"¹⁷¹».

129) «"И в час, когда выходили Исраэль, то видели их, как все они умирали на площадях у всех на глазах. И хотели захоронить их, но не находили их"», потому что псы сжирали их. Однако не все были съедены, останки некоторых уцелели, и о них сказано: «А египтяне хоронили тех»¹⁷². «"И им это было тяжелее всего: с одной стороны – видели, что выходят Исра-

---

¹⁶⁹ Тора, Шмот, 34:23. «Три раза в году пусть являются все мужчины твои пред ликом Владыки, Творца Всесильного Исраэля».

¹⁷⁰ Тора, Шмот, 12:30. «И встал Фараон той ночью, и все слуги его, и все египтяне, и был вопль великий в Египте, ибо не было дома, где не было бы мертвеца».

¹⁷¹ Писания, Псалмы, 139:12. «И ночь как день будет светить, и тьма – как свет».

¹⁷² Тора, Бемидбар, 33:4. «А египтяне хоронили тех, кого Творец поразил у них, – всякого первенца, и над божествами их совершил Творец расправу».

эль, с другой стороны – видели своих умерших. И все это было ради прославления чуда, и со дня сотворения мира не было ничего подобного"».

130) «"Это – ночь (лейль) хранимых для Творца, чтобы вывести их"[173]. И сказано: "Это – та самая ночь (лайла) для Творца хранимых"[173]. Трудно понять это изречение – после того, как сказал: "Ночь", что означает "хранимых", а не "хранимая"? И сказано: "Это – та самая ночь (лайла)"[173], – почему вначале сказал: "Ночь (лейль)", а затем: "Ночь (лайла)"?"»

131) «"Но мы так учили. Сказано: "Если будет девица, девственница"[174]. "Девица (наар נער)" написано (без "хэй ה"). И в чем причина? Потому что все то время, пока не взята замуж, называется девица "на́ар (נער)", а когда взята замуж, называется "нэара́ (נערה)". И также здесь", Малхут "называется "лейль (ליל ночь)", пока не взята захаром", Зеир Анпином. И хотя сказано о ней: "Ночь (лейль) хранимых", – во множественном числе, что означает включение в нее также и Зеир Анпина, "это потому, что захар", Зеир Анпин, "в будущем соединится с ней", но пока еще не соединился. "И в час, когда соединился с ней захар, сказано: "Это – та самая ночь (лайла לַיְלָה) для Творца хранимых"[173]. "Хранимых" указывает на "захара и некеву", – т.е. Зеир Анпина и Малхут. Поэтому сказано: "Та самая ночь (лайла לַיְלָה)"».

132) «"И в том месте, где находятся захар и некева, восхваление воздается только захару. И так Исраэль возносили свои восхваления – только захару, а не некеве. Как сказано: "Это Всевышний мой – буду прославлять Его"[175], – т.е. в том месте, где находятся захар и некева, восхваляется только захар. И на это надеются Исраэль, как сказано: "Это – Творец, на Него

---

[173] Тора, Шмот, 12:42. «Это – ночь (лейль) хранимых для Творца, чтобы вывести их из земли египетской. Это – та самая ночь (лайла) для Творца хранимых, для всех сынов Исраэля в поколения».

[174] Тора, Дварим, 22:23-24. «Если будет девица, девственница, обручена с мужчиной, и встретит ее человек в городе, и ляжет с нею, то выведите обоих к вратам того города и забросайте их камнями, и пусть умрут они: девица за то, что не кричала она в городе, а мужчина за то, что он насиловал жену ближнего своего; искорени же зло это из среды твоей».

[175] Тора, Шмот, 15:2. «Моя сила и ликование – Творец. Он был спасением мне. Это Всевышний мой – буду прославлять Его; Всесильный отца моего – буду превозносить Его».

уповали мы, будем ликовать и радоваться спасению Его!"[176], так как в будущем Он им сделает это. И сказано: "Как в дни исхода твоего из земли египетской, явлю ему чудеса"[177]».

133) «"И та же причина, по которой сказано здесь "лейль (לֵיל)" и "лайла (לַיְלָה)", так же и в будущем сделает им Творец, как сказано: "Страж, что же с ночью (лайла לַיְלָה)? Страж, что же с ночью (лейль לֵיל)?"[178] Как там – пребывание на страже и ночь (лейль לֵיל), так и здесь – пребывание на страже и ночь (лейль לֵיל). Как там – пребывание на страже и ночь (лайла לַיְלָה), так и здесь – пребывание на страже и ночь (лайла לַיְלָה)"».

134) «"И называется "ночь (лайла לַיְלָה)" потому, что захар включен в нее, как мы уже объясняли. И это смысл сказанного: "Пришло утро, но также ночь"[179], – т.е. Зеир Анпин и Малхут. Ибо утро означает, как сказано: "И поднялся Авраам рано утром"[180], т.е. именно это его свойство", – Хесед Зеир Анпина, называемый утром. "И сказано: "Творец, утром услышь голос мой!"[181] – тоже, именно утром"», – и это Зеир Анпин в свойстве Хесед.

135) «Сидели рабби Хия и рабби Йоси. Рабби Шимон раскрывал им секрет "учения коэнов"[182]. И они снова приходили каждый день и садились перед ним. Однажды рабби Шимон вышел наружу. Пошли вместе с ним, дошли до одного поля, сели».

---

[176] Пророки, Йешаяу, 25:9. «И скажет в тот день: "Вот, это – Всесильный наш, на которого мы надеялись, и Он спасет нас! Это – Творец, на Него уповали мы, будем ликовать и радоваться спасению Его!"».

[177] Пророки, Миха, 7:15. «Как в дни исхода твоего из земли египетской, явлю ему чудеса».

[178] Пророки, Йешаяу, 21:11. «Пророчество о Думе. Ко мне взывает из Сеира: "Страж, что же с ночью? Страж, что же с ночью?"»

[179] Пророки, Йешаяу, 21:12. «Сказал страж: "Пришло утро, но также ночь. Если хотите спросить, спрашивайте; приходите снова"».

[180] Тора, Берешит, 19:27. «И поднялся Авраам рано утром к месту, где он стоял пред Творцом».

[181] Писания, Псалмы, 5:4. «Творец, утром услышь голос мой! Утром обращусь я с молитвой к Тебе, уповать на тебя буду!»

[182] Книга «Ваикра» Торы.

ГЛАВА БО

Все видел я в дни суеты моей

136) «Провозгласил рабби Шимон и сказал: "Все видел я в дни суеты моей: бывает, праведник пропадает в праведности своей, а бывает, нечестивый продлевает (дни) во зле своем"[183]. Шломо, который был мудрее любого человека, что сказал этим изречением? Однако в словах Шломо содержится намек мудрости. Ведь мы видим, что не таковы пути Творца, ибо сказано: "Дабы воздать каждому по путям его и по плодам деяний его"[184]. Но здесь содержатся две вещи, на которые он намекает"».

137) «"Мы изучали, что когда глаза Творца желают наблюдать за миром и интересоваться им, как сказано: "Ибо Творец обегает глазами всю землю"[185], и находятся грешники в мире, тогда праведник, пребывающий в этом поколении, несет их вину, а с грешниками Творец сдерживает гнев Свой, пока не обратятся. И если нет", – не обращаются, "то не найдется того, кто бы попросил милосердия к ним", так как праведник уже мертв. "И это смысл сказанного: Бывает, праведник пропадает в праведности своей"[183]. И поскольку он – праведник, то уходит из мира"», чтобы не просить милосердия для этого поколения.

138) «"И поэтому мы учили, что человек должен всегда жить только в том месте, где живут дельные люди. И почему? Потому что горе тому, кто обитает среди преступных, ибо он несет их вину. А если обитает среди праведников, благоволят к нему за их заслуги"».

139) «"Ведь рав Хасда сначала жил среди людей Каппадокии, и это было для него тяжелым временем, и болезни преследовали его. Взял он и поместил жилище свое среди "обладающих щитом (баалей маген)" в Ципори", – т.е. среди учеников мудрецов, которые называются обладающими щитом. "И поднялся и удостоился многих благ, обильного богатства и обилия

---

[183] Писания, Коэлет, 7:15. «Всё видел я в дни суеты моей: бывает, праведник пропадает в праведности своей, а бывает, нечестивый продлевает (дни) во зле своем».

[184] Пророки, Йермияу, 32:19. «Велик Ты в совете и могуч в деянии, очи Твои открыты на все пути сынов человеческих, дабы воздать каждому по путям его и по плодам деяний его».

[185] Писания, Диврей а-ямим 2, 16:9. «Ибо Творец обегает глазами всю землю, чтобы поддерживать преданных Ему всем сердцем».

в Торе. И сказал: "Всего этого я удостоился, поскольку поселился среди тех, за кем наблюдает Творец, чтобы делать им благо"».

140) «Другое объяснение. "Все видел я в дни суеты моей"[183]. Как Шломо, у которого были высшие ступени мудрости, большие, чем у всех сынов этого поколения, – как сказано: "И был он мудрее всех людей"[186], и сказано: "И сел Шломо царем на престоле Творца"[187], – сказал о жизни своей: "Дни суеты моей"[183]? И сказано: "Суета сует, – сказал Коэлет"[188]».

141) «"И мы учили, что семью именами звался Шломо: Едидья, Агур, Бен Яке, Итиэль, Лемоэль, Коэлет. И имя Коэлет соответствует всем, и все они называются по высшему подобию. Коэлет называется также святым собранием десяти человек. И об этом сказали (мудрецы), что нет общины менее десяти человек. И община – это даже сто и более", однако не менее десяти. Но Коэлет (קְהֶלֶת) – это совокупность всего", всего Исраэля. "Как сказано: "Община (кеилат קְהִלַּת) Яакова"[189]».

142) «"И мы учили, что эти имена были даны ему за (его) мудрость, и поэтому он написал три книги: "Песнь песней", "Коэлет" и "Притчи". И все они – для того чтобы восполнить эту мудрость (хохма). "Песнь песней" соответствует милости (хесед). "Коэлет" соответствует суду (дин). "Притчи" соответствует милосердию (рахамим)" – т.е. соответственно трем линиям хесед-дин-рахамим. "И для восполнения мудрости он сделал всё, что сделал, чтобы проявить мудрость, и в соответствии с более высокой ступенью. И он сказал о себе: "В дни суеты моей"[183], "Суета сует"[188]».

143) «"Однако, суета (эвель הבל) – это очень важное понятие. И это – лепет (эвель הבל), выходящий из уст. А лепет, выходящий из уст, становится голосом. И мы учили, что мир

---

[186] Пророки, Мелахим 1, 5:11. «И был он мудрее всех людей: Эйтана Эзрахитянина, и Эймана, и Калкола, и Дарды – сыновей Махола; и (славно) было имя его среди всех окрестных народов».

[187] Писания, Диврей а-ямим 1, 29:23. «И сел Шломо царем на престоле Творца вместо Давида, отца своего, и был удачлив, и слушался его весь Исраэль».

[188] Писания, Коэлет, 1:2. «Суета сует, – сказал Коэлет, – суета сует, всё суета».

[189] Тора, Дварим, 33:4. «Учение заповедал нам Моше, наследие общине Яакова».

не мог бы существовать, если бы не лепет малых детей, обучаемых Торе, которые не грешили, – т.е. совсем не грешили". И не то чтобы грешили, но им это не засчитывается как грех из-за малости их. "Лепет образуется ветром и водой. И всё, совершаемое в мире, совершается в лепете. И этот детский лепет становится голосом и распространяется по миру. И они – хранящие мир и хранящие город. И это значение сказанного: "Если Творец не охраняет город, напрасно усердствует страж"[190]».

144) «"Смотри, это – лепет, это – голос. В чем разница между тем и другим? Лепет пребывает в силе, и из него выходит голос. Но голос на самом деле считается существующим, когда вышло из него слово. И тот лепет, который был наследием от его отца, называется суетой, и от нее исходило всё, что видел Шломо. И хотя была у него большая поддержка свыше, от других ступеней, но чтобы сообщить это слово, сказал он: "В дни суеты моей", – чтобы сообщить, что это слово исходит оттуда"».

Пояснение сказанного. Понятие «суета» мы уже подробно выясняли раньше.[191] И это свечение левой линии Бины, которое перекрылось и прекратилось из-за разногласия с правой линией Бины, и свечение ее вышло наружу и стало «суетой». Поэтому сказано: «И это – лепет (эвель הבל), выходящий из уст»[192], – т.е. он выходит из внутренних свойств ступени наружу, и этот свет становится суетой (эвель הבל). И когда ЗОН находятся в ГАР состояния катнут, и называются тогда детьми, обучаемыми Торе,[193] они получают это свечение левой линии Бины, и также их свечение выходит наружу из их уст и становится лепетом (эвель הבל). И поэтому сказано: «Мир не мог бы существовать, если бы не лепет малых детей, обучаемых Торе», – потому что затем, во время гадлута, когда ЗОН называются большим ликом (паним гдолот), ибо тогда все свойства Хохмы в них исходят от этого лепета, который они доносили из своих

---

[190] Писания, Псалмы, 127:1. «Если Творец не отстроит Храм, напрасен труд строивших его, если Творец не охраняет город, напрасно усердствует страж».
[191] См. Зоар, главу Ваеце, п. 15, со слов: «Для того чтобы понять сказанное...»
[192] См. выше, п. 143.
[193] См. «Предисловие книги Зоар», статью «Ростки», п. 5, со слов: «И как сказано: "А если бы они не показались до этого, то не могли бы остаться в мире"...»

уст в то время, когда были малым ликом (паним ктанот).[193] И поскольку мир может существовать только благодаря свечению Хохмы, получается, что мир держится на их лепете.

И поэтому сказано: «И они – хранящие мир и хранящие город», – так как свечение Хохмы охраняет мир от клипот и вредителей. Но лепет в месте исхождения его, то есть в левой линии Бины, – это суета (эвель הבל), в которой нет ничего, кроме разрушения. Только затем, когда Зеир Анпин поднимается в Бину в качестве средней линии и согласовывает и устанавливает мир между линиями, правой и левой, и соединяет их друг с другом, тогда суета (эвель הבל) снова становится светом. И выходят три линии Хохма-Бина-Даат в Бине. И тогда рождается Зеир Анпин в мохин гадлута от Бины, ибо всего, что нижний вызывает в высшем, удостаивается и нижний. И поскольку без Зеир Анпина, называемого голос, внесшего согласие между линиями Бины и вызвавшему в ней ХАБАД, оставалась бы Бина в состоянии разногласия, и свет ее оставался бы в свойстве суеты (эвель הבל), поэтому удостоился также и Зеир Анпин трех мохин ХАБАД. И поэтому сказано: «Три выходят от одного, один находится в трех»[194]. Получается, что Зеир Анпин родился из этой «суеты (эвель הבל)» Бины, и вернул ее к свету.

И сказано: «Лепет, выходящий из уст, становится голосом»[193]. Это означает, что у Бины есть сила из свойства «лепет (эвель הבל)» извлечь и породить «голос», Зеир Анпин, после того как он поднимается в качестве МАН и вносит согласие и возвращает «эвель» к свету. «Но голос на самом деле считается существующим»[195], – но Зеир Анпин, который называется голосом, уже находится в мохин ХАБАД, называемых существованием, чтобы произвести речь, Нукву. И создается единство голоса и речи, и это полное единство паним бе-паним.

И сказано: «И тот лепет, который был наследием от его отца, называется суетой»[195], поскольку этот голос, Зеир Анпин, родился от Бины, считается Бина отцом и матерью (Аба ве-Има) этого «голоса», ибо «голос» удостоился этого лепета, как сын, наследующий своим отцу и матери. Ведь на самом деле у Зеир Анпина нет никакой доли в мохин Бины. Но, поскольку он согласовывает ее линии, то удостаивается и наследует эти

---

[194] См. Зоар, главу Берешит, часть 1, п. 363.
[195] См. выше, п. 144.

мохин от них. Но этот лепет (эвель הבל), он всего лишь левая линия Бины, а Зеир Анпин унаследовал все три линии от нее, т.е. ХАБАД. «И хотя была у него большая поддержка свыше, от других ступеней», т.е. также и от двух других линий, «но чтобы сообщить это слово, сказал он: "В дни суеты моей"», – т.е. Хохма, которая притягивается сфирой Даат и называется сообщением, она приходит только в силу этой суеты (эвель הבל). И об этой Хохме (мудрости) он напомнил, сказав: «В дни суеты моей».

145) «"И внутренний смысл сказанного: "Всё – суета"[188], "всё видел я в дни суеты моей: бывает, праведник пропадает в праведности своей"[183] заключается в том, что он раскрыл и рассказал – что всё зависит от дней "суеты моей". То есть в то время, когда эта суета подпитывается от суда, чтобы совершить суд", – т.е. до внесения согласования средней линией, "тогда "праведник пропадает в праведности своей", – в силу этого суда. "А в то время, когда эта суета подпитывается от милосердия", – т.е. после согласования средней линии, "то тогда: "Нечестивый продлевает (дни) во зле своем"[183], так как в силу милосердия, Он – долготерпеливый. "И оба они", – и грешник, и праведник, "зависят от этой суеты. И поэтому сказано: "В дни", а не "в день". И все зависят от этой суеты: тот, кто призван в час суда, – от суда, а тот, кто призван в час милосердия, – от милосердия"».

146) «"И если ты возразишь: "Ведь сказано: "Бывает, праведник пропадает"[183] – настоящее время и непрекращающееся действие, и не сказано: "Пропал"». Ведь если это зависит от времени, следовало сказать в прошедшем времени, а не в настоящем. «"Но этот суд", – каждый раз, когда он пробуждается, "приводит к исчезновению праведника из мира и из поколения, и так происходит всегда. "А бывает, нечестивый продлевает (дни) во зле своем"[183], продлевает на самом деле" прегрешения свои. Потому что этот суд, в то время, когда он подпитывается от милосердия, поступает милосердно с грешником и продлевает ему (дни)"».

147) «Пока сидели они, увидели, что дым воскурения поднимается наверх и опускается вниз. Сказал: "Дым окружает венцом земную трясину сверху". И поэтому он поднимается наверх и опускается вниз, и это указывает на суету (эвель

הבל), и вследствие того, что он низок и полон судов, поэтому венчается им Зеир Анпин, исправивший его и удостоившийся мохин Бины. "И в то же время поле источает запах, обоняемый лучше всех благовоний. И об этом сказано: "Как запах поля, которое благословил Творец"[196]».

ГЛАВА БО

И обонял запах одежд его

148) «Провозгласил и сказал: "И обонял запах одежд его, и благословил его, и сказал: "Гляди, запах сына моего, как запах поля, которое благословил Творец"[196]. "И обонял запах одежд его" – отсюда следует, что одежды источали хороший запах, и не исчезал их запах никогда. И теперь нужно рассмотреть следующее. Сказано: "Запах одежд его", и сказано: "Запах сына моего". Однако он сказал не "запах одежд", а "запах сына моего". Но мы учили, что когда вошел Яаков, появился вместе с ним Эденский сад. И учили, что эти одежды были (одеждами) Адама Ришона, как сказано: "И сделал Творец Всесильный Адаму и жене его одеяния кожаные, и облачил их"[197], и вывел их из Эденского сада"».

149) «"И если ты скажешь, что написано: "И сшили листья смоковницы"[198], и из них были" одеяния кожаные, которые сделал им Творец. И почему, в таком случае, сказано: "И сделал Творец Всесильный"? Разве они не сшили сами? "И сказано: "Одеяния кожаные"[197] – разве это были не листья смоковницы? Но в Таргуме слова "одеяния кожаные" переведены как "драгоценные одежды". И они источали запах благоуханий Эдена"».

150) «"И мы учили: "Полным Именем были сделаны, ибо сказано: "И сделал Творец Всесильный (АВАЯ Элоким)", а это – полное Имя. "И не были им (полным Именем) сделаны небо и земля", поскольку с ними приводится только имя Элоким[199]. "Но ведь сказано: "В день созидания Творцом Всесильным (АВАЯ Элоким) земли и неба"[200]? Это нетрудно понять, ибо при сотворении они не были сделаны полным Именем, а когда созидались, созидались полным Именем"». И сказанное: «В день

---

[196] Тора, Берешит, 27:27. «И обонял (Ицхак) запах одежд его, и благословил его, и сказал: "Гляди, запах сына моего, как запах поля, которое благословил Творец"».

[197] Тора, Берешит, 3:21. «И сделал Творец Всесильный Адаму и жене его одеяния кожаные, и облачил их».

[198] Тора, Берешит, 3:7. «И открылись глаза у обоих, и узнали, что наги они. И сшили листья смоковницы и сделали себе опоясания».

[199] См. Тора, Берешит, 1:1. «Вначале сотворил Всесильный (Элоким) небо и землю».

[200] Тора, Берешит, 2:4. «Вот порождения неба и земли при сотворении их, в день созидания Творцом Всесильным земли и неба».

созидания Творцом Всесильным (АВАЯ Элоким)»²⁰⁰ – говорит о созидании.

151) «"И сказанное, что эти одежды попали к нечестивцу Эсаву, который взял их у Нимрода, мы выясняли, и понять это трудно. Ведь если это так, то сказано: "Адаму и жене его"¹⁹⁷ – т.е. Он сделал одежды Адаму и одежды Хаве. Так что же случилось с одеждами Хавы? И еще. Если это так, то в чем они были похоронены? Разве можно подумать, что они оставили и сбросили с себя "высшее сияние", данное им Творцом?"»

152) "Но в те одежды, в которые облачались Адам и Хава, не облачался никто другой, потому что в этих одеждах они пребывали в высшем подобии. И если тебе придет в голову, что они облачились в них сами, то сказано: "И облачил их"¹⁹⁷ – т.е. Творец облачил их. Счастлива их участь"».

153) «"Сказано: "Творец Всесильный мой, возвеличился Ты очень, славой и великолепием облекся"²⁰¹. И сказано: "Слава и великолепие пред Ним"²⁰². И сказано: "Окутан светом, словно мантией"²⁰³. И после того как облачился, Он сделал то, что сделал", – т.е. сотворил мир. "Это учит нас тому, что Творец окутался светом и сотворил небеса". И наподобие этого облачения были одежды Адама Ришона. "Но каким образом мы выясняли сказанное: "(Одежды) нарядные, что при ней в доме"²⁰⁴? "Нарядные" означает царские наряды, отделанные шелком и золотом, которые обычно хранят в благовониях и ароматах из-за большой ценности этих одеяний"».

154) «Смотри, вначале сказано: "И обонял запах одежд его"¹⁹⁶ – так как (Ицхак) думал, что от них идет запах. Но когда разобрался, сказал: "Гляди, запах сына моего"¹⁹⁶, потому что знал, что от него это зависит и благодаря ему источается запах", – а не от одежд. "Как запах поля, которое благословил

---

²⁰¹ Писания, Псалмы, 104:1. «Благослови, душа моя, Творца! Творец Всесильный мой, возвеличился Ты очень, славой и великолепием облекся».
²⁰² Писания, Псалмы, 96:6. «Слава и великолепие пред Ним, сила и красота в святилище Его».
²⁰³ Писания, Псалмы, 104:2. «Окутан светом, словно мантией, простер небеса, как завесу».
²⁰⁴ Тора, Берешит, 27:15. «И взяла Ривка одежды Эсава, своего старшего сына, нарядные, что при ней в доме, и облачила (в них) Яакова, своего младшего сына».

Творец"¹⁹⁶. Откуда же Ицхак знал "запах поля, которое благословил Творец"?»

155) «"Это – две вещи, но всё это – одно целое. Сказано: "И вышел Ицхак молиться в поле под вечер"²⁰⁵». И он один, с «полем, которое благословил Творец»¹⁹⁶. «Разве не было у него дома или другого места для молитвы? Но это было то самое поле, которое купил Авраам возле пещеры" Махпела, "как сказано: "Поле, которое купил Авраам у сынов Хетта"²⁰⁶. И когда Ицхак пришел в поле, он увидел Шхину над ним и вознес высшие святые благовония. И потому молился там и установил его местом молитвы"».

156) «"А почему Авраам не молился там, в поле у пещеры Махпела, подобно Ицхаку? Потому что другое место было у него постоянным сначала, и другой объект воскурения усмотрел он на горе Мориа. И почему называется гора Мориа – по имени ароматной мирры (мор), которая была там"».

157) «"И всё было" у Яакова, ибо, кроме запаха его, "и Эденский сад вошел с ним, и потому благословил его (Ицхак). И потому отнес он это не к одеждам, а к самому Яакову, так как увидел, что от него зависит появление запаха, и он достоин, и его достоинства заслуживают благословения, и вошел с ним Эденский сад. И поэтому, когда возмутился Эсав, сказал (Ицхак): "Пусть тоже благословен будет!"²⁰⁷»

158) «Сказал рабби Ицхак: "Тора должна была начинаться со слов: "Месяц этот для вас – начало месяцев"²⁰⁸. И в чем причина? Потому что он – начало" власти "луны, потому повествование в Торе должно было начаться отсюда. Ведь это связано с Творцом. Ибо луна – это Малхут, которая в совершенстве своем соединяется с Творцом"». И потому Тора должна была начаться

---

[205] Тора, Берешит, 24:63. «И вышел Ицхак молиться в поле под вечер, и поднял он глаза свои и увидел: вот верблюды идут».

[206] Тора, Берешит, 25:10. «На поле, которое купил Авраам у сынов Хетта, там погребен Авраам, и Сара, жена его».

[207] Тора, Берешит, 27:33. «И вострепетал Ицхак трепетом чрезвычайно великим, и сказал: "Кто же он, и где тот, который наловил добычи и принес мне?! И я ел от всего, прежде чем ты пришел; и благословил я его – пусть тоже благословен будет!"»

[208] Тора, Шмот, 12:2. «Месяц этот для вас – начало месяцев. Первый он для вас из месяцев года».

с началом полноты луны, т.е. со слов: «Месяц этот (зэ זה) для вас – начало месяцев»[208].

159) «"И нет противоречия в том, что не написано "зот", то есть "месяц этот (зот זאת)"[208]», потому что «зот זאת» – это имя луны.[209] «"Ибо "зе זה" и "зот זאת" освящаются вместе, а в том месте, где захар и некева вместе, восславляется только захар"». И поэтому говорит «месяц этот»[208] – «зе זה», а не «зот זאת». «"И поэтому говорит: "Первый он для вас из месяцев года"[208]. Конечно, "из месяцев года"» – учит нас тому, что это указывает на Малхут, называемую годом, но восславление зависит от захара. «Сказал рабби Йегуда: "Для вас", "для вас", почему сказано дважды"?» Как сказано: «Месяц этот для вас – начало месяцев. Первый он для вас»[208]. «Сказал рабби Ицхак: "Из них"», – дважды произнесённых «для вас», «"более понятно", что он (месяц этот) только для Исраэля, а не для остальных народов. «Как сказано: "Ибо удел Творца – народ Его"[210]. Связь эта", этого месяца, – "для вас она, а не для остальных народов"».

---

[209] См. выше, п. 117.
[210] Тора, Дварим, 32:9. «Ибо удел Творца – народ Его, Яаков – предел наследия Его».

ГЛАВА БО

По ягненку на отчий дом

160) «"Скажите всей общине Исраэля так: в десятый день этого месяца пусть возьмут себе каждый по ягненку на отчий дом"[211]. Почему "в десятый день месяца"? Сказал рабби Аба: "Это время, когда йовель (пятидесятый год)", Бина, "светит луне", Малхут, "ведь сказано в йовель: "В десятый день этого седьмого месяца – День искупления"[212]». А День искупления – это свечение Бины. Таким образом, свечение Бины в Малхут – в десятый день месяца.

161) «"Пусть возьмут себе каждый по ягненку на отчий дом"[211]. Почему? Потому что в это время нужно вывести его. Ведь мы учили, что благодаря этому", – тому, что был взят ягненок, "разбился нижний кетер, за который держатся все остальные нижние кетеры" клипы. "Это и разъяснил Моше, сказав: "Выведите и возьмите себе мелкий скот"[213]. И это как сказано: "Мелкий скот, и раб и рабыня"[214]», т.е. низшие кетеры клипот. И мелкий скот включает всех их. А египтяне делали их божествами.

162) «"Сказал Творец: "Вы совершите действие внизу", – выведите и возьмите мелкий скот, "а Я разобью их силу наверху. И как сделаете вы, чтобы сжечь его в огне, как сказано: "Но лишь прожаренным на огне"[215], так и Я наверху проведу его через огонь, через реку огненную"».

163) «"Почему выводится в десятый день месяца, а забивается на четырнадцатый день? Сказал рабби Аба: "Этим",

---

[211] Тора, Шмот, 12:3. «Скажите всей общине Исраэля так: в десятый день этого месяца пусть возьмут себе каждый по ягненку на отчий дом, по ягненку на дом».

[212] Тора, Ваикра, 23:27. «Но в десятый день седьмого месяца этого – День искупления, священное собрание будет у вас, и смиряйте души ваши, и приносите огнепалимые жертвы Творцу».

[213] Тора, Шмот, 12:21. «И созвал Моше всех старейшин Исраэля, и сказал им: "Выведите и возьмите себе мелкий скот для семейств ваших и режьте пасхальную жертву!"»

[214] Тора, Берешит, 32:6. «И стало мне (достоянием) вол и осел, мелкий скот, и раб и рабыня. И послал я сообщить моему господину, чтобы обрести милость в глазах твоих».

[215] Тора, Шмот, 12:9. «Не ешьте его недожаренным или сваренным в воде, но лишь прожаренным на огне вместе с головой его, и с ногами, и с внутренностями его».

ягненком, являющимся египетским божеством, "были привязаны Исраэль", – (были) под игом его, "четыреста лет". И хотя не были порабощены ими четыреста лет – все равно, поскольку были готовы оставаться привязанными к ним четыреста лет", если бы не перенес Творец окончание срока, "то считается, словно были порабощены ими все четыреста лет. Поэтому ягненка выдерживают связанным четыре дня во владении Исраэля, а затем: "И зарежет его всё собрание общины Исраэля в сумерки"²¹⁶».

164) «"Почему" его режут "в сумерки? Так как это – в час, когда нависает суд, и в час, когда передается эта весть", о египетском изгнании, "через Авраама, как сказано: "И было на заходе солнца, и крепкий сон напал на Аврама, и вот ужас – тьма великая нападает на него"²¹⁷. "Ужас" – это один кетер" клипы, "тьма" – другой кетер, "великая" – т.е. она больше всех" кетеров. "Однако мы разъясняли это изречение на остальных порабощениях Исраэля"». «Ужас» – это Вавилон, «тьма» – это Мадай (Мидия), «великая» – это Греция. «"И все они были", – т.е. они указывают на три кетера клипы, а также на изгнания. "И подобно тому"», – как мы говорили о ягненке, когда сказал Творец: «Вы сделайте дело внизу, а Я разобью их силу наверху», так и тут: «"Совершенно сотру Я (память об Амалеке)"²¹⁸ – вы сделайте внизу, а Я сделаю наверху"».

165) «"Мы учили, что не могли Исраэль выйти из Египта до тех пор, пока не было сокрушено наверху господство всех правителей египетских. Тогда вышли Исраэль из-под их власти и пришли к власти высшей святости в Творце, соединившись с Ним. И это смысл сказанного: "Ибо Мне сыны Исраэля рабы. Мои рабы они"²¹⁹. Что означает: "Мои рабы они"? – "Которых Я вывел из земли египетской", то есть: "Я вывел их из-под чужой власти и привел к Моей власти"».

---

²¹⁶ Тора, Шмот, 12:6. «И да будет он у вас на хранении до четырнадцатого дня этого месяца, и зарежет его всё собрание общины Исраэля в сумерки».

²¹⁷ Тора, Берешит, 15:12. «И было на заходе солнца, и крепкий сон напал на Аврама, и вот ужас – тьма великая нападает на него».

²¹⁸ Тора, Шмот, 17:14. «И Творец сказал Моше: "Запиши это на память в книгу и внуши Йеошуа, что совершенно сотру Я память об Амалеке из поднебесной"».

²¹⁹ Тора, Ваикра, 25:55. «Ибо Мне сыны Исраэля рабы. Мои рабы они, которых Я вывел из земли египетской – Я, Творец Всесильный ваш».

Закваска и квасное

166) «Сказал рабби Шимон: "Что означает сказанное: "В первый день устраните закваску из домов ваших, ибо душа всякого, кто съест квасное..."[220] Я пояснял, что закваска и квасное – это одна ступень. И все они – одно целое. Чужое владение – это управители, назначенные над остальными народами, и мы называем их злым началом, чужим владением, чужим богом, другими богами. Также и здесь: закваска, квасное и квашенное, всё это – одно целое. Сказал Творец: "Все эти годы вы оставались в чужом владении и работали на другой народ. Отныне и далее вы свободны, но "в первый день устраните закваску из домов ваших"[220], "ничего квасного не ешьте"[221], "и не окажется у тебя квашенного"[222]».

167) «Сказал рабби Йегуда: "В таком случае, и во все дни года" не надо есть квашенного, "почему только семь дней, как сказано: "Семь дней закваска не должна находиться в домах ваших"[223]? Всё то время, когда человек обязан показывать себя свободным, это нужно", – не есть квашенного, "а всё время, когда не обязан, не нужно", – (не нужен) запрет на квашенное"».

168) «"Это напоминает царя, который сделал одного человека министром. Все те дни, во время которых он поднялся на этот уровень, он радовался и облачался в одеяния славы. Но после этого, ему это стало не нужно. На другой год, храня воспоминания о тех днях, когда возвысился до этой чести, он облачался в эти одеяния. И так каждый год. И так же – Исраэль. Сказано: "Семь дней закваска не должна находиться"[223] – и это дни радости, дни, когда они возвысились до этой чести и вышли из-под чужого ига. И потому каждый год хранят они в

---

[220] Тора, Шмот, 12:15. «Семь дней ешьте опресноки, а в первый день устраните закваску из домов ваших, ибо душа всякого, кто съест квасное с первого дня до седьмого дня, будет отторгнута от Исраэля».

[221] Тора, Шмот, 12:20. «Ничего квасного не ешьте; во всех поселениях ваших ешьте опресноки».

[222] Тора, Шмот, 13:7. «Опресноки нужно есть в эти семь дней, и не окажется у тебя квашенного, и не окажется у тебя закваски во всех пределах твоих».

[223] Тора, Шмот, 12:19. «Семь дней закваска не должна находиться в домах ваших; ибо душа того, кто будет есть квасное, отторгнута будет от общества Исраэля, пришелец ли он или коренной житель страны той».

памяти те дни, когда удостоились этой славы и вышли из чужого владения и вошли во владение святости. И потому сказано: "Семь дней ешьте опресноки (мацот)"[220]».

ГЛАВА БО

Судные мацот

169) «Сказал рабби Шимон: "Слово "опресноки (мацот מַצֹּת)"[224] написано без буквы "вав ו", так же как в словах "видения Творца (марóт Элоким מראת אלקים)"[225] недостает "вав ו", – и потому они указывают на суд. И почему названы "мацот (מַצֹּת)" судными? Поскольку это суд, святой суд, суд, соединившийся со святым именем, суд, который не был сильным всё это время в среде Исраэля, так как луна находилась в ущербе. И поскольку луна находилась в ущербе, сказано: "Хлеб бедности"[226]».

Объяснение. Вначале Нуква была в состоянии, называемом «два великих светила»[227], когда оба они, Зеир Анпин и Малхут, были на равной ступени. Зеир Анпин облачал правую линию Бины, а Малхут – левую сторону Бины. И были они тогда в состоянии «малый лик», так как они являются свойством мохин обратной стороны (мохин де-ахораим), которые не светят; и они – свойство суда.

А затем, с помощью МАН, поднимаемого нижними, Малхут уменьшается и возвращается к точке, а затем становится большим строением с помощью Абы ве-Имы, и они (Зеир Анпин и Малхут) возвращаются к мохин де-гадлут (большого состояния). И хотя Зеир Анпин и Малхут уже находятся в состоянии мохин де-гадлут, но и мохин де-ахораим не бездействуют, а снова светят в свойстве милосердия (рахамим). И всё свечение Хохмы, имеющееся на ступени, приходит от этих мохин.[228] И маца является этими мохин де-ахораим в то время, когда они (Зеир Анпин и Малхут) уже установились в мохин де-гадлут.

---

[224] Тора, Шмот, 12:18. «С четырнадцатого дня первого месяца, с вечера ешьте опресноки до вечера двадцать первого дня того же месяца».

[225] Пророки, Йехезкель, 1:1. «И было: в тридцатый год, в пятый день четвертого месяца. И я среди изгнанников при реке Квар, – открылись небеса, и я увидел видения Творца».

[226] Тора, Дварим, 16:3. «Не ешь при этом квасного, семь дней ешь при этом опресноки, хлеб бедности, ибо поспешно ушел ты из земли египетской, – чтобы помнил ты день исхода твоего из земли египетской во все дни жизни твоей».

[227] Тора, Берешит, 1:16. «И создал Всесильный два великих светила. Светило большое – для правления днем, и малое светило – для правления ночью, и звезды».

[228] См. «Предисловие книги Зоар», статью «Ростки», п. 5, со слов: «И как сказано: "А если бы они не показались до этого, то не могли бы остаться в мире"...»

И это означает сказанное: «И почему названы "мацот" судными?» – ибо потому и называются «мацот (מַצֹת)» без «вав ו», так как они являются свойством мохин де-ахораим, в то время, когда ЗОН были в состоянии мохин де-катнут. Но это – «святой суд, суд, соединившийся со святым именем», – так как они (ЗОН) снова вернулись в мохин де-гадлут, являющиеся святостью, и они объединены в виде трех линий, и это – «йуд-хэй-вав יהו» святого имени.

И мы уже выяснили, что для достижения мохин гадлута, Малхут нужны два исправления:
1. Уменьшиться до точки.
2. Нужно строение гадлута.

И для этого есть два действия в пробуждении снизу:
1. Мила (обрезание).
2. Прия (подворачивание).

И поскольку Исраэль сделали себе обрезание в это время, то Малхут уже пришла к первому исправлению, т.е. она уменьшилась до точки, и это состояние называется ущербом луны. И этим уже смягчился суд мохин де-катнут, имеющийся в маце. А через «прия (פריעה)» – те же буквы, что и в словах: «восполнил Творец (פרע יה)», – они пробуждают наверху построение Малхут с помощью Абы ве-Имы; и раскрываются мохин де-гадлут.

И поэтому сказано: «Суд, который не был сильным всё это время в среде Исраэля, так как луна находилась в ущербе» – так как они уже сделали себе обрезание, и луна, т.е. Малхут, уменьшилась, и тогда ослабла сила суда в мохин де-катнут. А затем, когда они сделают «прия», выйдут мохин де-гадлут, как выяснится далее. И нет противоречия – что ведь в Песах уже светят мохин де-гадлут, хотя Исраэль еще не сделали «прия»? Ибо здесь речь идет о пробуждении снизу, а в ночь Песаха свечение мохин было вызвано только пробуждением свыше. Поэтому светили они лишь в эту ночь. «И поскольку луна находилась в ущербе, сказано: "Хлеб бедности"[226]», так как со стороны пробуждения снизу они еще не притянули мохин де-гадлут.

170) «"И почему" луна, Малхут, "находилась в ущербе? Потому что им еще не сделали "прия", и не раскрылся в них знак святости"», так как с помощью «прия» привлекают мохин

де-гадлут, и тогда луна – в полноте своей. «"Исраэлю было сделано обрезание (мила) и не сделано подворачивание (прия). И когда им было сделано подворачивание (прия)? В то время, о котором сказано: "Там установил Он ему закон и правосудие, и там испытал его"[229]. И хотя мы выясняли это изречение в другом отношении, всё было, и это правильно"».

171) «"И если ты скажешь, что в дни Йеошуа было сделано подворачивание (прия), то это не так. Ведь сказано о них: "А весь народ, родившийся в пустыне, на пути их выхода из Египта не был обрезан"[230]. После того как была сделана им "прия", сказал Творец: "Сначала вы ели мацот, потому что луна находилась в ущербе, и это называется хлебом бедности. Отныне и далее этот хлеб будет из иного места". И что это (за место)? Это как сказано: "Вот Я посылаю вам хлеб с небес"[231]. Не от луны", Малхут, "как в то время", когда им ещё не было сделано подворачивание (прия), а на самом деле с небес", от Зеир Анпина, "как сказано: "И даст тебе Всесильный от росы небесной"[232]».

172) «"И Исраэль в святости, хранят в памяти те дни, когда вошли под сень Шхины, и продолжают оберегать хлеб, приходящий с ее стороны", – т.е. мацот, "как сказано: "И оберегайте опресноки (мацот)"[233]. Что значит: "И оберегайте опресноки (мацот)"? Это как сказано: "И оберегать союз Мой"[234] – т.е. союз обрезания. И всё восходит (наверх), связываясь в одну ступень"».

---

[229] Тора, Шмот, 15:24-25. «И возроптал народ на Моше, говоря: "Что пить будем?" И возопил он к Творцу, и указал ему Творец дерево, и бросил его в воду, и стала вода пресною. Там установил Он ему закон и правосудие, и там испытал его».

[230] Пророки, Йеошуа, 5:5. «Весь же народ вышедший был обрезан, а весь народ, родившийся в пустыне, на пути их выхода из Египта, не был обрезан».

[231] Тора, Шмот, 16:4. «И Творец сказал Моше: "Вот Я посылаю вам хлеб с небес, и будет выходить народ, и собирать ежедневно, сколько нужно на день, чтобы Мне испытать его – будет ли он поступать по закону Моему или нет"».

[232] Тора, Берешит, 27:28. «И даст тебе Всесильный от росы небесной и от туков земли, и обилие хлеба и вина».

[233] Тора, Шмот, 12:17. «И оберегайте опресноки, ибо в тот самый день вывел Я ополчения ваши из земли египетской; и соблюдайте день этот во все роды ваши как вечный закон».

[234] Тора, Шмот, 19:5. «А теперь, если вы будете слушаться Меня и оберегать союз Мой, то будете Мне избранным из всех народов, ибо Моя – вся земля».

173) «"И если ты скажешь: "Как же Моше не сделал им подворачивание (прия)?" – а оставил их с обрезанием (мила) без подворачивания (прия). Это для того, чтобы Исраэль не задержались там до времени выздоровления. Поэтому он не сделал им подворачивания. И об этом сказано: "Семь дней ешь при этом опресноки (мацот), хлеб бедности"[226]. Почему хлеб бедности? "Ибо поспешно ушел ты из земли египетской"[226]. И написано также: "И не могли мешкать"[235]». Поэтому им не было сделано подворачивание, а обрезание без подворачивания притягивает «хлеб бедности».

174) «"Смотри, когда Исраэль пришли в землю (Исраэля), они пришли, уже совершив обрезание и подворачивание. И что сказано: "В землю, где без скудости будешь есть хлеб"[236]. И что значит: "Без скудости"? Скудость – это хлеб бедности. И почему называется хлебом бедности? Потому что луна", Малхут, "пребывает в ущербе, и не благословляется от солнца", Зеир Анпина, "и не светит от солнца, как сказано: "Ведь всё (коль) на небесах и на земле"[237]». И это значит, что «всё (коль)», т.е. Есод Зеир Анпина, укрепляется как на небесах, в Зеир Анпине, так и на земле, в Малхут, и получает от небес, и дает земле. «"И она не светила от йовель", – Бины, "потому что они не сделали себе подворачивания (прия). Однако здесь", с приходом в землю (Исраэля), "когда Исраэль сделали обрезание и подворачивание, сказано: "Не будет у тебя недостатка ни в чем (досл. во всём) в ней"», т.е. это Есод Зеир Анпина, который светит Малхут и называется «всё (коль)». «"И потому: "Где без скудости будешь есть хлеб". И в чем причина этого? В том, что "не будет у тебя недостатка во всём в ней"[236], – так же, как недоставало им этого "всё" в Египте"».

175) «"И каждый год Исраэль отмечают воспоминание о Египте, и едят" мацот, "и непрестанно делают это из поколения в поколение. А поскольку они не сделали себе подворачивание

---

[235] Тора, Шмот, 12:39. «И испекли тесто, которое вынесли из Египта, лепешками пресными, ибо оно не стало квасным, потому что они были изгнаны из Египта и не могли мешкать, и даже не заготовили себе провизию».

[236] Тора, Дварим, 8:9. «В землю, где без скудости будешь есть хлеб, не будет у тебя недостатка ни в чем в ней; в землю, камни которой – железо, и из гор которой добывать будешь медь».

[237] Писания, Диврей а-ямим 1, 29:11. «Тебе, Творец, величие и могущество, и великолепие, и вечность, и красота, ибо всё, на небе и на земле, – Тебе! Тебе царство, и превознесен Ты над всеми!»

(прия) в Египте, недоставало им этого "всё", и луна пребывала в ущербе, и называлась хлебом бедности. Бедность – значит скудость. А то, что ели хлеб бедности в земле Исраэля", хотя уже сделали себе подворачивание, – "это воспоминание о Египте, и это передается в поколения. Но в грядущем будущем, сказано: "Не зайдет больше солнце твое, и луна твоя не скроется"[238]» – т.е. больше не будет ущерба луны, Малхут.

176) «Сказал рабби Шимон: "Сказано: "В десятый день этого месяца пусть возьмут себе..."[239] И сказано: "Но в десятый день седьмого месяца этого – День искупления"[240]. Это объясняется, как мы учили, что сказано: "В десятый день этого месяца"[239]. Что это значит? Однако, это указывает на то, что мы учили, как сказано: "В десятый день", – зависит это", т.е. отбор ягненка, "от десятого дня", – от Бины, которая светит в Малхут.[241] Именно поэтому приводит сначала сравнение между десятым днем тут и десятым днем – Днем искупления, который является Биной. «"Сказано: "этого месяца"[239] – следовало сказать: "В этом месяце". Но дело в том, что когда приходит свечение к этой ступени", к Малхут, "то говорится: "Этого месяца (досл. к этому месяцу)"[239], – именно "к этому месяцу"», т.е. к Малхут, которая называется месяцем.

177) «"Пусть возьмут себе каждый по ягненку на отчий дом, по ягненку на дом[239]". Мы учили, что это три связи – первенец животного, первенец узника и первенец рабыни. Все остальные ступени клипы связываются с этими тремя видами, которые наверху. А с той, которая называется "мелкий скот", связаны все, и всё включено в "мелкий скот", то есть в высшую из всех них ступень. "И связывается мелкий скот" нижний "с мелким скотом" высшим. "И они не могли освободиться от связей его. И получается, что этим", ягненком, "все они были связаны. И

---

[238] Пророки, Йешаяу, 60:20. «Не зайдет больше солнце твое, и луна твоя не скроется, ибо Творец будет для тебя светом вечным, и окончатся дни скорби твоей».

[239] Тора, Шмот, 12:3. «Скажите всей общине Исраэля так: в десятый день этого месяца пусть возьмут себе каждый по ягненку на отчий дом, по ягненку на дом».

[240] См. Тора, Ваикра, 23:27. «Но в десятый день седьмого месяца этого – День искупления, священное собрание будет у вас, и смиряйте души ваши, и приносите огнепалимые жертвы Творцу».

[241] См. выше, п. 160.

потому сказано о нем: "И да будет он у вас на хранении"[242] – т.е. крепко свяжите его, и будет он предан в ваши руки и в ваше владение, пока не зарежете его, совершив над ним суд. И на будущее сказано: "Кто это идет из Эдома?"[243], а также: "Ибо резня у Творца в Боцре"[244], – т.е. устранит Он всю ситру ахра с земли. "И сказано, что тогда: "И будет Творец Царем над всей землей. В тот день будет Творец един и имя Его едино"[245]».

---

[242] Тора, Шмот, 12:6. «И да будет он у вас на хранении до четырнадцатого дня этого месяца, и зарежет его всё собрание общины Исраэля в сумерки».

[243] Пророки, Йешаяу, 63:1. «Кто это идет из Эдома, в багряных одеждах из Боцры, тот, кто великолепен в одеянии своем, владеет могучей силой своей?! Я, говорящий справедливо, велик в спасении!»

[244] Пророки, Йешаяу, 34:6. «Меч Творца полон крови, тучнеет от тука, от крови баранов и козлов, от тука с почек баранов, ибо резня у Творца в Боцре и заклание великое в земле Эдома». (Боцра – столица Эдома).

[245] Пророки, Зехария, 14:9. «И будет Творец Царем над всей землей. В тот день будет Творец един и имя Его едино».

ГЛАВА БО

Прославлять выход из Египта
(Раая Мехемна)

178) «"И понес народ тесто свое, прежде чем оно сквасилось"[246]. Это заповедь об уничтожении квасного. Ибо заповедь эта была передана им, Исраэлю, "и понес народ тесто свое, прежде чем оно сквасилось"[246]. Сказано: "Закваска не должна находиться в домах ваших"[247]. И уже разъяснили это товарищи, и мы выяснили различие между квасным и мацой" в египетском исходе "во многих местах, что одно – злое начало, а другое – доброе начало"».

179) «"Заповедь, следующая за этой, – прославлять выход из Египта. И это долг человека – воздавать хвалу этому. И так мы установили, что любой человек, рассказывающий о выходе из Египта и наполняющийся радостью от этого рассказа, будет радоваться вместе со Шхиной в мире грядущем. Это радость со всех сторон – когда человек радуется Господину своему, а Творец радуется его рассказу"».

180) «"В этот час Творец собирает всё собрание Свое, говоря им: "Отправляйтесь послушать хвалу Мне, которую воздают сыны Мои, и радуются Моему избавлению". Тогда все они собираются, и идут и соединяются с Исраэлем, и слышат восхваление, что те радуются избавлению со стороны Господина их. И тогда они приходят к Творцу и благодарят Его за все эти чудеса и могучие деяния, и благодарят Его за святой народ, который есть у Него на земле, – тот, что радуется избавлению Господина их"».

181) «"Тогда умножаются Его сила и могущество наверху. Исраэль этим рассказом придают силу своему Господину. Как царь, сила и могущество которого умножаются, когда восславляют его могущество и возносят благодарения ему. И все испытывают трепет пред ним, и слава его превозносится выше всего. И поэтому надо воздать хвалу и всё передать в этом рассказе. И подобно этому, долг человека – всегда рассказывать пред Творцом и прославлять это чудо среди всех чудес, Им свершенных"».

---

[246] Тора, Шмот, 12:34. «И понес народ тесто свое, прежде чем оно сквасилось, квашни свои, увязанные в одежды свои, на плечах своих».

[247] Тора, Шмот, 12:19. «Семь дней закваска не должна находиться в домах ваших; ибо душа того, кто будет есть квасное, отторгнута будет от общества Исраэля, пришелец ли он или коренной житель страны той».

182) «"И если ты скажешь: "Почему это является долгом", – рассказывать о чудесах, "разве Творец не знает всего, – всё, что было и будет после этого? Зачем же прославлять пред Ним то, что Он сделал и о чем знает? Но, вне всякого сомнения, человек должен прославлять это чудо, и рассказать пред Ним обо всём, что Он сделал, потому что эти слова возносятся, и все высшее окружение собирается и видит их, и возносят благодарения пред Творцом, и возносится Его слава над ними наверху и внизу"».

183) «"Подобно этому, (поступает) тот, кто подробно рассказывает о своих грехах и обо всем, что сделал. И если ты скажешь: "Зачем это нужно?" То дело в том, что обвинитель всегда стоит пред Творцом, чтобы рассказывать и взыскивать за преступления людей, требуя за них суда. А поскольку человек опережает его и подробно описывает один за другим все свои грехи, он не оставляет повода этому обвинителю, и тот не может требовать за них суда. Ибо всегда он требует вначале суда, а затем рассказывает и обвиняет: "Такой-то сделал то-то". И поэтому человек должен опередить его и подробно рассказать о своих грехах"».

184) «"Когда обвинитель это видит, нет у него доводов против человека, и тогда он окончательно оставляет его. И если (человек) раскаивается, то хорошо, а если нет, то обвинитель стоит над ним и говорит: "Такой-то, что пришел пред Тобой и исповедовался с высокомерием, презрев Господина своего, – грехи его такие-то и такие-то". И потому человеку следует всего этого беречься, чтобы быть верным рабом пред Творцом"».

185) «"Заповедь, следующая за этой, – есть мацу в Песах, так как это – память во все поколения о вере. И пояснили (мудрецы), что Исраэль вышли в то время из-под власти чужих божеств, и пришли к тайне веры. И мы выясняли эту тайну во многих местах"».

ГЛАВА БО

Пасхальная жертва

186) «"И Творец сказал Моше и Аарону: "Вот закон о пасхальной жертве"[248]. Эта заповедь о заклании пасхальной жертвы в сумерки четырнадцатого дня месяца нисан, – память о египетской пасхальной жертве. И это – долг каждого, как сказано: "И зарежет его всё собрание общины Исраэля в сумерки"[249]».

187) «"Эта пасхальная жертва должна быть на сохранении от десятого дня и далее, как сказано: "В десятый день этого месяца пусть возьмут себе каждый по ягненку на отчий дом"[250]. И какова причина? Это потому, что луна тогда начинает светить, от десяти дней и далее, пока не восполнится в пятнадцатый (день). И предается закланию в четырнадцатый (день), когда суд нависает над миром, в сумерки"».

188) «"Смысл этого – удалить крайнюю плоть от святого союза и наслаждаться тем запахом, что распространяется от мяса, жарящегося на огне". Иначе говоря, главное в этой заповеди – наслаждаться запахом, что в нем. "И потому это относится только к сытому человеку", который больше не нуждается в пище. "И потому: "Но никакой необрезанный не должен есть ее"[251], а только тот, в ком есть этот святой союз, должен есть ее. Ибо то, что он из обладающих союзом, разбивает власть силы ситры ахра и удаляет крайнюю плоть от союза. И потому это должно исполняться обладающими союзом, а не крайней плотью"».

189) «"Когда Творец пришел в Египет, увидел кровь пасхальной жертвы, нанесенную на вход, и кровь союза – как они стояли на входе. Как сказано: "И возьмите пучок иссопа, и

---

[248] Тора, Шмот, 12:43. «И Творец сказал Моше и Аарону: "Вот закон о пасхальной жертве: никакой чужак не должен есть ее"».

[249] Тора, Шмот, 12:6. «И да будет он у вас на хранении до четырнадцатого дня этого месяца, и зарежет его всё собрание общины Исраэля в сумерки».

[250] Тора, Шмот, 12:3. «Скажите всей общине Исраэля так: в десятый день этого месяца пусть возьмут себе каждый по ягненку на отчий дом, по ягненку на дом».

[251] Тора, Шмот, 12:48. «Если поселится с тобой пришелец, то, чтобы ему совершить пасхальную жертву Творцу, пусть пройдет обрезание всякий мужчина у него, и тогда пусть приступит к совершению ее и будет как житель этой земли. Но никакой необрезанный не должен есть ее».

обмакните в кровь, которая в сосуде, и приложите к притолоке и к обоим косякам"[252]. "Иссоп", – мы выяснили, что он удаляет плохие запахи. И любую сторону дурного запаха он устраняет своим пробуждением к высшему избавлению Исраэля"».

190) «"В будущем придет Творец к злому началу и предаст его закланию. А сейчас, в этом избавлении", египетском, "сказано: "И зарежет его всё собрание общины Исраэля"[249]. Это – напоминание о времени, приводящем к этому высшему избавлению"» от Египта.

191) «"К обоим косякам и к притолоке"[252]. Этой записью буквы "йуд ׳", – т.е. на косяках, "и этой записью буквы "йуд ׳", – на притолоке, "чтобы показать" с помощью них "запись святого союза"», и это «йуд ׳». «"И была сокрушена крайняя плоть от крови союза, находящейся на всём. И добавилась кровь к крови", – кровь пасхальной жертвы к крови союза. "И когда проходил губитель – видел кровь и отдалялся от дома, как сказано: "И не даст губителю войти в дома ваши"[253]».

192) «"Если Творец убивал сам, то почему сказано: "И не даст губителю"? Выходит, что ходил губитель, а не Творец? Однако, разумеется, убивал Творец, а губитель ходил, чтобы отыскать навет на Исраэль", – чтобы обвинить их. И когда видел сокрушение крайней плоти двумя этими свойствами", – кровью пасхальной жертвы и кровью обрезания, "он избегал и сторонился их"».

193) «"И за то, что убил Творец всех первенцев другой стороны, Он постановил и обязал первенцев Исраэля выкупать" себя.[254] "И ситра ахра не сможет найти никакого навета на них. И от всего оберегал их Творец, как отец сыновей"».

---

[252] Тора, Шмот, 12:22. «И возьмите пучок иссопа, и обмакните в кровь, которая в сосуде, и приложите к притолоке и к обоим косякам кровь, которая в сосуде, а сами не выходите никто за дверь своего дома до утра».

[253] Тора, Шмот, 12:23. «И пройдет Творец для поражения египтян, и увидит кровь на притолоке и на обоих косяках, и пройдет Творец мимо дверей, и не даст губителю войти в дома ваши для поражения».

[254] См. Тора, Шмот, 13:13. «Каждого первенца человеческого из сынов твоих выкупай».

194) «"В одном доме должна быть съедена, не выноси этого мяса из дома и кости в ней не ломайте"[255]. Эта заповедь – есть пасхальную жертву, "с опресноками (мацот) и горькой зеленью"[256]. "Опресноки (мацот מַצֹת)" написано" без "вав ו". "Что значит одно", – мацот, "относительно другого", – горькой зелени, которые Писание обязало есть вместе. "Это указывает на изгнание Шхины вместе с Исраэлем в этой их горечи, как сказано: "И делали горькою жизнь их тяжким трудом"[257]. И когда едят пасхальную жертву, (то делают это с тем), чтобы показать всё, что сделали им египтяне в том изгнании и в том рабстве"». И потому едят ее с опресноками (мацот) и горькой зеленью.

195) «"Что сказано? "И кости в ней не ломайте"[255], – это выражает презрение к ней и ко всем божествам Египта. Ибо кости выбрасывались на рынке, и приходили собаки и таскали их с места на место. И это было для них тяжелее всего. Ибо кости – это исправление тела, и они подобны другой стороне", – т.е. их идолам. "А Исраэль выбрасывали их на рынке с презрением. И потому сказано: "И кости в ней не ломайте"[255] – вы не ломайте, но собаки приходили и ломали их"».

196) «"И еще" необходимо объяснить. "Египтяне, которые приходили затем, видели эти кости, что собаки таскают их с места на место и ломают их. (И тогда) египтяне зарывали их в землю, чтобы собаки не находили их. И это, с их стороны, было самым большим отвержением идолопоклонства. И вследствие этого Творец возвышается в славе Своей, и подавляются все иные силы" идолопоклонства, "ибо тогда они были подавлены больше всего, когда отвержение идолопоклонства происходило с их стороны", – т.е. когда зарывали кости своих божеств в прах земной. "И поэтому Исраэль не устраняли их, как сказано: "И кости в ней не ломайте"[255]».

---

[255] Тора, Шмот, 12:46. «В одном доме должна быть съедена, не выноси этого мяса из дома и кости в ней не ломайте».

[256] Тора, Бемидбар, 9:11. «Во второй месяц четырнадцатого дня, в сумерки пусть принесут ее, с опресноками и горькой зеленью пусть едят ее».

[257] Тора, Шмот, 1:14. «И делали горькою жизнь их тяжким трудом над глиной и кирпичами, всяким трудом в поле, и всякой работой, к которой насильно принуждали их».

ГЛАВА БО

Посвяти Мне каждого первенца

197) «"Посвяти Мне каждого первенца, открывающего всякую утробу"²⁵⁸. Это заповедь о посвящении каждого первенца животных. И народу земли (Исраэля) нужны две вещи. Первое: чтобы был выкуплен из-под власти злого начала, являющегося его господином, – подобно тому, как сказал Яаков Эсаву: "Пусть пойдет господин мой впереди раба своего"²⁵⁹ – в этом мире. Он – господин со стороны многочисленных грехов, что на теле. Как мы разъяснили, грешника судит злое начало, праведника судит доброе начало, а среднего судят и то, и это. Средний – т.е. брат злого начала и брат доброго начала, как сказано: "Брат мой, пусть твое будет у тебя"²⁶⁰».

198) «"Когда перевешивают заслуги, дух (руах) разбивает две стражи" ночные, "ревущего осла" и "воющих собак", и поднимается к страже зари", – третьей страже, "и в ней "человек"», – т.е. жена соединяется с мужем своим.²⁶¹ "И человек снова становится господином" всех созданий, "и об этом сказано: "И достались мне волы и ослы, мелкий скот, рабы и рабыни"²⁶². И поднимается на ступень человека, о котором сказано: "И властвовать будут они над рыбой морской и над птицей небесной"²⁶³, "и боязнь и страх перед вами будет на всяком звере земли и на всякой птице небесной"²⁶⁴». И это – второе, к чему должен прийти народ земли (Исраэля).

---

²⁵⁸ Тора, Шмот, 13:1-2. «И говорил Творец Моше так: "Посвяти Мне каждого первенца, открывающего всякую утробу у сынов Исраэля, из людей и из скота, – Мне он принадлежит"».

²⁵⁹ Тора, Берешит, 33:14. «Пусть же пойдет господин мой впереди раба своего. А я буду двигаться медленно, по мере продвижения работы, предстоящей мне, и по мере продвижения детей, пока не приду к господину моему в Сеир».

²⁶⁰ Тора, Берешит, 33:9. «И сказал Эсав: "Есть у меня много, брат мой, пусть твое будет у тебя"».

²⁶¹ См. Зоар, главу Бешалах, п. 48.

²⁶² Тора, Берешит, 32:6. «И достались мне волы и ослы, мелкий скот, рабы и рабыни, и вот посылаю я сообщить господину моему, чтобы найти милость в глазах твоих».

²⁶³ Тора, Берешит, 1:26. «И сказал Всесильный: "Создадим человека по образу Нашему и подобию Нашему. И властвовать будут они над рыбой морской и над птицей небесной, и над скотом, и над всею землей, и над всем пресмыкающимся, ползающим по земле"».

²⁶⁴ Тора, Берешит, 9:2. «И боязнь и страх перед вами будет на всяком звере земли и на всякой птице небесной, на всем, что движется на земле, и на всех рыбах морских; в ваши руки отданы они».

199) «"А когда заслуги средние, то сказано: "И боролся человек с ним"[265]. То есть заслуги и прегрешения борются и ведут войну. Со стороны заслуг сказано: "И увидел, что не одолевает его"[266]. А со стороны прегрешений сказано: "И коснулся сустава бедра его"[266], бедренного сухожилия (гид а-нашэ́). "Нашэ", это как сказано: "Ибо Всесильный дал мне забыть (наша́ни) всё мое мучение"[267]. И это – забвение (нэшия́), один предел из тех семи земель. Кто спускается туда, тот забывает Тору"».

---

[265] Тора, Берешит 32:25. «И остался Яаков один, и боролся человек с ним до восхода зари».

[266] Тора, Берешит 32:26. «И увидел, что не одолевает его, и коснулся сустава бедра его».

[267] Тора, Берешит, 41:51. «И нарек Йосеф имя первенцу Менаше, ибо: "Всесильный дал мне забыть все мое мучение и весь дом отца моего"».

Ибо ангелам Своим Он заповедает о тебе

200) «"Прежде чем человек приходит в этот мир и выходит из чрева матери, сказано: "И боролся человек (досл. муж) с ним"[265] – это Гавриэль"». «И боролся (ва-йеавéк וַיֵּאָבֵק)»[265] – то есть «"с той самой пылью (авáк אָבָק) от праха, о котором сказано: "И создал Творец Всесильный человека из праха земного"[268]. И получается, что человек – это прах, и пыль этого праха – это злое начало, а Гавриэль – это доброе начало, которое сражается со злым началом, называемым пылью, "и учит его семидесяти языкам. И поэтому написано: "И создал (ва-йицер וַיִּיצֶר)"[268], – с двумя "йуд י". Одна "йуд י" соответствует доброму началу", – т.е. Гавриэлю, "научившему его семидесяти языкам, а другая "йуд י" соответствует злому началу, боровшемуся с ним, как сказано: "Ибо затронул он бедренный сустав Яакова, бедренное сухожилие (гид а-нашэ́)"[269] – и заставил его забыть семьдесят языков, которым научило его доброе начало"».

201) «"Но прежде всего спускаются с ним четыре ангела, о которых сказано: "Ибо ангелам Своим Он заповедает о тебе"[270]. И если есть у него заслуга праотцев, тогда первый (ангел) – это Михаэль, по заслугам Авраама; второй – это Гавриэль, по заслугам Ицхака; третий – это Нуриэль, по заслугам Яакова; а четвертый – Рефаэль, по заслугам Адама Ришона. И доброе начало – над ним сверху"».

202) «"А если нет у него заслуг, сопровождают его четыре ангела-разрушителя: Авóн (грех), Машхи́т (губитель), Аф (гнев) и Хеймá (ярость). И злое начало – над ними сверху, чтобы судить его в наступающем мире. И потому объяснили (мудрецы): "Грешника судит злое начало, праведника судит доброе начало, среднего судит и то, и это". И потому, если он средний, то Гавриэль, представляющий доброе начало, и Сам, представляющий злое начало, – и тот, и другой судят его"».

---

[268] Тора, Берешит, 2:7. «И создал Творец Всесильный человека из праха земного, и вдохнул в ноздри его дыхание жизни, и стал человек существом живым».

[269] Тора, Берешит, 32:33. «Поэтому сыны Исраэля не едят бедренного сухожилия, что на суставе бедра, до сего дня, ибо затронул он бедренный сустав Яакова, бедренное сухожилие».

[270] Псалмы, 91:11. «Ибо ангелам Своим Он заповедает о тебе – хранить тебя на всех путях твоих».

203) «"Ибо с каждым человеком, в котором есть четыре основы, огонь-воздух-вода-земля, спускаются четыре ангела справа от него и четыре – слева. Четыре справа: Михаэль, Гавриэль, Рефаэль и Нуриэль. И четыре слева: Авон, Машхит, Аф и Хейма. А со стороны тела спускаются над ним – Матат справа и Сам слева"».

204) «"Нет человека, в котором не было бы четырех основ огонь-воздух-вода-земля. Однако соответственно основе, следующей в нем первой, начинаются и эти четыре. Если его знаком является "лев", – т.е. Хесед, "то первым следует Михаэль, а за ним – Гавриэль, Нуриэль и Рефаэль. Если его знаком является "бык", – т.е. Гвура, "то первым следует Гавриэль, за ним – Михаэль, за ним – Нуриэль, а за ним – Рефаэль. Если его знаком является "орел", – т.е. Тиферет, "то первым следует Нуриэль, а за ним – Михаэль, Гавриэль и Рефаэль. Если же его знаком является "человек", – т.е. Малхут, "то первым следует Рефаэль, а за ним – Михаэль, Гавриэль и Нуриэль"».

205) «"Те, что с правой стороны, со стороны Михаэля, – все четыре его лика", лев-бык-орел-человек, "представляют милосердие, и он обладает добродетелью, и лик его бел. Человек этот преисполнен добродетели, благочестия, мудрости, если занимается Торой. А если нет", не занимается Торой, "то, наоборот, со стороны злого начала он грабитель и безумец, и нет в нем милосердия, ибо "невежественный – не может быть благочестивым"[271]».

206) «"Со стороны Гавриэля", т.е. левой линии, "четыре его лика бык-лев-орел-человек – это суд, свойство суда над грешниками. И он спорит с ними, ибо, как мы установили, можно спорить с грешниками в этом мире. Он мужествен по природе своей, страшится греха, станет судьей, если будет заниматься Торой и проявит упорство в учебе. И наоборот, если он на стороне злого начала, то будет прекословить праведникам, чтобы устроить им тяжкий суд, дерзок при совершении преступлений, не страшится греха, лицо у него красноватое и проливает кровь, подобно Эсаву"».

---

[271] Пиркей Авот, глава 2, Мишна 5. «Он (Гилель) говорил: "Грубый человек не может быть богобоязненным, невежественный – не может быть благочестивым, стеснительный – не может учиться, вспыльчивый – не может учить. И тот, кто слишком занят делами, не станет мудрым. И даже там, где нет людей, старайся оставаться человеком"».

207) «"Тот, у кого знак "орел", – т.е. от средней линии, "он не слишком милосерден, не слишком строгий судья, а является средним по своим добрым побуждениям, по своим хорошим качествам, и средним по своим злым наклонностям и своим качествам. И лицо у него – белое с красным"».

208) «"Тот, у кого знак "человек", – т.е. Малхут, "он с хорошей стороны включает все хорошие свойства: благочестив, преисполнен мудрости, упорства в Торе, страшится греха, наделен всеми хорошими качествами, лицо у него смуглое. А если он на стороне злого начала, то наделен всеми плохими качествами"».

209) «"Если грехи человека многочисленны, то властвуют над ним все станы злого начала до тех пор, пока не уйдут от него все станы доброго начала. И он вручает власть над своими органами Саму и всем его станам"».

210) «"Если его заслуги многочисленны, то властвуют над ним станы доброго начала до тех пор, пока не уйдут от него все станы злого начала. И он вручает власть над всеми своими органами станам доброго начала. В это время властвует над ним имя АВАЯ"».

211) «"Если же он средний, то воинства небесные стоят над ним справа и слева. Те, что справа – к оправданию, а те, что слева – к обвинению. И кто сильнее, тот одолевает. И потому постановили мудрецы Мишны: "Всегда должен человек смотреть на себя так, словно весь мир зависит от него"». То есть, «должен считать себя средним и весь мир – средними. И если выполнил он одну заповедь, то склоняет себя и весь мир полностью – к чаше оправдания; а если совершил одно прегрешение, то склоняет себя и весь мир полностью – к чаше обвинения»[272].

212) «"А со стороны Михаэля, человек называется первенцем, и ступень его – "белое серебро", указывающее на Хесед. "И потому выкуп за первенца – серебро, пять серебряных монет (слаим)[273], соответственно числовому значению "хэй ה" в имени

---

[272] Вавилонский Талмуд, трактат Кидушин, лист 40:2.
[273] Сэла (мн.ч. слаим) – древняя серебряная монета. См. Тора, Бемидбар, 18:16. «В одномесячном возрасте выкупи его по оценке: пять серебряных шекелей (пять сэла)».

Авраам (אברהם).²⁷⁴ И если достигнет мудрости в Торе, то прибавится к нему "йуд י", и это святость", т.е. Хохма, "которой надо освящать первенца животного, и это – "святость Исраэля – Творцу"²⁷⁵. И ею надо отделять десятую часть приплода, ибо каждый родившийся – он со стороны порождаемого "йуд-кей יה", и это "вав ו"», – т.е. Тиферет.

213) «"Все святые животные названы по буквам имени Творца. Как сказано: "Каждого, названного именем Моим, и во славу Мою, – сотворил Я его"²⁷⁶. И вообще все создания сотворены буквами святого имени, и нет создания, не записанного в этом имени, дабы познать Того, кто его сотворил. И эта "йуд י", – имени АВАЯ, "это форма головы каждого творения. Две буквы "хэй ה" этого имени – это форма пяти пальцев правой руки и пяти – левой руки. "Вав ו" – это форма тела"».

---

²⁷⁴ См. Зоар, главу Берешит, часть 1, п. 220.
²⁷⁵ Пророки, Йермияу, 2:3. «Святость Исраэля – Творцу, первые плоды Его. Все поедающие его будут осуждены; бедствие придет на них, – сказал Творец».
²⁷⁶ Пророки, Йешаяу, 43:7. «Каждого, названного именем Моим, и во славу Мою, – сотворил Я его, создал Я его и сделал Я его».

Ибо не видели вы никакого образа

214) «"И поэтому сказал: "И кому уподобите вы Меня, чтобы Я сравним был с ним? – говорит Святой"[277] – нет никого во всем творении, кто мог бы сравниться со Мной. И хотя Я сотворил его по подобию букв Моих, ведь Я могу стереть эту форму и создать ее" еще раз, "и так – много раз, но нет иного божества надо Мной, которое могло бы стереть Мою форму. И потому сказано: "Ибо несравнима с нашей Твердыней их твердыня, а враги наши – судьи"[278]».

215) «"А если возразит человек: "Ведь сказано: "Ибо не видели вы никакого образа"[279], – как же мы описываем Его буквами и именами? "То он должен ответить ему: "Этот образ узрел я, подобно сказанному: "И облик Творца он зрит"[280], – т.е. сфиру Малхут, "и никакой другой образ, который Он сотворил и создал посредством букв"».

Объяснение. Сфира Малхут является корнем всех получающих и (корнем) всех келим, но не в девяти первых сфирот, которые абстрагированы от какой бы то ни было формы. «Поэтому сказал (Творец): "И кому уподобите вы Меня, чтобы Я сравним был с ним?"[277]»

216) «"И даже этого образа", что в Малхут, "нет у него на месте его", – т.е. (на месте) Малхут, "но только когда" свет Малхут "опускается и простирается к созданиям, чтобы царить над ними, тогда будет виден им, каждому из них, согласно их видению, воззрению и представлению"». То есть только в свойствах получающих, но не в самой сути Малхут со стороны

---

[277] Пророки, Йешаяу, 40:25. «И кому уподобите вы Меня, чтобы Я сравним был с ним? – говорит Святой».

[278] Тора, Дварим, 32:31. «Ибо несравнима с нашей Твердыней их твердыня, а враги наши – судьи».

[279] Тора, Дварим, 4:15. «И очень оберегайтесь ради душ ваших, ибо не видели вы никакого образа в день, когда говорил Творец вам на Хореве из огня».

[280] Тора, Бемидбар, 12:8. «Устами к устам говорю Я ему, и явственно, а не загадками, и облик Творца он зрит. Почему же не убоялись вы говорить против раба Моего, против Моше».

ее сущности. «"И это значение сказанного: "И через пророков представляться буду"²⁸¹».

217) «"И поэтому сказал им Творец: "Хотя Я и представляюсь вам в ваших образах", – т.е. в видении и воображении, "вместе с тем: "И кому уподобите вы Меня, чтобы Я сравним был с ним?"²⁷⁷ Ведь прежде чем сотворил Создатель образ в мире и прежде чем создал форму, был Он один во всем мире, без образа и подобия. И тот, кто постигает Его до ступени Брия", т.е. Бины, "когда это еще вне всякого образа, нельзя ему делать образ и подобие в мире ни в виде буквы "хэй ה", ни в виде буквы "йуд י", и даже произносить святое имя или какую-либо букву и огласовку. Именно это означает: "Ибо не видели вы никакого образа"²⁷⁹. То есть ничего, в чем есть образ и подобие, "не видели вы"²⁷⁹».

218) «"Но после того, как сделали этот образ строения (меркава) высшего человека, Он опускается" и облачается "туда, и Он называется в нем по образу четырех букв АВАЯ (הויה)", – т.е. десяти сфирот КАХАБ ТУМ, "для того чтобы постигали Его через Его свойства", – т.е. сфирот, "в каждом из этих свойств. И называется Эль (אל), Элоким (אלהים), Шадай (שדי), Цваот (צבאות), Эке (אהיה), для того чтобы познавали Его в каждом свойстве, как Он правит миром в милосердии и суде, согласно деяниям людей. И если бы не распространялся Его свет над творениями, как познавали бы Его и как осуществилось бы: "Вся земля полна славы Его"²⁸²?»

219) «"Горе тому, кто уподобит Его какому-то свойству, даже одному из этих Его свойств, и уж тем более – людям, "чье основание – в прахе"²⁸³, и они недолговечны и тленны. Но образ", который мы себе представляем, "соответствует Его власти над этим свойством, и даже", соответствует Его власти, "над всеми творениями. И не бывает" подобия "выше этого свойства.

---

[281] Пророки, Ошеа, 12:11. «И говорил Я пророкам и умножал Я видения, и через пророков представляться буду».

[282] Пророки, Йешаяу, 6:3. «И взывал один к другому, и сказал: "Свят, свят, свят Повелитель воинств, вся земля полна славы Его!"»

[283] Писания, Иов, 4:17-19. «Может ли человек быть праведным пред Творцом, может ли муж быть чистым? Ведь и рабам Своим не доверяет Он, и в ангелах Своих обличает недостатки. А уж тем более живущих в домах глиняных, чье основание – в прахе, истлеют они раньше моли».

И когда" власть Его "уходит из него", из этого свойства, "нет у Него ни свойства, ни подобия, ни образа"».

220) «"Так же как море, воды которого, выходящие из него, вовсе не имеют ни вида, ни формы, но лишь распространение морских вод по месту (кли), т.е. по земле, создает представление о них, и там мы можем начать измерять. То есть, источник вод – это первое. И из него выходит течение соответственно его распространению в это кли закругленной формы, т.е. "йуд י", – и это уже две формы. Потому что источник – раз, и течение, выходящее из него, – это уже два"». Источник – это свойство Кетер, а течение – свойство Хохмы.

221) «"А затем сделал большое кли, словно кто-то выкопал огромный ров, который наполняется водой, несомой этим течением. И это кли называется "море". И это третье кли", – т.е. Бина. "И это огромное кли разделяется на семь потоков. И подобно длинным келим, так же распространяются воды из моря в эти семь потоков. Итак: источник, и течение, и море, и семь потоков, – всего десять. И если разобьет великий мастер те келим, которые создал, вернутся воды к своему источнику и останутся келим разбитыми и иссушенными, без воды"».

222) «"Так Причина причин создал десять сфирот. И назвал Кетер источником. И в Нем – нет конца течениям Его света. И потому Он назвал себя "Бесконечность". И нет у Него подобия и образа. И там нет кли, чтобы постичь Его и получить о Нем хоть какие-то знания. И поэтому сказано о Нем: "Не исследуй Того, кто выше тебя, и не ищи Того, кто скрыт от тебя"[284]"».

223) «"А затем сделал маленькое кли, и это – "йуд י". И наполнилось оно от него", от источника. "И назвал его течением изливающейся мудрости (хохма). И назвал Себя в нем Мудрым. И это кли назвал мудростью (хохма). А потом сделал большое кли и назвал его морем, и назвал его пониманием (бина). И назвал Себя в нем Понимающим"».

224) «"Мудрый сам по себе и Понимающий сам по себе. Ибо мудрость (хохма) называется мудростью не сама по себе, а благодаря этому Мудрому, наполнившему ее своим течением. А понимание (бина) называется пониманием не само по себе, а

---

[284] Вавилонский Талмуд, трактат Хагига, лист 13:1.

по имени Понимающего, который наполнил ее от Себя. А если бы ушел от нее, осталась бы она сухой, как сказано: "Уходят воды из моря, и река иссякает и высыхает"[285]».

225) «"А затем: "И разбил его на семь потоков"[286], и сделал семь драгоценных келим, и назвал их: величие (гдула)", – т.е. Хесед, "могущество (гвура), великолепие (тиферет), вечность (нецах), красота (ход), основа (есод) и царство (малхут). И назвал себя: Великий в величии (гдула) и Благочестивый (хасид), Могучий в могуществе (гвура), Великолепный в великолепии (тиферет), Одерживающий победу (ницахон) в войнах во веки вечные (нецах нецахим). В красоте (ход) нарек себе имя Краса Создателя нашего, и в основе (есод) нарек себе имя Праведник, а на основе (есод) держится всё – все келим и все миры. А в царстве (малхут) назвал себя Царем. И Ему принадлежат "величие и могущество, и великолепие, и вечность, и красота, ибо всё на небе"[287] – это Праведник", т.е. Есод. "И ему принадлежит "царство"[287], т.е. Малхут"».

226) «"Всё в Его власти, уменьшить ли в келим и добавить в них течения, или уменьшить по воле Своей в них. И нет над Ним божества, способного прибавить или убавить в Нем (что-либо)"». И потому речь идет о келим мира Ацилут.

227) «"Потом сделал служащих для этим келим" мира Ацилут, – "престол на четырех опорах и шесть ступеней к престолу – всего десять. И всё это" вместе называется "престол", т.е. мир Брия. "Подобно чаше благословения, в которой установлено десять вещей[288], поскольку Тора была передана в десяти заповедях, а мир, т.е. действие начала творения, был сотворен десятью речениями"».

228) «"И учредил отряды, чтобы служить престолу: малахим, серафим, хайот, офаним, хашмалим, элим, элоким, сыны элоким, ишим. И сделал им служителей: Сама и все его отряды,

---

[285] Писания, Иов, 14:11. «Уходят воды из моря, и река иссякает и высыхает».
[286] Пророки, Йешаяу, 11:15. «И иссушит Творец залив моря Египетского, и взмахнет рукою Своею на реку в сильном ветре Своем, и разобьет ее на семь потоков, и проведет (людей) по суше».
[287] Писания, Диврей а-ямим 1, 29:11. «Тебе, Творец, величие и могущество, и великолепие, и вечность, и красота, ибо всё, на небе и на земле, – Тебе! Тебе царство, и превознесен Ты над всеми!»
[288] См. Вавилонский Талмуд, трактат Брахот, лист 51:1.

подобные облакам, чтобы восседать на них, опускаясь на землю. И они – как кони для них"», – для ангелов.

229) «"Откуда нам известно, что облака называются местом для восседания? Из сказанного: "Вот Творец восседает на облаке легком и приходит в Египет"[289] – это правитель Египта", называемый легким облаком. "И как только они увидели свое божество, т.е. своего правителя, увидели его в качестве коня под колесницей (меркава) Творца, тут же: "И отпрянут пред Ним идолы Египта, и сердце Египта обмякнет"[289]. Отпрянули от своей веры, и сердце их растеклось как воск, от веры их", которой верили в своего правителя. И сказали: "Неужели тот, кто был до сих пор нашей верой, нашим божественным правителем, стал подобен коню?!" Отпрянуло их сердце от веры их и растаяло как воск. Откуда мы знаем, что "обмякло" – значит "растаяло как воск"? Сказано об этом: "Стало сердце мое, как воск, растаяло среди внутренностей моих"[290]».

---

[289] Пророки, Йешаяу, 19:1. «Вот Творец восседает на облаке легком и приходит в Египет. И отпрянут пред Ним идолы Египта, и сердце Египта обмякнет в нем».

[290] Писания, Псалмы, 22:15. «Как вода, пролился я, и рассыпались все кости мои, стало сердце мое, как воск, растаяло среди внутренностей моих».

ГЛАВА БО

И каждого первородного осла выкупай через ягненка

230) «"И каждого первородного осла выкупай через ягненка"[291]. Эта заповедь предписывает выкупить первородного осла и проломить затылок первородному ослу, если не выкупит его, как сказано: "А если не выкупишь, то проломи ему затылок"[291]. Это означает, что злое начало может раскаяться, и затем вернуться и стать добрым началом. Как мы выяснили в сказанном: "Сделаю ему помощь, соответственно ему (досл. против него)"[292]. Если удостоился – помощь, если не удостоился – против него. Ибо эти образы: один – ягненка и один – осла"», о которых сказано: «И каждого первородного осла выкупай через ягненка»[291], «"означают следующее. Если удостоился раскаяться, хотя он и "осел", т.е. невежа, выкупи из изгнания за ягненка, о котором сказано: "Исраэль – отбившийся ягненок"[293]. А если не раскаялся, "то проломи ему затылок"[291], так как показал себя "народом жестоковыйным (досл. с твердым затылком)"[294]. И будут они стерты из книги жизни, и о них сказано: "Того, кто согрешил предо Мной, сотру Я из книги Моей"[295]».

---

[291] Тора, Шмот, 13:13. «И каждого первородного осла выкупай через ягненка, а если не выкупишь, то проломи ему затылок. И каждого первенца человеческого из сынов твоих выкупай».

[292] Тора, Берешит, 2:18. «И сказал Творец Всесильный: "Нехорошо человеку быть одному, сделаю ему помощь, соответствено ему"».

[293] Пророки, Йермияу, 50:17. «Исраэль – отбившийся ягненок, львы отогнали его; первым объел его царь Ашшурский, а этот последний, Навухаднецар, царь Бавельский, кости ему переломал».

[294] См. Тора, Шмот, 32:9. «И сказал Творец Моше: "Я видел этот народ, и вот – это народ жестоковыйный"».

[295] Тора, Шмот, 32:33. «И сказал Творец Моше: "Того, кто согрешил предо Мной, сотру Я из книги Моей"».

Тфилин

231) «"И будет это знаком на руке твоей и напоминанием над глазами твоими"[296]. Заповедь эта – это заповедь, называемая иначе: она называется не заповедью, а святостью. И это тфилин: тфилин руки и тфилин головы, представляющие выправление великолепия и красоты высших обликов. И потому они называются украшением (тотафот), как сказано: "Исраэль, в котором Я прославлюсь"[297]».

232) «"И сказано: "Когда Исраэль был юношей, полюбил Я его"[298]. Это малый Исраэль", – т.е. Зеир Анпин в мохин состояния катнут. "И сказано: "Слушай, Исраэль"[299] – это Исраэль-Саба", – т.е. Бина в мохин де-гадлут. "И это красота обликов наверху", – в Бине, "и внизу", – в Малхут. И он разъясняет, как нисходят мохин де-Исраэль-Саба вниз. И говорит: "Йосеф", – т.е. Есод Зеир Анпина, содержащий экран де-хирик, имеющийся в средней линии, "поднимается наверх", – в Бину, "и украшается там двумя обликами"», – белым и красным, что в двух линиях Бины, благодаря согласованию им двух линий Бины, по правилу: «Три выходят из одного, один находится в трех»[300]. «"И вначале", – когда поднимается в Бину, "он называется юношей, а в конце", – после того как увенчался мохин Бины, называется "праведником. Как прекрасны видом облики в нем. Об этом сказано: "И был Йосеф красив станом и красив видом"[301] – красив с обеих сторон", – с правой и с левой. "На двух ступенях", – и это Хохма и хасадим. "В двух обликах", – т.е. белый и красный. "Наверху", – в Бине, "и внизу",» – в ЗОН. Ибо, после согласования в Бине, он опускается и производит согласование в ЗОН.

---

[296] Тора, Шмот, 13: 16. «И будет это знаком на руке твоей и напоминанием над глазами твоими, что сильной рукою вывел нас Творец из Египта».

[297] Пророки, Йешаяу, 49:3. «И сказал мне: "Ты раб Мой, Исраэль, в котором Я прославлюсь"».

[298] Пророки, Ошеа, 11:1. «Когда Исраэль был юношей, полюбил Я его, и из Египта призвал Я сына Моего».

[299] Тора, Дварим, 6:4. «Слушай, Исраэль, Творец – Всесильный наш, Творец один!»

[300] См. Зоар, главу Берешит, часть 1, п. 363.

[301] Тора, Берешит, 39:6. «И оставил он все, что у него, в руках Йосефа, и не ведал при нем ничем, кроме хлеба, который ел. И был Йосеф красив станом и красив видом».

233) «"И поступай справедливо и хорошо"³⁰². "Справедливо" – это ручные тфилин (молитвы)", Малхут, чтобы сделать ей хорошо, то есть "продолжить их головными тфилин" и это Зеир Анпин, "чтобы соединились они как одно целое. Ручные тфилин" накладывают "прежде головных тфилин. И нужно, чтобы вообще не было перерыва между ними"».

234) «"Тот, кто украшается тфилин, находится в подобии высшему, в двух вышеупомянутых свойствах Йосефа, когда он называется "юноша" и называется "праведник", в свойстве "верный раб" и в свойстве "единственный сын". И вот они: ручные тфилин"», – т.е. свойства «юноша» и «верный раб», «"и головные тфилин"», – свойства «праведник» и «единственный сын». «"И оба они – одно целое"», как мы уже сказали.

235) «"Четыре отрывка, имеющиеся в тфилин, находятся в четырех отделениях головных тфилин. И так же, как они в четырех отделениях головных тфилин, так же все они в ручных тфилин – в одном отделении. Ибо у ручных тфилин"», – т.е. Малхут, "нет ничего своего, но только то, что получает свыше"», – от Зеир Анпина. И поскольку она получает их (все отрывки) сразу, есть у нее лишь одно отделение. Однако Зеир Анпин получает их один за другим, и потому они – в четырех отделениях.

«"И это внутренний смысл сказанного: "Все реки текут в море"³⁰³, – т.е. реки, являющиеся наполнением от Зеир Анпина, текут к Малхут, называемой морем. "И поскольку получает их свыше", – от Бины, "оно называется "тфила (молитва)" и освящается от их святости и называется святостью"», – потому что мохин Бины называются святостью. "И называется "тфила (молитва)". И тогда правление (малхут) называется совершенным правлением небес"».

---

³⁰² Тора, Дварим, 6:18. «И поступай справедливо и хорошо в глазах Творца, чтобы было хорошо тебе, и придешь, и овладеешь страной хорошей, которую поклялся Творец дать отцам твоим».

³⁰³ Писания, Коэлет, 1:7. «Все реки текут в море, но море не переполняется; к месту, куда реки текут, туда вновь приходят они».

236) «"Четыре отрывка.[304] Смысл их мы уже выясняли в разных местах. Однако первый отрывок: "Посвяти Мне каждого первенца"[305], Хохма, – "это высшая тайна, включающая все четыре отделения", т.е. ХУБ ТУМ. "Это высший свет", Хохма, "исходящий из неведомого"», т.е. из Кетера, который называется неведомым. Ибо каждый из четырех отрывков, ХУБ ТУМ, включает все, и в каждом есть ХУБ ТУМ.

237) «"И все четыре", ХУБ ТУМ, "подразумеваются здесь"», в первом отрывке: «Посвяти»[305], поскольку «"посвяти" означает высшую святость, то есть высшую мудрость (хохма)", называемую святостью, "и оттуда освятилось всё при помощи высшего скрытия, называемого "посвяти". "Мне" – это Бина, являющаяся высшим миром, внутренним чертогом. "Каждого" – это Хесед в любом месте, как верхний, так и нижний", – Тиферет в свойстве Хесед. "Первенца" – это первый сын, как сказано: "Сын мой, первенец мой, – Исраэль"[306], – т.е. Тиферет. "И этот первенец содержит все стороны и все облики", – т.е. включает в себя также и Малхут. "Таким образом, этот отрывок включает в себя все четыре", ХУБ ТУМ, "в свойстве высшей Хохмы", являющейся первым отрывком. "Но здесь это в свойстве общего, чтобы знать, что всё включено в это. Но в частном виде каждый (отрывок), сам по себе", соответствует определенной сфире. "И это – первый отрывок, включающий в себя остальные отрывки"».

238) «"Второй отрывок: "И будет: когда приведет тебя"[307]. Это Бина, ибо в этом изречении заключен выход из Египта,

---

[304] Первое отделение тфилин. Тора, Шмот, 13:1-10, со слов: «Посвяти Мне каждого первенца» и до слов: «Из года в год».
Второе отделение тфилин. Тора, Шмот, 13:11-16, со слов: «И будет, когда введет тебя» и до слов: «Вывел нас Творец из Египта».
Третье отделение тфилин. Тора, Дварим, 6:4-9, со слов: «Слушай, Исраэль» и до слов: «На вратах твоих».
Четвертое отделение тфилин. Тора, Дварим, 11:13-21, со слов: «И будет, если послушаетесь» и до слов «сколько дней небеса над землей».

[305] Тора, Шмот, 13:1-2. «И говорил Творец Моше так: "Посвяти Мне каждого первенца, открывающего всякую утробу у сынов Исраэля, из людей и из скота, – Мне он принадлежит"».

[306] Тора, Шмот, 4:22-23. «И передай Фараону, что так сказал Творец: "Сын Мой, первенец Мой, – Исраэль. Говорю Я тебе: отпусти сына Моего, дабы служил он Мне, но ты отказываешься его отпустить, и вот Я убиваю сына твоего, твоего первенца!"»

[307] Тора, Шмот, 13:11-12. «И будет, когда приведет тебя Творец на землю Кнаан, как Он поклялся тебе и отцам твоим, и даст ее тебе, то посвятишь всех первенцев, вышедших из материнской утробы, Творцу, и все первородное от скота, который будет у тебя, самцов, – Творцу».

который происходил со стороны "йовель", т.е. Бины, "и поэтому начало его: "И будет"[307], так как это слово – оно о "йовель". И поэтому имя ее: "И будет", так как нет "и будет", сказанного в будущем времени, иначе как в этом месте", в Бине, – то есть, "что в будущем оно будет притянуто вниз и озарять светила", то есть ЗОН, "и находиться на нижней ступени", – Малхут. "И поскольку она светит через скрытие, не зовется открыто именем: "И будет", но передана мудрецам, чтобы знали. И поэтому Бина пишется святым именем, словом "и будет (ве-хая́ והיה)"».

Объяснение. Хотя мохин Хохмы раскрываются в Бине, вследствие того, что Бина снова становится Хохмой, вместе с тем в самой Бине они скрыты и не светят, но от Бины нисходят в Зеир Анпин, а из Зеир Анпина в Малхут. И в Малхут они раскрываются и светят. И потому называется Бина по имени будущего, как «Я буду (эхье́ אהיה)» (Эке), и также: «И будет (ве-хая́ והיה)», поскольку на своем месте она не светит, но в месте Малхут она в будущем раскроется. И это значение сказанного: «В будущем оно будет притянуто вниз и озарять светила, и находиться на нижней ступени», – Малхут.

239) «"Третий отрывок, "Слушай (шма)"[308], – это правая линия, называемая высшим Хеседом (милосердием)"». Объяснение: Даат, средняя линия, согласующая две линии, Хохму и Бину, делится на правую и левую (линии), и правая в нем – это высшее милосердие, называемое Тиферет, а левая в нем – это суды, и называется Малхут. И третий отрывок соответствует Хеседу в Даат, и это – Тиферет. И четвертый отрывок соответствует Гвуре в Даат, и это – Малхут.

«"И он", Даат, "сводит всё воедино к четырем сторонам", в виде трех линий, и Малхут, получающей их. "И Творец выстраивает через него порядок всего мира", – т.е. весь мир существует благодаря ему. "И это то, что распространяется во все стороны, и даже в самые низкие бездны", т.е. распространяющийся Даат, "к нижним. И с его помощью сотворил Творец мир, облачившись в одеяние света. И это означает, что сводит всё воедино", так как он – средняя линия, соединяющая две линии, правую и левую, Хохму и Бину. "И поэтому "Слушай (шма שמע)"[308] находится рядом с "И будет (ве-хая́ והיה)"», потому что «И будет»

---

[308] Тора, Дварим, 6:4. «Слушай, Исраэль, Творец – Всесильный наш, Творец один».

– это Бина, а «Слушай (шма)» – это Даат, согласующий Хохму и Бину между собой.

240) «"Единство каждого дня – это единство, позволяющее познать и воплотить его предназначение. И мы уже выясняли во многих местах, что единство каждого дня – это единство сказанного: "Слушай, Исраэль, Творец – Всесильный наш, Творец один!"[308] Все они – одно, и потому называется "один". Но ведь это три имени, как же они могут быть одним? И, несмотря на то, что возглашают: "Один"[308], ведь они не являются одним?"»

241) «"Однако в ви́дении духа святости известно, что увидеть их можно только с закрытыми глазами,[309] что эти три"», – т.е. три линии, подразумеваемые в словах: «Творец, Всесильный наш, Творец»[308] – «"едины. И это тайна слышимого голоса, так как голос один, а в нем – три свойства огонь-воздух-вода, и все они одно целое в голосе. Так же и здесь: "Творец, Всесильный наш, Творец" они являются одним целым. Три свойства, представляющие собой одно"».

Объяснение. Зеир Анпин – это руах и средняя линия. В час, когда он поднимается к Бине, называемой «озэн (ухо)», и согласовывает там между собой две линии, правую и левую, называемые «вода» и «огонь», объединяются в нем две эти линии, вода и огонь, и он называется слышимым голосом. И поэтому сказано: «И это тайна слышимого голоса», так как посредством него открываются света Бины и слышатся снаружи, распространяясь вовне. И это смысл сказанного: «Так как голос один, а в нем – три свойства огонь-воздух-вода», – ибо он содержит в себе все три линии, называемые огонь, воздух и вода, как мы уже сказали. И из-за того, что три эти линии не могут светить друг без друга, а могут лишь одновременно, поскольку правая линия без левой лишена ГАР, а левая без правой – это Хохма без хасадим, неспособная светить, а без средней линии левая не объединяется с правой, получается, что три эти линии зависят друг от друга и светят только одновременно.

Поэтому сказано: «И все они одно целое в голосе», ведь благодаря этому голосу все три линии стали едины. А если бы недоставало одной из них, то голос не был бы слышим. И таким

---

[309] См. Зоар, главу Ваэра, п. 27.

же образом, Аба считается правой линией, Има – левой линией, а Зеир Анпин поднимается и согласовывает их между собой в качестве средней линии. И поэтому сказано: «Так же и здесь: "Творец, Всесильный наш, Творец"[308] они являются одним целым», так как Творец – это Аба и правая линия, Всесильный наш – это Има и левая линия, Творец – это Зеир Анпин, средняя линия, согласующая Абу и Иму между собой. И поскольку они представляют собой три линии, постольку тоже не светят друг без друга, а светят только одновременно. И поэтому сказано, что это «три свойства, представляющие собой одно», так же как выяснилось с голосом.

242) «"И это – голос, который человек произносит в состоянии единства, чтобы включить свое намерение в единство всех ступеней от Бесконечности до конца всего – в единство этого голоса, который он произносит в этих трех линиях, представляющих собой одно целое. И это – единство каждого дня, раскрывшееся благодаря духу святости"».

243) «"Рассказывается о стольких видах единства, и все они истинны. Кто делает это" единство, – "делает" добро, "и кто делает это" единство, – "делает" добро. Однако единство, пробуждаемое нами снизу свойством голос, который един, – это выяснение его, в общем виде"». Иначе говоря, отрывок «Слушай (шма)» включает в себя все три линии, то есть: «Творец, Всесильный наш, Творец»[308]. Но кроме того, «"он еще и частное, как мы уже сказали"», так как отрывок «Слушай (шма)»[308] – это только одна часть, т.е. Зеир Анпин, являющийся правой линией Даат.

244) «"Четвертый отрывок – это суровый суд", т.е. Малхут, являющаяся левой линией Даат, о которой сказано: "Берегите себя"[310], – что указывает на суд. "Это" четыре отрывка "тфилин головы", находящиеся в четырех отделениях. "А тфилин руки" – то же самое, "четыре отрывка, но в одном отделении. И мы уже сказали о них, что все они составляют одно целое"».

---

[310] Тора, Дварим, 11:16. «Берегите себя, чтобы не соблазнилось сердце ваше, и не уклонились вы, и не стали служить божествам чужим и поклоняться им».

245) «"Узел головных тфилин имеет форму буквы "далет ד". Сказано об этом: "И увидишь Меня сзади"[311], и потому узел находится сзади. И там соединяется всё единой связью"». Объяснение. Связь указывает на мохин де-ахораим, притягиваемые от левой линии, прежде чем она соединяется с правой. И это – Хохма без хасадим, которая не может светить. Однако во время мохин де-гадлут, когда посредством средней линии соединилась левая линия с правой и Хохма в ней облачилась в хасадим правой линии, и Хохма левой линии, которая была сзади, может теперь светить нижним, так как облачилась в хасадим. И это значение сказанного: «И увидишь Меня сзади»[311]. Ибо «увидишь» – это Хохма, источник которой в левой линии, в свойстве ахораим (обратной стороны). И поэтому узел имеет форму буквы «далет ד», указывающий, что она «скудная (дала דלת) и бедная», поскольку до облачения в хасадим она была скудной и бедной.

246) «"И когда она", – Малхут, "возлагает эти тфилин руки", – чтобы установить связь с Зеир Анпином, "есть другая связь"», – т.е. узел тфилин руки, имеющий форму буквы «йуд י». «"И это связь святого союза", т.е. Есод, с которым устанавливает связь Малхут. Счастливы Исраэль, знающие эту тайну. И должен человек накладывать их (тфилин) каждый день, дабы пребывать в высшем образе. И о нем сказано: "И увидят все народы земли, что имя Творца наречено на тебе, и убоятся тебя"[312]. Благословен Творец вовеки! Амен и амен!"»

---

[311] Тора, Шмот, 33:22-23. «И будет, когда проходить будет слава Моя, укрою тебя в расселине скалы, и заслоню тебя ладонью Своею, пока не пройду. И отведу ладонь Свою, и увидишь Меня сзади, но лика Моего не будет видно».

[312] Тора, Дварим, 28:10. «И увидят все народы земли, что имя Творца наречено на тебе, и убоятся тебя».

Под редакцией М. Лайтмана, основателя и руководителя Международной академии каббалы

Руководители проекта: Г. Каплан, П. Ярославский

Перевод: Г. Каплан, М. Палатник, О. Ицексон

Редактор: А. Ицексон

Технический директор: М. Бруштейн

Дизайн и вёрстка: Г. Заави

Корректор: П. Календарев

Выражаем огромную благодарность группе энтузиастов из разных стран мира, выступивших с инициативой сбора средств для реализации этого проекта.

Видеопортал Zoar.tv

Видеопортал Зоар.ТВ располагает уникальным контентом в виде бесплатных видео и аудио материалов, клипов, ТВ онлайн, фильмов, музыки.

http://www.zoar.tv/

Курсы обучения

Миллионы учеников во всем мире изучают науку каббала.

Выберите удобный для вас способ обучения на сайте:

http://www.kabacademy.com/

Книжный магазин

РОССИЯ, СТРАНЫ СНГ И БАЛТИИ

http://kbooks.ru

АМЕРИКА, АВСТРАЛИЯ, АЗИЯ

http://www.kabbalahbooks.info

ЕВРОПА, АФРИКА, БЛИЖНИЙ ВОСТОК

http://66books.co.il/ru/

www.ingramcontent.com/pod-product-compliance
Lightning Source LLC
LaVergne TN
LVHW081534070526
838199LV00006B/361